어느 날
갑자기,
살아남아 버렸다

어느 날
갑자기,
살아남아 버렸다

파국의 불안을 딛고 일어서는 서바이벌 프로젝트

이명석

목차

0 \ 내 발밑의 이 구멍은 무엇인가? \\ 9
―제로의 장

1 \ 내가 떨어질 수 있는 최악의 밑바닥은 어디인가? \\ 23
―파국의 시나리오

2 \ 나의 생존 상자에는 무엇이 담겨 있어야 하나? \\ 55
―생존의 기초

3 \ 왜 몸은 멀쩡한데 마음이 먼저 붕괴하는가? \\ 99
―패닉, 마음의 재난

4 \ 어찌하여 세상은 좀비로 가득 차게 되었나? \\ 131
―나는, 지구 최후의 나

5 \ 이 깜깜한 마피아 게임의 탈출구는 어디인가? \\ 161
―공존의 배

6 \ 나는 야수인가, 수도자인가, 희생양인가? \\ 185
―도덕과 권력의 그라운드제로

7 \ 리얼리티쇼는 신자유주의 시대의 부루마블인가? \\ 229
―게임의 재구성

8 \ 왜 유토피아는 파국의 디스토피아와 닮아 있나? \\ 263
―섬, 낙원, 실락원

9 \ 은둔형 외톨이는 골방의 표류자인가, 미래 인류인가? \\ 311
―상자 속으로

10 \ 나는 왜 서바이벌의 도상 훈련에 나섰나? \\ 351
―파국의 리허설을 마치며

| 참고문헌 | 368

0

내 발밑의 이 구멍은 무엇인가?
—제로의 장

　지옥이 으드득 이를 갈았다. 2011년 3월 11일, 진도 9.0의 강진이 일본 동북 지역의 해안을 강타했다. 수십 미터의 쓰나미가 뒤를 이었고, 해안의 선박과 경비행기들은 물론 높은 언덕의 주택들까지 장난감처럼 부서져 뒤엉켰다. 지진파를 타고 최악의 공포가 일본 전역을 뒤흔들었다.
　뉴스 속보로 참상을 전해 들은 한국인들에게도 그것은 다른 차원의 충격이었다. 비교한다면, 2001년 9월 11일 뉴욕 세계무역센터가 연기 속에 주저앉던 때? 아니다. 지리적 거리도, 심리적 거리도 훨씬 가까웠다.
　사람들은 부리나케 일본의 친구들에게 전화를 걸었다. 대부분 불통이었다. 겨우겨우 메신저나 SNS로 상황이 전달되었다. 지진이 만들어낸 패닉은 도쿄까지 마비시키고 있었다. 한 친구는 퇴근을 하려다 전철 운행이 중단되어 회사로 돌아올 수밖에 없었다고 했다. 비상식량을 챙기려 편의점에 갔지만 생수 한 병 남아 있지 않았다고. "그건 차라리 견딜 만해. 여진 때문에 미쳐버리겠어. 건물이 가만히 있질 않아!"

그래 몸 조심해, 라며 인사를 전하기도 전에 후쿠시마에서 또 다른 소식이 들려왔다. 원자력 발전소가 붕괴 위기에 놓였다는 속보였다. 멜트다운, 방사능 유출, 핵폭발…… SF 만화에서나 보던 단어들이 TV 화면에서 튀어나왔다. 현해탄이 그렇게까지 좁게 느껴진 적은 없었다. 다음은 우리 차례다. 사람들은 당장 아수라장에 떨어질 것처럼 두려움에 떨었다. 지옥이 빨간 잇몸을 드러냈다.

나는 멀미를 느꼈다. 바깥의 지진파가 아니라 내부의 진동, 울렁거리는 기시감 때문이었다. 이게 정말 일어나는구나. 오랫동안 내가 들춰보고, 정리하고, 상상하던 사건들이…… 어젯밤에도 노트에 꼼꼼이 그려보던 최악의 궤적들이…… 허허, 헛웃음까지 나왔다. 나는 이미 저 안에 있었다. 오래전부터 저 참혹한 파국의 잔해 속을 숨죽이며 걷고 있었다.

대지진이 닥치기 몇 년 전이었다. 나는 다른 종류의 절망들을 뉴스 속에서 지나치고 있었다. 빚독촉에 시달린 어느 탤런트가 자동차 안에 연탄 화로를 피워 목숨을 끊었다. 해직당한 한 남자가 술김에 차를 몰고 가다가 사람을 치어 죽였고, 보상금으로 전 재산을 날린 뒤 길거리에 나앉았다. 평생 모은 돈을 저축은행에 부은 노인이 부도 뉴스를 보고 달려가다 목을 잡고 쓰러졌다. 학교에 적응 못해 등교를 거부하던 수천 명의 아이들이 골방으로 들어가 문을 잠가버렸다.

구멍들.

나는 매일 뉴스를 통해 보고 듣는 그런 종류의 사건들을 '구멍들'이라 불렀다. 나는 한평생 그 구멍들을 조심조심 피하며 살아왔다. 그러나 가끔 방심해 다가가면, 구멍들이 내지르는 소리를 들을 수 있었다.

"살려줘!"

나는 귀를 막았다. 허겁지겁 잰걸음으로 걸었다. 저건 내 일이 아니야. 인생은 좋은 것만 생각해도 짧잖아.

집에서 양치질을 하며 구멍에 대해 배워온 짧은 지식을 떠올렸다. "구멍이란 건 말이야. 이 사회의 가장 밑바닥에 있는 거야. 그러니까 학교가 가르치는 대로 성실히 공부하고 이런저런 자격증을 따서 차근차근 계단을 밟고 위로 올라가라구. 누군가를 밀쳐서라도 돈을 모으고, 집을 사고, 그 집을 키워나가는 거야. 통장이든 방바닥 아래든 가능한 많은 액수를 깔아두는 게 좋지. 돈이란 건 스스로 새끼를 치는 거니까. 그렇게만 하면 너는 구멍에 떨어질 걱정 없이 살아갈 수 있는 거야. 중요한 건 네 밑으로 뒤처지는 사람들이 많을수록 안심할 수 있다는 사실. 왜냐고? 바로 그 사람들이 구멍을 메울테니까." 나는 그렇게 들었다.

그때 누군가 현관 초인종을 눌렀다. 우체부가 법원에서 보내온 등기우편을 전해주었다. 낯선 단어들을 머릿속에서 조합하는 데 적지 않은 시간이 걸렸다. 그 전갈은 내가 전세로 살고 있는 집의 건물주가 파산해 청산 절차에 들어가게 되었다는 소식이었다. 내가 십수 년 간 모아온 전 재산이 법원의 땅땅 소리와 함께 날아갈 수 있다는 청천벽력이었다.

전세 계약서는 어디에 뒀더라? 확정일자는 언제지? 우선순위는 어떻게 될까? 어째서 부동산을 안 끼고 집주인과 직접 계약했을까? 날짜를 볼펜으로 수정했는데, 그것 때문에 계약서 자체가 무효가 되지 않을까? 혼자 전전긍긍하다 자정이 넘었다. 불현듯 허기가 찾아왔다. 남은 국이라도 데워먹어야겠다며 가스레인지의 점화 장치를 돌렸는데, 그날따라 불이 켜지지 않았다. 자동 이체 신청을 안 했더니 요금 연체로 독촉 고지서가 왔던 게 떠올랐다. 겨우 석 달 요금을 안 냈다고 끊어버린 거야?

나는 집 밖으로 나가 가스관을 더듬어갔다. 자정이 넘었는데 건물 밖은 훤했다. 그 건물에 살고 있는 10여 세대 모두 불을 켠 채 고민에 빠져 있었던 것이다. 차단 경고 쪽지가 붙은 가스 밸브를 돌리며 생각했다. '저 불빛들 중 누가 살고, 누가 죽을까?' 애초에 이 집에는 담보가 많이 깔려 있었다. 경매로 넘어가면 저 불빛들 중 누군가는 순위에 밀려 떨어질 것이다. 이런 다세대 입주자들 중 여분의 자산이 있는 사람이 있을까? 빚을 내서 들어온 사람도 적지 않을 것이다. 그 사람들은 알거지 신세로 길거리에 내몰려야 한다.

화가 났다. "내가 뭘 잘못했는데?" 나는 평생 변변한 투자나 모험 같은 것을 해본 적이 없는 인간이다. 언제든 차곡차곡 현금을 모으고 그걸로 발붙일 작은 집을 유지하는 것에 만족하는 철저한 안전제일주의, 소심에 소심을 더한 좀생원이다. 그러나 세계 경제 불황의 암운이 어찌저찌 하여 집주인의 사업을 부도나게 했고, 좀 그럴싸한 집에서 살기 위해 건물의 부채를 우습게 여긴 나를 칼날 위에 올려놓은 것이다.

절박한 위기감이 찾아오자 주변의 사물들이 달라 보이기 시작했다. 세상은 결코 안전하지 않은 곳이었다. 그냥 남들처럼 줄을 지어 꾸준히 걸어가면 행복의 부스러기를 주우며 살아갈 수 있을 거라는 상식은 거짓말이었다. 깜빡 졸다가 자동차 사고를 내든지, 형제의 빚보증을 잘못 서주든지, 내가 돈을 맡겨둔 저축은행이 망하든지…… 우리 삶의 뿌리를 일거에 도려낼 가능성은 도처에서 다채로운 시나리오를 준비해두고 있었다.

구멍에 대한 소문은 거짓말이었다. 내가 올라가는 계단은 위태롭기 짝이 없었고, 올라갈수록 점점 좁아졌으며, 나를 밀치고 내달리는 사람들은 점점 많아졌다. 높이 올라갈수록 바람은 거세지는데, 난간조차 허술하기 짝이 없었다. 아무리 조심하고, 아무리 애를 쓰고, 아무리 잔머리를 굴려도 소용없었다. 순간의 실수나 기막힌 불운이 누군가의 발을 걸었다. 눈을 감았다 뜬 순간, 그는 저 아래로 떨어져내렸다. 이런 생각도 했다. 올라가지 않아도 좋아. 그냥 이 자리를 꼭 붙들고 있을래. 소용없었다. 계단 자체가 통째로 무너지기도 했으니.

당신은 어떤가? 저 어두운 구렁텅이에 떨어져 있는 자신을 상상해본 적이 없는가? 오랫동안 쌓아오고 지켜온 모든 것을 잃어버리고 알몸뚱이나 다름없는 꼴로 쓰레기더미를 뒤지는 자신을. 구원의 손 하나 없는 정도라면 다행이다. 정체불명의 적들이 사방에서 목숨을 노리고 있다. 당신은 그런 자신이 존재할 수 없다고 생각하는가?

전전긍긍 파산 법정을 오가던 내게 세상의 뉴스는 전혀 다른 모습으로 등장했다. 자살 테러로 먼지가 되어버린 뉴욕의 최고층 빌딩, 쓰나미로 흔적도 없이 사라져버린 동남아시아의 휴양지, 마스크를 쓴 유령 같은 여행객들이 가득한 사스 경보의 공항…… 위기에 대한 상상력이 부족했던 것이다. 모든 것을 보증하던 국가가 모라토리엄을 선언하든지, 걷잡을 수 없는 전염병의 여파로 문밖으로 나가는 것조차 위험해지든지, 거대한 지진이나 쓰나미가 문명을 궤멸시키든지…… 이런 일들이 절대 내 앞에 벌어지지 않으리라는 법이 없었다.

나는 거대한 구멍 위를 아슬아슬하게 걸어가고 있었다. 구멍과 나 사이에는 얇은 습자지 같은 막이 있다. 뛰어서 달아나려 하면 안 된다. 종이가 찢어진다. 가만히 서 있어도 안 된다. 그 아래 잠긴 시체들의 피가 번져 올라온다.

나는 '종말론'을 혐오하는 사람이다. 우리 문명인의 삶은 상당한 항상성을 가지고 있다고 생각한다. 위기를 과장해 자신의 삶을 또 다른 도박으로 내모는 작태를 지극히 혐오한다. 그러나 점점 더 높은 확률로 내 주변을 후려치고 있는 이 시나리오들을 부정할 수만은 없게 되었다. 더불어 우리들 다수가 자신의 집에서 연약한 행복을 지키는 이 순간에도 분명히 누군가는 죽음과 다를 바 없는 극악한 위기 상황에 내몰리고 있다는 사실을 묵과하기도 어려웠다. 그리하여 이런 가능성을 당연시하게 되었다.

나는 언제든지 저 아래…… 구멍 속으로 떨어질 수 있다. 최악의 시나리오를 생각해야 한다.

전셋집을 둘러싼 다툼이 본격화되고 파산 법정을 오가면서 모든 일에 의욕이 사라졌다. 몇 푼 벌어봤자 또다시 바람에 날아갈 것 같아 일을 하기 싫어졌다. 이사올 때만 해도 소박하나마 꿈을 꾸게 했던 집은 나를 잡아먹으려는 커다란 함정으로 바뀌었다. 정이 떨어지니 방을 치우는 것도, 밥먹는 것도 귀찮아졌다. 세상을 잊어버리게 하는 단말마적인 게임에 취해 있다가, 새벽녘에야 구겨진 이불 속으로 들어갔다.

그러던 어느 날 밤 이런 생각이 떠올랐다. '최악의 시나리오'라? 다행이라면 다행이잖아? 그것은 '최악'이지만 '시나리오'다. 극악의 상황이지만, 무언가 달라질 가능성이 있다는 것이다. 뭐가 달라질 수 있다는 거지?

나는 다음날부터 친구들을 만나 물어보기로 했다. 답을 기대한 것이 아니라, 답답함이라도 털어보고 싶었다.

"너의 밑바닥은 어디라고 생각해?"
"거기에 떨어지면 어떻게 될 것 같아?"
"어디까지라면 살아남을 수 있을 거라 생각해?"

솔직히 큰 기대 없는 푸념이었다. 아마도 친구들은 그냥 '그럴 일 없다'고, '괜찮을 거'라고, '소주나 마시자'고, '아, 참 너 술 못 마시지'라고 하겠지.

예측은 보기 좋게 어긋났다. 많은 친구들이 기다렸다는 듯 답을 해왔다. 그리고 그들이 예상하는 '바다'은 현재 그들의 직업, 지위, 재산에서 유추해볼 수 있는 지점보다 훨씬 밑이었다.

"나의 밑바닥은 파고다 공원 자판기 옆이야. 거기라면 겨울에도 제법 따뜻하게 지낼 수 있을 것 같아."
"태백 폐광 옆에 봐둔 땅이 있어. 가족들이랑 거기 들어가서 두더지처럼 살면 안 될까?"

"무조건 따뜻한 곳으로 가야 해. 그래서 회사에서 일하는 동남아 친구들이랑 잘 지내두려고 해."

내가 더 무사태평이었다. 가진 것도 없는 주제에.

생각해보니 당연했다. 나는 오랫동안 현실이 아니라 꿈을 팔아서 살아왔다. 만화, 영화, 코미디, 고양이, 여행, 커피…… 온갖 잉여의 쾌락에 대해 쓰고 말하는 것이 내 밥벌이였다. 삶의 현장에서 부대끼고 있는 친구들이 터득해온 생존과 위기에 대한 감각을 따라갈 수가 없었다.

그러다 신기한 사실을 알게 되었다. 친구들과 극한의 위기 속에서 어떻게 살아남을 수 있을까를 이야기하다 보니, 나 자신이 이런 상황들에 무척 익숙하다는 걸 깨달았다. 어떤 시나리오들이 우리를 궁지로 모는지, 그 상황에서 가장 먼저 하게 될 행동은 무엇인지, 소수가 남았을 때 어떤 문제들이 벌어지고 그것을 어떻게 해결해야 하는지…… 그 많은 문제들에 나는 스스로가 놀랄 정도의 풍성한 예시들을 끄집어낼 수 있었다. 의도하지 않은 상태에서 나는 아주 오랫동안 이 테마를 연구해왔던 것이다. 그렇다고 나의 서가에 온갖 생존술에 관한 책자들이 꽂혀 있다는 말은 아니다. 나는 내 직업의 근간인 만화, 영화, TV, 책에서 너무나 많은 양의, 지극히 다채로운, 지독히 극단적인 서바이벌의 상황을 만나왔다. 게다가 나는 특별히 '그 장르'에 오랫동안 관심을 가져왔던 것이다.

'극한 상황에서의 생존'이라는 주제에 대한 나의 탐구 과정은 지난 10여 년간 알게 모르게 진행되어왔고, 몇 차례에 걸쳐 집중적으로 형성되었다.

첫 번째 담구는 '세기말'이라는 수술적인 단어가 현실이 되던 20세기 말에 이루어졌다. 당시 나는 여러 강의와 저술을 통해 '파국의 세기말'을 테마로 한 여러 대중문화, 특히 일본 만화에 대한 분석 작업을 벌였다. 1960년대 후반부터 이 주제를 줄기차게 파헤쳐온 일본의 세기말 만화는 닥쳐올 파국에 대해 다채롭고 정교하고 극단적인 상상력을 펼쳤다. 『표류교실』, 『데빌 맨』, 『아키라』, 〈바람 계곡의 나우시카〉, 〈북두신권〉…… 오직 살기 위해 도덕의 굴레를 저버리고 서로의 목을 조르는 야수가 되어가는 인간의 모습들을 이렇게 솔직하게 그려낸 작품군을 어떤 문화권과 매체에서 만날 수 있을까?

두 번째는 작은 발견과 그에 뒤이은 호기심이 증폭되어온 결과다. 2004~5년경부터 나는 친구들과 할로윈 파티를 하기 시작했다. 검은 실루엣으로 집이나 카페를 장식하고, 호박을 파서 등을 만들어 초를 켜고, 마장동에서 사온 생간을 나눠 씹으며 괴기스러운 영화를 함께 보곤 했다. 그러다 어떤 물음이 튀어나왔다. "요즘 왜 이렇게 '좀비'가 많아졌지?" 1990년대까지만 하더라도 좀비 영화는 B급 호러 영화에서 가끔 튀어나오는 별 눈길 가지 않는 소재에 불과했다. 그러나 21세기 들어 〈28일 후〉, 〈새벽의 저주〉, 〈레지던트 이블〉, 〈워킹 데드〉 같은 좀비 영화와 드라마들이 쏟아져 나왔다. 진짜 좀비들과 같은 기세로 걷잡을 수 없이, 사시사철을 가리지 않고 등장했다. 작품의 수준과 문제 의식도 진화를 거듭했다. 나는 이 갑작스런 번식의 이유를 궁금해하기 시작했다.

세 번째는 그와 비슷한 시기, TV로부터다. 21세기의 개막과 함께 리얼리티 TV쇼는 전 세계인을 사로잡기 시작했다. 기폭제였던 유럽의 〈빅 브라더〉 선풍은 〈서바이버〉, 〈어메이징 레이스〉 등을 통해 미국에 중간 기착했고 다시 오대양 육대주에 그 자식들을 퍼뜨렸다. 이들은 조금씩 설정은 달랐지만 근본적으로 같은 구조 안에 있었다. 제작진은 좁은 공간에 서로 낯모르는 인간들을 몰아넣고 막대한 상금이나 상품을 내걸었다. 이 그물에 걸린 출연자들은 거의 서바이벌이나 다름없는 상황에서 상대방과 싸워나갔다. 제작진은 공식적인 미션만이 아니라 일거수일투족의 사생활을 훔쳐보게 만들었고, 셀프 인터뷰로 출연자들의 속마음을 털어내도록 했다. 리얼리티 쇼는 폐쇄 공간의 극단적 대결 상황에서 인간들이 보여주는 맨얼굴을 여과 없이 방영했다.

네 번째. 신문의 문화면이 사회면과 겹쳐지는 지점에서 내게 질문이 날아왔다. 2008년경부터 빈도가 높아졌는데, 오다쿠, 은둔형 외톨이가 새로운 사회 문제로 등장하면서 이들의 정체에 대한 물음들이 쏟아져왔다. "만화, 애니메이션, 게임에 물든 사람들이 사회와 단절하고 자기만의 방에 갇혔다. 이들이 현실과 환상을 혼돈하며 극단적인 범죄를 저지르는 게 아닌가?" 나는 방어하기 위해 애썼다. "만화와 애니메이션은 잘못이 없다. 99%의 팬들은 정상적이다. 오히려 당신들이 위험하다고 생각하는 '섹스와 폭력의 상상'을 통해 욕망을 해소한다." 목이 아프게 떠들고 돌아섰는데, 그때 다른 종류의 생각이 싹트고 점점 커졌다. 나와 기자가 이들을 걱정하는 초점 자체가 잘못된 것이 아닐까? 혹시 이들은 새로운 종류의 생존법을 터득한 것이 아닐까? 자의든 타의든 디지털 네트워크라는 새로운 조건에서 자신의 방이라는 섬으로 들어가 독자적 생존을 모색하는 인류가 만들어지고 있는 게 아닐까?

여기까지가 내가 이 문제에 본격적으로 뛰어들기 이전의 상황이다. 로빈슨 크루소가 무인도에 표류하기 이전에 영국과 브라질에서 얻었던 경험과 같은 것들이다.

나의 본격적인 연구는 2008년 가을, 문지문화원에서 '서바이버(Survivor) 프로젝트: 파국으로 고립된 주인공들은 어떻게 살아남는가?'라는 주제로 강의를 하면서부터 시작되었다. 그와 동시에 기다렸다는 듯이 뉴스들이 몰아닥쳤다. 모기지론 경제 대란, 동남아의 쓰나미, 아이티의 지진, 사스, 신종 플루, 구제역과 같은 전염병의 범람, 일본 동북 지방의 지진과 쓰나미, 연이은 핵 발전소의 폭발 위기…… 인류사에 이토록 다채로운 종말의 시나리오가 집중적으로 닥쳐온 경우가 있었나 궁금해질 정도였다.

상상과 현실 속의 예제들이 모여들었다. 갑자기 찾아온 대재난 속에서 정신을 잃고 쓰러져버린 주인공들, 리얼리티 게임 쇼에서 살아남기 위해 부끄러운 줄 모르고 발버둥치는 남녀들, 사시사철 꾸역꾸역 넘쳐나는 좀비 영화들, 모니터 속의 괴물들을 처치하려고 총알 세례를 퍼붓는 게이머들…….

나는 그들이 처한 공통적인 상황을 기록했다. 그리고 반복되는 패턴을 찾아냈다. 그들 모두는 어느 날 갑자기 자신을 지탱해오던 것들로부터 단절되며 추락했다. 온갖 노력과 시간을 통해 쌓아온 직업, 재산, 사회적 관계와 같은 것은 주먹밥 한 줌보다 못한 것이 되었다. 그들은 극단적인 '파국'으로 '고립'된 상황에 떨어져 오직 '생존'하기 위해 발버둥친다.

나는 이 문제들을 이해할 도구를 찾아, 스스로 얻어온 과거의 연구들을 되새기고 고전들을 뒤지기 시작했다. 생각의 그물을 조밀하게 짰고, 그렇게 걷어 올린 녀석들을 햇볕 아래 늘어놓은 뒤 이리저리 조각내고 여러 방법으로 붙였다. 만화, 영화, TV의 상상력이 만들어낸 괴물들은 자신의 정체를 조금씩 고백하기 시작했다. 종말과 파국이 전혀 새로운 발명품이 아니듯이, 지혜 역시 아주 새로울 것이 없었다. 인류는 이 문제를 그 역사 전체를 통해 끝없이 고민해왔다.

이제 나는 '서바이벌'이라는 오래된 어느 문제에 대한 현대의 대답들, 혹은 여전히 풀리지 않은 문제들을 풀어놓고자 한다. 그전에 말해두자. 독자들의 오해가 있을지 몰라 세 가지 지점에서 선을 분명히 긋고자 한다. 내가 가진 카드의 윤곽을 보여주었듯이, 내가 절대 펴 보일 수 없는 카드도 있다는 사실을 미리 알린다.

첫째, 나의 책은 '서바이벌'의 구체적 상황들을 파고들겠지만, 실제 그런 일이 벌어질 때 유용한 도움을 줄 실질적 가이드와는 거리가 멀다. 지진이 찾아왔을 때 어디로 들어가야 하는지, 뱀을 잡아 식량으로 삼을 때 주의할 점이 무엇인지…… 이런 것들에 대해 나는 매뉴얼을 제공할 수 없다. 최근 번성하는 대형 재난에 발맞추어 생존의 기술에 관한 책들이 나와 있고, 인터넷 사이트에서도 관련된 정보를 구할 수 있다. 해답은 생존의 프로페셔널들에게 구하라.

둘째, 현재 우리가 느끼는 공포감의 중요한 원흉인 세계 경제 위기의 타개책과 그에 연관된 재테크 노하우 같은 것을 전해주지도 못한다. 나는 근본적으로 경제 체제가 완전한 몰락 이후의 삶, 혹은 그런 체제와 무관한 상태의 삶을 생각하고 있다.

셋째, 나는 닥쳐올 어떤 위기에 대해 과장하고 극단의 시나리오를 퍼뜨리는 종말론적인 태도와도 거리를 두고 싶다. 내가 언급할 여러 파국의 시나리오들 각각이 어느 정도의 가능성이 있는지, 실제로 대비해야 할 만한 가치가 있는지에 대해 말하는 것도 나의 능력 밖이다.

> 난 한때 세계를 지배했지
> 나의 말 한 마디에 바다가 일어났어
> 그러나 이 아침에 나는 혼자 잠을 자고
> 한때 나의 소유였던 거리를 청소하는 신세야
> ―콜드 플레이의 〈비바 라 비다〉 중에서

1

내가 떨어질 수 있는 최악의 밑바닥은 어디인가?
―파국의 시나리오

나는 눈을 뜬다. 어슴푸레한 빛 속이다. 여기는 어디인가? 몇 시나 되었을까? 어쩌다 여기에 쓰러져 있게 된 걸까? 온몸은 뻣뻣하고 피부는 저릿저릿하고 다리는 후들거린다. 잠을 자다가 일어난 건지, 정신을 잃었던 건지조차 알 수 없다. 몸을 일으켜 주변을 둘러본다. 희끄무레한 저 너머엔 어둠과 안개가 범벅되어 있다.

발 아래에 차가운 기운이 느껴진다. 욕실에서 넘쳐난 물인가, 천장에서 흘러내려온 빗물인가, 아니면 어느 바닷가의 진흙이나 모래인가? 아니, 다리 위로 번지는 미세한 움직임은 연기나 불길 같기도 하다. 어쩌면 차가운 게 아니라 뜨거운 거였나? 그 정도도 알아낼 수 없을 정도로 몸의 상태가 좋지 않다.

가슴 안쪽에 켜져 있는 붉은 등이 느껴진다. 그래, 나는 어떤 위험을 피해 마구 내달렸던 거다. 그러곤 정신을 잃었다. 의식이 살아나면서 붉은 등의 신호가 다시 강해지고 심장이 빠르게 두근거린다. 아직도 안전은 확인할 수 없다. 나는 몸을 움츠린 채 높은 곳으로 기어가듯 움직인다. 무언가 나를 가로막는다. 반대쪽으로 몸을 움직이지만 머지않아 더 나아갈 수 없다. 몇 분을 버둥거리다 지쳐 멈춘다. 소리를 질러보지만 되돌아오는 답은 없다. 온몸을 두드려 맞은 듯하고, 머리가 깨어질 듯 아프다. 서서히 눈꺼풀이 처진다. 그래 잠들자. 자고 일어나면 안개가 걷히리라. 이것은 악몽일 뿐이니까.

—암전—

다시 눈을 뜬다. 주변은 좀더 밝아져 있다. 나는 저릿한 손을 들어, 꽉 막힌 코를 꼬집어본다. 둔한 통증을 느끼는 코보다 고무장갑을 낀 듯 뻣뻣한 손이 두렵다. 손가락을 반복해서 오므렸다 폈다 하며 피를 돌게 한다. 이번엔 엉덩이 아래를 꼬집어본다. 동시에 다리를 든다. 둔하게 굳은 다리가 찌리릿 하는 통증을 전해온다. 잠시 내 다리가 멀쩡하지 않을 수도 있다는 생각에 뒷머리가 저려온다. 다리는…… 어렵게나마 움직인다. 나는 부러질 것 같은 허리를 곧추세우며 척수의 생존을 확인한다.

무의식적으로 나는 가장 중요한 한 가지를 확인한 셈이다.

'적어도 나의 신체는 존재한다. 예전과 거의 같은 형태로.'

이어 나는 다음과 같은 상황을 자각한다.

무언가 큰일이 일어났다. 그것은 과거의 나를 지탱하고 있던 바닥을 송두리째 무너뜨렸다. 나는 죽지 않기 위해 발버둥쳤고, 겨우 목숨을 건졌다. 그러나 이 생존은 그리 오래가지 못할 수도 있다. 과거의 내가 가지고 있던 온갖 안전망들은 사라졌고, 누군가에게 의존하거나 도움을 요청할 수도 없다. 한 단어로 말하자면 이렇다. 서바이벌(survival).

나는 살아남아야 한다. 도대체 어떻게? 주위는 안개처럼 막막하고 어떤 위험이 도사리고 있는지조차 알 수 없다. 나는 눈을 감는다. 잠시 몸에 피를 돌리고 자신감이 생겨날 때까지 기다려보기로 한다. 그러면서도 생각은 멈출 수 없다. 움직이지 않는 상태에서 먼저 할 수 있는 일은 무엇일까?

나는 추리에 들어간다. 도대체 무엇이 나를 이곳으로 떨어뜨렸을까? 그 시나리오들을 먼저 생각해보기로 한다.

전쟁, 테러, 대형 붕괴 사고, 블랙아웃

삶의 척수를 꺾어버리는 파국이 왔다. 재앙의 범위는 알 수 없지만, 나의 시야가 닿는 한도 내에서 구원의 손길을 기대할 수는 없다. 휴대전화도 작동하지 않고, 전기도 들어오지 않는다. 소리를 질러봐야 누구도 달려오지 않는다. 국지적이든 전면적이든 공공의 힘이 궤멸된 상태라는 것이다.

가장 먼저 떠올릴 수 있는 가능성은 뭘까? 극단적이지만 전쟁을 생각하지 않을 수 없다. 나는 40여 년 동안 매달 15일에 울려퍼지는 민방위 훈련의 사이렌 소리에 길들여져왔다. 연평도 해전, 천안함 사건…… 남북간의 교전 소식은 끊어진 적이 없다. 소규모의 국지적 마찰이 반복되면서 한국 거주민들의 긴장감은 무뎌진 상황이지만, 바깥에서 볼 때 이 나라는 아직도 세계에서 가장 전쟁의 위험성이 높은 지역으로 손꼽힌다.

사전의 징후가 없었다는 사실은 이것을 부정할 근거가 되지 못한다. 현대전은 불과 몇 분만에 전세가 결정된다고 하지 않던가? 내가 잠들어 있는 사이에 알 수 없는 이유로 남북이 전쟁에 들어갔고, 양측은 가능한 모든 수단을 동원해 상대에게 집중포화를 퍼부었으며, 나는 잿더미 속에서 눈을 뜨게 되었다. 그게 불가능할까?

전면전까지는 아니라고 해보자. 도심 한복판의 초대형 건물을 무너뜨릴 정도의 테러는 어떠한가? 2001년 뉴욕 세계무역센터의 붕괴 장면은 마치 내가 그 일을 겪은 듯 생생하다. 미국의 심장이 무너졌는데, 이 변방의 도시가 안전할까?

이런 가정. 어제 나는 친구와 함께 멀티플렉스에 액션 블록버스터 영화를 보러 갔다. 그런데 그 건물이 재수없게 테러리스트의 목표가 되었고, 나는 진짜로 블록버스터가 되어버린 건물의 잔해 속에 갇히게 된 것이다.

혹은 상황은 같더라도 다른 원인이 작동했을 수 있다. 1990년대 중반 서울에서는 대형 건축물이 붕괴되는 사건이 이어졌다. 특히 삼풍백화점이 무너졌을 때의 충격은 아직도 생생하다. 대한민국 중산층의 풍요와 안전을 대변하는 공간이 일거에 무너져 500명이 넘는 사람이 죽었다. 지하 공간에 상당수의 생존자들이 고립되었고, 길게는 17일 후에 구조되기도 했다. 2011년 7월에는 강변역의 고층 빌딩인 테크노마트가 심하게 흔들리는 사고가 발생해, 2천여 명이 긴급 대피하는 소동이 벌어지기도 했다. 안전 전문가들이 진단한 결과, 건물 피트니스 센터에 있던 사람들이 특정한 리듬으로 한꺼번에 운동한 것이 건물의 고유 진동 주파수와 맞아서 일어난 일이란다. 단순한 해프닝으로 끝났지만, 부실 공사나 지반 침하로 인한 고층 빌딩의 붕괴 가능성을 지적하는 목소리도 적지 않았다.

우리는 이러한 재앙들을 뒤집어진 로또로 생각할 수도 있다. 극히 희박한 확률의 날벼락을 맞은 소수의 불운. 그러나 너무나 팽팽하게 연결된 현대 도시는 작은 균형이 무너지면서 도미노처럼 전복되기도 한다.

2011년 9월 전국을 경악케 했던 정전 사고를 떠올려보라. 언제나 햇빛과 공기처럼 자연스럽게 사용하던 전기가 끊어지자 전국은 마비되었다. 신호등이 꺼져 수백 대의 자동차가 뒤엉키고, 인천공항의 관제탑까지 제 구실을 할 수 없었다. 고층 빌딩의 엘리베이터가 마비되어 수천 명이 옴쭉달싹 못하게 되었고, 병원에서는 순간적인 단전으로 의료 기기들이 고장 나 큰 어려움을 겪었다. 그런데 이것은 더 큰 재앙인 '블랙아웃(Black Out)'의 맛을 살짝 보여준 것에 불과했다.

2003년 8월 미국 북동부의 7개 주와 캐나다 온타리오 주가 암흑천지로 바뀌었다. 3일 동안 계속된 정전으로 지하철, 철도를 비롯한 교통이 마비되었고, 상수도 펌프가 가동되지 않아 물이 끊어졌다. 인터넷과 TV가 불통되어 공포는 더욱 커졌고, 겨우 유지되던 전화 설비는 통화량 급증으로 유명무실해졌다. 상점가는 대낮에만 영업을 할 수밖에 없는데다 물량 유통까지 마비되었고, 그나마 남아 있던 생필품은 카드 단말기가 작동하지 않아 현금 거래밖에 안 되었다. 사실 은행의 ATM기도 작동하지 않아 통장에 수백만 달러가 있어도 무용지물이었다. 일부 사람들은 자동차를 타고 먼 지역으로 탈출하려고 했지만, 전기가 끊어진 상황이니 주유소의 펌프가 작동하지 않았다. 극악한 혼란의 연속이었지만, 그래도 부분 단전 정도로 제어할 수 있어서 다행이었다. 만약 조치를 제때 취하지 않아 발전소나 송전 설비 자체가 손상을 입고, 일주일 이상 정전이 지속된다면 그때는 돌이킬 수 없는 강을 건너야 한다.

천재지변—지진, 쓰나미, 화산 폭발, 빙하기의 재래

아니다. 이 정도까지의 궤멸이라면 이쪽을 먼저 떠올려야 했을지도 모르겠다. 언제나 자비 없이 인간 세계를 두드려 부수곤 했던 '자연'이라는 악마, 순진무구한 초록색 가면 뒤에 거대한 이빨을 숨기고 있는 그 녀석 말이다. 최근에는 더욱 자주, 유례를 찾아볼 수 없을 정도로 강력한 펀치들을 날려오지 않았나?

2011년 3월, TV로 생중계된 일본 지진과 쓰나미의 현장은 우리 상상력의 한계를 가볍게 뛰어넘었다. 거대한 파도가 수십 채의 가옥을 송두리째 휩쓸어갔고, 남아 있는 건물들은 불에 타 연기를 내뿜었다. 선박과 자동차와 경비행기들이 뻘 속에서 장난감처럼 뒤엉켜 있는 가운데 어디에도 생명의 신호는 보이지 않았다. 여기까지는 바다 건너 불구경일 수도 있었다. 그러나 연이어 들려온 후쿠시마 원자력 발전소의 폭발과 멜트다운의 위기…… TV 뉴스 속보와 트위터 타임라인을 통해 시시각각 들려오는 소식은 우리를 재난 영화의 한복판으로 데리고 갔다. 정말로 그런 일이 어젯밤에 벌어졌던 것일까. 파국의 속보가 아무리 빠르게 전달되어도, 우리는 이 도시를 빠져나가지 못했을 것이다.

또 다른 악마도 있다. 일본 지진 직후 태평양 연안 30여 개국에 쓰나미 경보와 대피 명령이 내려졌고, 인도양 연안인 아프리카 케냐의 주민들까지 노심초사하게 만들었다. 2004년 12월 동남아시아를 휩쓴 쓰나미를 통해 그 위력을 뼈저리게 경험했기 때문이다. 당시 인도네시아에서만 24만 2천여 명, 여타의 지역까지 합하면 30만 명에 이르는 사람이 사망하거나 실종되었다. 영화 〈해운대〉는 이 괴물이 부산 앞바다를 덮쳐와 해안의 초고층 아파트들을 집어삼킬 수도 있다고 말한다.

오존층의 파괴, 북극 빙하의 붕괴…… 여러 사람들이 이러한 환경 대재앙들이 닥쳐올 날이 머지않았다고 한다. 21세기 초반 인류가 경험하는 자연재해의 수위 역시 파고를 높이고 있다. 중국 내륙 지역에 달걀 크기만한 우박이 떨어지는 정도는 그저 해외 토픽이다. 완벽한 관개 시설을 자랑하던 유럽 지역까지 치명적인 대홍수로 100여 명의 사망자를 내고 있다. 지구 온난화로 한반도가 아열대로 바뀔 것이라는 우려가 점차 현실이 되어가는 가운데, 영화 〈투모로우〉는 같은 원인이 반대의 결과를 빚을 수도 있다고 경고한다. 극지방의 빙하가 녹아내리면서 지구 전체가 새로운 빙하기에 접어든다는 것이다. 더위에 쪄죽을지, 추위에 얼어죽을지조차 예측할 수 없다니. 어쩌란 말인가?

2011년 《뉴욕타임스》는 지역별로 지진, 태풍, 토네이도 등 강력한 재해가 찾아올 가능성을 그린 지도†를 보여주었다. 새까맸다. 과연 위험 지역이 아닌 곳이 어디인지를 찾기가 어려울 정도였다. 자연 재해가 원래 그렇지만, 초대형일수록 더욱 예측할 수 없다. 그중 어떤 것이 어젯밤 나의 도시를 찾아와 한순간에 문명의 흔적을 소멸시킨 뒤 나를 알몸뚱이로 잿더미 속에 던져버렸다고 해도 할 말이 없다.

† Where to Live to Avoid a Natural Disaster, 2011년 4월 30일자

전염병과 좀비

전쟁이나 지진치고는 이상하다. 서서히 눈앞에 들어오는 주변의 건물들이 너무 멀쩡하다. 격렬한 폭음이라든지, 화약 냄새라든지 그런 게 느껴지지 않는다. 무엇보다 이상한 건 주변이 너무 조용하다는 사실이다. 모든 것이 기이한

침묵 속에 잠겨 있다. 아니, 저 너머로 어떤 웅웅거리는 소리가 들린다. 나는 벽을 따라 문 가까이 다가간다. 문 앞에는 의자와 책상을 무더기로 쌓아올린 것이 보인다. 왜 이렇게 꼭꼭 문을 닫아둔 거지? 나는 문에 귀를 대어본다.

웅웅거리는 소리가 좀더 크게 들려온다. 처음에는 낡은 에어컨 같은 기계의 반복음이라 여겼다. 그런데 그것이 점점 어떤 웅얼거림과 닮아간다. 그래, 저 바깥에서 누군가 살려달라고 소리지르고 있는 거였다. 문을 열자.

"이봐, 잠깐!" 내 안의 다른 누군가가 말한다. "멈춰봐. 내 말을 들어보라구. 저 바깥의 소리가 정말 누군가의 목소리일지도 몰라. 그런데 그 누군가가 당신 편이라는 확신이 있어?"

나는 답한다. "적군이라면 저렇게 소리를 내고 다닐 이유가 있어? 자기 정체가 다 들통날텐데?"

다른 내가 다시 묻는다. "그래? 정말로 저 소리가 너에게 우호적인 누군가로 여겨져? 저 절망적인 흐느낌…… 거기에서 어떤 불쾌감이 느껴지지 않아? 인간이지만 인간이 아닌 무언가라고 생각되지 않는 거야?"

나는 화가 난다. "도대체 무슨 말을 하고 싶은 거야?"

다른 내가 답한다. "구제역 기억나? 그 병이 퍼질까봐 두려워서 돼지들을 생매장한 거? 그와 같은 일들이 인간에게도 일어났다면? 그래서 병든 인간들을 도살시키고 묻었는데, 그들이 다시 땅속에서 기어나와 나를 먹이로 삼기 위해 찾아헤매고 있다면?"

지구 차원에서 인간의 증식을 조절해온 가장 중요한 두 무기 중 하나는 앞에서 언급했다. 전쟁이다. 그와 더불어 인류 문명의 무모한 팽창을 궤멸시키는 데 혁혁한 공로를 거두어온 것은 전염병이다. 보카치오의 『데카메론』, 대니얼 디포의 『페스트가 있던 해의 기록』, 알베르 카뮈의 『페스트』는 인간들이 밀집된 도시가 흑사병을 통해 지옥으로 바뀌어가는 이야기를 전해준다. 주제 사라마구의 소설 『눈먼 자들의 도시』는 시각을 잃어버리는 전염병이 만들어내는 아수라장을 그리고 있다.

이제 여기에서 21세기 들어 가장 강력하게 대두되는 공포의 재앙을 언급해야겠다. 과학 저술가 애널리 뉴위츠(Annalee Newitz)는 SF 블로그 io9[†]를 통해 흥미로운 통계를 발표했다. 그녀는 1910년 이후 미국과 유럽의 좀비 영화 제작 편수를 그래프로 보여준다. 분석의 요지는 전쟁이나 사회적 격변 이후 좀비 영화가 급증한다는 것이다. 1930년대 대공황, 미국의 베트남전 개입, 에이즈의 창궐, 이라크 전쟁 등이 그 기폭제다. 이 장르의 고전인 〈살아 있는 시체들의 밤〉(1968년)과 베트남전을 연결시키는 시도는 상당한 설득력을 보여준다. 하지만, 나는 이 그래프에서 다른 면모에 더 주목하게 되었다. 전쟁과 경제적 요동이라는 변수에 의한 기복과는 별개로, 21세기 이후 좀비 영화의 급증은 그 양상 자체가 달랐다.

[†] 2010년 《더 타임스》가 최고의 과학 블로그 중 하나로 선정하기도 했다. http://io9.com/5070243/war-and-social-upheaval-cause-spikes-in-zombie-movie-production

1970년대 초반까지 한해 10편 미만이었던 좀비 영화는 1970년대 중반에 15편 가까이 치솟은 뒤 몇 번 이 정도의 피크를 반복했다. 그러다 21세기 들어 한 해 20편을 돌파하더니, 2005년 이후에는 매해 30편 내외의 작품을 쏟아내고 있다. 뉴위츠가 지적하듯이 과거에 비해 영화 제작 편수 자체가 급증했고, 디지털 카메라 등 기술적 도움으로 저예산 호러 영화의 제작이 쉬워졌다는 점을 간과할 수 없다. 그러나 이미 좀비 장르는 B급 호러의 지하실을 뛰쳐나온 지 오래다. 잭 스나이더의 〈새벽의 저주〉, 대니 보일의 〈28일 후〉 같은 탁월한 영화들이 등장했고, 장르 내의 번식과 진화가 폭발적으로 이루어졌다. 드라마 시리즈 〈워킹 데드〉는 2010년 미국 케이블 시청률 1위를 기록했고, 아마존의 베스트셀러 목록에 『좀비로부터 살아남는 법』 같은 책들이 등장했으며, 『오만과 편견과 좀비』 같은 패러디 소설들이 대히트를 쳤다.

정말 진지하게 말하고 있는 건가? 이토록 의학이 발전한 문명 세계가 어떤 전염병에 의해 파멸을 맞이한다든지, 시체들이 벌떡 일어나 우리를 잡아먹기 위해 달려드는 상황이 개연성 있다고 생각하는가? 물론 '좀비의 창궐'과 '좀비 영화, 좀비 장르의 창궐'은 다르다. 그러나 분명한 것은 이 좀비에 대한 상상력이 21세기의 인간들을 사로잡고 있다는 사실이다. 아마도 주요한 원인 중 하나는, 뉴위츠가 미처 지적하지 않은 이것 '전염병의 창궐'일 것이다.

에이즈의 공포는 사그라들고 있지만, 신종 플루, 사스, 구제역 같은 새로운 전염병들이 삽시간에 세계로 퍼져가는 모습을 우리는 목도하고 있다. 공항 입국 센터에 몰려온 사람들이 마스크를 쓰고 열감지기로 체온 조사를 받는 풍경은 좀비에게 쫓겨 대피소로 몰려든 사람들과 크게 다르지 않다. 좀비는 애초 카리브해의 부두교 주술에서 태어났다. 마술의 영역이다. 그런데 지금의 좀비는 '바이러스 가설'이라는 과학적 옷으로 갈아입고 있다. 그러니까 좀비를 만들어내는 것은 〈28일 후〉에서 과학자들이 원숭이를 통해 연구하던 '분노 바이러스'일 수도 있고, 테러리스트의 '미치광이 가스'나 군대나 정부, 혹은 식품회사의 실험 결과일 수도 있다.

그래, 지금 나를 밀폐된 이곳에 숨어들게 한 괴물이 좀비가 아니라고 해보자. 그러나 드라마 〈워킹 데드〉의 주인공이 외치는 목소리를 무시할 수는 없다. "무기화된 천연두, 에볼라 바이러스…… 그런 게 퍼지면 어떻게 되는지 아십니까?"

제국의 붕괴와 경제적 파국

나는 이마의 미열에 불안감을 느끼며 바닥에 주저앉는다. 그러다 떠올린다. 예전에 내가 주변 사람들에게 '당신이 떨어질 수 있는 최악의 밑바닥은 무엇이라고 생각하는지' 물었을 때, 앞의 예들이 답으로 나온 경우가 없었던 것은 아니다. 매년 극심해지는 혹한과 혹서를 겪으면서 분명히 지구가 사막화될 거라며 옥상에 초대형 물탱크를 설치한다는 사람도 있었다. 가능하면 남쪽으로, 그

---

1. 내가 떨어질 수 있는 최악의 밑바닥은 어디인가?

리고 도시 바깥으로 벗어나는 것이 전쟁이나 테러의 위험에서 벗어나는 길이라고 주장하는 경우도 보았다. 그러나 가장 많은 사람들이 언급한, 실체감이 제일 분명한 두려움은 이것이었다. 경제적인 파탄.

소련의 대붕괴를 목도한 에너지 이론가 드미트리 오를로프는 2009년 『예고된 붕괴』를 통해 그와 유사한 파탄이 미국이나 서방 제국에도 찾아올 수 있다고 경고했다. 감당하기 어려운 대외 채무, 통화 가치 하락, 에너지 위기와 같은 삼중고가 주요한 원인이 될 수 있다. 그가 예상한 금융권의 붕괴와 부동산 가치 폭락은 바로 그 해에 적중했다.

한국 역시 혹독한 시련의 한가운데에 있다. 한국 경제의 해외 무역에 대한 의존, 자원의 대외 의존도는 타의 추종을 불허한다. 세계화의 대열에 끼기 위해 안간힘을 써온 그 전략 때문에 지구상에서 벌어지는 갖가지 충격의 여파를 온몸으로 받을 수밖에 없는 상황이다. 미국 부동산 거품이 꺼지면서 터져나온 서브프라임 모기지론 사태로 인한 경기 악화는 국내 여러 기업들의 연쇄 도산을 불러일으켰다. 아일랜드, 그리스의 재정 위기는 곧바로 국내의 주가 폭락으로 이어졌다.

한 국가가 경제적 파국에 이른다는 것은 무엇을 의미하는가? 2001년 아르헨티나 정부는 모라토리움 선언을 했다. 말이 좋아 지불 유예지, 정부가 파산 선언을 한 것이나 마찬가지였다. 자국 통화의 가치는 급락했고, 돈이 있어도 살 수 있는 물품이 없었다. 국가 경제가 마비되면 전기, 가스, 물이 끊기고, 교통망과 각종 인프라가 무너지며, 연료, 식량, 의약품, 소비재를 확보할 수 없다. 당시 해외 토픽에서는 트럭 사고로 떨어진 소 한 마리를 온 마을 사람들이 달려들어 뜯어가는 장면이 나오기도 했다. 이와 비슷한 위기는 두바이, 아일랜드, 그리스, 이탈리아, 스페인의 국가 파산 위기로 이어졌다.

어쩌면 지난 몇 주 동안 이런 상황이 대한민국에서 벌어졌는지 모른다. 정부는 재정 적자를 메우지 못해 도산했고 국채는 휴지 조각이 되었다. 다국적

투기 자본은 일찌감치 도망갔고 주식 시장은 대폭락했다. 내게 원고료나 강사료를 보내줄 출판사나 기업들도 연이어 무너졌다. 예금해둔 돈으로라도 당분간 버티겠다는 생각은 오산이었다. 제2금융권도 아니고 번듯한 시중은행에 예금자 보호 한도 내에 넣어둔 돈도 인출받지 못했다. 미리 눈치를 챈 은행 직원들과 그 가족들이 대량 출금한 터라 현금 보유고가 바닥이란다. 개인연금과 보험도 무용지물이다. 평소 게으른 덕분에 바지 주머니마다 천 원짜리 몇 장씩 잔돈을 구겨둔 게 다행이라 여겼지만, 그걸 알뜰히 모아 몇만 원을 만들어 동네 슈퍼를 찾아갔더니 진열대가 텅텅 비었다.

좀더 번화가로 가보자. 석유 수입이 안 되는 탓에 대중교통은 운행이 중단된 상태여서 하는 수 없이 10여 킬로미터나 떨어진 대형 마트까지 걸어가기로 했다. 마트에 도착하니 이미 긴 줄이 늘어서 있다. 배급표 371번을 받아 네 시간 뒤에 겨우 라면 한 봉지와 생수 한 통을 챙겼다. 물건도 없거니와 생필품의 가격이 폭등해서 가진 돈은 몽땅 털렸다. 그렇게 구한 식량을 챙겨서 한 시간 반 동안 언덕길을 걸어올라왔더니, 골목길에서 10대 폭주족들이 튀어나왔다. 나는 죽을힘을 다해 장바구니를 끌어안았지만, 뭇매를 맞은 뒤 빈 창고 안에 내버려진 것이다.

지나친 비관주의인가? 한국 경제 자체가 붕괴하지는 않을 거라고? 약간의 위기는 있더라도 그 정도는 버텨낼 덩치와 탄력성을 유지하고 있다고? 좋다. 일단 전면적인 붕괴의 가능성은 제쳐두자. 그럼에도 개인들의 파국은 언제나 진행중이다. 거대한 공룡 재벌은 삐그덕거리지만 죽지 않는다. 하지만 그 털 끝에 매달려 있던 개미들은 작은 바람에도 우수수 나락으로 떨어진다.

서두에 언급했듯이 나는 지난 몇 년간 파산 법정을 들락거리는 신세였다. 내 신분이 채무자가 아니라 채권자였다는 점을 다행으로 여겨야 할지 모르겠지만, 그 채권이 나의 전 재산이나 다름없다는 사실 때문에 전혀 위로가 되지 못했다. 법원의 통지를 받은 나는 전세금이나 투자금을 돌려받기 위해 모인 수

1. 내가 떨어질 수 있는 최악의 밑바닥은 어디인가?

십 명의 채권자들과 함께 변호사가 나눠주는 두꺼운 보고서를 들여다보았다. 채무자이자 내가 살고 있는 건물의 주인은 수십억이 넘는 재산을 가진 사람이었다. 개인 명의가 그런 것이지, 부인과 가족 명의를 합치면 몇 배가 될 것이다. 그들은 주거용 건물을 지어 분양하고 임대하는 사업을 했고, 더불어 고급 이유식 공장을 운영하고 있었다. 아마도 최근에 찾아온 경제 위기가 공장 쪽에 먼저 타격을 주었던 것 같다. 그들은 자금을 조달하기 위해 여러 곳에서 돈을 끌어다 썼고, 그중에는 은행과 개인은 물론 사채들도 있었다. 부도는 부도를 낳고, 결국 더 이상 손쓸 수 없는 상황에 이르러 회생 신청을 하고 법정에 섰다. 나로서는 수십억 재산을 수백억대로 불리기 위해 모험을 하는 것 자체가 이해가 가지 않지만, 그게 사업의 본질이라고 치부해두자. 중요한 것은 결국 그런 욕심 때문에 자신뿐만 아니라 수십 명 채권자의 목숨줄을 뒤흔들게 되었다는 점이다.

법정에는 뜻밖에도 서로 농담을 주고받으며 여유롭게 앉아 있는 사람들도 있었는데, 사채 쪽에서 온 직원들이었다. 채권자들 중에 수억을 날리게 되었다고 판사에게 억울함을 호소하는 경우도 있었지만, 나는 결국 그들도 고액의 이자를 바라고 투자한 것이니 크게 동정이 가지 않았다. 내게 가장 와닿았던 것은 십수 명의 세입자들이 개인의 전 재산, 아니 대출을 포함한다면 그 이상이 되는 돈을 일거에 날릴 위기에 처하게 되었다는 상황이었다. 채권에는 우선순위라는 게 있다. 그 순위의 앞쪽은 얼마간의 고통과 불편이 있겠지만 어쨌든 전액을 회수할 수 있다. 그러나 뒤쪽은 잘려나간다. 모든 채권자가 1/n씩 고통을 분담하는 게 아니다. 법정은 후순위들에게 말했다. "채무자가 회생하는 데 손을 들겠습니까? 원금의 10% 혹은 25%를 받게 해주겠습니다. 채무자가 파산하게 하겠습니까? 재산을 경매하면 당신은 한 푼도 못 받을 것입니다." 판사는 울먹거리는 채권자의 항변에 귀도 기울이지 않았다. 얼굴엔 짜증이 가득했고, 할 일이 무지 많아 보였다. 그도 그럴 것이 파산의 낭떠러지 앞에서 판결을 기다리는 사람들이 줄지어 있었으니까.

법정에서 나와 정떨어지는 파산 가옥으로 돌아가는 지하철을 탔다. 스트레스 때문에 식사를 놓쳐 속이 쓰렸다. 그래도 뭔가 배를 채워야겠다고 대학가의 먹자골목에 들어섰다. TV에서는 〈무한도전〉 '여드름 브레이크' 편이 재방송되고 있었다. 멤버들은 300만 원짜리 돈가방을 차지하기 위해 서울 시내를 미친 듯 추적하며 헤매다녔다. 나는 헛웃음이 나왔다. '겨우 300만 원?' 게임 도중에 박명수가 택시비를 찾으려고 은행 현금인출기에서 돈을 꺼내는 장면이 나왔다. TV를 보던 대학생들의 목소리가 들려왔다. "그냥 거기서 300만 원 뽑으면 되잖아. 한 회 출연료가 얼만데?" 그러자 다른 학생이 설명했다. 저 추적극에 등장하는 남산 시민 아파트, 예술인 아파트, 오쇠동 삼거리가 모두 개발을 위한 철거 예정지라는 것. 그중 오쇠동에서 철거민들에게 지불하는 이주비가 '300만 원'이었던 것이다. 그 돈으로 일가족의 새 터전을 장만하라고? 길바닥으로 내쫓아내는 것과 다름없는 일이 아닌가? 그것에 항의하기 위해 싸우면 강제 철거반에게 폭행당하고 용산 참사와 같은 비극을 맞게도 되겠지.

그때 식당 바깥에서 음식물 쓰레기 봉투를 뒤적이는 노숙인을 보았다. 그 역시 한때 번듯한 직장에서 월급을 받고, 어여쁜 부인과 가족을 일구며 살았을지 모른다. 친구의 빚보증을 잘못 서주었든지, 회사가 파산하며 사장이 야반도주를 했든지, 빚을 내어 치킨 가게를 차렸다가 조류 독감이라는 된서리를 맞았든지…… 그렇게 해서 모든 재산을 날리고 빚더미에 깔리고, 결국 거리로 쫓겨나와 음식물 쓰레기통을 뒤지는 신세가 된 게 아닐까? 노숙인에게 도시는 더 이상 그들의 일상을 지켜줄 문명이 아니다. 사채업자라는 맹수를 피해 하루하루의 목숨을 연명해가는 정글과도 같다.

나는 어쩌면 전세금을 한 푼도 못 받고 길바닥으로 쫓겨났던 건지 모르겠다. 고시원 방을 구하려고 카드빚과 사채를 썼다가 연체에 연체를 거듭했고, 결국 장기 적출을 당하기 직전에 이르렀다. 그러곤 자살을 시도하기 위해 연탄

1. 내가 떨어질 수 있는 최악의 밑바닥은 어디인가?

한 장을 들고 공사장의 빈방에 들어왔다가, 연탄을 피울 라이터의 가스가 떨어진 채 배고파 쓰러져 잠들어 있었던 건지 모르겠다.

조난과 표류

이처럼 파국의 시나리오를 하나씩 조립해 눈앞에 진열해가면서 부풀어오르는 생각이 있다. 개인 파산과 노숙자의 경우가 그렇듯이 도시나 국가 단위 이상의 전면적 붕괴만을 고려해서는 안 된다. 그보다 작은 단위의 사고로도 한 개인은 밑바닥으로 곤두박질칠 수 있다. 어제 내가 함께했던 일상의 회전목마는 지금도 늘 그래왔듯이 돌아가고 있다. 그들은 잘들 어울려 먹고 마시고 놀고 싸고 있다. 그런데 나 혼자만이 극한의 생존 상황에 굴러떨어져 있다. 어떻게?

나는 서바이벌의 아주 고전적인 모델을 떠올린다. 지난날 자신이 가진 재산, 지위, 명성을 모두 빼앗긴 채, 알몸뚱이나 다름없는 상황에서 누구의 도움도 없이 생존해야 하는 비참한 신세. 바로 무인도에 갇힌 『로빈슨 크루소』다.

21세기의 지금, 내가 어떤 사고를 당해 문명의 손길이 닿지 않는 오지에 낙오될 수 있을까? 지금은 로빈슨이 살던 열린 바다의 시대가 아니다. 미지의 바다에 이름 없는 무인도가 즐비하던 때가 아니다. 부동산 업자에 다름 아닌 유럽의 대제국들은 지난 수백 년 동안 지구를 샅샅이 뒤져 등기부를 작성해놓았다. 일개 민간인도 구글 어스를 돌려 그 모든 섬들을 확인할 수 있는 시대다.

허나, 1천만분의 1의 확률이더라도 어떤 식으로든 내가 그 처지에 이르렀다면 이미 그것은 실제 상황이다. 나는 데이터를 점검해본다. 그러고 보면 비교적 최근까지도 해양 조난을 통해 무인도에 갇히게 된다는 설정의 영화들이 있다. 〈스웹트 어웨이〉처럼 유람선을 타고 가다가 표류할 수도 있고, 〈식스 데이 세븐 나이트〉처럼 경비행기를 타고 가다 조난될 수도 있다. 〈캐스트 어웨이〉나 〈로스트〉처럼 대형 비행기가 사고로 무인도에 떨어지는 경우도 있다. 심지어 〈

김씨 표류기〉처럼 한강에 있는 섬에 표류하게 된다는 설정도 있다. 여러 불운한 상황들이 겹칠 수도 있다. 『그의 나라』의 경우처럼 전 지구적인 재난이 벌어지는 상황에서 해양 조난 사고를 당했을 경우를 생각할 수 있다.

이런 가설을 세워보자. 나의 오랜 꿈 중 하나는 서울에서 인천항까지 스쿠터를 몰고 가, 배를 이용해 제주도로 간 뒤, 다시 스쿠터를 타고 섬을 일주하는 것이다. 그러니까 나는 그 선박에 타고 있다가 해저 지진이 원인이 된 쓰나미 속에 난파해 어느 섬에 기어올랐다. 정상적인 상황이라면 곧 구조대가 도착했어야 한다. 그러나 때마침 지진으로 주변의 원자력 발전소에서 폭발 사고가 났고, 멜트다운된 방사능이 주변 바다 전체를 오염시켰다. 바다 자체에 접근이 통제되었고, 내가 탄 선박은 침몰 후 실종으로 처리되었다. 경찰과 구조 인력은 내륙에서 벌어지는 대참사를 막기에도 역부족인 것이다.

리얼리티 서바이벌 쇼

아니다. 전혀 잘못 짚었다. 그 생각을 왜 못했지? 만화『간츠』에서 두 고등학생 케이와 마사루는 지하철에 떨어진 노숙자를 구하려고 선로에 뛰어들었다가 전차에 치어 죽은 것 같다. 그러나 다음 순간 그들은 이상한 방에 도착해 있다. 거기에는 자신들을 포함한 여덟 사람과 개 한 마리가 있다. 그 안에 있는 어떤 사람도 이 상황을 설명하지 못한다. 그때 초등학교 교사라는 남자가 말한다.

"방송이다! 그래, 틀림없이 어딘가 카메라가 설치되어 있을 거야."

세계의 영화관이 좀비들로 들끓을 때, 각국의 TV는 고립된 인간들의 생존 게임을 방영하며 톡톡한 재미를 보고 있었다. 대표적인 두 쇼는 〈빅 브라더〉와 〈서바이버〉. 〈빅 브라더〉는 밀폐된 집 안에 한 무리의 청춘 남녀들을 가둬두고 그들의 일거수일투족을 CCTV로 촬영한다. 그때그때 주어지는 미션에 따라 특혜와 처벌이 가해지고, 매주 투표에 의해 탈락자를 집에서 쫓아낸다. 〈서바이버〉는 무인도나 고립된 오지에 참가자들을 데려다놓고 자급자족 생활을 하

1. 내가 떨어질 수 있는 최악의 밑바닥은 어디인가?

게 한다. 생존을 위한 거주지, 식량 등은 직접 마련해야 한다. 매회 치루어지는 미션에서 패배한 부족은 구성원 중 하나를 투표로 제거한다. 양쪽 다 마지막까지 남은 우승자에게는 거액의 상금이 주어진다.

물론 리얼리티 쇼는 최소한의 안전책은 마련해두고 있다. 적어도 사람을 죽게까지는 내버려두지 않는다. 그러나 영화 〈10억〉에서는 그 한계를 벗어난다. 인생 밑바닥에 떨어진 주인공들이 거액의 상금을 건 리얼리티 쇼에 출연하기 위해 낯선 오지에 모인다. 이들은 반은 장난처럼 이 게임에 임하지만, 여기에서 탈락한 자는 집으로 돌아가는 것이 아니라 바로 무자비한 죽음을 당한다. 그러니까 진정한 의미의 생존 게임이다.

어쩌다가 나는 이런 리얼리티 쇼의 참가자가 된 것이 아닐까? 계약서에 사인을 한 기억은 없다. 그러나 나도 모르는 사이에 어떤 음모에 휩싸였거나 착오에 의해 이 게임 속에 들어온 것일지 모른다. 그렇다면 여기에서 멈춰달라고 해야겠다. "거기 당신들 나를 보고 있지? 당장 나를 꺼내줘. 더 이상 이런 감옥 같은 곳에 갇혀 있기 싫어. 뭔가 오해가 있었던 거야. 어서. 안 그러면 경찰을 부를거야. 고소할 거라고!" 소용없는 것 같다. 아무런 대답도 없다. 문득 〈올드보이〉가 생각난다. 어디서 누군가 군만두라도 건네주면 좋겠다.

골방의 표류자

영문도 모른 채 15년 동안 좁은 방에 갇혀 있던 오대수라는 남자를 떠올린다. 과연 이 문명 사회에서 그런 사설 감옥이 가능할까? 머릿속의 오대수가 말한다. "모르지. 정말 돈 많고 독한 놈의 원한을 산다면." 나는 항변한다. "나는 그런 짓을 저지른 적 없다고. 너 같은 줄 알아?" 오대수는 킬킬거리며 말한다. "아니면 아주 재수가 없든지." 그는 웃음을 남기고 사라진다.

영화 〈김씨 표류기〉에서 밤섬에 표류된 남자 김씨를 멀리 아파트에서 망원경으로 바라보는 소녀가 있다. 푸석푸석한 긴 머리에 앙상한 얼굴을 한 소녀는 자신의 방에만 틀어박혀 있는 은둔형 외톨이다. 나는 그녀 역시 또 다른 표류자, 또 다른 골방의 수감자가 아닐까 생각한다.

바다는 문명 세계와 표류자 사이를 갈라놓는다. 은둔형 외톨이에게는 사람들이 바다이자 상어이며 해적이다. 바깥의 사람들은 그를 두들겨팼고 따돌리고 잔소리해댔다. 그래서 집 안으로 숨어들었고, 결국 부모조차 얼굴을 대하기가 싫어 작은 방 안에 들어가 꽁꽁 문을 잠갔다. 그에게 방은 삭막한 무인도와 같다. 그만큼 이 방 안에서의 생존이 절박하다. 신발을 신고 나가 편의점에서 컵라면을 사는 것은 마치 독해파리가 득시글거리는 바다를 헤엄쳐 어두컴컴한 해저 동굴 밑바닥에 있는 조개를 따오는 것과 같다. 심지어 마지막 순간엔 검은 문어 같은 편의점 직원이 지키는 문을 통과해야 한다. 그가 "할인카드 있으세요?" 따위의 말을 걸지 않고 계산만 해주기를 간절히 기원한다.

은둔형 외톨이는 청소년에 한정되는 문제가 아니다. 대학을 졸업하고도 사회에 적응하지 못한 청년 무업자, 사회나 가족과의 관계가 거의 단절된 중년 남녀들 역시 골방에 갇히고 있다. 이들은 고시원, 쪽방을 각자의 섬으로 삼아 유폐의 삶에 들어간다. 그나마 이것도 방값이 있을 때에나 가능하지, 자칫 바깥으로 밀려나 노숙인과 같은 거리의 조난자가 될 수도 있다.

이것이 나의 경우가 될 수 있을까? 그리 어렵지 않아 보인다. 나는 이미 15년 이상을 룸메이트도 없이 혼자 살아왔다. 그런 내가 어떤 이유로 사회적 관계를 모두 단절한 채, 방문을 잠그고 골방에 처박힌 것은 아닐까? 사람과 만나는 일조차 두려워 오직 인터넷 쇼핑으로만 물자를 구입한다. 햇반 네 상자, 냉동 햄버거 여덟 팩, 생수 네 병, 김치 한 포기…… 식량을 구하는 일까지 가능하니 외부와의 접촉은 거의 필요하지 않다. 택배원에게는 항상 문 앞에 물건을 놓고 가라고 말한다. 업무는 이메일로만 의뢰를 받고, 컴퓨터를 이용해 처리한다. 휴대전화로 누군가와 통화를 해본 기억도 까마득하다.

아주 가끔 집 밖을 나가기는 한다. 쓰레기를 내놓거나 급한 물자를 채집하

1. 내가 떨어질 수 있는 최악의 밑바닥은 어디인가?

기 위해 편의점을 찾아갈 때다. 이때는 아무도 돌아다니지 않는 야간을 이용하고, 온몸을 꽁꽁 싸맨다. 마스크는 필수다. 그래야 말을 걸지 않는다. 그러던 어느 날 병에 걸린 것이다. 환기도 안 되는 방에서 운동도 하지 않고 버틴 탓이겠지. 그러나 누구에게도 연락할 수 없다. 관계를 맺고 있는 사람 자체가 없지만, 설사 있더라도 도움을 요청할 수가 없다. 목소리 자체가 나오지 않는다. 나는 비틀대며 문을 향해 기어갔으리라. 그러다 기절한 뒤에 병의 후유증으로 과거를 거의 망각한 채 일어서게 된 것이다.

게임의 규칙

아직 어둠 속이다. 내가 상상하고 추측한 수많은 덫 중 어느 것에 내 육신이 포획당한 상태인지 알 수 없다. 시나리오들이 과연 얼마만큼의 확률로 나를 기다리고 있는지도 알 수 없다. 그러나 이것만은 알고 있다. 이 밑바닥에서는 내가 아무리 발버둥치며 살려달라고 외쳐봤자 소용없다는 사실을. 친구도, 경찰도, 신도 나를 구해주지 않는다.

나는 이 모든 시나리오들이 가진 공통점을 발견하고 그것을 하나씩 기록했고, 그를 통해 '서바이벌 노트'라는 게임의 규칙을 정리하게 되었다. 생각할 수 있는 최악의, 내가 굴러떨어질 수 있는 가장 밑바닥의 상태를 확인하기 위해서다. 그리고 이제 거기에서 어떤 일이 벌어지는지 하나하나 살펴보고자 한다.

○ 나는 물리적으로 제한된 공간에 고립되어 있다. 강력한 외부의 위험이 그 공간을 둘러싸고 있고, 때때로 내가 확보한 공간 안으로 침범해 올 수 있다.

○ 공간은 섬과 같은 자연적 형태일 수도, 건물과 같은 인공적 형태일 수 있다.

○ 나는 커다란 위험을 무릅쓰지 않고서는 그 공간을 떠날 수 없다. 공간을 떠난다고 해도 다른 장소에서 안전을 확보하리라는 보장이 없다. 하나의 고립에서 또 다른 종류의 고립을 (아주 큰 위험을 담보로) 선택할 수 있을 뿐이다.

○ 나는 그 공간에 혼자 있을 수도, 혹은 타인과 함께 있을 수도 있다.

○ 자연력을 제외한 문명의 혜택(전기, 가스, 수도 등)은 거의 기대할 수 없다. 외부의 인위적 원조도 없다. 살아남기 위해 나는 자급자족해야 한다.

○ 나는 완전한 알몸에서 시작할 수도 있고, 어느 정도의 소지품을 가지고 시작할 수도 있다. 내가 머릿속에 간직하고 있는 무형의 지식, 경험, 기술은 유효하다.

○ 그 공간이 제공하는 자연적인 조건은 사용 가능하다. 그 공간이 미리 갖추고 있는 물자는 인공물이라 하더라도 자연스러운 것으로 판단해 이용할 수 있다.

○ 나는 그 공간에서 최대한 오랫동안 살아남아야 한다.

○ 나는 살아남은 뒤의 여력으로 행복을 추구할 수 있다.

○ 게임은 내가 죽는 것으로 끝난다. 그 외의 결말은 없다.

1. 내가 떨어질 수 있는 최악의 밑바닥은 어디인가?

케이스 스터디

다음은 서바이벌의 구체적 상황들을 파악하기 위해 해부한 대상들이다. 이 책에서 다루고 있는 여러 주제를 연구하는 데 주요한 텍스트가 될 것이다.

개입의 규칙

¤ 전쟁, 테러, 대형 붕괴, 블랙 아웃

최후의 성(城), 말빌   로베르 메를르의 소설. 핵전쟁으로 지구가 초토화되는 상황에서 프랑스 시골 마을의 주민들이 지하 와인 창고에 있었던 덕분에 목숨을 건진다. 지상으로 돌아온 이들은 가족과 친지들이 모두 죽고 지상의 문명은 소멸되었다는 사실을 알게 된다. 그들은 이 중세의 성 안에서 최소한의 문명을 재건하며 자급자족의 터전을 만들어야 한다. (1972년작)

아키라   오토모 가츠히로의 만화. 1982년 도쿄는 신형 폭탄에 의해 붕괴되고, 이를 계기로 촉발된 3차 세계 대전으로 세상은 황폐화된다. 재건된 2019년의 네오 도쿄는 초능력(핵 또는 과학기술력에 대한 은유)을 가진 소년 아키라에 의해 또다시 붕괴된다. 약육강식의 무법천지 속에서 오토바이 폭주족 소년들과 종말론의 광신도들이 서바이벌의 전투를 벌인다. (1982~90년 연재)

경복궁 학교   박흥용의 만화. 서울에서 대형 상가 빌딩이 무너지고 한 무리

의 사람들이 갇히게 된다. 자기가 싫어나른 여배우와의 연애를 꿈꾸던 퀵서비스 청년, 옥탑방에 사는 만화가 지망생, 농담 좋아하는 전과자 등…… 이들은 썩어가는 시체 더미 속에서 구조를 기다리며, 자신들의 이야기를 하나씩 털어놓는다. (1997년부터)

¤ 지진, 해일, 천재지변

표류교실 우메즈 가즈오의 만화. 초등학생인 쇼가 겨우 지각을 면해 학교에 간 직후, 지진으로 여겨지는 굉음과 강력한 진동이 일어난다. 진동이 멈춰 안심한 것도 잠깐, 그들은 이 학교 자체가 알 수 없는 원인으로 통째로 미래로 날아갔다는 사실을 알게 된다. 그 미래는 방사능으로 오염되어 인간은 거의 멸종되고 돌연변이 괴물들만이 돌아다니는 파국의 세계. 학교는 완전히 황폐화된 대지 위에 고립되어 있다. (1972~74년 연재)

드래곤헤드 모치즈키 미네타로의 만화. 수학여행을 가는 고등학생들을 태운 기차가 터널을 지나다가 갑작스런 붕괴 사고로 암흑 속에 갇히고 만다. 주인공 아오키 데루를 비롯한 몇 명의 생존자들은 큰 지진이 일어났다고 생각하며 터널 밖으로 나가기 위해 안간힘을 쓴다. 그런데 진짜 절망은 여기에서부터다. 터널 밖으로 나와도 태양을 볼 수 없다. 일본 열도 전체가 검은 먼지 구름에 덮여 있다. (1995~2000년 연재)

아틱 블래스트 환경 오염으로 약화된 오존층의 일부가 일식의 영향으로 뚫

1. 내가 떨어질 수 있는 최악의 밑바닥은 어디인가?

리자 중간권의 영하 90도에 달하는 냉기가 대기권으로 내려온다. 이로 인해 생겨난 한랭전선은 오스트레일리아 남부 태즈매니아 섬에 몰아닥친다. 사람들은 전열 기구, 가스, 식량 등을 사재기하고, 대피하는 차량들로 도로는 마비된다. 하얀 안개처럼 생긴 이 공기에 닿기만 하면 건물, 항공기, 생명체든 바로 얼어 버리는데, 호주를 비롯한 세계 각국이 살인적인 냉기의 공격을 받는다. (2010년작)

¤ 좀비, 전염병

페스트   알베르 카뮈의 소설. 알제리의 도시인 오랑이 페스트로 인해 전면 봉쇄된다. 도시는 질병에 대한 공포, 물자의 부족 등으로 극심한 혼란상을 겪는다. 의사 리외와 지식인 타루는 자신이 가진 지식과 이성으로 문제를 해결하려고 하고, 신부 파늘루는 신의 심판인 질병을 묵묵히 받아들이라고 한다. 파리에서 온 기자 랑베르는 그저 관찰자에 불과했던 자신이 점차 그들의 도시와 동화되어 가는 것을 느낀다. (1947년작)

나는 전설이다   리처드 매드슨의 소설. 영화판(뉴욕)과 달리 원작 소설의 배경은 LA다. 정체불명의 전염병으로 인류 전체가 흡혈귀(좀비)가 되어버린 상황. 로버트 네빌은 자신의 집을 요새로 만들어 좀비들의 도발과 유혹, 공격을 막기 위해 애쓴다. 그를 가장 괴롭히는 것은 사랑하는 가족을 잃고 지구 최후의 인류로 살아남았다는 고독감이다. 그는 재앙이 닥친 3년 뒤 외형적으로 거의 감염되지 않은 것 같은 여성 러스를 만나지만 더 큰 혼란에 빠

지게 된다. (1954년작)

눈먼 자들의 도시　주제 사라마구의 소설. 원인을 알 수 없는 실명의 병이 도시를 덮친다. 사실을 은폐하기 바쁜 정부는 머지않아 힘을 상실하고, 눈먼 자들이 도시를 뒤덮으면서 세계는 끔찍한 혼란으로 치닫게 된다. 폭력배들이 식량을 장악한 채 사람들을 착취하고, 이성과 양심은 급속히 힘을 잃어간다. 유일하게 눈이 멀지 않은 안과의사의 아내는 선량한 의지로 도시를 뒤덮은 악과 싸워나가고자 한다. (1995년작)

28일 후　대니 보일 감독의 영화. 청년 짐은 교통사고로 병원에 입원했다가 눈을 뜬 뒤 런던 시내가 사람 그림자 하나 없이 텅 비어 있다는 것을 발견하게 된다. 영국 전역은 '분노 바이러스'에 감염된 폭력적인 좀비들에 의해 점령된 것이다. 그는 몇몇 생존자들과 합류한 뒤 자신들을 보호해주겠다는 라디오 방송을 듣고 맨체스터의 군부대를 향해 간다. (2002년작)

워킹 데드　드라마 시리즈. 마을의 보안관인 릭 림스비는 사고로 입원한 뒤 좀비들이 득시글거리는 세상에서 깨어난다. 그는 절망감 속에 생존자들을 모은 뒤 사랑하는 부인과 아들이 있는 애틀랜타로 향한다. 릭의 부인 로리는 사고로 남편이 죽었다고 생각한 뒤 릭의 절친인 셰인과 연인이 되고, 이들은 다른 경로로 생존의 길을 찾아간다. 이들 주변에 여러 인물들이 모이고 좀비들로 폐허가 된 세상에서 새로운 인간 관계를 만들어간다. (2010년부터)

¤ 경제적 파국

김씨 표류기   이해준 감독의 영화. 직장에서 잘리고 사채빚에 몰려 더 이상 살아갈 방법을 찾지 못한 남자가 한강에 투신한다. 그러나 죽는 것도 마음대로 되지 않아 강 가운데 있는 밤섬에 표류하게 된다. 남자는 다시 돌아갈 방법을 찾지만 묘하게 상황이 꼬이며 결국 이 무인도에 홀로 남는다. 그는 물고기를 잡아먹고 밭을 일구면서 한강의 로빈슨 크루소처럼 살아가는데, 어디선가 와인병으로 보내온 편지를 받게 된다. (2009년작)

¤ 조난과 표류

알렉산더 셀커크의 실화   1709년 태평양의 칠레 연안인 후안 페르난데스 군도에서 한 남자가 발견되었다. 알렉산더 셀커크라는 이 전직 선원은 항해 중이던 배의 선장과 마찰을 일으킨 뒤 자진해 배에서 내린다. 그는 야생의 섬에서 혼자 힘으로 4년 4개월을 살다 구조되는데, 그가 유럽으로 돌아간 뒤 내놓은 체험담은 이후 무인도 소설의 상상력을 부추기는 데 일조한다.

로빈슨 크루소   대니얼 디포의 소설. 원제는 '난파선의 유일한 생존자로 오리노코 강 어귀의 아메리카 해안 무인도에 떠밀려가 홀로 28년을 살다가 마침내 놀랍게도 해적들에 의해 구출되기까지의 요크 출신 뱃사람, 로빈슨 크루소의 일

대기와 기이하고도 놀라운 모험담―주인공의 생생한 수기' 1659년 9월 30일 대서양 오리노코 강 하구의 섬에 표류한 로빈슨이 홀로 섬을 개척하며 훌륭하게 문명사회를 재건해 살아간다. (1719년작)

15소년 표류기   쥘 베른의 소설. 뉴질랜드에서 해양학교에 참여한 소년들의 배가 사고로 무인도에 표류하게 된다. 배에는 15명의 소년들뿐. 이들은 자기 앞에 닥친 온갖 어려움을 스스로 해결해야 한다. 비를 피할 움막을 짓고, 섬을 탐험해 지도를 만들며, 그들의 힘을 하나로 모을 리더를 뽑아야 한다. (1888년작)

푸른 산호초   헨리 스택풀의 소설. 샌프란시스코에서 출발한 배에 탔다가 남태평양의 섬에 조난한 소년 리처드와 소녀 에멀린. 둘을 돌봐주던 요리사 패디가 죽고 나자, 단둘이 섬에 남아 아담과 이브 같은 생활을 한다. 허리케인, 상어, 해적과 같은 위험을 이기고 아기까지 낳으며 행복의 낙원을 만든다. 1982년 브룩 쉴즈 주연의 영화로 만들어져 다시 유명해졌다. (1908년작)

파리대왕   윌리엄 골딩의 소설. 2차 대전 이후 동서의 대립 속에서 핵전쟁으로 여겨지는 큰 재앙이 발생한다. 일군의 소년들은 이를 피해 비행기를 탔다가 조난당해 무인도에 도착한다. 그들을 데리고 온 비행기 조종사는 큰 부상을 입고 쓰러져 있다가 사라지고, 이제 아이들끼리 이 원초적인 자연에서 새로운 삶의 터전을 마련해야 한다. 숲속에서는 정체불명의 괴물이 이들을 위협한다. (1954년작)

1. 내가 떨어질 수 있는 최악의 밑바닥은 어디인가?

방드르디 미셸 투르니에의 소설. 20세기에 새롭게 개작한 로빈슨 크루소. 시기를 원작의 100년 뒤인 1759년으로, 장소는 후안 페르난데스 군도 인근으로 옮겼다. 로빈슨은 섬을 개척해 문명을 재건해가다가 원주민 소년 방드르디를 구해주게 된다. 그런데 원작에서 노예에 불과했던 이 소년이 로빈슨의 세계를 뒤엎기 시작한다. (1967년작)

캐스트 어웨이 로버트 저메키스의 영화. 국제 택배회사인 페덱스의 현장 관리직인 척 놀랜드(톰 행크스)는 항공 사고로 남태평양의 외딴 섬에 표류하게 된다. 시간을 초 단위로 나누어 일에 쫓겨 살아가던 그는 그런 강제로부터 완전히 벗어난 삶을 살아가야 한다. 그는 배구공으로 만든 인형 윌리와 함께 4년 간의 고독한 생활을 이어간다. (2000년작)

비치 대니 보일 감독의 영화. 미국인 청년 리처드(레오나르도 디카프리오)는 소문으로만 떠돌던 천국과도 같은 해변으로 갈 수 있는 지도를 손에 넣는다. 그가 찾아낸 섬은 눈부시게 아름다운 바다, 탐스러운 열대 과일, 환락을 제공하는 대마초밭 등을 갖춘 자유분방한 젊은이들의 낙원처럼 보인다. 그러나 파라다이스는 서서히 붕괴되어 간다. (2000년작)

로스트 드라마 시리즈. 오스트레일리아를 떠난 비행기가 원인 모를 장애로 항로를 이탈하고 열대의 섬에 추락한다. 수십 명의 생존자들이 겨우 목숨을 수습하고 나자 숲에서 정체불명의 북극곰이 나타나는 등 이상한 현상들이 이들을 위협한다. 그

리고 이들은 이 섬에 자신들만이 아닌 다른 사람들이 살고 있다는 것을 알게 된다. (2004~2010년 방영)

세븐시즈   다무라 유미의 만화. 가까운 미래, 지구는 소행성의 충돌로 인류가 살아갈 수 없는 곳이 될 것으로 예측된다. 일본 정부는 일곱 명씩으로 이루어진 팀을 만들어 이들을 냉동시켜 미래의 지구에서 깨어나게 한다. 마치 원시의 세계로 돌아간 듯 공룡과 거대 곤충들이 날뛰는 야만적인 세계에 깨어난 주인공들은 가장 원초적인 서바이벌에 들어가게 된다. (2002년부터)

그의 나라   박흥용의 만화. 소년 쌍판은 여름성경학교에 참가하기 위해 배를 탔다가 사고를 당해 무인도에 표류하게 된다. 소년답지 않게 능숙하게 섬 생활에 적응한 주인공은 무료함을 이기지 못해 섬에서 탈출한다. 그런데 그가 살아돌아온 내륙은 인적을 찾을 수 없을 만큼 텅 비어 있다. 세계 규모의 전쟁으로 정부는 무너지고, 사람들은 자위공동체를 만들어 살벌한 서바이벌 생활을 하고 있다. (2001년부터)

¤ 리얼리티 쇼

서바이버   미국 CBS의 리얼리티 쇼. 10여 명의 지원자들을 고립된 오지에 데려다놓고, 실제 야생에서 겪게 되는 온갖 생존의 상황들을 게임처럼 수행하도록 한다. 참가자들은 부족으로 나뉘어 경쟁하게 되는데, 야생

1. 내가 떨어질 수 있는 최악의 밑바닥은 어디인가?

에서의 생존 능력을 겨루거나 부족 내 협동의 가능성을 알아보는 것들이다. 매회 한 명이 부족 회의와 투표를 통해 탈락하고, 최후까지 살아남은 자에게는 어마어마한 상금이 주어진다. (2000년부터)

빅 브라더 네덜란드에서 시작된 리얼리티 쇼. 교외의 고립된 저택에 서로 낯모르는 일반인 지원자들을 모아놓고 동거에 들어가게 한다. 그들은 외출이 전혀 허용되지  않는 가운데 제작진이 전달하는 여러 도전 과제들을 수행하고, 그 일거수일투족은 집안 곳곳에 숨겨진 카메라와 마이크로 생생히 전파를 탄다. 매회 탈락자는 내부의 투표와 시청자 투표를 통해 정해지는데, 역시 최후까지 살아남은 자에게 거액이 주어진다. (1999년부터)

데드 셋 드라마 시리즈. 〈빅 브라더〉 스타일의 리얼리티 쇼가 벌어지는 폐쇄된 세트장. 안에서는 위악적인 게임 쇼가 펼쳐지는 가운데, 바깥 세상이 좀비들에 의해 완전히  점령당한다. 세트장 바깥을 둘러싸고 있던 팬들이 이제 좀비가 되어 리얼리티 쇼의 주인공들을 공격하기 위해 달려든다. (2008년작)

¤ 골방의 표류

김씨 표류기 이해준 감독의 영화. 밤섬에 표류해 홀로 살아가는 김씨를 멀리서 보고 있는 골방의 소녀. 얼굴의 큰 흉터 때문에 자신감을 잃은 그녀는 부모의 얼굴도 보지 않은 채 방 안에서만 살아가는 은둔형 외톨이다. 그녀는 일체의 외출도 하지 않고 인터넷상에서 가짜 사진으로 만든 가상의 존재로 살아가며 조작된 관계를 만들어가는 데 만족하고 있다. (2009년작)

스프라이트 이시가와 유고의 만화. 여고생 요시코는 은둔형 외톨이인 삼촌에게 생필품을 사다주는 일을 하고 있다. 삼촌은 10년째 고급 주상복합아파트의 꼭대기층(42층)을 쓰레기 더미로 만들며 강아지 알베르토와 산다. 요시코가 친구들과 함께 삼촌의 집을 방문한 직후, 엄청난 기세의 검은 물이 해일처럼 차올라온다. 바로 아래층까지 물이 차고, 42층은 하나의 섬이 된다. (2009년부터)

1. 내가 떨어질 수 있는 최악의 밑바닥은 어디인가?

2

나의 생존 상자에는 무엇이 담겨 있어야 하나?

―생존의 기초

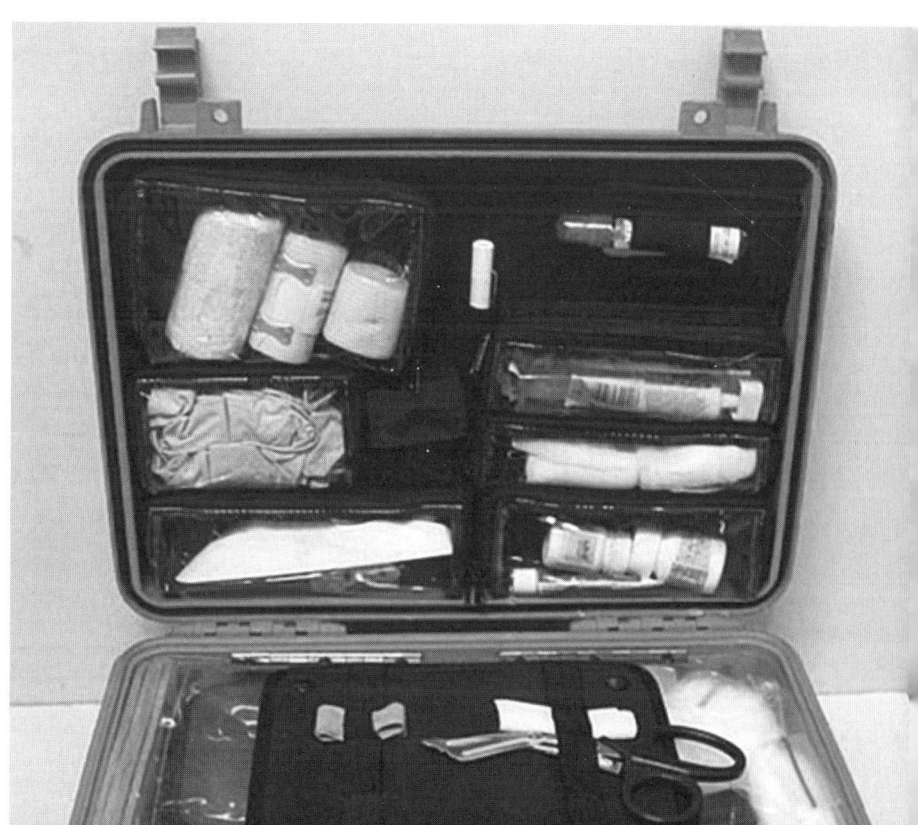

"우선은 최악의 경우를 염두에 두는 편이 좋아. 그러면 그보다 좋은 일이 일어났을 때 즐거운 놀라움을 느낄 수 있겠지." ―『신비의 섬』

다시 태양이 뜬 걸까? 결코 찾아오지 않을 것 같은 내일이 왔단 말인가? 아직 사방이 선명하지는 않지만 적어도 주변의 물건을 알아볼 수 있다. 아침 해, 신선한 바람, 체력의 회복, 호르몬의 분비…… 그중 어떤 변화로 인해 이제 나는 눈을 뜰 수 있게 되었다. 지난밤과는 달리 몸의 감각이 거의 되살아났음을 깨닫는다.

역시 꿈은 아니었단 말인가? 어젯밤 이런저런 시나리오를 생각하던 나는 바깥의 굉음에 겁을 먹고 몸을 움츠린 채 구석으로 숨었다. 그러면서 무기력하게 소망했다. 그저 시간이 나를 좀먹게 내버려두고 내 감각을 둔하게 만들어 서서히 잠 속으로 달아나자. 내일 아침 눈을 뜨면 모든 것이 감쪽같이 정돈되어 있겠지? 나는 TV 뉴스를 틀어 아무 일도 없었다는 걸 확인한 뒤, 어젯밤의 개꿈 이야기를 트위터에 올리면 돼.

기대는 깡그리 사라졌다. 어젯밤 어둠 속에서 미약하게 느꼈던 파국의 감각을 이제 온몸으로 깨닫는다. 그러니 회피할 수 없다. 지금은 눈을 크게 뜨고 바라보아야 할 시간이다. 먼저 이것을 자각해야 한다.

이제부터 모든 일은 스스로 판단해야 한다.

익숙하지 않을 것이다. 시험을 치르고, 매뉴얼을 읽고, 상사의 지시를 따르는 삶에 길들여진 사람들에게는 더더욱 그럴 것이다. 허나 이제 누구도 이 판단을 대신해줄 수 없다. 일어나 주변을 둘러보자. 이제 다음 물음의 답을 찾아야 한다.

    a. 도대체 무슨 일이 일어났나?
    b. 나를 위협하는 것은 무엇인가?
    c. 나는 어디에 있는가?
    d. 나는 무엇을 가지고 있고, 살기 위해 무엇을 확보해야 하는가?

a와 b는 지난밤 추리해본 여러 파국의 시나리오에 달려 있을 것이다. 이제 c를 통해 d를 알아내야 한다.

1 | 나는 어디에 있는가?

2011년 대지진 당시, 일본 대부분의 지역이 지진의 충격파에 노출되어 있었다. 진원지에서 400km 떨어진 도쿄에서도 진도 5의 지진이 관측되었고, 도쿄 타워의 상부가 휘는가 하면 고속도로가 무너지고 하네다 공항이 일시 폐쇄되었다. 얼마 뒤, 일본의 인터넷 커뮤니티 2채널(2ch)의 '긴급 자연재해' 게시판에 다음과 같은 제목의 글이 올라왔다.

- 너희들 지진이 일어났을 때 뭐하고 있었어?

게시자 스스로는 이렇게 덧붙였다.

- 나는 방 청소를 하다가 집이 흔들려 밖으로 뛰어나갔다 잠시 뒤 돌아왔어. 1권부터 정리해둔 만화책이 엉망진창이 되어 울었어.

그 아래로는 이런 댓글들이 더해졌다.

- 휴일이어서 영화를 보고 있었다. (지진이) 꽤 길구나 하는 느낌.
- 컴퓨터로 그림을 그리고 있었는데 지진. 옷장이 쓰러지고 책이 떨어지고……
- 운전 중이었다. 차도 나도 고무공처럼 튀었다. 졸업식이 있었던 듯, 꽃다발을 안 은 여중생이 쓰러져 있었다.
- 욕탕 안에 있었다. '죽는 건 괜찮은데, 알몸으로 발견되는 것은 싫어' 하고 그것만 생각했다.
- 지하철 안. 에비스에 전철이 멈추고 안내 방송이 나왔다.
- 러브호텔에서…… 한창 열을 내거나 샤워 중이 아니어서 다행이었다.

게시판의 성격상 가볍게 느껴질 만한 글들도 많았다. 최악의 상황을 피해간 사람들이 자기 위안을 위해 뱉어내는 농담도 섞여 있었다. 그럼에도 그들 공통의 불안을 숨기지는 못했다.
'나는 어디에서 이 재난을 맞이할지 미리 알지 못했다.'
알베르 카뮈는 『페스트』에서 고립된 도시 오랑을 두고 "흔히 볼 수 있는 경우에서 좀 벗어나는 사건치고는, 그것이 일어난 장소가 어울리지 않는다"(15쪽)고 말했다. 그곳은 "아무리 보아도 낌새가 없는 도시, 즉 완전히 현대적인 도시"(17쪽)였기 때문이다.
파국은 애초에 그런 운명이다. "여기는 재해 예보 본부입니다. 2월 4일 오후 7시에 서울 시내 한복판에 대지진이 엄습해올 것입니다. 용산에서 노량진까지는 완파될 것이고요. 사흘 뒤 전염병으로 인해 시청 주변 반경 50km가 소개될 것입니다." 따위의 예보는 없다. "중생들아 내 말을 들어라. 4월 22일에 전쟁이 일어나고 너의 집이 쑥대밭이 될 것이니, 전 재산을 나의 절에 기부하고 백일 기도를 시작하라."는 사이비 예언을 믿을 사람도 별로 없을 것이다. 예측 가능한 파국이란 파국답지 못하다. 우리는 자신이 밑바닥으로 떨어지는 그 순간을 거의 예상하지 못하고, 그때 내가 어디에 있는지도 알 수 없다.

홈, 스위트 홈

파국이 찾아왔을 때 과연 나는 어디에 있을까? 아마도 가장 높은 가능성은 내가 거주하는 집일 것 같다. 바깥에서 일하고 외식만 하는 사람들도 6~7시간 정도는 집에서 잠을 잘 것이다. TV를 보거나 가족과 휴식을 취하는 시간도 3~4시간은 될 것이다. 휴일이라면 하루 종일 집에서 잠을 자고 치킨을 배달시켜 프로야구 중계를 보고 지낼지도 모른다. 그러니, 파국의 순간에 우리가 집에 있을 가능성은 매우 높다.

또 하나. 우리가 길거리나 일터에서 강력한 위험을 감지했을 때, 제일 먼저 어디로 달려가려고 할까? 어떻게 해서든 집으로 가야 한다고 생각하지 않을까? 거기에 서로를 지켜줄 가족이 있다. 내가 마음대로 사용할 수 있는 식량과 도구가 있다. 서해교전 같은 위기 상황이 닥치면 할인마트에서 두세 달 식량을 사재기하거나 평소 서바이벌에 관심이 많아 각종 장비를 챙겨둔 사람들이라면 더더구나 자신의 집이 유리하다. 설혹 이런 계산이 없더라도, 본능적으로 자신의 집으로 들어가 이불을 덮어쓰는 사람들이 대부분일 것이다.

그런데 의외로 재난과 서바이벌의 드라마가 주인공의 집 안에서 펼쳐지는 경우는 찾아보기가 쉽지 않았다. 왜 그럴까? 나는 이런 이유를 떠올려보았다.

❶ 집을 떠났기 때문에 파국을 만났다

나를 위험에 빠뜨리는 많은 사건들은, 우리가 굳이 집을 떠나 다른 곳으로 이동했기 때문에 벌어진다. 『로빈슨 크루소』 서두에서 로빈슨은 자신에게 닥쳐온 모든 불행의 근본 원인에 대해 반성한다. 그의 아버지는 로빈슨이 항해를 떠나려는 이유가 "그저 아버지의 집과 이 나라를 벗어나려는 방랑벽 말고는 없지 않느냐."고 말한다. 로빈슨은 처음에는 감동해 뜻을 굽히지만, 2주가 지난 후에는 "아버지가 더는 끈덕지게 방해하지 못하도록 아예 멀리 달아나 버리기로 마음먹었다."(48쪽)

고향은 답답하지만 안전하다. 비교적 안전한 주거 환경에 의지할 친인척들이 함께 모여 있는 공동체이기 때문이다. 당연히 우리가 고향을 등지고 외지로 나갔을 때 낯선 위험을 마주칠 가능성이 높아지는 것이다. 『15소년 표류기』의 소년들은 항해 훈련을 위해 배에 올랐다가 무인도에 표류했다. 이 파국을 끝내는 방법 역시, 어떻게 해서든 집으로 돌아가는 것이다. 그러나 이런 고전적 생존물의 전형은 20세기 후반 이후에는 다른 양태로 변모한다.

❷ 집조차 안전하지 않기 때문에 파국이다

2차 대전 이후 세계를 양분한 미국과 소련은 서로 체제는 달랐지만 사이좋게 새로운 차원의 공포를 나누고 있었다. 그 이전까지의 사람들은 서바이벌에 처하기 위해 집을 싸야 했다. 남태평양으로 가는 탐험선을 타거나, 시베리아 전장으로 가는 수송열차에 몸을 실어야 했다. 런던이나 일본에 감행된 폭격처럼 집에서 지옥을 맞이하는 경우도 있었지만, 그것은 전장의 바깥쪽이 차례차례 갉아먹힌 결과였다. 그런데 이제 대륙과 대양을 가로지르는 장거리 미사일이 개발되었다. 대기권 바깥으로 쏘아올린 위성은 상대국의 모든 지역을 샅샅이 염탐한다. 이제 저 악의 제국의 수도에서 버튼만 누르면 바로 우리집 굴뚝으로 핵탄두가 날아올 수 있는 것이다.

『드래곤헤드』, 『그의 나라』의 주인공들은 『15소년 표류기』처럼 수업을 겸한 여행의 와중에 재난을 맞이한다. 처음에는 집을 떠났기에 위기를 맞이했다는 고전적인 생존의 상황으로 여겨진다. 그러나 그들이 고립된 공간을 탈출해 나온 순간, 자신의 집을 포함한 세계 자체가 거대한 재난에 휩싸여 있는 것을 발견한다. 그들은 집을 떠나서 위험해진 게 아니라, 집을 떠나 있었기 때문에 살아닐 수 있었던 것이다.

다행히 나의 집이 지진, 쓰나미, 홍수 같은 물리적인 타격을 받지 않았다고 해보자. 그렇다고 안전이 보장되는 것은 아니다. 〈새벽의 저주〉는 주인공 안나가 갑자기 나타난 옆집 소녀에게 남편이 물어뜯겨 죽는 모습을 목격하는 것으로 시작한다. 슬퍼할 겨를도 없다. 되살아나 자신에게 달려드는 남편을 피해 집 밖으로 도망쳐야 한다. 지난번 이사올 때 튼튼한 방범창을 설치했다고? 우리 아파트는 출입증이 있어야만 경비실을 통과할 수 있다고? 그 정도의 물리적 외벽은 정상적인 경찰력이 작동할 때나 기능할 수 있는 수준이다.

예외가 있다면 『나는 전설이다』의 로버트 네빌이다. 그는 대부분의 인류가 좀비가 되어버린 세상에서 자신의 집을 요새화해서 살아간다. 유리창은 단단한 널빤지로 덮었고, 무거운 빗장으로 문들을 봉쇄해둔다. 식료품 저장실에는 수많은 캔이 천정 높이까지 쌓여 있고, 자가 발전기까지 있어 대형 냉장고에 빵과 패스트리, 저민 양고기, 오렌지 셔벗 등을 꽉 채워두었다. 1950년대에 나온 소설이다. 소련의 핵공격 위험에 대비해 지하에 방공호를 만들었던 시대의 덕을 본 것이다.

외부의 공격은 제법 방어할 만한 태세를 갖추고 있다고 하자. 하지만 그 안에서 얼마나 버틸 수 있는지도 고려해야 한다. 〈28일 후〉의 주인공 짐은 황폐화된 런던 시내에서 좀비에 쫓겨 다니다 어느 고층 아파트에 살아남은 프랭크와 해나 부녀를 만난다. 이곳은 초고층이기 때문에 지상을 돌아다니는 좀비들의 공격에 상대적으로 안전한 거리를 유지할 수 있다. 하지만 시간이 지날수록 한계는 뚜렷해진다. 전기와 가스 공급이 끊어지고, 냉장고에 비축해둔 식량들이 썩어문드러지고, 빗물조차 받아마실 수 없는 상황이다. 이들은 콘크리트로 뒤덮인 도시에서 장기간의 생존은 불가능하다고 판단하고, 또 다른 안전처를 찾아 떠난다.

여기에서 중요한 생각의 전환이 필요하다. 나의 집이 더 이상 내 것이 아니라는 사실은 무엇을 의미하나? 다른 누군가의 집이 반대로 나의 은신처가 될 수 있다는 것이다. 침투만 가능하다면 도곡동의 타워팰리스나 한남동 유명 탤런트의 빌라도 노려볼 수 있지 않을까?

도심의 고립—고층 빌딩, 지하철 역사, 쇼핑센터

파국의 상황을 자기 집 안방에서 맞이한다? 어떤 이들에게 그것은, 자기 침실에서 손주들에 둘러싸여 편안히 임종하는 일만큼이나 어려운 희망으로 여겨진다. 새벽 알람에 쫓겨 집에서 튀어나간 뒤 야근과 철야를 밥 먹듯 하는 직장인들 말이다. 그들로서는 사무실이나 영업장에서 재난의 순간을 맞이하는 게 훨씬 자연스럽다.

비상사태가 선포된 상황이니 귀가하라는 지시가 있을 수도 있다. 그러나 막상 길거리에 나서면 아수라장이 따로 없다. 전철과 대중교통의 운행이 중단되었고, 자가용을 이용해 탈출하려는 사람들로 도로는 마비되어 있다. 하는 수 없다. 걸어서라도 돌아가자. 그래서 평소 지하철로 30분이면 갈 거리를 서너 시간 정도 걸려 걸어갔더니 집으로 들어가는 다리가 끊어져 있다. 전기도 끊긴 듯 사방은 깜깜해졌다. 어쩔 것인가? 어딘가의 건물로 들어가서 밤을 보내기로 한다. 그리고 굉음과 함께 지구가 무너지는 듯한 진동이 울린다.

2011년 2월 22일 뉴질랜드를 타격한 지진의 진도는 6.3이었다. 물론 강력한 규모였지만 2010년 아이티(규모 7.0), 칠레(규모 8.8)만큼은 아니다. 3월 11일의 일본 대지진에 비하자면 규모상 3천분의 1에 불과하다. 그러나 뉴질랜드 지진은 진도에 비해 훨씬 참혹한 결과를 빚어냈다. 진앙지가 대도시 크라이스트처치와 아주 가까운 곳이었기 때문이다. 특히 수백 명의 사람들이 무서진 건물 안에 갇히게 되어, 그들을 구조하는 일이 매우 어려운 과제였다.

우리는 마천루로 둘러싸인 콘크리트 정글 속에서 살아가고 있다. 지진, 폭격, 사고 등 지각을 흔드는 큰 파괴가 일어났을 때 건물의 붕괴는 당연한 현상이다. 순식간에 그 안에 갇혀버린 우리가 건물 자체를 생존을 영위해야 할 유일한 공간으로 삼을 가능성도 결코 적지 않다. 사고에 의한 고립만이 아니다. 경찰력이 무너지고 폭도나 좀비들이 거리를 뒤덮고 있다면, 우리 스스로 튼튼한 건물을 찾아 들어가 모든 문을 잠그고 그곳을 고립시키지 않으면 안된다.

아마도 파국의 운명이 나의 장소를 결정해줄 가능성이 높을 것이다. 하지만 일각의 여유가 있다면 생존을 위해 최적화된 장소로 옮겨가야 한다. 위기의 순간, 우리는 어느 건물로 뛰어들어가야 할까? 증권회사, 관공서, 경찰서, 병원…… 내가 서바이벌 프로젝트에 관한 강의를 하면서 이 질문을 던졌을 때, 매우 본격적인 대답이 나오긴 했다. '수도방위사령부 작전실, 청와대 대통령 대피 벙커' 등등…… 물론 그만큼 완벽한 대피 시설을 찾기는 어려울 것이다. 그러나 그런 시설이 내게 문을 열어줄 가능성이 얼마나 될까? 보다 일반적이고 누구나 접근 가능한 장소를 찾아야 하지 않을까?

대규모 공습이 벌어지는 상황이라면, 지하를 먼저 고려해야 한다. 민방위 훈련 때 전해 들은 방공호나 대피 시설을 떠올려보자. 여러 도시가 지하철 역사 안에 구급품을 갖춘 시설을 만들어두기도 한다. 일단 그 안에 숨어 있다가 낙진과 방사능의 위험이 사라진 뒤 지상으로 올라오면 된다.

해일이나 수재로 인해 도시가 잠기게 된다면 반대로 움직여야 한다. 〈스프라이트〉의 생존자들은 42층 건물 꼭대기층에 머무르던 사람들이다. 이 건물의 바로 아래층까지 검은 물이 차올라왔는데, 다행히 이 꼭대기층은 잠기지 않았던 것이다. 〈레지던트 이블 3〉에서처럼 빌딩 꼭대기로 올라가 SOS 신호를 보내거나, 공중으로의 탈출도 기대해볼 수 있다.

이쯤에서 아주 매력적인 장소 하나를 소개해보자. 〈새벽의 저주〉에서 도시 곳곳이 좀비에 의해 점령되는 상황에서 살아남은 사람들은 대형 쇼핑센터로 뛰어들어온다. 강화유리로 된 입구, 창이 거의 없는 시멘트 외벽, 2중 3중의 보안 장치가 좀비의 침입으로부터 건물 안의 존재들을 보호해준다. 더불어 쇼핑센터 안의 풍부한 식량, 물자, 도구들이 생존에 필요한 여러 요소들을 제공해준다. 제법 높은 옥상에서 주변의 상황을 파악할 수 있고, 차고에 자동차들이 있어 일시적인 이동도 가능하다.

도심의 집단 거주지—학교, 교회

미래학자 앨빈 토플러는 2007년 한국을 방문해 이렇게 말했다. "한국 학생들은 미래에 사용되지도 못할 지식과 없어질 직업을 준비하기 위해 하루 15시간 이상을 낭비하고 있다." 아침부터 학교 책상에 매달려 있다가 끝나자마자 학원으로 내달려가 자정이 되어서야 집으로 돌아오는 학생들의 실태를 꼬집은 것이다. 여기에서 우리나라 입시 교육의 문제점을 지적할 생각은 없다. 어차피 파국의 상황에서 내신 성적이나 수능 점수는 한 톨의 쌀보다 가치가 없다. 내가 말하고자 하는 것은 한국의 학생들은 학교나 학원에서 대재난을 맞을 가능성이 매우 높다는 사실이다.

『표류교실』의 서두에서 초등학생 쇼와 신이치가 함께 등교한다. "아차!" 하며 신이치가 급식비를 가져오지 않은 사실을 깨닫는다. 그래서 혼자 집으로 갔다가 학교로 달려가는데, 굉음과 함께 건물의 유리창이 깨어지고 간판이 나동그라지는 격렬한 진동이 일어난다. 그리고 그의 앞에 떨어진 학교의 명판—'대화 소학교'. 이어 상상할 수 없는 장면이 눈앞에 펼쳐진다. 학교가 자리잡고 있던 부지가 통째로 사라진 것이다. 그러나 학교는 현재의 시간에서 사라진 것이지 무너져 없어진 것은 아니었다. 겨우 지각을 면했던 쇼는 자신의 학교가 방사능으로 오염되고 황폐화된 미래로 이동해왔다는 사실을 알게 된다.

통째로 표류해버린 『표류교실』의 학교는 일본 사회의 축소판이라는 은유의 장치일 수 있다. 그러나 나는 학교라는 고립의 모델을 좀더 현실적으로 고려해야 한다고 생각한다. 거기에서 공부하고 생활하는 학생, 교사, 혹은 학부모의 입장을 고려해서가 아니다. 만약 내가 살고 있는 집이 재난으로 인해 극심한 피해를 입었다고 생각해보자. 나는 어디로 대피해야 하나? 주변에는 여러 기업체 건물들이 보이지만 그들이 나를 쉽게 받아주지는 않을 것 같다. 주민 센터 같은 공공 기관에 문의할 수도 있지만, 그 좁은 사무실 어디에 빈틈이 있을 것 같지도 않다.

나는 민방위 훈련 때 인근 학교를 찾아가본 기억을 떠올린다. 학교는 통상적으로 홍수나 지진 등 재난 시에 비상 대피 장소로 활용된다. 공공 건물이면서 운동장, 체육관, 교실 등 큰 수용 공간을 확보하고 있다는 점이 중요한 이유인 것 같다. 상습적으로 대규모 지진 피해를 받아온 일본에서 학교는 대피 시스템이 가장 잘 갖춰진 곳이다. 단열 보온 시트 등 긴급 대피에 필요한 장비들이 마련되어 있고, 알파미✝나 크래커 같은 비상 식량이 보관되어 있다. 공식적인 대피 장소이기 때문에 전문 구호가의 도움을 받을 수도 있고, 소화기나 의약품 등 각종 방재 장비들도 잘 갖춰져 있다.✝✝ 국내의 학교에 일반 재난민을 위한 비상식량이나 장비를 확보해두었는지는 알 수 없지만, 일본 지진 이후에 설비를 보충하고 있다고 들었다.

✝ 지정선까지 따뜻한 물을 넣고 20분 있다 섞은 뒤 뜸을 20분 들여 합계 40분으로 한 번에 50인분의 밥이 만들어지는 비상식량
✝✝ 《재난 포커스》 2011년 4월 8일자 http://www.di-focus.com/news/articleView.html?idxno=3046

이제 단순한 구호 시설이 아니라 서바이벌의 거처로서 학교라는 공간을 고려해보자. 보통의 학교는 낮은 담으로 둘러쳐진 운동장 안에 여러 교실과 부대 시설을 갖추고 있다. 강당이나 체육관을 가진 경우도 제법 있다. 교실은 임시 숙소로 쓸 수 있고, 숙직실 등 좀더 편안한 거처도 있다. 학급의 구조는 인원 파악에 유리하고, 생존자 회의 같은 것을 운영하기에도 좋다. 급식실(식량, 식수), 양호실(위생, 의료), 실험실(기초 약품과 장비), 목공실(공구와 기계류), 도서관(생존에 필요한 지식 습득), 정원, 온실(소규모 농업) 등 여러 설비들 역시 생존을 위한 다양한 조건을 제공해준다.

허나 중요한 난점이 있다. 내가 쉽게 들어와 또아리를 틀었다는 사실에서도 드러나듯이, 공간이 너무 열려 있다. 운동장 바깥의 외벽은 학생들의 통제를 위해 만들어진 정도라 외적의 침입을 막기는 어렵다. 『표류교실』에서는 패닉에 빠진 학생들이 달아나지 못하게 하는 벽이 되지만, 그건 초등학생 정도에 한정된 것이다. 교실들 역시 유리창이 커서 외부의 공격이나 화학적인 위기에 적절히 대응하기는 어렵다. 좀더 위험한 상황이 발생하면 튼튼한 강당으로 들어가 문을 걸어잠그는 등의 방안도 고려해야 한다.

도심 내에서 이와 유사한 형태의 몇 가지 공간을 찾을 수 있다. 대학교 캠퍼스는 중고등학교와 비슷한 특성도 있지만, 워낙 공간이 넓어 특정 건물에 집중해서 터전을 잡는 게 나아 보인다. 교회, 사찰, 수도원 등도 고려할 수 있다. 기본적으로 외부와 격리된 소사회를 만들어두고 있고, 위기 시에 자선의 형태로 외부인을 받아들이기도 하고, 어느 정도 자급자족적인 능력도 갖추고 있다는 점도 긍정적으로 보인다. 종교인들의 정신과 생활 방식도 재난의 상황에 특화되어 있다고 생각된다.

시골의 장원, 농장, 군부대

현대의 대재난은 붕괴된 도시의 풍경과 겹쳐질 때가 많다. 정확히 말하면 대도시나 인구 밀집 지역에서 대량의 사상자가 나오지 않으면 재난의 반열에 끼지도 못하는 것이다. 2011년 5월 미국 동남부 미시시피 강의 유량이 급증해 루이지애나 지역이 대홍수의 위기에 처했다. 2005년 태풍 카트리나가 가져온 지독한 상흔이 아직 사라지지 않은 상태라 긴장감은 더욱 커졌다. 정부와 재난 당국자는 인구 밀집 지역인 뉴올리언스와 주도인 배턴루지로 향하는 물줄기를 막기 위해 중간의 수문을 터뜨려야 한다는 주장을 검토해야 했다. 대도시의 보다 많은 사람들, 그리고 11개 정유 시설 등 석유 산업 기지를 보호하기 위해 인구가 적은 소도시와 농경지를 희생해야 한다는 전략이다.

정치인과 정책 결정권자들은 가능하면 재난의 피해가 대도시, 더 많은 유권자가 있는 곳을 피해가도록 하려고 한다. 이러한 상황이라면 위험 시대일수록 도시에 거주하는 편이 나아 보이지만, 안타깝게도 파국의 상황에서 도시에서의 생존이 보다 유리한 것은 아닌 것으로 보인다. 대도시는 전쟁과 테러 공격의 일차적 목표가 된다. 지진처럼 대형 빌딩이 무너지기 시작하면 위험의 양상은 더욱 커진다. 게다가 치안이 무너지고 무정부 상태의 폭력이 자행되면 그야말로 아수라장이 된다. 도시의 삶이 가장 불리한 경우는 치명적인 전염병, 혹은 그것의 육화인 좀비가 창궐할 때이다. 『페스트』의 오랑, 〈레지던트 이블〉의 라쿤 시티는 이러한 병의 온상으로 여겨져 강제 폐쇄된다. 극악한 위험 지역에 남아 있다는 사실부터가 견디기 어렵지만, 최악의 경우에는 바깥의 사람들이 병의 전파를 막기 위해 도시를 통째로 소각시킬 수도 있다. 우리는 위험이 집약된 도시를 탈출한 뒤 안전한 대안의 공간을 찾아야 할지 모른다.

『최후의 성, 말빌』은 핵전쟁으로 지상이 초토화된 상황에서의 생존을 그리고 있다. 엠마뉴엘을 비롯한 소수의 생존자들은 핵폭발 당시 시골의 지하 와인 저장고에 있었던 덕분에 목숨을 건진다. 그들이 겨우 몸을 추스리고 문을 열자, 지상은 열폭풍으로 지옥이 되어 있다. 몇몇 생존자들은 약탈자가 되어 강도질을 일삼고 있다. 그들은 스스로 말빌이라는 성을 견고한 요새로 만들어야 한다는 사실을 깨닫는다. 그들은 성벽과 무기로 바깥의 적을 막고 그 안에 밀을 심는다.

『말빌』의 시사점은 서바이벌 상황에서 시골 생활의 가능성, 혹은 유리함을 보여주는 것만은 아니다. 우리는 재난으로 대부분의 것을 잃어버렸고, 우리 삶을 지탱하는 모든 문명의 혜택도 빼앗기게 된다. 어제까지 우리가 생각 없이 누리던 과학, 기술, 경제 등의 혜택이 깡그리 무너진 상황. 우리는 시계를 거꾸로 돌려 과거의 인류가 시행했던 특정 시대의 생존 전략을 재선택해야 한다. 『로빈슨 크루소』의 초기 무인도가 수렵·채집 시대를 반영하고, 〈새벽의 저주〉의 대형 쇼핑몰이 자본주의 시대 소비 중심 인류의 생존 양식을 보여준다면, 『말빌』은 중세의 자급자족 농경을 하나의 모델로 보여준다. 아주 자생력이 높다. 하지만 한국의 농업 지대에 말빌과 같은 강력한 자위력을 가진 성이 존재할 것 같지는 않다. 기껏해야 소의 탈출을 막기 위한 전기 울타리를 갖춘 농장 정도가 아닐까? 좀더 강력한 방어력을 갖추고 자급자족이 가능한 거처는 없을까?

〈28일 후〉의 주인공들은 고층 아파트에서의 생존이 한계에 이르렀음을 깨닫게 된다. 그때 라디오 방송이 들린다. 맨체스터 부근의 군부대에서 안전 지역을 확보했으며 전염병을 이길 방법을 알아냈으니 생존자는 그곳으로 집결하라고. 과연 군부대는 이러한 극한 상황을 염두에 둔 곳이다. 주변에 부비 트랩을 설치해 좀비나 외적의 침입을 막고, 그 안에 확보된 전투용 식량으로 장기간의 생존도 가능하다. 다행인지 불행인지, 준전시 상태인 대한민국에는 이러한 종류의 군부대가 도처에 있다. 그러나 과연 위기 시에 그 군인들이 나와 같은 민간인을 두 손 벌려 환영해줄지는 미지수다.

이동형 모델―노아의 방주에서 무장버스까지

이제 인류의 서바이벌 역사에서 가장 탁월한 업적을 선보인 대선배를 소개해볼까 한다. 구약성서 〈창세기〉에 나오는 노아는 평소 바른 생활 사나이로 신의 총애를 받아왔다. 그런데 어느 날 신은 자신의 학생들인 지상의 생명체들에게 아주 어려운 시험을 출제하기로 한다. 호머의 『오디세이』를 비롯해 여러 문명의 신화에 등장하기도 하고, 메소포타미아에서 실제 기원전 2800년경 있었던 것으로 추정되는 대홍수다. 그때 신은 모범생 노아를 어여삐 여겨 몰래 시험 문제를 유출한다. 노아는 지구 전체가 대홍수에 휩쓸릴 것이라는 계시를 받고, 120년 동안에 걸쳐 방주를 만든다. 이 거대한 선박은 길이 90.9m, 너비 15.15m, 높이 9.09m, 상·중·하 3층으로 되어 있었는데, 노아는 여기에 여덟

명의 가족과, 모든 종의 동물들 한 쌍씩을 태운다. 대홍수를 만나 모든 생물이 전멸하고 말았지만, 이 방주에 탔던 노아의 가족과 동물들은 살아남았다.

우리의 생명을 노리는 강력한 적이 있을 경우에는 고정된 위치나 공간은 쉽게 위험에 노출될 수 있다. 우리 역시 고정형이 아니라 유동형의 서바이버 배슬(Survivor Vessel)이라는 모델을 고려해볼 수 있다. 이러한 모델의 또 다른 장점은 위험 지역을 통과해 다니다가 생존에 적당한 환경을 만나면 정착을 시도할 수 있다는 데 있다. 노아는 100일 넘게 배를 타고 다니다가 수면 위로 올라온 높은 산을 발견하고 그곳을 새로운 생명의 터전으로 삼았다.

대항해 시대 이래 대양을 가로지르는 대형 선박은 장기간 독자적인 생존을 유지할 수 있도록 설계되고 운항되었다. 선원들은 바다에서 물고기를 낚는 등의 활동을 병행하며 몇 개월 동안 문명 세계와의 접촉 없이 지낼 수 있었다. 괴혈병 등 몇 가지 치명적인 난점도 있었지만 현대의 선박은 그런 문제를 보완하고 있다. 나도 가능하다면 크루즈 여객선에 올라탄 채 세계가 안전할 때까지 바다를 떠돌아다니는 방법을 고려해보고 싶다. 하지만 내가 만날 수 있는 가장 가까운 배는 걸어서 두 시간은 가야 만날 수 있는 한강 유람선이다. 그나마 별로 믿음직스러운 모양은 아니다.

그렇다면 내륙에서의 이동 모델을 고려해보자. 〈새벽의 저주〉에서 쇼핑몰이 위험에 처하자 주인공들은 대형 버스를 무장해서 이동 수단으로 삼는다. 창은 튼튼한 철조망으로 덮고 사방에 무기를 배치한다. 그런데 이 형태는 이동은 가능하지만, 내부에서 장기적인 생존을 유지하기는 어려워 보인다. 취사 설비 같은 걸 갖춘 캠핑카와 함께, 여러 차량을 겸비하는 방법을 궁리해야 한다. 〈레지던트 이블 3〉에서는 생존자들이 여러 대의 대형 버스와 트럭에 올라탄 채 미대륙을 유랑하면서 생존을 유지한다. 다만 꾸준하게 연료를 공급받을 수 있는 상황이어야 하고, 가끔 차에서 내려 취사를 하거나 야영을 할 수 있는 정도의 안전지대는 있어야 한다.

무인도—고립된 자연

20세기 이후 인류가 개발한 막강한 무기들은 적과 아 모두를 절멸 상태로 만들 수 있다. 또한 포화 상태의 도시는 치명적인 전염균 몇 방울을 떨어뜨려 놓는 것만으로도 거주민 전체를 사슬로 엮인 듯 죽어가게 할 수 있다. 결국 문명의 도시는 재생 불가능하고, 우리는 생존을 위해 절해고도로 도망가야 한다. 〈새벽의 저주〉의 생존자들은 좀비를 피하기 위한 마지막 방법으로 요트를 타고 섬에 들어가려고 한다. 『파리대왕』의 소년들 역시 전쟁을 피해 무인도로 들어선다.

무인도 표류기에 나오는 섬들 대부분은 열대나 아열대에 속해 있다. 아무래도 위기 시에는 위도가 낮은 지역으로 가는 게 유리해 보인다. 따뜻한 날씨와 수원지 덕분에 풍성한 식물 군락을 이루고 있다면, 일단 거주지로 선택해볼 만은 하다. 수풀과 샘은 들짐승이나 새 같은 사냥감이 부가적으로 주어진다는 의미이다. 그럼에도 문명 밖의 삶은 녹록지 않다. 〈서바이버〉에서 많은 도전자들은 물갈이에 고통을 받았고, 식량을 구하지 못해 영양 부족에 허덕였다. 따뜻한 지역이라 얼어죽지는 않더라도 그 대신 모기를 비롯한 다양한 곤충의 공격을 받아야 하고, 풍토병의 위험도 크다. 상어나 멧돼지를 비롯한 거대 육식 동물의 공격에도 대비해야 한다.

간혹 현대 도시의 울타리 안에서 섬에 고립되는 예들을 발견할 수도 있다. 〈우당탕탕 괴짜 가족〉에 등장하는 어느 교사는 출근길에 실수로 고속화 도로 사이에 있는 녹지에 떨어지는데, 높은 울타리와 미친듯이 달리는 차량들 때문에 도저히 그곳을 빠져 나갈 수 없다. 빗물을 받아 마시고 운전자들이 도로에서 던지는 쓰레기를 뒤져먹고 살 수밖에 없다. 〈김씨 표류기〉에서도 인생을 포기하려다가 한강의 밤섬에 표류된 남자의 이야기가 펼쳐진다. 지나가는 배에 손을 흔들어도 소용이 없고, 핸드폰은 무용지물이다. 결국 그 안에서 농사를 지으며 살아간다.

2. 나의 생존 상자에는 무엇이 담겨 있어야 하나?

서울과 같은 대도시의 행정구역 안에서 누군가 이렇게 조난되어 장기적으로 고립되어 살아갈 가능성이 있을까? 일상적인 상황에서는 거의 불가능하다고 여겨진다. 그러나 만약 도시 전체가 위험에 처해 있다면, 우리 스스로 이런 섬을 찾아 들어가 외부의 침입을 막고 독자적인 생존을 도모해야 할지도 모른다. 나는 대재난의 상황에 남태평양에 있는 안락한 섬으로 갈 배를 탈 기회를 얻으리라 기대하지 않는다. 대신 유사시에 한강에 있는 몇몇 섬을 피신처로 활용할 구상은 가지고 있다.

2 | 나는 무엇을 확보해야 하는가?

코엑스 몰의 무너진 지하 상점가, 타워팰리스의 펜트하우스, 양재동 화훼시장 인근의 비닐하우스, 한강의 밤섬…… 어디일 수도 있다. 나는 어떤 고립된 공간에서 최소한의 안전을 확보했다. 그러나 지금까지 내가 당연하다고 여겨왔던 문명은 작동 정지되었다. 전기, 수도, 가스, 전화, 인터넷 등 어떤 것도 기대할 수 없다. 다시 깨닫자. 나는 섬에 갇힌 것이나 마찬가지다. 당분간 외부의 도움은 기대하기 어렵다. 그러니 나 스스로 생존을 유지해야 할 조건들을 확보해야 한다. 이 조건들은 다음의 상황에 따라 유동적이다.

a. 주변의 위험은 얼마나 강력한가?
b. 얼마나 오랫동안 이곳에서 버텨야 하는가?
c. 얼마나 많은 사람들이 이 공간에 함께하고 있는가?

먼저 a와 b의 상황은 현재로서는 정확히 알 수 없다. 그러나 굉장히 심각하다는 건 인정해야 한다. 적어도 내가 들어온 이곳의 문을 함부로 열어 바깥으로 나가서는 안 된다는 사실은 알 수 있다. c는 여러 가능성이 있겠지만, 일단

나 혼자이거나, 20명 이하의 소규모의 집단으로 생각해보자. 그리고 이 물음에 답해보자. **나는 생존을 위해 무엇을 확보해야 하는가?**

물—생명의 시작

그게 어디서 났어, 빗물이야, 남편이 물었다. 아뇨, 변기 수조에서요. —『눈먼 자들의 도시』

바그다드에서 다마스커스로 가던 백인 여행자들이 노예 사냥꾼의 습격을 받는다. 겨우 도망친 소녀와 소년은 사막을 헤맨다. 시간이 흐를수록 몸은 천근만근, 태양빛에 살갗이 타는 것이야 포기했다고 해도 목이 쩍쩍 갈라지는 기갈은 참을 수가 없다. 그렇게 죽음에 임박했을 무렵, 그들은 기적적으로 샘을 찾아낸다. 맑은 물이 펑펑 쏟아지는 오아시스다. 1980년대의 청춘 스타 피비 케이츠가 나온 영화 〈파라다이스〉의 이야기다. '물'은 길 잃은 자의 지옥을 천국으로 바꾼다.

우리의 생존 게임은 두말할 것 없이 '물'을 찾는 것으로 시작해야 한다. 인간은 제대로 된 식사를 못하더라도 2~3주 정도는 견딜 수 있다. 그러나 물이 없으면 게임은 3~4일 안에 끝난다. 길어야 그렇다는 것이다. 그 이전부터 탈수증이 우리를 괴롭히고 운동 능력을 저하시킨다. 팔다리와 복부에 심한 경련이 일어나고, 정신은 혼미해져 방향 감각을 상실한다. 제자리에 머물 수 있다면 다행이지만 계속 도망다녀야 한다면 머지않아 정신을 잃고 쓰러질 것이고, 우리의 피는 들짐승 몇 마리의 생명을 구하는 데 쓰일 것이다.

정수할 필요도 없는 맑고 풍부한 샘물을 확보한다는 것은 이 게임에서 가장 유리한 고지를 점령한 것과 다름없다. 로빈슨 크루소는 그리 늦지 않게 물의 혜택을 받는다. 해안에서 육지 쪽으로 200m 정도 걸어간 다음 물을 찾아 마시고, 담배를 씹은 뒤 나무 위에 올라가 편하게 잔다. 항해와 표류 생활을 겪은 그는 물만 있으면 어쨌든 다른 것들은 해결된다는 사실을 깨닫고 있었던 것 같다. 〈로스트〉의 초반 사정은 그렇지 못하다. 그들은 비행기 안에 있던 생수통을 차례로 비워가는데, 그것이 동이 나면서부터 갈등이 생겨난다. 머지않아 탐사를 통해 깨끗한 수원을 발견했기 망정이지, 만약 그렇지 못했다면 심각한 내분이 일어났을 것이다.

사실 얼마만큼의 시간과 노력이 걸리느냐의 문제이긴 한데, 제법 나무들이 우거진 큰 섬에서는 어떻게든 샘을 찾을 수 있다고 한다. 환경이 깨끗한 지역이라면 빗물을 받아써도 좋다. 『그의 나라』처럼 비닐 차양에 맺힌 아침 이슬을 모으는 방법도 사용할 수 있다.

과거 수돗물을 펑펑 써대던 대도시가 오히려 심각한 위기에 처할 수 있다. 1990년 9월, 한강에 큰 홍수가 났다. 당시 나는 신천에 있는 형의 시영 아파트에 기식하고 있었는데, 사흘 동안 중부 지역에 평균 452mm나 쏟아진 비로 아파트 1층까지 물에 잠겼다. 지하철에서부터 아파트 입구까지 겨우 목을 내밀고 헤엄쳐 들어간 것까지는 참을 만했다. 집에 들어가서 씻으면 되겠지. 그런데 이런, 수도물이 나오지 않는다. 한강의 정수 시설이 가동되지 않아 상수도가 마비된 거다. 천지가 물에 잠겨 있는데 물을 쓸 수 없다니. 하긴 바다 위에서도 목말라 죽지 않나?†

† 망망대해에서 탈수로 고통받는 경우는 '내셔널 지오그래픽' 등 다큐멘터리 채널에 즐겨 등장하는 문제인데, 대소변을 먹거나 최악의 경우 항문을 통해 직접 흡수하는 방법도 있다고 한다.

수도에서 색깔이 바뀐 액체가 흘러나올 수도 있다. 아무리 목이 말라도 이 물에 입을 대는 것은 죽음으로 뛰어드는 거나 마찬가지라고 한다. 만약 배앓이를 해서 설사를 한다면, 몸 안의 수분을 진공청소기로 빨아서 내버리는 격이다.

현대인들은 학교 운동장 수도꼭지에 입을 대고 꿀꺽꿀꺽 물을 마시는 습관을 버렸다. 대신 여러 방법으로 물을 정수해서 마시는 시스템을 갖추고 있다.

만약 당신이 동창생의 소개로 고급 정수기를 구입해두었다면 좋은 소식과 나쁜 소식이 있다. 좋은 소식은 이제 할부 대금을 안 내도 된다는 사실이고 나쁜 소식은 전기가 안 들어오니 그게 무용지물이라는 점이다. 전기를 안 쓰는 소형 정수기를 장만해두었다면 다행일까? 없는 것보다는 낫지만, 정수기는 원래 질병을 일으키는 병균을 없애는 능력은 거의 없다고 한다.

아마도 대형 마트나 주유소에서 사은품으로 받은 생수병이 생명수처럼 여겨질 것이다. 이마저 떨어지면 냉장고에 있는 음료수, 물김치, 배즙 등에 손을 대고, 울적한 마음에 술도 마셔댈 것이다. 그러나 최악의 경우를 맞지 않으려면 자제해야 한다. 술을 마신 몸을 중화하려면 여덟 배나 많은 물을 마셔야 한다.

기갈은 점점 심해지고, 우리는 어떻게든 물을 찾으려고 눈이 뒤집어질 것이다. 재난의 징조가 보이면 욕조와 세탁기에 물을 가득 채워두는 것은 훌륭한 태도다. 화초에 주려고 담아놓은 물뿌리개나 싱크대의 설거지물도 아껴야 한다. 전기가 안 들어오면 냉장고의 얼음을 꺼내 따로 담아두어야 한다. 평소 절약정신이 투철해 수세식 변기의 물통에 벽돌을 넣어둔 사람은 후회할 것이다. 심지어 좌변기 안의 물조차 함부로 내려버려서는 안 된다. 어쩌면 집안에 남아 있는 물 중 가장 신선한 물일 수 있다.

머리가 좀 돌아가는 사람은 옥상이나 창가에서 빗물을 받으려고 할 것이다. 그러나 공해에 찌든 대도시의 대기를 통과한 물이다. 전문가들은 가능하면 그 물을 마시지 말라고, 정 어쩔 수 없을 때는 몇 가지 조치를 취하라고 한다. 일단 키친 타월, 깨끗한 천 등을 이용해 불순물을 거른다. 드립 커피를 즐기는 사람은 커피 필터를 사용할 수 있을 것이다. 그 다음에는 끓이거나 가열해서 수증기를 냇히세 한 뒤 그 물을 사용한다. 염소 표백제 등 소독제가 있다면 그걸 활용할 수 있다. 흔히 '빨간약'이라 부르는 10% 포비돈 요오드 용액을 활용해 물을 소독할 수 있다고 한다.

† 물 1리터에 여덟 방울, 구체적이고 정확한 소독 방법에 대해서는 전문 서적을 찾아보기 바란다.

식량—먹어야 산다

"콩은 이제 지겨워." 영화 〈브로크백 마운틴〉에서 양떼를 몰고 로키산맥을 돌아다니는 목동이 말한다. 그들에게는 콩 통조림을 모닥불에 익혀먹는 것이 거의 유일한 식사이기 때문이다. 그러나 이제 우리는 그들이 행복한 고민을 하고 있다고 생각할 것이다. 재난을 당하고 며칠 뒤부터 우리는 허기진 배를 부여잡고 길고양이처럼 음식물 쓰레기 봉투를 물어뜯는 신세가 되어 있을지 모른다. 그리고 그 시대에는 다른 무엇보다 통조림과 친해져야 한다.

생존 상황에서 식량의 확보는 원초적이고 근본적이다. 평소 필요 이상의 식료품을 사서 집에서 썩히는 버릇이 있는 도시인들에게는 이런 습관이 큰 도움이 될 것으로 보인다. 입버릇처럼 다이어트해야 한다고 괴로워하던 사람들에게도 약간의 희소식을 전한다. 굶주림이 오래 이어질 경우에는 지방을 쌓아둔 과체중이 저체중보다 버티기 쉽다고 한다. 문제는 위기 상황이 얼마나 오래 지속될지, 그에 따라 얼마나 많은 식량을 가지고 있어야 하는지 알 수 없다는 사실이다.

『표류교실』에서 패닉에 빠져 허둥대던 아이들 중 하나가 말한다. "배가 고파." 아이들은 번쩍 하고 정신이 든다. 고립된 학교, 식량은 어디에 있나? 그들은 급식실로 달려간다. 그러나 그곳은 이미 야비한 교직원이 점령하고 있다. 그는 식당 아주머니들과 아이들을 몰아내고 급식용 빵과 우유를 독점한다. 아이들도 만만히 물러서지 않는다. 목숨을 걸고 그에게 달려든다.

위기가 극심해지고 치안이 허술해지면, 식량이 있는 장소들은 약탈당할 것이다. 〈28일 후〉의 생존자들은 슈퍼마켓에 들어가 먹을 것을 챙긴다. 대다수의 인간들이 좀비로 바뀌었고 이들은 시체만 뜯어먹기 때문에 같은 식량을 두고 경쟁하지 않는다는 점이 다행이라면 다행이다. 그러나 과일, 채소 등 신선 식품들은 모두 상해버린 뒤다. 결국 건질 만한 것은 통조림 종류밖에 없다. 2차

대전 때 미군들에 의해 전 세계에 퍼져나간 이 반영구적인 도시락은 파국의 미래를 예견한 듯한 발명품이다. 〈레지던트 이블 3〉에서 황폐화된 미 대륙을 떠돌아다니는 무장 버스 공동체도 통조림에 기대고 있다.

서바이벌이 장기화되면 생각의 전환을 도모해야 한다. 이제 콘크리트 감옥의 도시인보다 로빈슨의 후예들이 더 유리해 보인다. 숲에서는 도토리나 밤처럼 따먹을 만한 과실들을 발견할 수 있다. 바닷가에선 게나 거북의 알을 찾을 수 있다. 물론 난관은 있다. 평소 메뉴판을 보고 손가락질만 하던 사람들은 근사한 단백질 공급원이 눈앞을 지나가도 발만 동동 구를 것이다. 요리법도 알아야 하고, 비위도 튼튼해야 한다.

〈서바이버〉에서는 이런 종류의 식량 확보와 섭취 미션이 즐겨 나온다. 알록달록하고 커다란 애벌레 정도는 푸딩처럼 삼켜야 한다. 개구리, 거미, 뱀, 전갈, 바퀴벌레, 쥐…… 살아 움직이는 것에는 모두 이빨을 박을 각오를 해야 한다. 그런 점에서 각종 혐오 음식을 즐겨 섭취해온 한국 남자들이 꽤나 유리할 것 같다. 〈로스트〉를 보면 섬에 조난한 사람들 대부분이 어영부영 시간을 보내고 있을 때, 한국인 남자 진은 바닷가에서 해삼을 잡아 잘게 자른다. 그는 선심을 쓴다고 그걸 들고 다니며 서양인들에게 '먹어보세요'라고 하지만 다들 고개를 절레절레 흔든다.

서바이벌 상황의 인간은 점점 야만의 상태에 다가간다. 문명의 외피를 벗고 본래의 육체에 각인된 활동에 가까워진다는 것이다. 현생 인류의 DNA는 수렵 채집인 시절의 상태를 거의 유지하고 있다고 한다. 앞에서 말한 행동들을 되짚어보자. 슈퍼마켓에서 라면을 싹쓸이하거나, 야자수 열매를 따거나, 거북이 알을 깨서 홀짝거리거나…… 이것은 모두 채집 활동이다. 그런데 이 행동으로 얻을 만한 식량 지원은 한계가 분명하다. 다음 단계는 수렵이다.

『파리대왕』의 무인도에서 굶주린 소년들의 눈앞에 야생 돼지가 나타난다. 포동포동해 좀 둔해 보인다. 그러나 막상 커다란 어금니를 가진 어른 돼지 앞에 서면 오금이 저린다. 작전을 바꾸자. 칠렐레팔렐레 돌아다니는 새끼 돼지, 저 정도는 여럿이 힘을 합치면 가능하지 않을까? 이 미션은 매우 중요한 전환점이다. 들짐승을 사냥할 수 있느냐 없느냐에 따라, 우리의 생존 상황은 상당히 다른 길을 걸어가게 될 것이다.

문명에 길들여진 현대인들에게는 어려운 일일 거라고? 스페인의 철학자 호세 오르테가 이 가세트는 「사냥에 대한 명상」에서 거세된 스포츠 게임보다 사냥이 훨씬 더 본능적이라고 말한다. '로빈슨 크루소의 어느 아들은 라켓을 본 적이 없고 그것 없이도 잘 살아갈 수 있다. 그러나 그가 배웠든 그렇지 않았든 사냥이나 고기잡이를 잘할 수 있는 것은 사실이다.'[†] 물론 본능만으로, 아무런 도구도 없이 서울대공원을 탈출한 물소를 사냥할 수 있을지는 의문이다. 혹여 운이 좋아 굶주림에 쓰러진 들짐승을 업고 왔다고 생각해보자. 과연 누가 그 배를 가를 것인가? 어떻게 내장을 빼내고 먹을 만한 부위를 골라내 구워 먹을 것인가?

[†] José Ortega y Gasset, "Meditations on Hunting", Charles Scribner's Sons, New York. 1985, 232쪽

나는 여러 생존 매뉴얼을 뒤져보았다. 의외로 큰 짐승을 사냥하는 방법을 찾기는 어려웠다. 미국처럼 총기가 널려 있는 곳에서는 그냥 쏘아죽이면 된다고 여기는 걸까? 매뉴얼은 보다 현실적인 방법을 소개한다. 재난 시에는 곤충이나 쥐가 대량 번식할 가능성이 많다. 전염병의 위험이 크지 않다면, 이만큼 안전하면서도 지속적인 단백질 공급원을 찾기는 어렵다고 한다. 대부분의 곤충은 먹어도 큰 탈이 없고, 쥐는 간단한 덫을 만들어 잡으면 된단다.

채집, 수렵, 덫 …… 좋다. 우리는 이 짧은 순간에도 생존을 위한 진화를 해 나가고 있다. 다음에는 어떤 단계가 올까? 농경이다.

"펜크로프, 밀알 하나에서 이삭이 몇 개나 나오는지 알고 있나?"

"하나겠죠." 선원은 이 질문에 놀란 얼굴로 대답했다.

"열 개라네. 그러면 이삭 하나에 밀알이 몇 개나 달리는지 알고 있나?"

"그런 거 몰라요."

"평균 80개야. 그러니까 이 밀알을 심으면 첫 수확에서 밀알 800개를 얻을 수 있지. 그게 두 번째 수확에는 64만 개가 되고, 세 번째에는 5억 개, 네 번째에는 4천억 개가 넘어. 이런 비율로 늘어나는 걸세."(『신비의 섬』, 300쪽)

장기간의 생존에서 농경으로의 전환은 거의 필수적이다. 그때 '이삭'이 가진 의미는 미래 그 자체다. 로빈슨 크루소는 난파당한 직후에는 거의 무신론자처럼 행동하지만, 방치해둔 곡물 중에서 보리 이삭이 피어나자 갑자기 신을 향해 감사의 눈물을 펑펑 흘린다. 아파트에 고립된 우리는 아이들 학교 숙제로 심은 강낭콩 화분에서 미래를 발견할지 모른다.

불을 찾아서

무인도나 정글 같은 야생의 서바이벌이라고 하면 가장 먼저 떠오르는 장면이 있다. 통나무에 홈을 파고 그 위에 가는 나무 막대기를 꽂아 죽어라고 비벼대는 모습이다. 그래, 이제 불과 빛의 의미가 뼈저리게 느껴지는 시간이 왔다. 불은 추위를 피하게 하고, 굶주린 들짐승들을 쫓아내고, 거친 식재료를 익혀 먹을 수 있게 해준다. 빛은 밤에도 최소한의 생활을 가능하게 해주고, 어디선가 나타날지 모를 구조팀에 SOS를 보낼 수단이 된다. 〈투모로우〉의 빙하기까지는 아니더라도, 엄동설한에 재난을 당해 전기도 가스도 쓸 수 없는 상황이라면, 몇 시간 안에 불을 피우느냐 마느냐가 생존에 직결된다.

잭 런던의 단편소설 〈불을 피우기 위하여〉의 주인공은 허스키 개 한 마리와 함께 유콘 시방을 여행한다. 강추위 속에서 조난당한 남자는 젖은 신발 때문에 더 이상 움직이기를 포기하고 불을 피워야겠다고 마음먹는다. 겨우 피운 불은 나무에서 떨어진 눈으로 꺼져버리고, 동상으로 발가락이 굳어간다. 얼어가는 손가락으로 남아 있는 성냥을 모아 불을 지피려는 마지막 시도도 실패한다. 그는 개를 쳐다본다. 그래, 저놈을 죽여 배를 가르고 그 안에 들어가 있자. 허나 얼어버린 손은 칼도 제대로 잡을 수 없다. 남자는 서서히 죽어가고, 그를 물끄러미 보던 개는 움직인다. 이 사람은 안 되겠어. 자신에게 식량과 불을 제공해 줄 캠프를 찾아간다.

실제 야생 상태에서 나무를 비벼 불을 피우는 일은 성공 가능성이 아주 낮다. 바싹 마른 사막이라면 좀더 유리하지만, 날씨가 춥고 습도가 높으면 연기만 피우다가 만다. 대신 『파리대왕』과 『그의 나라』에서처럼 안경 같은 렌즈를 활용해 태양광을 모아 불을 지피는 것은 어느 정도 유효하다. 투명한 비닐이 있다면 거기에 물을 조금 담아 볼록한 물 렌즈를 만들어 햇빛을 모으는 방법도 있다. 고생해서 피운 불을 유지하는 것도 쉬운 일은 아니다. 『파리대왕』에서는 모닥불을 계속 지켜내는 임무를 소홀히 했다는 이유로 무리 안에서 분쟁이 일어난다.

불과 더불어 빛이 절실하다. 일본 드라마 〈대지진〉을 보면 지진으로 조난당할 위기에 처할 때의 10가지 행동수칙이 나오는데, 그 처음이 '손전등을 켜라'다. 붕괴된 건물 안에서 주변을 전혀 볼 수 없다면, 그 사실만으로 패닉에 빠지기 쉽다. 『드래곤헤드』의 주인공들은 하필이면 터널 속에 갇혔다. 그들을 시종일관 공포로 몰아넣는 것은 언제 끝날지 모르는 암흑의 연속이다. 결국 터널 밖으로 필사적인 탈출을 하지만 더 큰 절망에 빠지게 된다. 그들이 기대했던 푸른 하늘은 재와 연기로 뒤덮여 희뿌연 어둠 속에 잠겨 있었던 것이다.

화산이나 방사능 폭발로 지구가 검은 장막으로 가려진다면, 그동안 우리가 태양의 혜택을 받을 수 있었던 게 얼마나 큰 축복인가를 깨달으리라. 1815년 4월에 폭발한 인도네시아의 탐보라 화산은 막대한 양의 분진을 쏟아냈고, 이듬해까지 건조한 안개(dry fog)라 불리는 장막이 북반구 전역의 태양빛을 흐리게 했다. 이는 '여름이 없던 해'라는 불리는 이상 저온 현상을 일으켜 전 세계의 농작물 생산에 막대한 지장을 끼쳐 대기근의 고통에 시달리게 했다. 심심하면 폭발설이 대두되는 백두산이 한반도의 머리 위에 얹혀 있다는 사실을 상기하자.

어렵게 지펴낸 모닥불은 야간을 대비한 조명으로서의 역할도 수행해야 하는데, 역시 만만찮은 일이다. 로빈슨 크루소는 아프리카 해변에 있을 때는 밀랍을 이용해 초를 만들었지만, 카리브 해의 섬에서는 그것을 구할 수 없었다. 대신 양고기에 있는 지방을 햇볕에 말린 다음 거기에 밧줄로 만든 심지를 꽂아 불을 붙였다. 양초처럼 일정한 밝기가 유지되지는 않았지만, 없는 것보다는 훨씬 나았다고 한다.

오그라드는 손에 작은 불씨를 들고 폐식용유로라도 초를 만들 수 없을까 고민하는데, 주변에 나동그라져 있는 각종 전열기구와 전등을 보니 한숨이 나온다. 사실 불과 빛의 문제들은 전기만 공급되면 90% 이상 해결될 수 있는 게 아닌가? 생각해보니 내가 군대 시절 야간 경비를 설 때 탐조등을 켰는데, 그건 석유를 태워 발전기를 돌리도록 되어 있었다. 이런 정도의 발전 설비는 주변에 있지 않을까? 물론 없지는 않다. 허나 한계가 있다. 영화 〈캐리어스〉를 보면 전기 공급이 중단된 뒤 발전기를 돌려 임시 병원을 운영하는데, 2주가 지난 뒤에는 동네의 모든 석유를 고갈시켰다. 외국의 서바이벌 책자는 가정용 태양열 발전기 같은 것을 자주 언급한다. 하지만 국내에서 이런 장비를 비치해두는 곳이 얼마나 될까?

2010년 칠레 대지진 때 지하 갱도에 갇힌 광부들로부터 어떤 노하우를 배울 수 있을 것 같다. 이들은 무엇보다 '어둠'의 문제에 있어서는 베테랑이 아니었나? 과연 이들은 암흑 속에서도 침착함을 잃지 않고 중장비에 있는 차량용 발전기를 이용해 전기를 공급했다. 불을 켜는 것은 물론, 휴대폰을 충전하기도 했다고 한다. 외부와 연락은 할 수 없었지만 MP3 플레이어로는 사용할 수 있었다고 한다. 생각해보니 대재난의 시기에 스마트폰 하나만 꾸준히 작동시킬 수 있으면 얼마나 큰 도움이 될까? 전화나 인터넷이 두절된다고 하더라도, 그 안에 있는 여러 어플리케이션을 활용하고, 음악을 듣고, 조명으로 활용할 수도 있다. 얼마 전 TV에서 본 스마트폰용 휴대용 태양 충전기가 떠오른다.

안전한 집과 따뜻한 옷

"집은 지붕이 있다는 것만으로도 위대한 거야." —『실종일기』

지금 나는 리모컨으로 천창이 열리고 라텍스 매트리스에 오리털 이불이 깔린 침대를 기대하지 않는다. 그럼에도 집은 절실하다. 편안함이 아니라 단지 살아남기 위해서라도 외부의 위험으로부터 자신을 보호해줄 거처가 필요하다. 전기나 가스의 공급을 받지 못하는 상태이기 때문에 체온 조절을 위해서도 더욱 튼튼하고 안전한 거주 공간이 필요하다. 혹한 혹은 혹서라는 기상 재해가 겹쳐진 상황, 방사능이나 세균전의 양상이라면, 위기가 발생하자마자 어디론가 뛰어들어가 문을 닫지 않으면 곧바로 게임은 끝난다.

내가 얻게 될 거주의 형태는 앞에서 탐색해본 '나는 어디에 있는가'라는 조건에 따라 거의 결정될 것으로 보인다. 도시에 있다면 어떻게든 활용할 수 있는 건물이 많을 것이다. 하지만 지진이나 화재로 상당 부분 파괴되고 악의적인 약탈자로부터 점령된 구역이 적지 않을 수 있다.

길거리로 쫓겨난 상태, 혹은 무인도와 같은 오지라면 스스로 주거를 해결해야 한다. 로빈슨 크루소는 이 문제를 발전적으로 해결해간 모범적인 케이스다. 섬에 도착한 첫날 그는 불안에 떨며 나무 위에 올라가 잠을 잔다(원숭이). 다음 날은 땅으로 내려와 난파선에서 가져온 궤짝과 나무 판자들로 가벽을 만든 뒤에 잠을 청한다(노숙인). 그 이후에는 동굴을 발견한 뒤 반원형 모양으로 말뚝을 박아 완벽히 방어벽을 구축하고 거처를 만든다(원룸). 이어 땅을 더 파서 건조한 공간을 만들어 물자를 비축하고 집의 설비를 꾸민다(주택). 나중에는 염소를 키우는 시골 영지 같은 별장(전원주택)과 아주 깊숙한 곳에 숨어 있어 적들에게 들킬 염려가 없는 보관창고용의 굴(창고, 혹은 은행)도 마련한다.

부동산 재벌 크루소 씨는 아무도 살지 않는 땅을 독점적으로 선취할 수 있는 특혜를 받았다. 그러나 대도시에서 자신의 집을 빼앗기고 길거리로 쫓겨난 노숙자들에게는 그런 기회가 주어질 수 없다. 그들에게는 주거 문제가 거의 제1의 서바이벌 미션으로, 경찰이나 지역 주민의 눈길을 피하면서도 안전하게 밤을 보낼 장소를 확보해야 한다. 서울역 등의 대형 공공 시설, 업무가 종료된 지하철 역사, 상점가 주변의 골목, 경비가 허술한 지하 주차장이 주요한 목표다. 도심에서 떨어진 야산을 이용하는 경우도 있다. 『실종일기』에서 가출 만화가 아즈마는 거적과 구멍투성이 시트를 주워 덮고 잠을 자기로 한다. 그러나 밤새 찬바람에 떠는 꿈을 꾸다가 일어난다. 다음날 다른 노숙자의 주거지를 염탐하는데, 방수 시트 아래 헌옷이 가득한 살림에 시샘이 날 지경이다. 그는 얼마 뒤 썩은 모포를 주워 좀 따뜻하게 지낼 수 있겠다 기대했는데, 비가 오자 낡은 시트가 금세 젖어버린다. 어쨌든 방수 시트를 구하고 모닥불을 피우기도 하며 겨울까지 버틴다.

불안정한 주거일수록, 밑바닥의 생존일수록 의복의 중요성이 커진다. 미셸 투르니에는 로빈슨의 입을 빌어 말한다. '나체로 지낸다는 것은 수없이 많은 동류의 인간들에 의하여 따뜻하게 둘러싸여 있는 인간만이 위험 없이 향락할 수 있는 사치이다.'(『방드르디』, 37쪽) 갑자기 조상이 원망스럽다. 인간은 왜 털을 잃어버린 원숭이가 되었을까? 위도가 높은 쪽에서는 밝은 피부가 비타민 D 합성에 유리하다느니, 털을 없애고 옷을 통해 체온 조절에 성공하며 여러 지역에 적응했다느니 하는 이론들이 있는 것 같다만…… 추운 겨울날 길거리에서 떨다 보면, 털북숭이 개와 고양이가 부러울 뿐이다.

투덜대봤자 소용없다. 옷 비슷한 게 있으면 주워담아야 한다. 밤과 겨울의 추위, 또는 혹독한 태양으로부터 자신을 보호하기 위해서도. 다행히도 식량처럼 쉽게 썩지 않는 물건이니, 재난 이후 유니클로 같은 도심의 패스트패션 매장을 발견한다면 당분간은 의복 걱정은 하지 않아도 될 것 같다. 아니, 역시 노스페이스 같은 등산복이 최고일까? 한국의 중고등학생은 이미 집단무의식을 통해 서바이벌 상황에 대처하고 있는지도 모르겠다.

배설, 위생, 의료

"내가 지금 제일 바라는 게 있어." "SHOWER을 말하는 거면……" ―〈좀비랜드〉

2011년 경상북도 구미 지역에 전대미문의 단수 사태가 발생해, 지역 주민들을 고통스럽게 만들었다. 물론 식수 문제가 제일 컸는데, 마트에서 포장된 생수를 사와 기갈을 해소했다. 그런데 또 다른 어려움이 이들을 괴롭혔다. 물이 나오지 않으니 씻지도 못하고 화장실도 쓸 수 없게 되어버린 것이다. 결국은 참다못해 생수를 부어 변기를 내렸다는 소식까지 전해졌다.

우리는 현대 도시의 엄격한 청결감에 익숙해져 있다. 그만큼 위생의 부재에 의외의 타격을 받을 수 있다. 긴급 상황이니 기존의 공중도덕을 무시하는 것으로 탈출구를 만들 수도 있다. 〈28일 후〉에서 고층 아파트에 갇힌 생존자는 오물을 양동이에 받아 바깥으로 던져버리는 것으로 해결한다. 그런데 이런 행동도 조심해야 한다. 그 행동이 좀비들에게는 큰 자극이 안 될지라도, 짐승들은 그 변의 냄새를 맡고 네가 어디 있고 뭘 먹고 있고 어떤 병에 걸려 있는지 판단할 테니까. 때문에 『방드르디』의 로빈슨은 혼자 살아가고 있음에도 스스로 규율을 정해 '아무 데나 변을 보는 행위'를 막는다.

똥과 오줌은 어딘가에 묻어버린다고 치자. 장기적인 자급자족을 위해서는 변을 거름으로 쓰일 수도 있다. 하지만 몇 주 동안 얼굴조차 씻을 수 없다면 어떤 일이 벌어질까? 다행히 나처럼 평소에도 별로 깔끔 안 떨고 비누도 거의 안 쓰는 사람은 나은 편이겠지만, 조금만 안 씻어도 얼굴이 뒤집어지는 사람들은 끔찍한 상황에 처할 것이다. 『상자인간』에서 노숙자와 비슷한 처지로 살아가는 주인공은 말한다. '괴로운 것은 마를 사이도 없이 때의 켜를 만들어 겹겹이 쌓아가는, 끈적끈적한 땀이었다. 곰팡이나 이스트나 박테리아의 더할 나위 없는 배양기다. (중략) 어떠한 내장의 아픔보다도 견디기 힘든, 짓물러가는 피부의 근지러움'(『상자인간』, 189쪽) 식수로 활용할 물도 부족한 상황이니, 베이킹파우더를 이용해 마른 샴푸를 한다든지 하는 방법을 익혀둘 필요가 있다.

대재난 직후에는 전체적인 위생 상황이 엉망이 된다. 하수 처리가 안 되어 썩은 물이 역류하고, 인간과 동물의 사체 때문에 쥐와 바이러스가 급격히 번식할 수 있다. 애초에 이 재난의 원인이 '병균'일 수도 있다. 그리고 위생 문제로 당신이 건강을 해치게 되었을 때, 그것을 회복시킬 의료 체계조차 붕괴되어 있다. 아이티 대지진 이후 곳곳에 널려 처리되지 못한 시체들은 전염병의 온상이 되어, 이차적인 대재앙의 원인이 되었다. 위생 문제의 마지노선은 결국 '심각한 병에 걸리지 않는 선'이 될 것이다. 이제 우리 관심의 초점은 '의료'가 된다. 이것은 어쩌면 밥과 물 이전의 문제이기도 하다.

2011년 미국 질병통제예방센터(CDC)는 블로그를 통해 '좀비 대재앙에 대처하는 법'을 발표했다. 영화를 비롯한 대중문화에 급속히 퍼지는 좀비 신드롬을 해석하며, 진짜로 그런 상황이 벌어질 때를 대비해 어떤 준비를 갖추어야 하는가를 알려주고 있는 것이다. 물론 좀비 바이러스가 진짜로 퍼질 가능성에 무게를 두는 것은 아니다. '좀비 대재앙에 맞설 준비가 되어 있다면, 어떤 응급 상황도 맞을 수 있다.'며 좀비 현상을 통해 각종 위급 상황과 재난에 대처하는 방법을 가르쳐주려는 것이다. 그늘은 가장 먼저 갖추어야 할 것은 응급 키트라고 말한다. 물, 식량과 더불어 가장 위험한 최초의 며칠을 견디고 피난 캠프를 갖추기 위한 필수 요소다.

자신이 신체적 결함이나 지병이 있다면, 그쪽의 준비는 철저히 해야 한다. 이제 대체물을 찾기가 어렵다. 당뇨병 환자처럼 상비약이 필요한 경우나 특정한 알러지에 시달리는 사람은 그와 관련된 물품을 우선적으로 확보해야 한다. 『파리대왕』의 돼지는 평소 안경을 끼고 다니는 것 때문에 놀림을 당하는데, 이 안경으로 태양광을 모아 불을 지필 수 있게 되자 다툼이 벌어지고 결국 안경이 부서진다. 점점 눈이 나빠지는 나로서는 깨진 안경을 들고 울부짖는 돼지의 모습이 남처럼 여겨지지 않는다. 자연 상태에서는 약간의 신체적 결함이 결국 치명상이 된다. 사바나에 있는 한 무리의 가젤 중 누가 하이에나와 사자의 먹이가 될까? 눈이 나쁘거나 다리를 절어 도망치는 데 뒤처지는 녀석일 것이다.

치과 질환이 의외로 큰 문제다. 〈캐스트 어웨이〉에서 척 놀랜드를 가장 괴롭히는 것은 치통. 그는 참다못해 스케이트를 개조해 이빨을 뽑아낸다. 동남아의 낙원 〈비치〉에 살던 한 청년이 공동체를 빠져나가야 하는 이유도 치통이다. 문명 세계와 절연하고 갈라파고스에서 새 삶을 일구기로 한 프리드리히 리터 박사는 예방 차원에서 치아를 미리 모두 뽑고 틀니를 한 채 들어갔다고 한다. 나중에 그의 파트너인 도어 스트라우츠의 치아도 못 쓸 지경이 되자, 둘이 의치를 번갈아 사용했다고 한다.(『갈라파고스』, 56쪽)

크게 라디오를 켜고—통신과 연락

전쟁, 지진, 수해 등 위급한 사태가 발생하면 정규 방송은 중지되고 긴급 뉴스가 보도된다. 그런데 TV 방송은 여러 약점을 가지고 있다. 현재 TV 시청의 80% 이상이 케이블 등으로 간접 수신하는 형태. 그리고 심각한 재난의 경우 정전 사고가 동시에 발생하는 경우가 많다. 다행히 내가 있는 지역은 단전이 되지 않았다고 해도 중간의 송신 연결 시스템 어느 한 부분만 마비가 되어도 무용지물이 된다. 때문에 재난 시에는 라디오 방송이 훨씬 중요해진다.

각종 재난에 익숙한 일본에서는 가정마다 건전지로 작동되는 라디오를 상비하도록 한다. 더불어 재난 관련 보도에 대한 메커니즘을 치밀하게 연구해왔다. 한신 대지진 이후, 그들은 중앙 방송의 보도에만 의존해서는 중요하고 급박한 정보를 충실히 전할 수 없다는 사실을 깨달았다. 라디오에서는 큰 규모의 재난 상황만 보도할 뿐, 지금 당장 어디로 대피해야 하는지, 안전한 식수와 구호물자는 어디서 받을 수 있는지, 구체적인 정보는 알 수 없었다. 그래서 부각된 것이 지역의 소규모 공동체 라디오다.

2011년 대지진 때 일본 동북부 주요 재해 지역에서 40개 이상의 지역 라디오 방송국이 전파를 쏘았다. 이들은 세부 지역별 재해 사항과 수도국 급수 복구 사업 등의 정보를 전했고, '외국인은 대피소를 이용할 수 없다'는 등의 유언비어를 막는 데도 큰 도움을 주었다. 외국인이 일본어 방송을 못 알아들으면 무슨 소용이냐고? 한국어, 타갈로그어 등 외국어 방송까지 병행했다고 한다.

이런 의문을 표시할 수도 있겠다. 핸드폰, 인터넷, SNS로 정보를 주고받는 것이 더 자연스럽고 편하지 않을까? 2010년 추석 연휴 때 몰아닥친 폭우로 광화문 등 서울 여러 지역이 침수당하자 여러 방송국은 허둥대며 제대로 된 정보를 전하지 못했다. 이때 실시간으로 확실한 정보와 사진 자료를 보여준 것은 트위터를 비롯한 SNS였다. 분명 가능하다면 이러한 방식도 활용해야 한다. 그러나 대재난이 발생했을 때 전화나 인터넷 시설이 파괴될 가능성도 적지 않고, 통신량의 급증으로 마비가 되는 상황이 발생하기도 한다. 여러모로 라디오 방송의 유용성에 초점을 맞추어야 한다.

제한된 채널 속에서 불안에 떨고 있는 사람들은 작은 소문에도 흔들린다. 한신 대지진, 센다이 대지진 등의 재난 때 확인되지 않은 헛소문이 사태를 악화시키고, 이후에도 여러 후유증을 만들어내곤 했다. 후쿠시마 원자력 발전소 문제도 도쿄 전력과 정부의 정보 은폐, 그에 대한 반작용으로 터져나온 각종의 음모론으로 심한 몸살을 앓았다. 정확한 정보의 가치는 더욱 커진다.

고립된 생존자들의 입장에서는 바깥의 소식을 파악하는 것뿐만 아니라, 구조 요청을 하고 피해 지역의 상황을 전달하는 것도 중요하다. 우리는 일본 대지진 당시 항공 촬영 영상에서 고립된 학교 운동장이나 건물 옥상에서 하얀 천을 흔들거나 SOS 신호를 만들어놓은 사람들을 볼 수 있다. 모닥불이나 연기도 흔히 등장하는 수단이다. 다만 유의할 점이 있다. 외부에 우리의 존재를 드러내는 것은 위협적인 세력에게 위치를 알려주는 셈이기도 하다.

외부와의 커뮤니케이션은 직접적인 도움 이상의 의미를 지닌다. 칠레의 매몰 광부들은 매몰 17일 뒤에 지상에서 뚫고 들어온 탐침봉에 쪽지를 꽂아 자신들이 생존해 있음을 외부에 알렸지만, 그후에도 수십 일 동안이나 갇혀 있어야 했다. 그런 험악한 상황에서도 그들에게 살아서 지상으로 나갈 수 있다는 희망을 꾸준히 이어준 존재가 있었는데, 그것은 한 마리의 비둘기였다. 구조대는 700m 지하의 갱도까지 구멍을 뚫고 팔로마(Paloma, 비둘기)로 이름붙여진 지름 12cm 캡슐을 통신 수단으로 삼았다. 비둘기는 물, 생필품, 게임 도구 등을 전해주었는데, 가장 큰 위안이 된 것은 가족들과 대화를 나눌 수 있는 프로젝터 폰이었다. 우리가 바깥의 누군가와 교신하고자 하는 이유는 단지 구출해달라는 기원만은 아니다. 이 아비규환의 상황 속에서 서로 떨어지게 된 가족과 연인들, 자신이 사랑하는 사람의 안전을 확인하고 싶은 마음이기도 하다.

미국의 재난 및 예방 통제 센터는 여기에 대해 주요한 조언을 한다. 심각한 재난으로 가족이 뿔뿔이 흩어지고 기존의 통신 시설을 이용할 수 없는 상황에 대비해 두 개의 가족 통신 센터를 만들어두라고. 하나는 자신의 집과 가까운 곳(예, 가족 우체통), 다른 하나는 집이 완전히 파괴되거나 접근할 수 없는 상황을 대비해 집에서 멀리 떨어진 어떤 장소(예, 외할머니의 묘지)로. 그래서 가족 중 일원이 살아남아 움직일 수 있다면 이곳에 자신의 위치와 처지를 알리는 편지를 놓아두는 것이다.

자동차, 이동 수단

나는 기본적으로 이동 자체가 어려운 고립 상황을 상정하고 있다. 그러나 현저한 위험이 있더라도 그것을 무릅쓰고 움직여야 하는 경우가 있다. 한시적인 대피소를 확보했지만 그곳이 방비가 극히 불안해졌을 때, 고립 장소에 생필품이나 의약품이 떨어져 보충해야 할 때, 가족이나 연인을 찾기 위해 움직여야 할 때…….

이동 수단으로 자동차만큼 유용한 방식은 찾기 어려워 보인다. 현대 도시에 인간 다음으로 많은 숫자가 서식하고 있기 때문에 구하기도 쉽다. 자체의 견고함과 빠른 이동 속도 덕분에 한시적인 대피처가 될 수도 있다. 약간의 튜닝을 거치면 빠른 속도를 지닌 무장 갑옷 정도로 기능해주지는 않을까? 그런데 아뿔싸, 깜빡깜빡 주유등에 불이 켜졌다.

자동차는 다행히도 전기나 도시가스 같은 중앙공급식의 에너지를 사용하지 않는다. 일단 주유통에 담겨 있는 만큼은 사용 가능하고, 여차하면 주변 주유소의 휘발유를 써도 된다. 그러나 재빨리 움직여야 한다. 휘발유는 자동차 연료뿐만 아니라 전기, 가스가 공급되지 않을 경우 불을 지피기 위한 용도로도 사용할 수 있다. 실제 일본 대지진 당시 기대 이상의 질서가 유지되었지만, 주유소에 줄을 선 자동차 운전자들 사이의 다툼이 적지 않았다. 서로 신경전을 벌이던 운전자의 일부가 나이프로 위협하거나 차창을 깨는 등의 일이 벌어졌다. 트럭이나 오토바이 등에서 기름을 빼가는 절도들도 이루어졌다고 한다.† 게다가 주유기의 펌프가 전기로 작동되는 경우에는 평상시와 같은 방식으로는 기름을 채우지 못할 수도 있다.

† 〈카나로코〉, 神奈川新聞社, 2011년 3월 27일자

이제 기름은 떨어졌다. 혹은 피난길에 오르나 동맥경화에 이른 도로로 더 이상 차를 움직일 수 없는 상황에 이르렀다. 그렇다면 무엇을 사용할 수 있을까? 자전거, 롤러스케이트, 스케이트보드…… 〈데드 캠프〉에서는 좀비들이 수

영을 할 수 없다는 사실 때문에 수로를 따라 배를 타고 이동하기도 한다. 동물을 이용하는 방법도 고려해볼 수 있다. 옆집에서 키우던 시베리안 허스키를 잘 꼬여서 리어카를 끌게 하는 건 어떨까? 극한의 추위가 닥치면 얼어붙은 한강 위로 썰매를 타고 달릴 수 있을지 모른다. 아니다. 역시 준야생의 상태에서 최적의 탈것은 말이다. 『재팬』, 『바사라』처럼 파국 이후의 세계를 그린 작품에서 기마 부족들이 득세하는 것도 자연스러운 상상력이다.

서바이벌 키트, 이것도 필요할까?

재난 전문가들은 비상시에 대비해 식량, 식수, 응급약품을 비롯해 다음과 같은 것을 준비해두면 좋다고 충고한다.

- **공구** | 작지만 성능 좋은 공구를 장만해두면 좋다. 흔히들 맥가이버 칼 같은 다용도 도구가 서바이벌 키트의 핵심이라고 여기지만, 많은 도구의 결합보다는 단순한 도구를 다양하게 사용할 수 있는 능력을 키워두는 게 좋다고 한다.

- **신분증명서** | 무법천지 상황에서는 거의 무용지물이 될지 모르지만, 서로가 불신에 사로잡혀 있을 때 최소한의 신분을 보여줄 수 있는 것이라면 도움이 될 것이다.

- **사진** | 본인과 가족의 사진을 준비해두라. 애정을 확인하거나 추억을 위해서도 필요하고, 행방불명자를 수배할 때 사용할 수 있다. 필요할 때 출력해서 쓰지. 이런 것은 없다.

- **트럼프 카드** | 어린이와 같이 지낼 때만이 아니라, 불안 속에 시간을 보낼 때 유용하다. 가족 간에 암호를 정해 통신연락 등에 응용할 수 있다. (예: 다이아몬드 A를 놓아두면 보령에 있는 외갓집으로 오라.)

3 | 나는 무엇을 가지고 시작하는가—시작의 상자

리얼 버라이어티 쇼를 표방한 〈무한도전〉은 방영 초기에 무인도 편을 통해 인기몰이를 했다. 유재석을 비롯한 여섯 남자는 무인도에 도착해 야자열매를 따는 등 여러 미션을 코믹하게 수행한다. 그중 해변에서 나무를 비벼 불을 지피는 과정이 제일 고역으로 보인다. 이들은 서로 힘을 합쳐 반나절 동안 나무를 비벼대지만 결국 헛된 땀에 젖어 저물어가는 저녁 해를 본다. 이때 PD가 말한다. "그냥 라이터로 켤까요?" 허탈감 반, 분노 반으로 PD를 쳐다보는 여섯 남자.

물론 출연자들을 곯려 시청자들에게 웃음을 주기 위한 설정이었다. 하지만 나는 이러한 발상의 변화가 주는 시사점이 매우 크다고 생각한다. 그들 여섯 명 중 휴대용 가스라이터를 이용해 쉽게 불을 지필 수 있다는 지식을 가지지 못한 사람은 없다. 단지 그러한 문명의 이기를 이용하면 안 된다고 지레 생각했을 뿐이다. 극한의 생존 상황에서 그런 규칙이 있을리 없다. 있으면 쓰면 된다. 무인도라는 상황이니까 라이터를 구하기는 어려울 거라고? 실제 서해 연안에 있는 무인도에서 생존 체험을 한 사람의 이야기를 들어보면, 바닷가에 조류를 따라 쓰레기들이 많이 밀려 오는데 일회용 라이터는 찾기 쉬운 편이라고 한다.✝

우리의 서바이벌은 문명의 소멸을 전제로 하지만, 그 공간은 외계의 실험실이 아니다. 무너진 문명은 여전히 우리 곁에 부서진 채로 있고, 우리가 아무리 예측

✝ 박상준, '〈캐스트 어웨이〉와 무인도 생존과학' 한국전자통신연구원 소식지, 2001년 3월호

못한 상황에서 재난을 당한다고 하더라도 주변에는 확보할 수 있는 물건들이 있다. 심지어 『로빈슨 크루소』를 비롯한 무인도의 생존기 역시 알몸뚱이로 시작하지는 않는다. 생존자들 대부분은 어느 정도의 초보적인 자원과 도구를 가지고 시작한다. 나는 이것을 '시작의 상자'라고 부른다.

로빈슨 크루소는 처음 정신을 차렸을 때 옷주머니에 작은 칼 하나, 약간의 담배와 파이프밖에 없다는 것을 알고는 극도로 심란해졌다. 그러다 자신이 타고 온 배가 크게 파손되지 않은 것을 보고 썰물 때를 이용해 헤엄쳐 간다. 식자

재 창고로 가서 주머니에 비스킷을 채워넣은 뒤, 그걸 우적우적 씹으며 물건들을 뗏목으로 실어담는다. 먼저 튼튼한 목재를 끌어 뗏목을 보수하고, 럼주를 들이키며 궤짝 하나를 식량으로 채운다. 이어 옷가지가 바다에 휩쓸려가는 것을 보고 그걸 모으다가, 연장통을 발견한 뒤 환호를 지른다. 다음엔 무기와 탄약…… 그는 13일 동안 12번이나 배로 가서 물건들을 챙겨온다. 그는 자신의 생존을 결정할 물건들을 확보하는 데 어떤 어려움도 마다하지 않는다. 그는 초기 자본의 효용을 잘 깨닫고 있었던 것이다.

여기에는 매우 중요하고도 흥미로운 설정이 있다. '시작의 상자'를 채울 횟수 혹은 시간이 제한되어 있다는 사실이다. 로빈슨은 배가 또 다른 풍랑에 의해 휩쓸려 가기 전에 자기에게 꼭 필요한 물건들을 챙겨 와야 한다. 무엇을 먼저 가져가야 할까, 얼마만큼 들고 갈 수 있을까? 신중히 판단해야 한다. 자칫 물건에 욕심을 내다가 배와 함께 가라앉아버릴 수도 있다. 이 방식은 롤 프레잉 컴퓨터 게임과도 매우 유사하다. 우리의 생존 게임은 자신의 아이템을 확보하는 과정부터 시작한다.

『신비의 섬』에서 남태평양의 섬에 조난한 사람들은 몸에 걸친 옷 이외에는 거의 아무것도 가지지 않은 상태였다. 이들은 기구를 타고 미국에서 탈출해오는데, 기구를 가볍게 하기 위해 모든 소지품을 바다에 던져버렸던 것이다. 그러나 다행히도 이 섬은 『해저 2만리』로 유명한 네모 선장의 본거지였다. 그는 난파한 사람들을 발견하고 그들 스스로 살아날 수 있도록 상자를 남겨둔다.

정리하면 다음과 같다.

단도 세 개, 도끼, 줄, 망치, 톱, 바늘, 식칼, 점화용 기병총, 뇌관이 딸린 소총, 폭약, 쌍안경, 주석 도금한 구리 냄비 여섯 개, 성경책 한 권, 지도책, 멜라네시아의 여러 방언 사전, 여섯 권의 자연과학 사전, 주전자 두 개, 알루미늄 식기 열 벌, 사진기가 들어 있는 상자(『신비의 섬』 2권, 33~34쪽)

로빈슨 크루소가 확보했던 물건들과 겹치는 것이 많은데, 인원수를 고려하면 그 양은 훨씬 적다. 대신 지도와 자연과학 사전 같은 것이 눈에 띈다. 쥘 베른은 도전자들이 최신 과학의 지식과 창의력을 이용해 섬의 자원을 활용해가기를 바랐다.

21세기의 조난극에서 '배'는 '항공기'로 대체되는데, 역시 비슷한 방식으로 시작의 상자를 얻는 과정이 등장한다. 〈로스트〉의 생존자들은 시체들이 득시글거리는 비행기로 돌아가 여러 물건을 챙겨온다. 각자 소유의 트렁크와 화물은 대체로 본인에게 돌아갔지만, 나머지 물품의 분배는 두 가지 노선을 따른다. 잭을 비롯한 다수파는 식수나 의약품을 비롯한 중요 물품은 공유하고 필요에 따라 배분하기를 바란다. 그러나 소이어와 몇몇 사람들은 먼저 발견한 물건들을 따로 숨겨두고 본인의 소유물로 만든다. 소이어는 약품은 물론 일기 같은 개인 소유물까지 확보해두고 자신에게 필요한 것과 교환하기 전에는 나눠주지 않는다.

과연 자신에게 필요하지도 않은 물건까지 확보할 필요가 있는가? 〈캐스트 어웨이〉의 척 놀랜드를 살펴보자. 그는 택배회사인 페덱스의 중간관리자로 화물수송용의 비행기에 실었던 택배 상자들과 함께 표류한다. 직업정신이 투철한 탓에 처음에는 그 상자들을 보존하려고 하지만, 결국 살아남기 위해 그것들을 하나씩 개봉한다. 그런데 그 안에 든 것들이란…… 드레스, 이혼합의서, 배구공, 스케이트 등 지금은 아무 쓸모도 없는 것들이다. 태평양이 얼어붙으면 드레스를 입고 김연아의 지젤을 공연하라는 걸까? 그러나 그는 머지않아 깨닫는다. 생존의 가능성이 가장 밑바닥에 닿아 있는 때에 모든 물건들은 새로운 쓸모를 얻게 된다. 드레스는 물고기를 잡는 그물로, 비디오테이프는 뗏목을 묶는 끈으로 쓸 수 있다. 스케이트는 날을 이용해 물건을 자를 수도 있고, 반짝이는 단면은 거울 대용으로 사용하면 된다. 자신의 피 묻은 손자국이 난 배구공은 이 섬의 고독을 이겨낼 유일한 친구 '윌슨'이 된다. 시작의 상자의 물품 목록은 바꿀 수 없지만, 그 용도는 바꿀 수 있다.

시작의 상자는 중국집 배달 음식이 아니다. 오는 대로 홀랑 까먹고 문 밖에 그릇만 내놓는 것으로 끝나지 않는다. 우리에게 이 상자는 미래를 만들어갈 알과 같다. 상자 안의 어떤 것들은 급박한 생존을 위해 먹어치워야 하지만, 어떤 것은 더 중요한 순간을 위해 아껴두어야 한다. 나아가 우리는 상자 안의 물건을 재조립해서 최소한의 자급자족을 마련하기 위한 구조를 갖추어야 한다.

4 | 내 안에는 무엇을 가지고 있는가?

"왜 소라에서는 바다 소리가 나지? 왜 털은 자라는 거지? 궁금한 것에 대해 모든 것이 적혀 있는 큰 책(Big Book)이 하늘에서 떨어졌으면 좋겠어." —『푸른 산호초』

'시작의 상자' 안에 든 물건을 어루만지던 우리는 또 다른 중요한 사실을 깨닫게 된다. 우리가 완전한 알몸뚱이로 고립무원의 섬에 떨어지는 것이 거의 불가능하듯이, 우리 자신이 완전히 머리가 세척되어 이 상황을 맞이하는 건 아니라는 사실을.

서바이벌 상황에서 나 자신의 신체적·정신적 능력은 더욱 중요해진다. 위험으로부터 달아나기 위한 다리 근육, 식재료가 상했는지 알아내는 후각, 상황을 판단하고 빠르게 대처하는 순발력…… 평소 건강 관리를 게을리한 사람은 후회에 가슴을 칠 것이다. 그리고 나는 어린 시절 어머니가 했던 말을 떠올린다. 어머니는 내가 책 읽는 걸 무엇보다 좋아하셨다. 분명 훗날 의사나 판사 같은 '사'자 달린 직업을 얻으리라는 기대도 있을 것이다. 하지만 어머니가 가진 공부의 중요성에 대한 철학은 더 깊은 생존의 차원이었다. "나쁜 놈들이 딴 건 다 뺏어가도, 네 머릿속에 든 건 못 뺏어간다." 세상은 불의(不義) 투성이다. 아득바득 모아둔 쌀이나 돈, 시험을 쳐서 얻은 일자리…… 이런 것들은 언제든

빼앗길 수 있다. 그러나 나의 지식과 경험은 아무도 앗아갈 수 없다. 어머니는 너무나 많은 것을 빼앗겨본 과거 때문에 생존의 기초를 본능적으로 알고 있었던 것이다. 우리는 언제 어디서 파국의 상황을 맞이할지 모른다. 석달열흘 모아놓은 물자를 하룻밤 홍수에 놓칠 수도 있고, 지하실에 꽁꽁 쟁여둔 비상식량을 배고픈 쥐들에게 강탈당할 수도 있다. 그러나 우리 머릿속에 있는 것은 빼앗기지 않는다.

그렇다면 지금 우리에게 어떤 지식이나 기술이 필요한가? 《슬레이트》 매거진의 토리 보시는 최근 좀비 붐의 이유를 설명하면서 '미국 화이트칼라들에게 재정적 파국이 가져올 미래에 대한 공포'를 반영하고 있다고 말한다. 법률가, 금융인, 주식 중개인들은 현존하는 세계에서 부와 명예를 누리지만, 붕괴된 경제 상황에서 그들 직업과 연관된 기능은 거의 무용지물이다.[†] 역으로 해석하면, 블루칼라들의 기술은 여전히 유효하다는 것이다. 뻥 뚫려 산성비가 주룩주룩 새는 지붕을 고치고, 강아지만한 쥐들이 창궐하는 하수구를 정비하며, 열쇠 없는 덤프트럭에 시동을 걸어 시체를 옮기고, 양배추를 썰어 저장할 수 있는 피클을 만드는 기능들은 유용하다. 토리 보시는 화이트칼라 중 유일하게 쓸모 있는 직업은 의사라고 말한다. 나는 거기에 지도 제작법, 병균 관리, 식물 분류 등에 능통한 과학자들을 추가하고 싶다. 제인 구달처럼 야생의 삶에 익숙한 생물학자나 고고학자, 야영에 도가 튼 산악인을 만난다면 그들의 뒤를 쫓아다니는 게 좋으리라.

[†] Torie Bosch, 'First, Eat All the Lawyers', Slate.com 2011년 10월 25일자

생존 상황에 우리에게 필요한 지식과 기술이 과거의 직업에만 연관되어 있지는 않을 것이다. 엠티에서 고기 굽는 법을 전담해온 사람은 불을 다루는 데 능숙할 것이고, 패브릭 공예를 즐겨 해본 사람들은 여러 천과 의복을 활용해 천막이나 방호복을 만들 수 있을 것이다. 아마도 가장 중요한 기술들은 평소 자연과 더불어 살아온 사람들이 가지고 있을 것이다. 만약 당신이 운이 좋아

숲속에서 버섯 군락을 발견했다치자. 거기에 독이 있는지 없는지에 대한 충분한 지식이 있을까?

야시마 타로의 그림 동화 『까마귀 소년』이 떠오른다. 일본의 시골 마을에 살고 있는 이 소년은 반 아이들 모두에게 따돌림을 당한다. 겁도 많고 걸음도 느리고 언제나 수줍어 친구들과 사귀지도 못한다. 다른 반 아이들까지 그를 두고 땅꼬마라고 놀린다. 그런데 어느 날 선생님이 아이들을 뒷산에 데리고 가자, 그는 완전히 달라진다. "땅꼬마는 머루가 자라는 곳은 어디고, 돼지감자가 자라는 곳은 어딘지 죄다 알고 있었어. 선생님은 그걸 알고 무척 좋아했지. 우리 반 꽃밭을 만들 때도, 땅꼬마가 꽃이란 꽃은 죄다 아는 걸 보고 선생님은 눈이 동그래졌어."(『까마귀 소년』, 23쪽) 소년은 칠판에 적힌 글씨도, 숫자 풀이도 관심없어 사팔뜨기 흉내를 낸다. 그런 지식은 그에게는 아무 소용이 없었던 것이다. 그러나 6년 동안 하루도 빠짐없이 비가 오고 태풍이 불어도 도롱이에 몸을 감싸고 학교를 오가며 자연을 관찰하고 배웠던 그 지식은 귀중했다. 아마도 그 마을에 큰 지진이 일어나 아이들이 혼비백산할 때도, 그 소년만큼은 어떻게 살아남을 수 있을지 알 것 같다.

서바이벌이 장기화되고 삶의 터전을 잡아 자급자족해야 할 때, 우리는 지식의 소중함을 더욱 절실히 느끼게 된다. 동네 주유소에서 기름을 퍼와 발전기를 돌리거나, 쟁여둔 통조림을 까먹는 일은 점점 한계에 이른다. 밭을 일구고 씨를 심으며 미래를 도모해야 한다. 그리고 아이를 만들고 그들에게 이 세계를 맡겨야 할지 모른다. 이제 우리 머리 안에 있는 극미량의 지식조차 우주인이 불모의 행성에서 물을 발견한 것처럼 소중할 수 있다.

『세븐시즈』에서 문명이 사라진 야만의 미래에서 깨어난 생존자들에게는 배낭 하나 정도의 물건만이 주어진다. 그들에게 '시작의 상자'는 매우 열악한 상황이다. 그러나 이들이 찾아낸 일본 각지의 셸터에는 그들이 미래를 만들어가는 데 도움이 될 물품들이 채워져 있다. 거기에는 여러 식물의 종자들과 함께

백과사전류의 책들이 가득하다. 전기와 컴퓨터가 사라진 세상에서 지식을 전달하기 위해서는 글자와 책만한 것이 없었던 것이다.

3

왜 몸은 멀쩡한데 마음이 먼저 붕괴하는가?
―패닉, 마음의 재난

사람들이 뭔가 행동을 취하는 경우 정신에 개인적인 관심을 보이는 경우는 거의 없다.
—발터 벤야민, 『제국의 파노라마: 독일 인플레이션 유감』

 "히로시마에 다녀오지 않겠나?" 1996년 여름, 잡지사에 있던 내게 지시가 내려왔다. 애니메이션 페스티벌의 취재 건이었다.
 비행기에서 내려 버스를 타고 시내로 들어가는 도로는 인공적이다 싶을 정도로 쾌적했다. 숲에서 사슴이 튀어나오니 조심하라는 표지판이 보였다. 도시의 안쪽 역시 아담하고 조용하고 거짓말처럼 깨끗했다. 공항에서 받은 관광 안내 팸플릿을 꺼내들었다. '히로시마―동양의 베니스, 아름다운 물의 도시'. 작은 강을 따라 조용한 산책로가 이어져 있었고, 자전거를 탄 연인들이 고양이 얼굴 모양의 간판 아래에서 환하게 웃고 있었다. 날씨까지 지극히 밝고 아늑했다. 나는 숙소에 가방을 내려놓은 뒤, 행사가 열리는 극장으로 천천히 움직였다.
 그때 모토야수 강 너머로 기이하고 섬뜩한 무언가가 튀어나왔다. 거대한 파편의 더미, 혹은 뇌수술 도중 내팽겨친 머리 같기도 했다. 그것은 평화 기념관, 혹은 원폭 돔이라는 이름을 가지고 있었다. 1945년 히로시마 원폭 때 처참하게 부서진 상업 장려관이 그때 모습 그대로 보존되어 있었던 것이다. 내가 찾아간 애니메이션 페스티벌은 바로 그 피폭 40주년을 기념해서 시작한 행사였다. '세계에서 처음 핵폭격을 맞은 도시. 우리는 그걸 이겨내고 평화를 지켜냈다. 당신들도 함께하자.'는 뜻이었다.

〈맨발의 겐〉은 원폭을 직접 체험한 나카자와 게이지가 그 참상을 재현한 만화다. 2차 대전 종전 직전의 히로시마. 주인공 겐의 아버지는 전쟁을 반대하고 조선인을 차별하면 안 된다는 생각을 가진 확고한 반전 평화주의자다. 때문에 그 가족들은 공공연한 차별과 핍박을 당하고 있었다. 힘든 나날이었지만 견딜 만했다. 가족들은 특유의 밝은 성격과 씩씩한 기운으로 보리밥을 먹고 방귀를 뿡뿡 끼며 하루하루를 이겨내고 있었다. 언젠간 전쟁이 끝나겠지. 참전한 형도 돌아오겠지. 그러나 전쟁광들은 그들이 상상도 못할 지옥을 준비하고 있었다. 1945년 8월 6일 히로시마 시민들의 머리 위로 원자폭탄이 투하되었고, 섬광과 함께 도시는 주저앉았다.

　겐은 아버지, 누나, 남동생을 눈앞에서 잃고, 임산부인 어머니를 이끌고 아수라장이 된 도시를 헤맨다. 살아남았다는 것조차 위안이 되지 않을 만큼 처참한 지옥이다. 소방 용수통에는 열기를 피해 뛰어든 사람들의 시체가 퉁퉁 붙고 있고, 그 옆으로는 녹아내리는 살 사이로 내장을 늘어뜨린 사람들이 아우성치며 걸어온다. 화재를 피해 강으로 뛰어든 아이들은 근육이 녹아내려 그대로 물속에 쓰러지고, 그렇게 쌓인 시체들은 배에 가스가 차 뻥뻥 소리를 내며 터진다. 화상을 입은 소녀의 얼굴에서는 구더기가 뚝뚝 떨어지고, 겐 역시 방사능 피해로 머리칼이 모두 빠져버린다. 그를 도와주겠다던 구조요원조차 온몸의 구멍으로 오물을 뿜어내며 쓰러진다.

　도대체 이때 무엇이 먼저 필요할까? 방사능과 낙진을 피할 은신처, 상처를 씻어낼 약품과 깨끗한 물, 상황이 진정될 때까지 버틸 수 있는 식료품…… 모두 필요하지만 또한 헛된 것들이다. 차라리 눈을 가려버릴 안대와 귀를 막아버릴 솜과 코와 입을 덮을 마스크를 달라. 심장이 쿵쾅거려 터질 것 같고, 발자국은 커녕 손가락 하나 까딱거릴 수 없다. 지옥은 저 바깥이 아니라 내 안에서 벌어지고 있다.

패닉―마음의 붕괴

재난 전문가들은 문제적 상황이 발생한 뒤 내가 살아남을 수 있는지 없는지를 판가름할 시간은 그리 길지 않다고 말한다. 폭발, 파괴, 침수 등의 직접적인 위험으로부터 달아나는 데 필요한 몇 시간, 최소한의 식수와 식량을 확보해야 하는 2~3일 사이에 갈림길에 들어선다.† 이처럼 긴박한 상황을 맞이하면 우리 안에 잠들어 있던 영웅과 악마가 한꺼번에 튀어나온다. 위기를 맞아 또렷해진 정신과 반드시 살아남겠다는 의지가 나를 인도할 수도 있지만, 반대로 눈앞에 닥친 참혹한 현실이 가져온 공포가 온몸을 마비시킬 수도 있다.

우리의 몸은 생존에 직결된 문제, 신체적 위협을 맞이하면 즉각적으로 반응한다. 두뇌의 편도체는 위험을 감지하자마자 시상하부에 긴급경고를 보낸다. 시상하부는 부신에 호르몬을 분비하게 해 모든 상황에 즉각적으로 반응하게 만든다. 비행기가 난기류에 휩싸이는 상황과 비슷하다. 기장은 승무원들에게 음료 공급 등 모든 서비스를 중지시키고, 승객들을 자리에 앉힌 뒤 안전벨트를 매게 한다. 문제는 이 체계가 아주 원시적이어서 안전/위험 둘 중 하나만 선택하게 되어 있다는 점이다. 위험에 즉각적으로 반응하기 위해 심장을 펌프질해서 수족 끝까지 피를 보내도록 해놓았는데, 이렇게 팽팽해진 몸의 상태가 해소되지 않으면 초조감을 넘어 공포증으로 바뀐다.††

> † '일반적으로 야생에서 생존하려면 약 72시간 또는 3일 안에 구조되어야 한다고 본다.'
> 『재난이 닥쳤을 때 필요한 단 한 권의 책』, 44쪽
> †† 『폐소공포증』, 48~49쪽

많은 사람들이 감당하기 어려운 상황을 맞닥뜨리면 공포에 질려 공황 상태에 빠진다. 충동적으로 위험 속에 몸을 던지거나, 반대로 몸이 굳어 아무것도 하지 못해 쓰러지기도 한다. 겐의 어머니는 남편과 아이들이 불에 타죽는 모습을 보면서 "하하하하, 탄다, 탄다, 모두가 탄다"며 실성한 듯 웃음을 터뜨린다. 그리고 그들을 도와주러 조선인 박 씨가 달려와 붙들자 "놔요, 놔. 같이 죽을거야."라며 불구덩이로 들어가려 한다. 그러한 상황은 주변 사람들까지 혼란에

빠지게 만든다. 여러 재난 영화나 호러 영화를 보면 위기가 닥쳤을 때 다짜고짜 비명을 지르는 여자 캐릭터들이 나오는데, 주인공에게 총이 주어지면 관객들은 속으로 이렇게 말하기도 한다. "저년부터 쏴버려."

겨우 급박한 위기를 벗어나 생명줄을 건사한 뒤라고 해도 안심할 수 없다. 뒤늦게 자신에게 닥쳐온 참상을 인지하고, 망가져버린 주변을 바라보며 2차적인 심리 충격을 받기도 한다. 이때 자책이 찾아온다. 내가 미리 조심했으면 이런 일이 벌어지지 않았을텐데. 그러면서 자신이 도망나오며 함께 탈출하지 못한 가족들을 생각한다. 혹시 아직 살아남아 있지는 않을까? 만약 죽었다면 그것은 내가 혼자 달아난 탓이 아닐까? 가족들의 죽음 앞에서 거의 정신줄을 놓아버린 어머니에 비해 겐은 심리적으로 훨씬 튼튼해 보인다. 꿋꿋이 어머니를 데리고 안전한 지역으로 피신한다. 그러나 겐은 얼마 뒤 꿈속에서 가족들이 무사히 돌아오는 환영을 본다. 길에서 동생과 닮은 꼬마를 보고는 살아돌아왔다고 착각한다. 우리는 위기가 닥치면 감정이 새어나올까봐 마음을 닫는다. 그러나 마음속에 응축되어 과열된 스트레스가 뒤늦게 터지면 더욱 걷잡을 수 없게 된다.

패닉은 삽시간에 사람을 망가뜨리고 되돌릴 수 없는 오판을 내리게 한다. 수천억의 재산을 가지고 있던 사람이 수백억을 잃은 것은 큰 손실이다. 그러나 아직 보통 사람의 수천 배 재산을 가지고 있다. 그런데도 자신의 상실감을 이기지 못해 자살을 택하는 경우도 있다. 도박을 하다 점점 나락으로 빠져드는 자들의 심리 역시 다를 바가 없다. 갑작스런 손실이 마음에 준 충격은 합리적으로 정황을 살필 능력까지 상실하게 만든다.

더욱 무서운 것은 모든 일이 정리된 다음, 몇 개월 혹은 10여 년이 지난 뒤에도 그 고통이 불쑥불쑥 머리를 내민다는 사실이다. 심리학자들은 지진, 홍수, 전쟁, 고문, 수용소, 아동 폭력, 성적 학대에 시달린 사람들이 오랫동안 심리적 불안에 시달리며 공황 상태와 주체할 수 없는 분노를 일으키는 현상을 연구했고, 이를 '외상 후 스트레스 장애(post-traumatic stress disorder: PTSD)'라고 정의했다. 재난의 규모가 클수록 이로 인해 고통받는 사람들의 범위도 넓어진다. 심리학자 J. L. 모레노는 1차 대전 이후 생존자들이 겪고 있는 끔찍한 장애를 접하고 치료방법을 고민하면서 '진정한 치료 과정의 목표는 전 인류다.'라고까지 했다.[†] 새로운 세기를 맞이하고 10년을 훌쩍 넘긴 지금도 인류의 상황은 그리 나아지지 않은 것 같다. 9·11 테러, 이라크 전쟁, 동유럽의 인종 대학살을 경험한 사람들이 몇 년이 지난 뒤 갑작스럽게 폭력적인 범죄를 저지르는 일들이 계속 보고되고 있다.

파국은 지각을 뒤튼다. 해안선과 빌딩의 지도를 고쳐 그릴 뿐만 아니라, 그 안에 담겨 있던 사람들의 뇌와 몸의 구조까지 바꾸어놓는다. 트라우마라는 말 자체가 대재난—'사람의 평범한 대응 기제를 파괴하고 생명을 위협하는 정서적으로 위압적인 대재난'—으로 정의된다.[††] 그리고 이 재난은 좀체 진정되지 않는다. 바깥의 사태가 수습되었다고 해도, 우리의 몸 깊숙한 곳에서는 여전히 재난 상황이 진행중일 때가 많다.

[†] J. L. Moreno, 『Who Shall Survive』, 3쪽, Beacon House, 1953년. 『트라우마 생존자들과의 심리극』 8쪽에서 재인용
[††] 『트라우마 생존자들과의 심리극』 12~13쪽

이러한 일들이 벌어지는 이유는 무엇일까? 인간은 위기가 닥치면 교감 신경이 활성화되어 심장을 비롯해 핵심적인 기관에 피가 빨리 돌아간다. 대신 면역 활동 등 일상적인 상황에서 작용하는 부교감 신경의 활동은 뒤로 처진다. 그러니까 우리 몸이 〈트랜스포머〉의 변신 자동차 같은 거라 생각해보자. 위기 상황을 맞닥뜨리자 생존 메커니즘으로 변신해 그 어려움을 돌파했을 때는 박수를 쳐줄 만하다. '멋있다. 누가 만들었나, 조물주 멋쟁이!' 그런데 위기가 진정된 이후에도 변화된 몸은 원래대로 쉽게 돌아가지 못한다. 인간의 몸이 그렇게 만들어져 있다. AS를 요구하기엔 너무 늦은 것이다.

최근에는 전쟁이나 테러뿐만 아니라 대량 해고와 복직 투쟁 등의 과정에서

도 이와 같은 일들이 벌어지고 있다. 2009년 5월 쌍용차 경영 위기로 2,700명이 대량 해고되었는데, 2년 뒤 해고자 가운데 42%가 외상 후 스트레스 장애를, 71%가 심리 상담이 필요한 중등도 이상의 우울 증상을 겪고 있었다고 한다.†

† 노동환경건강연구소, 인도주의실천의사협의회의 '쌍용자동차 구조조정 노동자 정신건강 실태조사' 결과. 《메디컬투데이》 2011년 4월 4일자

심리학자들은 이러한 트라우마를 이겨내기 위해 심리 상담, 심리극, 약물 치료 등의 방법을 병행하라고 권한다. 그러나 내가 처한 이 엄혹한 상황에서 심리상담소의 푹신한 소파에 드러누워 자신의 내면을 고백할 호사가 주어지기는 어렵다. 나는 스스로 살아나야 하고, 육체적으로는 물론 정신적으로도 자급자족해야 한다. 패닉을 극복하고 트라우마를 이겨내는 방법 역시 스스로 찾아내야 한다.

고립 효과

만약 당신이 다음의 두 상황 중에서 하나를 선택해야 한다면 어느 쪽을 택할 것인가?

    a. 숲에는 야수들이 으르렁거리고 있고 바다로부터는 언제 식인종이 침범해올지 모르는 섬에서 땅을 일구며 하루하루 연명해야 한다.
    b. 영화 〈큐브〉와 같이 완벽히 통제된 좁은 밀실, 그러나 식량과 위생이 완벽히 해결되어 언제까지든 평화롭게 살아갈 수 있다.

단순히 생존 자체를 생각하는 사람은 b를 택할 것이다. 그러나 많은 사람들이 a의 상황이 오히려 낫다고 여기기도 한다. 밀폐된 공간의 공포를 알고 있기 때문이다.

내가 서바이벌 노트에 기록했듯이, 극악한 생존 상황에서 우리는 그리 크지 않은 공간에 고립되어 있을 가능성이 크다. 그것은 우리에게 아주 중요한 '안

전망'이기도 하지만, 우리를 옴쭉달싹 못하게 하는 '감옥'일 수도 있다. 심리적인 어려움이 커져갈 때, 이 밀폐된 상황 자체가 큰 고난으로 다가올 수 있다.

극지방의 연구소에 파견된 연구원들, 고립된 벙커 속에서 살아가는 군인들, 잠수함을 타고 해저 생활을 하는 사람들, 밀폐된 우주선에서 살아가는 우주인들 …… 이처럼 꽉 막힌 공간에서 장기간 생활하는 사람들은 정신적인 면에서 부정적 상황을 경험할 가능성이 많다고 한다. 좁은 공간에서 일정한 사람들이 함께 생활할 때 심리적인 문제를 일으켜 격한 행동을 벌이는 것을 '고립 효과'라고 하는데, 특히 남극에 파견된 연구원들과 군인들에게서 두드러져 '남극형 증후군'이라고도 한다. 영화 〈괴물(The Thing)〉과 〈남극일기〉에서 그 모습을 볼 수 있다.

1982년 존 카펜터의 SF 영화 〈괴물〉이 개봉된다. 개봉 첫주의 성적은 8위, 그리고 곧 비참한 처지로 패퇴한다. 바로 2주 뒤에 〈이티(E.T.)〉가 개봉되었기 때문이다. 영화사의 흥행 신기록을 세우게 되는 대작, 게다가 장르까지 겹친다. 그러나 〈괴물〉은 쉽게 물러서지 않았다. 극장을 찾은 꼬마들이 친근한 외계인의 손끝에 자신의 검지를 맞추려고 애를 쓰는 동안, 이 무시무시한 외계인 〈괴물〉은 서서히 컬트가 되어간다.

영화는 남극에 파견된 노르웨이 연구원들이 정체불명의 원인으로 죽은 뒤, 그 현장에 투입된 미국 조사원들의 연쇄 변사 사건을 다루고 있다. 일차적인 범인은 외계 생명체로 여겨진다. 이 생명체는 인간에 침투하여 그의 의식을 장악한 뒤 다른 희생자를 노린다. 오랫동안 서로 의지하며 우정을 나누었던 동료가 '그것(The Thing)', 괴물의 기생체가 되어버렸을지 모르지만 겉으로는 전혀 알 수 없다. 내가 의심하는 것처럼 상대도 나를 의심한다. 이 설정은 매카시 선풍 이후 등장한 돈 시겔의 영화 〈신체 강탈자의 침입〉(1956년)처럼 우리 안에 있는 누군가가 외계인/공산주의자/스파이/배신자일 수 있다는 불신감을 형상화한 것이라 할 수도 있다. 그러나 〈괴물〉의 디테일은 더욱 공포스러워지는데,

그것은 이들이 남극 기지라는 극도로 고립된 공간 속에 있기 때문이다. 밀폐된 상자 속에서 벗어날 수 없는 소수의 인간들은 서로의 불신으로 이성적인 판단 능력을 상실한다. 사소한 의심만으로 동료를 창고에 가두고 총을 겨눈다. 결국 이들을 죽여가는 것은 침입한 괴물이 아니라 서로에 대한 불신감, 끝없이 샘솟는 불안감이다. 영화는 남은 두 주인공의 대화로 마무리되는데, 이 둘 가운데 괴물에게 복제를 당한 이가 있는지, 둘 다 이미 괴물에게 당했는지, 아니면 둘 다 괴물에게 복제당하지 않았다 하더라도 이곳에서 추위를 견뎌내며 구조가 될지 알 수 없다. 밀실 자체가 진정한 공포다.

앞에서 생명체는 위험 상황을 맞이하면 비상 체제로 바뀐다고 했는데, 우리는 위험과 맞서게 되면 '싸움'이나 '도망' 모드를 선택할 수 있다. 그런데 상태가 너무 위험하거나 도무지 해소될 수 없다고 여길 때는 '동결' 모드로 전환한다. 헤드라이트에 노출된 토끼나 고양이 앞의 쥐가 꼼짝 않고 멈춰 있는 것과 같은 상황이다. 그 원인은 정확히 밝혀지지 않았으나, 서로 모순된 충동이 정체를 일으키는 것 같다. 근육은 뻣뻣해진 듯하면서 퍼덕이고, 피부는 차갑지만 홍조를 띠기도 하고, 동공이 확장되거나 축소되기도 한다. 공포조차 느끼지 못하고, 무엇인가 차단되고 무덤덤해지고 정지된 느낌이다. 이와 같은 '동결 혹은 유리'를 경험할 때가 '싸움'이나 '도망'을 택할 때보다 외상후 스트레스 장애를 겪을 가능성이 더 크다고 한다.†

† 『폐소 공포증』 51쪽

고립된 우리는 나를 이렇게 만들어놓은 적과 싸우지도 못하고, 그렇다고 여기에서 달아날 수도 없다. 〈나는 전설이다〉에서 멸종 임계점에 처한 네빌처럼 좀비들 쪽으로 투항하고 싶은 욕구도 느낀다. 이 상황은 좁은 의미의 폐소 공포증만이 아니라 이중삼중의 족쇄로 우리를 괴롭힌다. 이를 이겨낼 방법은 무엇이 있을까?

칠레 대지진으로 탄광 속에 갇힌 광부들은 극한의 폐쇄 상황에서 수십 일을 버텼다. 평소에도 탄광 생활을 해왔기 때문에 보통 사람들보다는 훨씬 잘 적응했을 것이다. 또한 모든 사람들이 원래 조직을 이루고 있었고, 재빨리 확실한 지휘 계통을 만들었다는 점도 중요했다. 그러나 이들에게도 한계는 다가왔다. 내부의 규율을 벗어나 행동하는 이들이 생겨났고, 배고픔이 커지자 농담처럼 식인에 대한 이야기도 했다. 다행히도 그즈음 무언가 땅을 파고 있는 듯한 굉음을 듣는다. 광부들은 자신들이 살아남아 있다는 신호를 보냈고, 구조대의 회신을 받는다. 다만 구조되기까지는 적지 않은 시간이 필요했고, 그때까지는 계속 밀폐된 지하에서 지내야 했다. NASA를 비롯해 전 세계에서 구조대가 그들을 찾아왔는데, 육체적 건강만이 아니라 고립으로 인한 정신적인 고통을 걱정했다. 지상의 구조대는 매몰 광부들과 연결하기 위해 작은 관을 만들고 이곳을 통해 비둘기(Paloma)라고 이름 붙인 통신 장치를 오가게 했다. 광부들은 가족들과 편지를 주고받으며 고립감을 이겨냈다. 물론 그들은 구출 이후에 외상후 후유증으로 고통받고 있지만, 이러한 노력들이 없었다면 그 고통은 더욱 컸을 것이다.

함께 고립된 사람들과의 유대, 지속적인 대화와 게임, 조직적인 규율과 임무, 외부와의 통신…… 이와 같은 요소들이 우리를 도와줄 수 있을 것이다. 그런데 때론 그 괴물의 눈을 똑바로 바라보는 것이 해결책이 될 수도 있다. 디스커버리 채널의 다큐멘터리 〈알래스카에서 살아남기〉에서 그렉 부부는 알래스카의 오지에 오두막을 짓고 살아가는데, 시간이 지날수록 폐소공포증으로 고통받는다. 추위 때문에 일상의 생활은 제한적이고, 해가 지면 바깥에 나갈 수도 없고, 집 안에는 초자연적인 영이 움직이는 것같이 느껴진다. 부부는 그걸 극복하기 위해 역으로 〈밀실 공포(Cabin Fever)〉라는 단편영화를 만든다. 자신들이 공포를 느끼는 모습을 객관적으로 바라보는 것으로 그 상황을 이겨내고자 했다.

주검을 정리하라, 과거를 태워라

〈로스트〉에서 비행기 사고로 의식을 잃은 중년 여인 로즈가 외과의사 잭에 의해 구조된다. 그런데 살아남았다는 기쁨도 잠시, 로즈는 함께 비행기에 올랐던 남편이 실종되었다는 사실을 알게 된다. 잭은 항상 일행과 떨어져 망연자실해 있는 그녀의 모습이 마음에 걸린다. 그래서 그녀의 남편을 비롯해 나머지 사람들은 모두 죽었음에 분명하다는 사실을 납득시키려 한다. 로즈는 고개를 절레절레 흔든다. 자신의 남편은 분명히 살아 있다고.

사람들의 트라우마를 지도로 그린다면 가장 큰 영역을 차지하는 감정은 '상실'일 것이다. 재난으로 가족, 연인, 친구를 잃었다. 그 사실은 결코 쉽게 받아들여지지 않는다. 포유류, 특히 인류가 자랑하는 애정이라는 것의 함정이다. 사랑하는 이의 죽음은 도마뱀의 꼬리처럼 태연히 잘라낼 수는 없다.

일반적인 경우에 사람들이 사별을 받아들이는 것은 1년이 걸린다고 한다. '충격과 무감각-부인과 고립-분노-논쟁-우울, 혼란, 무력감-수용-분리와 결단-회복-새로운 관계 확립'의 과정을 거친 이후다.† 하지만 지금은 일상의 평화를 회복한 때가 아니다. 당장 자신의 하루하루를 연명하기 위해 최선을 다해야 하는데, 그저 넋을 놓고 모래 위에 퍼질러 앉아 있어서는 곤란하다. 우리는 어떤 식으로든 가족의 죽음을 포함한 '과거'와 단절해야만 한다. 그때 가장 먼저 처리해야 할 것은 무엇일까? '문제' 자체를 발견하는 것은 그리 어려운 일이 아니다. 가만히 있어도 악취를 풍기며 당신들을 괴롭힐테니까.

† 『트라우마 생존자들과의 심리극』, 69쪽

파국의 거센 발톱은 여기저기 찢어진 시신들을 던져놓았을 것이다. 위생과 안전이라는 관점에서만 보더라도 신속하게 폐기하는 것이 좋다. 시체가 썩으면서 나는 냄새도 견디기 어렵고, 그 참혹한 형체는 보기만 해도 삶의 의욕을 꺾어버린다. 또한 각종 병원균의 온상이 되기도 한다. 〈맨발의 겐〉에서는 시체에 몰려온 파리 떼가 뺨을 후려갈기면서 날아다닐 정도다. 또한 재난은 야생과 문명의 경계를 허물어놓았다는 사실을 상기하자. 시체가 풍기는 악취, 그것은 굶주려 있는 짐승들에겐 달콤한 저녁 식사의 향기로 느껴질 것이다.

누군들 선뜻 치우려 들지는 않을 것이다. 시체에 대한 생리적인 거부감도 문제이고, 전염병에 감염된 경우에는 세심한 주의가 필요하다는 점이 걸린다. 그러나 전문가들은 부패가 많이 진행되지 않은 사망 직후라면 시체를 처리하는 일 자체가 그리 위험한 일은 아니라고 한다.† 매장, 화장, 수장 등 환경에 따라 적절한 방법으로 시체를 자연의 세계로 돌려보내면 된다.

차일피일 미루던 〈로스트〉의 생존자들도 드디어 시체들을 소각하기로 한다. 그런데 과연 어떻게 처리할 것인가? 화장이냐 수장이냐의 문제가 아니다. 그 승객들의 일부는 생존자의 가족이나 일행일 수도 있다. 아니 그저 낯모르는 타인이라고 해도 그냥 보내서는 안 된다. 우리는 신의 주사위에 따라 생과 사로 나뉘었고, 내일이라도 저 자리에 누운 시신이 나 자신이 될 수 있다. 생존자들은 승객 명부를 찾아내 그들 하나하나의 이름을 부르고 작은 기억이나마 끄집어내 그들의 명복을 빈다.

† '사망에 이르거나 부패한 시체는 배설물과 함께 식수를 오염시키거나 세균에 감염되지 않는 한 건강에 해를 끼치지 않는다.' 세계보건기구(WHO)의 2002년 발표, 『재난이 닥쳤을 때』, 165쪽
†† Titus Lucretius Carus, 'The Plague athens' The Project Gutenberg EBook of [Of The Nature of Things] 루크레티우스는 기원전 1세기 에피쿠로스 학파의 철학자로, 페스트에 큰 관심을 보인 그는 눈에 보이지 않는 생명체가 질병을 일으키는 것 같다며 미생물이라는 존재를 착안해내기도 했다.

인류는 이러한 대재앙을 반복해서 겪어왔다. 로마의 철학자 루크레티우스는 페스트로 절망에 처한 아테네 시민들의 이야기를 시로 썼다. 당시 수많은 사망자가 발생하자 아테네 시민들은 바다 앞에 공동 화장터를 마련했다. 그런데 자리가 부족하자 서로 자기 친지들의 시체를 가져다놓으려는 사람들이 피투성이가 되도록 싸웠다고 한다.†† 신앙의 여부, 내세를 믿고 안 믿고의 문제가 아니다. 어떤 절차와 예의를 갖추고 시체를 처리하는 행위는 살아남은 사람들의 정신 자세를 가다듬는 데 큰 역할을 한다. 자신의 죽음도 눈앞에 있는 시신만큼 존중받을 것이라는 확신을 가지면, 그만큼 자

신의 생명이 중요하다는 믿음을 얻을 수 있으리라.

나무 더미 위에 시체를 올려놓고 불을 지른다. 가족과 친구들을 살려내지 못했다는 죄책감도 그 불길 속에 던져넣는다. 복받쳐오른 울음 속에 우리의 과거를 송두리째 흘려보낸다. "이렇게 하여 이름 모를 시체들의 더미 위에 낯익은 사람들의 얼굴을 올려놓을 수 있게 될 것이다."(『페스트』, 62쪽)

냉정과 냉혈 사이

"양비둘기는 고기도 맛있지만, 알도 아주 맛있을 거예요. 둥지에 조금이라도 알이 있으면 좋겠는데!" "새끼로 바뀔 틈을 주지 마. 오믈렛이 되어 태어난다면 별 문제지만!" ―『신비의 섬』

파국의 패닉으로 붕 떠버린 마음을 붙잡는 일은 매우 중요하다. 그러나 그것을 섣불리 땅에 내려놓아서는 안 된다. 대재앙의 강력한 펀치가 날아온 당시, 우리는 속수무책으로 당하고 있을 수밖에 없었다. 그러나 이제는 바라보고만 있어서는 안 된다. 스스로 몸을 움직여야 하는 진짜 시험의 시간이 찾아왔기 때문이다. 이제 나는 새로운 상황을 파악하고, 그 안에서 살아남을 수단을 찾아내야 한다. 이때 나에게 맥가이버 칼보다 중요한 것은 마음가짐이다. 내가 생각하고 판단하는 방식 말이다. 나는 문명 세계에서 사용했던 OS를 포맷하고 서바이벌에 적합한 OS를 깔아야 한다. 새 OS는 강력한 대신 가벼워야 한다. 그래야 모든 문제를 즉시 판단하고 처리할 수 있다.

『세븐시즈』는 이 작품에 등장하는 캐릭터 중 가장 연약하고 왜소한 여자 아이 나츠의 시선으로 시작한다. 몸이 약하고 자기 주장을 할줄 몰라 학교에서도 왕따를 당하던 소녀에게 극한의 서바이벌 세계란 얼마나 버거운가? 난데없이 떨어진 바다에서의 조난, 어렵게 도달한 섬에서 만난 거머리와 하얀 바퀴벌레

때, 인간의 피부도 녹여버리는 거대한 식충식물(食蟲植物)…… 이처럼 가혹한 상황들에 대처하는 것도 어렵지만, 사소한 제 주변조차 처리하지 못할 만큼 결정력이 없는 태도가 사태를 더욱 악화시킨다. 그녀는 쉴새없이 자신을 놀려대는 세미마루도 참기 어렵고, 야외에서 볼일을 보는 것조차 커다란 모험으로 여겨야 한다. 나로서는 일본 정부가 종족 보존을 위한 팀에 그녀를 넣었다는 것 자체를 이해하기 어렵다. "이건 어떻게 할까요? 저는 어디로 가야 하죠? 화장실에 가도 될까요?" 어떤 일도 스스로 결정하지 못하는 나츠에게 가이드 보탄이 말한다. "난 학교 선생님이 아니니까 일일히 허락받을 필요가 없어."

패닉, 상실, 그 다음으로 골치 아픈 마음의 문제는 이제 모든 것을 스스로 결정해야 한다는 사실이다. 여기에 부모, 선생님, 존경하는 선배나 상사가 함께 있다고 기대하지 말라. 설사 있더라도 자기들 살기에 바쁠 수도 있다. 인생은 언제나 판단과 선택의 연속이라지만, 문명 사회에서의 인간들은 어떤 매뉴얼에 따라 움직이며 그 선택의 경우를 훨씬 줄이고 있다. 슈퍼마켓에서 파는 음식들은 더 비싸거나 질이 좋지 않거나 하는 경우는 있지만 먹어서 죽는 경우는 거의 없다. 시스템이 그런 것을 막아준다. 서바이벌 상황은 그 모든 것을 무너뜨렸다. 이곳은 제로 베이스다. 대부분의 판단은 나 스스로, 그리고 즉각적으로 행해야 한다. 최선이 아니면 차선, 최악을 피해 차악, 잘못된 선택을 하더라도 아무 선택도 하지 않는 것보다는 낫다.

처절한 생존 경쟁의 시대. 경찰도 군대도 나를 지켜주지 못한다. 오히려 그들이 가장 강력한 약탈자가 될 수 있다. 꼬마들이라고 무시할 수 없고, 여자라고 봐줄 수도 없다. 〈맨발의 겐〉에서 겐은 영민한 소년들의 무리와 마주친다. 이들은 전쟁과 원폭으로 부모를 잃은 고아들인데, 자기들끼리 군대 같은 조직을 만들어 살아가고 있다. 겐이 힘들게 구한 쌀을 훔쳐 달아나기도 하고, 보급대가 오면 가족들에게 가져다준다고 능청을 떨어 주먹밥을 있는 대로 받아오기도 한다. 귀여워 보이나? 절대 그렇지 않다. 불청객이 그들의 동굴에 찾아오면 작지만 매운 손을 모아 가차없이 응징한다.

빠른 판단이 중요해지는 또 다른 이유는, 이제 우리가 원치 않더라도 적과 아를 가려내야 하는 상황에 맞닥뜨리게 될 것이기 때문이다. 철저하게 수비하는 것만으로는 부족한 상황. 내가 먼저 적을 없애야 할 상황이 닥쳐온다.

1980년대 전자오락실에서 하던 〈서부의 총잡이〉 같은 고전적인 컴퓨터 슈팅 게임에는 중요한 룰이 있다. 눈앞에 낯선 상대가 번쩍 나타날 때 재빨리 상황을 파악해야 한다. 적이면 쏘고 우리편이나 민간인은 쏘면 안 된다. 좀비 영화의 심리적 메커니즘과도 흡사하다. 지금 눈앞에 나타난 저 '사람 비슷한 무언가'는 좀비일까, 사람일까? 좀비는 쏘고 사람은 쏘면 안 된다. 그런데 상황은 그렇게 단순하지 않다.

좀비 드라마인 〈데드셋〉에 장총을 들고 다니는 중년의 여자 알렉스가 나온다. 그녀는 낯선 누군가를 만나면 서슴없이 총을 쏘아댄다. 상대가 좀비인지 감염자인지 알 수 없을 때는 일단 쏘고 본다. 냉정함의 화신과 같은 이 여자는 주유소에서 좀비에 감염되지 않은 청년 릭을 만나 차에 태운다. 휴머니즘이나 동료애 때문이 아니다. 그가 필요해서다. 둘이 함께 차를 타고가다가 고장이 나 도로에 서게 되자 청년에게 차를 수리하게 한다. 악덕 상사처럼 채근한다. 네가 고치는 시간이 늘어날수록 죽을 확률이 늘어난다고. 참다못한 청년이 여자에게 항의하자 기다렸다는 듯이 쏘아붙인다. "친구를 쏘아본 적 있어? 네가 방아쇠를 당겨 너의 소중한 친구의 머리가 터져버리면 꿈속에서도 계속 나오고…… 네 얼굴과 입에는 그의 머리에서 터져나온 이빨과 뼛조각이 튀어온다고." 네네, 알아 모시겠습니다.

두 사람은 시골의 외진 농장으로 들어가 숨는다. 상대적으로 안전하고 자급자족도 가능해 보인다. 그런데 릭이 TV를 통해 빅브라더 쇼의 세트장에 애인이 남아 있다는 사실을 알게 된다. 알렉스가 묻는다. "많이 사랑하는구나." 릭이 대답한다. "그게 절 약하게 하는 걸까요?" "아니." 두 사람은 릭의 애인을 구하기 위해 길을 떠난다. 좀비의 공격을 피하기 위해 운하를 따라 배를 몰고 가는데, 중간에 수문이 있는 턱에 다다른다. 수문을 열기 위해 릭이 움직인 사이 좀비가 공격하고, 알렉스가 당한다. 모든 것을 포기한 그녀는 릭에게 자신의 머리를 도끼로 쳐달라고 한다.

> 감염 후 20초 이내에 죽여야 한다. 가족, 가장 친한 친구라도. 만약 네가 감염되면 나는 너를 죽일 것이다. ―〈28일 후〉

방금 전까지 가족이고 동료였던, 혹은 연인이었던 누군가를 죽여야 하는 상황은 지나치게 극단적이라고 생각할 수도 있다. 그렇다면 상황을 좀 순화시켜 보자. 내가 위험 속에서 길을 헤매다 개 한 마리와 친해지게 된다. 어둠 속에서 흉폭한 야수가 으르렁거릴 때 개는 용맹하게 짖어주고, 쌀쌀한 그 밤 우리 둘은 체온을 나누며 잠이 들었다. 며칠 뒤, 나는 꿈에 그리던 연인과 재회한다. 그런데 연인은 너무나 허기지고 탈진한 상태. 이대로는 하루도 못 버틴다. 그때 개가 불발탄을 잘못 건드려 다리가 날아간다. 더 이상 걸을 수도 없고 고통을 못 이겨 울어댄다. 자연스레 하나의 선택이 떠오른다. 이 개를 죽여서 그 고기를 연인에게 먹이면 어떨까? 개의 고통을 줄이고 연인을 살려내는 일이 아닐까? 나는 그렇게 할 수 있을까? 그렇게 해야만 할까?

우리의 문명을 쾌적하게 유지해주던 하수구 뚜껑이 열렸고, 우리는 그 아래로 떨어져 내렸다. 모든 종류의 예절 혹은 치장과도 절연할 각오를 해야 한다. 문명의 기초는 '부끄러움'이다. '타인의 눈에 비춰본 나에 대한 끝없는 고려'이다. 그러나 이제 그 부끄러움의 베이스는 점점 내려간다.

당신은 문명 세계에서 하이힐을 신고 버스를 타려고 달려가다가 길에 엎어진 여자를 본 적이 있는가? 그 여자가 아무렇지 않은듯 벌떡 일어나, 그 버스를 타려던 게 아니었다는 척 핸드폰을 꺼내 딴청을 피우는 걸 본 적이 있는가?

버스 운전사가 쓸데없이 기다려주는 바람에 모두를 민망하게 만든 상황을 기억하는가? 이제 서바이벌의 현재에 그런 일이 벌어졌다. 여자가 무릎팍이 깨지는 고통을 이기고 벌떡 일어난 것은 훌륭하다. 그러나 부끄러움 때문에 버스를 안 타는 건 바보 같은 짓이다. 가장 큰 바보는 그 여자를 기다려준 버스 운전사다.

당신이 편의점에 남은 마지막 라면 봉지를 움켜쥐기 위해서는 우아한 줄서기를 포기해야 한다. 그 싸움에서 밀려나면 바닥에 떨어진 면 부스러기라도 입에 집어넣어야 한다. 당신이 비테가 따뜻한 물을 퐁퐁 쏘아주는 변기가 아닌 곳에서는 배변할 수 없는 몸이라면, 이 악취 나는 세계에서 얼굴이 노래진 채 쓰러져 죽을 것이다. 내장에서 냄새는 좀 나겠지만, 옆집의 개가 눈을 번뜩이며 잘 뜯어먹어줄 것이다. 그런 점에서 파국의 세계에 가장 잘 적응할 사람들은 이미 파국 이전에 그 밑바닥에 떨어져 있는 노숙인들일지도 모르겠다.

생존의 밑바닥은 곧 위생의 밑바닥, 나아가 도덕의 밑바닥과 거의 동의어일 수도 있다. 우리가 보아온 많은 영화와 드라마의 주인공들은 그래도 우아함을 지키지만, 나 자신은 그 주인공이 아닐 가능성이 아주 높다고 본다. 당신에게 바람을 피우고 집을 나간 아버지가 있다. 자존심 때문에 열두 살 이후에는 한 번도 찾아가보지 않은 그 남자가 지금 차에 치어죽은 기름투성이 비둘기 한 마리를 주워가고 있다. 그 사람에게 "아빠!"라고 부르며 달려갈 수 있나? 강요하진 않겠다. 그러나 고려는 해봐야 한다. 휴머니즘 때문이 아니라 비둘기 고기 때문이다.

죽일 것인가 아닌가, 먹을 것인가 아닌가, 구걸할 것인가 아닌가, 쌀 것인가 아닌가…… 과거 우리가 가진 모든 판단의 축은 기울어졌다. 문명 세계에서의 나라면 절대 하지 않을 일을 강요받는 상황이 올 수도 있다. 나는 '그래도 살려면 서슴없이 하라'고 말하지 않는다. 그러나 '스스로 판단하라', '새로운 기준을 세워가라'고 말한다. 그것을 최대한 빨리, 상황에 맞게 합리적으로 세우는 사람이 살아남을 가능성이 훨씬 높다. 싫다면 할 수 없다. 큰 미련도 없다. 당신 대신 내가 살아나면 되니까.

필요 없어진 것들에 대하여

『세븐시즈』에서 조난된 아라시와 나츠 일행은 각자 가방을 가지고 있다는 걸 뒤늦게 깨닫는다. 그 안을 열어보니 자신이 넣어둔 기억이 없는 것들로 채워져 있다. 똑같은 식수통, 회중전등, 로프와 나이프, 야생 식물 버섯 핸드북…… 누군가 그들에게 이런 상황이 벌어질 것으로 예상하고 넣어둔 도구 같다. 그런데 거기에는 상식적으로 볼 때 가장 먼저 챙겨넣었어야 할 물건들이 없다. 시계, 핸드폰, 그리고 지갑.

시간을 알 수 없고, 가족이나 경찰에게 연락할 수 없고, 돈으로 물건을 살 수 없다. 누가 그들을 극단의 상황으로 밀어넣기 위해 일부러 이런 물건들을 빼놓았을까? 아니다. 뒤집어 생각해야 했다. 가방을 챙겨준 사람들은 막연하게나마 이들이 어떤 세계로 떨어질 것이라는 것을 알고 있었다. 그 세계는 시계로 약속을 정할 수도, 핸드폰으로 연락할 수도, 돈으로 무엇을 살 수도 없는 곳이다. 문명 세계에서 누구나 가지고 있어야 하는 것들이 문명이 무너지면서 그저 가방의 부피와 무게를 차지하는 쓰레기로 전락했다. 이러한 가치의 추락은 물건만이 겪는 운명은 아니다. 학력, 직업, 지위, 가문 등 우리가 그토록 매달렸던 것들이 한 모금의 물보다도 의미 없는 것이 되었다.

또 다른 청천벽력인가? 영리한 누군가는 벌써 고개를 젓고 있다. 우리가 밑바닥, 혹은 고립된 유배지에서 절망에 빠지는 이유는 무엇인가? 과거 우리의 안락을 지켜주었던 많은 소유물을 상실했다는 마음 때문이다. 그러나 뒤집어 보자. 우리는 바로 이 상황에 처해 있기 때문에, 너무나 많은 것이 필요없어졌다. 갑작스런 커다란 실패, 모든 것을 잃어버린 듯한 상황을 경험한 사람은 기억할 것이다. 거기에서 우리는 좌절감을 넘어선 어떤 허탈감, 나아가 약간의 쾌감을 포함한 해방감까지 얻는다.

가진 돈이 적으면 근심도 그만큼 적어진다는 것은 일정한 범위 내에서는 실제로 맞는 말이다. 통틀어 100프랑을 가지고 있으면 가장 소심한 공포증도 면하기 어렵다. 그런데 3프랑밖에 없을 때는 아주 무관심해진다…… (중략)…… 가난할 때 커다란 위안이 되어주는 기분은 또 있다. 아마 돈에 쪼들려본 사람이라면 누구나 이런 경험을 했으리라고 믿는다. 그것은 이제야말로 진짜 밑바닥까지 왔다고 깨달았을 때 느껴지는 기쁨에 가까운 안도감이다. 거덜난다는 말을 자주 해왔지만 이게 바로 거덜난 것이고 그런 판국인데도 견뎌내고 있다. 이런 기분은 많은 걱정을 덜어준다.(『파리와 런던의 밑바닥 생활』, 26~27쪽)

19세기의 가난뱅이 소설가 조지 오웰은 이렇게 말했다. 우리라고 밑바닥에 도달한 행복감을 맛보지 말란 법이 있나? 어디 근처에 신문지라도 있으면 깔고 앉아서, 우리가 이 상황에 처하게 됨으로 인해 필요없어진 것들, 그래서 좋아진 것들에 대해 이야기해보도록 하자.

- 회사! 지옥 같은 출퇴근 전차도 안녕이야. 사당역, 대머리 변태 아저씨도.
- 운전면허 시험. 주행에서만 네 번 떨어졌다. 이제 그딴 거 다시 볼 필요 없겠지.
- 어제 클라이언트가 클레임을 걸었거든. 다음 주까지 꼼짝없이 야근할 신세였는데…… 이제 그 일들이 컴퓨터와 함께 쓰레기가 되었네. 지난번 추가 인쇄비 못 받은 건 억울한가? 하긴 받아봤자 필요없지.
- 나는 그 사건 직전에 고등학교 동창 하고 술을 마시고 있었어. 그 자식이 1년 만에 아파트 값 6억 뛰었고, 다음달에 스톡옵션 팔고 미국 갈 거라고 했거든. ㅋㅋ 왜 나는 기분이 좋지?
- 이런 판국에 엄마가 시집가라고 하지는 않겠지? 남자는 다 죽었으니까.

- 술만 마시면 밤마다 전화 걸던 옛 남자친구. 이제 전화는 쓸 수 없으니 귀찮게 못하겠지.
- 나는 솔직히 천국에 온 느낌이야. 사업 말아먹고 제2금융권 대출에 사채까지 끌어썼어…… 이제 막을 방도도 없고…… 속초에 가서 약 먹고 뛰어내리려 가던 참이었어.

문명의 바벨탑이 무너져 세계는 통째로 저 밑바닥으로 곤두박질쳤다. 그렇다면 과거 세계에서 보다 높은 위치에 있었던 사람들과 하층 계급의 사람들 중 누가 더 이런 상황에 잘 적응할까?

부자나 권력자 중에는 이 밑바닥에 남들보다 빨리 적응하는 경우들도 있을 것이다. 그들을 사회에서 성공하게 만들었던 어떤 자질들—냉혹함, 결단력, 낙천성, 창의력—은 험악한 상황에서 더 큰 빛을 발할 수도 있다. 평상시에 영양 공급을 충분히 받고 건강 관리를 잘해온 사람들이 급박한 기근을 맞이하더라도 더 오래 버틸 수 있다는 점도 무시할 수 없다.

하지만 정반대의 결과가 나타날 수도 있다. 1990년대 인기 PC게임이었던 〈페르시아의 왕자〉가 떠오른다. 게임 속에서 공주를 찾아 미궁을 탐험하는 왕자는 한 층 정도의 높이에서는 팔에 매달려 뛰어내릴 수 있다. 하지만 3층 이상에서 떨어지면 그냥 꽥이다. 사회에서 높은 지위와 부를 누리던 사람일수록 그 모든 것을 일순간에 빼앗긴 충격은 더 클 수밖에 없다. 만약 그 사람이 밑바닥에서부터 고난을 이겨내고 자수성가한 사람이라면 파국의 상황에 재적응할 수도 있다. 그러나 부모가 물려준 재산으로 호사를 누리며 온갖 불공정한 방법으로 그 위치에 올라가 있었다면, 파국 속에서 그냥 망연자실할 수밖에 없다.

『페스트』에 나오는 코타르라는 인물은 재난 이전에 갖가지 불행이 겹쳐 자살 직전에까지 갔던 사람이다. 그러나 이 도시의 사람들 모두가 함께 무너지자 자신이 딛고 있는 그 밑바닥에 그들이 함께 서 있다는 사실 자체로 즐거워한다. "그도 다른 사람들처럼 위협을 받고 있지만, 그러나 그는 다른 사람과 함께 위협받고 있는 것이다."(263쪽)

우리를 지켜주던, 혹은 구속하던 사회가 소멸되었다. 내가 그 안에서 얻던 물질과 안락함은 잃어버렸지만, 동시에 그 사회가 강제하던 의무와 거짓과 병폐들도 사라졌다. 우리는 조직에 속해 있어야만 생존할 수 있었고, 그 안에서 만나는 관계로 인해 생기는 괴로움들을 견뎌야만 했다. 그러나 이제 그 조직이 완전히 무너져버렸다.

일몰의 시간, 어제까지 닭장 같은 원룸텔에서 살고 있던 나는 저 너머 고층 아파트가 불타 무너지는 모습을 보고 어떤 종류의 희열을 느낀다. 창 아래로 대기업 회장의 차를 불법주차시키기 위해 당신 차를 견인해가던 경찰이 폭주족 소년들에 쫓기는 모습을 보며 미소를 짓는다. 부자와 권력자들은 세상에 존재하는 것들이 원래 자신들의 것인양 약탈해갔다. 이제 내가 그걸 빼앗아 올 차례인지도 모른다.

시간에 대하여

다시 『세븐시즈』의 생존 가방을 들여다보자. 우리는 주인공들의 가방에 없었던 세 물건, 과거의 세계에서는 절대 없어서는 안 되었지만 문명이 사라진 세계에서는 필요없어진 세 가지 물품에 대해 말했다. 시계, 핸드폰, 돈. 이제 이 문제를 재고해야 할 시점이다. 무엇보다 첫번째 물건—시계, 이것이 과연 필요없어진 것일까?

로빈슨 크루소는 1659년 9월 30일 추분의 정오에 그 섬에 도착했다.[†] 태양이 그의 머리 바로 위에 있었다는 것인데, 그로 인해 그는 자신의 그림자를 볼 수가 없었다. 이것은 무엇을 의미하는가? 그가 배를 잃어버

† 당시 영국 달력은 대륙/가톨릭의 달력과 달라 그레고리력의 추분 날짜와 차이가 있다. 『로빈슨』, 리즈 앙드리, 46쪽

렸을 뿐만 아니라 시간까지 상실했다는 뜻이다. 당시 뱃사람들 중에 개인 시계를 가질 만한 호사를 누리는 경우는 없었다. 기껏해야 조타실에 놓인 덩치 크고 조악한 시계 하나가 배의 운명을 좌우하고 있었다. 그래서 뱃사람들은 태양의 각도를 측정하거나 해시계를 통해 시간을 알아내곤 했다. 그런데 풍랑으로 항해 도구를 잃고, 춘분의 지점에 위치함으로 인해 그림자도 볼 수 없는 상황이 된 것이다.[†] 로빈슨은 10~12일 후 그림자가 분명해진 뒤에야 해시계를 통해 시간을 회복시킬 수 있게 된다.

디킨슨이 로빈슨의 표류 시점을 하필이면 그림자가 없는 사탄의 시간[††]으로 잡은 것은 매우 의도적인 선택이라 여겨진다. 로빈슨은 이 연옥 같은 통과점 속에서 갈피를 잡지 못하는데, 그것은 종교적 은유만이 아니다. 그는 시계를 잃어버렸고, 그로 인해 언제 기상하고, 언제 회의하고, 언제 정기적인 교신을 하고, 언제 점호를 취하고 잠자리에 드는지를 판단하게 해줄 문명 세계의 기본적 좌표를 상실했던 것이다. 그러나 파국의 때에 이것이 꼭 부정적인 일만은 아니다. 그것은 일종의 통과의례가 될 수 있다.

『드래곤헤드』에서 터널 속의 기차에 고립된 아오키 데루는 손목에 전자 시계를 차고 있다. 이것은 이중의 장치로 기능한다. 하나는 그에게 사고로부터 얼마간의 시간이 지났는지 알 수 있게 해준다. 태양빛이 전혀 없고 외부와 교신할 수 없는 상황에서, 낮과 밤이 사라져 시간적 정체성의 혼란에 빠지는 것을 막아준다. 기기에 약간의 영민함을 더한다면 남아 있는 생수와 식량을 어떻게 관리해야 할지 판단하는 기준으로 삼을 수도 있다. 하지만 이런 긍정적 기능보다는 부정적 기능이 먼저 드러난다. 저녁 10시가 넘어가자 시계는 그에게 구조되

[†] 항해의 역사에서 시계가 중요한 것은 그것이 '시간'만이 아니라 '공간'도 가리킨다는 점이다. 낯선 바다나 대륙에서 그곳의 절대적인 위치를 알려면 위도와 경도를 파악해야 한다. 위도는 쉽게 알아낸다. 망망대해나 낯선 땅에 도착해 있더라도 북극성이나 남십자성의 각도를 재면 된다. 로빈슨은 표류 직후 자신이 북위 9도 22분 근처에 있다고 바로 측정한다. 경도는 자신이 출발지에서 맞춰 놓은 시계와 현지 시간의 차이를 통해 알아내야 한다. 때문에 장거리의 항해에는 정확하게 움직이는 시계가 꼭 필요했다. 시계의 발명과 경도의 측정, 항해 역사의 불가분의 관계는 데이바 소벨의 『경도』를 참조
[††] 정오는 사람과 악마를 구별하는 그림자의 유무를 따질 수 없기에 '사탄의 시간'이라 불린다. 리즈 앙드리, 앞의 책, 46쪽

지 못했다는 사실에 대한 초조감을 더해준다. 그와 같이 살아남은 노부오는 말한다. "지금쯤 집에 돌아가 엄마와 같이 저녁을 먹을 시간인데……" 데루 역시 과거, 평범한 일상이 진행되던 가족을 떠올린다.

터널의 입구가 막히고 다리가 무너지고 라디오 교신이 끊어져도 시간의 끈은 이어질 수 있다. 이 끈이 우리에게 살아 돌아가야겠다는 의지를 주기도 하지만, 반대로 우리로 하여금 과거에 매달리게 하고 미련을 이어가게 만들기도 한다. 어느 쪽을 선택할 것인가?

디킨슨은 한 번의 분명한 시간의 단절, 그리고 각성 이후의 재정립을 통해 이 문제를 해결한다. 로빈슨 크루소가 날짜와 시간을 잃어버린 10~12일은 바로 이 단절의 기간이다. 다시 그림자가 나타나자 로빈슨은 지금이 중요한 판단의 때라는 것을 자각한다. 표면적으로는 종교적인 이유—이러다가는 주일과 안식일도 구분하지 못할 것 같다는 두려움—라고 말하지만, 자기 생존의 기초를 재확립하자는 욕구도 반영되었을 것이라 여겨진다. 그는 커다란 기둥 두 개를 십자가 모양으로 만들고 칼을 이용해 크게 새겨넣는다. "나는 이곳 해변에 1659년 9월 30일에 도착했다." 그리고 기둥 옆에 매일 칼로 금을 긋고, 매 일곱 번째 날에는 다른 눈금보다 배로 길게 금을 그었다. 그리고 해시계를 만들어 세부의 시간을 복원한다. 감옥이나 섬에 갇힌 여러 사람들이 비슷한 방식으로 날짜를 표시하는데, 그것은 몽매한 꿈의 세계에 갇혀 있지 않고 현실 감각을 되살리고자 하는 의지의 표현이기도 하다.

『방드르디』에 나오는 로빈슨에게 이러한 각성은 보다 의식적인 형태로 나타난다. 그는 구출될 것을 포기한 직후, 날짜를 헤아리기 시작한다. "나의 달력을 재정립함으로써 나는 나 자신을 되찾은 것이다."(71쪽) 그리고 정교한 물시계를 만들어 세부적인 시간까지 복원한다. 시간, 날짜, 요일의 회복은 그 스스로를 문명의 궤도에 올려놓으려는 적극적인 표현이다. 나아가 그는 자본주의자처럼 시간을 가장 중요한 재산으로 삼는다. "시간을 잃는다는 것은 범죄이

며 시간의 재산을 축적하는 것은 근본적인 미덕이다."(72쪽)

그러던 어느 날 늦잠을 자고 일어난 로빈슨은 전날밤 물시계의 물을 갈아주는 것을 잊어버렸다는 사실을 깨닫는다. 이제 어떻게 해야 하나? 시간이라는 자연의 질서와 교류하는 표식을 꺼뜨려버렸으니, 마치 모닥불을 꺼뜨린 것처럼 스스로를 빛해야 할까? 알람 시계를 맞춰놓는 것을 잊어버리고 늦잠을 자 회사에 출근하지 않은 것이나 다름없는 상황이다. 그런데 이때 로빈슨은 다른 종류의 깨달음에 이른다. "시간이 멈추어버린 것이었다. 로빈슨은 휴가 상태였다. (중략) 그렇다면 이 섬에 대한 로빈슨의 절대적 권능—그의 철저한 고독의 산물—은 시간의 지배에까지 미친단 말인가?"(109쪽) 그는 자신이 만든 물시계가 섬을 지배하는 권능의 표식이 되었다고 여긴다. 그는 시간이 멈춰버린 이 황홀경을 '무죄의 순간'이라고 명명한다. 섬에 있는 유일한 시계의 주인이 자신이니까 그걸 멈춰버리면 모든 의무가 정지한다는 것이다.

이 얼마나 유혹적인가? 내가 아침 7시에 기상하는 게 아니라. 내가 일어나는 시간이 아침 7시다. 내가 태엽 돌리는 것을 깜박해 시계가 멈춘다면, 다시 태엽을 돌릴 때까지는 휴일이다. 시간이 부여하는 모든 의무는 면제된다. 이러한 즐거움을 가장 극적으로 만난 인물이 있는데, 바로 〈캐스트 어웨이〉의 척 놀랜드이다.

시간 엄수를 생명처럼 여기는 페덱스의 현장 관리직였던 척은 세상에서 가장 바쁜 듯이 돌아다니던 사람이다. 그는 여자 친구와의 데이트 도중 일정에 쫓겨 비행기에 올라타고, 그녀가 준 시계를 찬 채 항공 사고로 남태평양의 외딴 섬에 표류한다. 언제나 시간에 쫓겨 살고, 고객과의 약속에 목숨을 걸어야 했던 그가 시간이 소멸되어버린 공간으로 들어온 것이다. 이제 그의 고민은 부족한 시간을 어떻게 쪼개야 하는가가 아니라, 어떻게 하면 이 남아도는 시간을 채워나갈 것인가 하는 데 있다. 그는 힘들어하지만 서서히 적응해간다. 그렇다고 무인도에 있었던 4년, 1,500일 동안의 시간을 탕진한 것은 아니다. 시간을 다르게 사용하는 방법을 깨달은 것이다.

우리는 파국의 소용돌이에서 호흡을 되찾아야 한다. 자신의 심장 박동을 안정되게 하고, 거기에 따라 새로운 시계를 만들어야 한다. 상황은 천차만별이다. 더욱 각박해진 생존의 상황에서 적을 감시하고 식량을 구하기 위해 일분일초를 아껴야 하는 상황이 올 수도 있다. 반대로 긴긴밤을 전등도 TV도 없이 무료하게 때워야 할 수도 있다. 우리는 로빈슨 크루소처럼 청교도 정신으로 성실하게 모든 시간을 배분하고 계획적으로 살아가야 할 수도 있다. 반대로 택배 물건이 30분만 늦게 와도 짜증이 밀려오던 과거의 시간 관념을 버리고, 모든 것을 느긋하게 기다리는 법을 배워야 할 수도 있다.

다른 종류의 세계를 살아가는 것은, 결국 다른 시간을 살아가는 것이다. 우리는 시계를 다시 갖추어야 한다. 그러나 결코 그 시계가 과거와 똑같이 움직이지 않는다는 사실을 깨달아야 한다. 새로운 시간의 그리니치 천문대는 바로 나 자신이다.

생존의 의미

"짧고 힘들게 살다가 고통스럽게 죽어갑니다. 당신 아들이 그렇게 되길 바랍니까?"
―〈워킹 데드〉의 연구원 에드윈 제너

육체적 위기와 정신의 고통은 잠시 잦아들 뿐, 끊임없이 몸과 마음속을 파고든다. 누구든 피로와 긴장의 한계에 다다랐을 때는 생각한다. '그냥 여기에서 끝내는 것은 어떨까?' 자살의 유혹은 당연하다. 그럼에도 우리를 살려내는 건 무얼까? 거의 가망이 없는 상황에서도 고통을 감내하고 살아나는 사람들도 있지만, 그보다 훨씬 미약한 이유로 죽음을 택하는 사람들도 세상에는 널려 있다. 이제 생각해보자. 무엇이 내게 살고자 하는 의지를 북돋우는가? 마음속의 무엇이 나를 살게 하는가?

종교와 신념

『그의 나라』에서 무인도에 표류한 쌍판은 여름 성경학교를 떠났던 참이어서 가방에 성경 책을 가지고 있었다. 그는 불을 피우기 위해 그중 몇 장을 찢어 불쏘시개로 썼는데, 나중에 그가 섬에서 탈출하게 된 결정적인 이유는 그 사라진 부분, 요한계시록 6장에서 19장까지가 궁금해서였다. 뭍으로 탈출한 그는 자신을 기다리고 있었을 것이라 여겼던 일상의 공간이 세계 대전으로 붕괴되었음을 알게 된다. 그는 자급적인 공동체 생활을 하고 있는 사람들을 만나 그들에게 성경을 구해달라고 한다. 쉽지는 않았다. "전쟁이 터지니까 종교인이나 말세론자들이 얼마나 설쳐댔는지. 책방의 종교 서적이 동날 지경이었어. 요즘은 성경도 귀해."

수많은 종교들이 '말세'를 이야기하며 교세를 확장한다. 그들 말대로 파국이 찾아왔으니, 사람들이 교회와 종교 시설로 몰려드는 것은 당연해 보인다. 『페스트』에서도 재난 이후 사람들은 파느루 신부 주위로 모여든다. 그는 설교를 통해 이 병은 인간의 죄악에 대한 신의 심판이니 그것을 겸허히 받아들이라고 한다. 〈아키라〉에서 네오 도쿄가 무정부 상태로 바뀌자 가장 강력하게 세력을 넓혀가는 집단은 광신적인 종교 단체들이다. 미야코의 사원을 중심으로 한 무리가 형성되고, 다른 쪽에서는 도쿄를 궤멸시킨 힘의 근원인 소년 아키라를 신으로 여기고 숭배한다. 미래에 대한 희망을 잃었을 때 종교로부터 정신적인 힘을 얻으려는 것은 당연하게도 보인다.

세계의 주요 종교들은 실제 파국과 유사한 환경에서 태어났고, 그런 고통을 안고 있는 사람들에게 전파되며 성장해왔다. 여러 종교의 교리들은 이러한 상황에 적합한 정신적인 혹은 실제적인 매뉴얼을 제공해줄 수도 있다. 기독교라면 절대 자살은 안 된다는 계율로 무장시킬 것이고, 불교라면 모든 것을 빼앗긴 상태에서 금욕으로 생존을 이어가는 노하우를 가르쳐줄 것이다.

옆에 있는 사람

〈데드 셋〉에 나온 알렉스의 이중적인 판단에 대해 다시 생각해보자. 처음 그녀는 눈앞에 보이는 잠재적인 좀비, 그러니까 모든 인간의 형체에 충격을 가한다. 그동안 유약한 마음자세 때문에 가족과 친구를 잃었다고 생각하고, 타인은 곧 적이라 인식해야 자신이 살아남을 수 있다고 생각하게 된 것이다. 그녀가 릭을 살려낸 것도 그를 이용하기 위해서였다. 그러나 그녀는 점차 릭과 함께 있는 것에 적응하고, 릭이 애인을 구하기 위해 움직일 때 동행하게 된다. 그리고 결국 그 선택 때문에 죽음에 이른다. 어쩌면 그녀는 '혼자만을 믿고 살아야 한다'는 계율을 어기고 타인을 자신 옆에 둠으로써 서바이벌에 실패한 것일 수도 있다. 그러나 반대의 가능성도 적지 않다.

극한의 대립과 생존 투쟁이 이루어지는 상황에서 믿을 만한 동료의 결집만큼 강력한 힘은 없다. 혹독한 생존 상황에서 무언가를 두려워하며 뜬눈으로 밤을 새워야 한다고 생각해보자. 혹은 겨우 얻은 음식을 다른 무리에게 강탈당했다고 생각해보자. 내 편이 하나라도 생겨난다는 것은 정말로 천군만마를 얻는 것과 다름 아니다. 이 무법의 세계에서 쪽수 싸움은 가장 중요한 승리의 열쇠다.

생존의 동반자는 실질적인 도움이 될 뿐만 아니라, 가장 중요한 의지처가 된다. 간혹 누군가 실수를 하고 좌절하더라도 서로를 위로해줄 수 있다. 혹은 누군가 자포자기에 빠져 생을 스스로 그만둘 마음을 먹더라도, 동료는 그의 행동을 막고 함께 살아가도록 할 것이다.

만나야 할 사람

〈세븐 시즈〉에서 연인 사이인 하나와 아라시는 『로빈슨 크루소』 상하권을 나누어 가진 채, 각각 봄과 여름 팀으로 보내진다. 왜 일본 정부는 둘을 따로 떼어서 보냈을까? 둘을 같은 팀에 보내면 가장 확실히 협력할테고, 서로를 의지하며 삶의 의욕을 북돋울 수 있다. 이미 연인 사이기 때문에 2세를 만드는 데도 주저함이 덜할 것이다. 심지어 둘의 결별 상태는 극단적인 결과를 만들어 낼 수도 있다. 둘은 너무나 사랑하기 때문에 단지 상대와 함께하지 못한다는 이유만으로도 죽음을 택할 수 있다.

다행히도 둘은 절망을 이기고 움직인다. 그 사랑 때문에 그들은 좌절했지만, 또 그 사랑 때문에 0.001%의 확률을 걸고 최선을 다해 살아 움직인다. 어쩌면 이 자체가 계획으로 여겨지기도 한다. 프로젝트의 입안자는 다양한 가능성을 만들기 위해 각각의 팀을 서로 다른 조건에 떨어뜨려놓는다. 그러나 각자 생존의 길을 찾은 복수의 팀이 서로 만나 더 큰 집단을 만들어내는 것이 좋다. 그 때문에 서로 만나지 않으면 안되는 두 사람을 다른 팀에 넣어놓은 게 아닐까?

사랑하는 사람에 대한 미련이 강한 사람은 참혹한 파국의 세계에서 더 큰 고통을 안고 있을 수는 있지만, 아마도 더 큰 생명의 의지를 발휘할 것이다. 만약 내게 기필코 다시 만나야 할 누군가가 있다면, 이 시간을 보다 강인한 자세로 버텨나갈 수 있을 것이다. 군인들이 사물함에 가족이나 애인 사진을 넣어두고 틈날 때마다 들여다보는 이유도 거기에 있다.

성취의 기쁨

이곳은 그라운드 제로이다. 우리는 과거의 모든 것을 잃어버린 밑바닥에 떨어졌는데, 이것은 역설적으로 우리가 지금부터 만들어갈 것들이 무궁무진하다는 사실을 말해준다. 이러한 재미를 가장 잘 보여주는 사람이 로빈슨 크루소다. 그는 척박한 무인도에서 오직 자신의 힘으로 과거에 누렸던 문명 세계를 재건했고, 그 자부심을 일기에 꼬박꼬박 기록했다.

의미의 복원은 마음속의 결단만이 아니라, 어떤 물리적인 결과물을 통해 확인하는 것이 좋다. 펜과 종이가 있다면 주변의 지도를 꼼꼼히 그리고, 내가 확보한 물품의 리스트를 작성해보자. 로빈슨 크루소는 과거와 현재 자신의 상황을 비교하는 대차대조표를 쓰기도 했다. 나아가 자신의 하루하루를 꼼꼼히 일기로 적어가는 것도 마음의 좌표를 확인하고 스스로를 객관적으로 돌아보는데 유익할 것이다. 또한 자신에게 동기를 부여할 어떤 목표를 정하는 것이 좋다. 하루에 좀비를 50마리씩 처치한다든지, 통조림 깡통에 돌을 던지며 적을 격퇴할 기술을 연마한다든지. 〈김씨 표류기〉에서 밤섬에 표류된 김 씨는 버려진 짜파게티 봉지를 발견하고, 옥수수를 키워 짜장면을 만들어 먹는 것을 삶의 목표로 삼는다.

새로운 미래

핵전쟁이 일어날 때 지하 와인창고에 들어가 있던 바람에 겨우 살아난 『말빌』의 몇몇 주민들은 자신들이 하나씩 죽어갈 미래에 대해 말한다. 결국엔 가장 젊은 토마가 지구상의 유일한 인간이 되지 않겠냐고? 토마는 시큰둥하게 말한다. "저 혼자 남게 되더라도 아무 문제 없을 겁니다. 성 꼭대기로 올라가서 훌쩍 뛰어내리면 모든 게 끝이니까요."(『말빌』 1권, 187쪽) 그러자 므누가 충고한다. 자기 같으면 말빌에 혼자 남더라도 돌보아야 할 짐승이 있으면 죽지 않을 거라고. 다시 많은 이야기를 주고받은 뒤 페이수가 말한다. "그렇기 때문에 단지 살아남는 것만으로는 아무런 의미가 없어. 네가 죽고 난 뒤에도 다른 사람들이 계속 살아갈 수 있도록 만들어야 너 자신도 삶에 흥미를 느낄 수 있는 거야."(『말빌』 1권, 189쪽)

그렇다. 우리에겐 단지 살아 있을 수 있다는 사실만으로는 부족하다. 언젠가 다른 인류들을 만날 수 있다. 혹은 여기에서 행복을 일구고 그 미래를 또 다른 사람들에게 물려줄 수 있다는 사실이 중요하다. 〈맨발의 겐〉의 겐은 원래 밝고 훌륭한 품성에 아버지로부터 보리이삭처럼 역경을 이겨내도록 훈련받은 아이이긴 하다. 그러나 그를 더욱 삶에 매진하게 하는 존재가 있다. 임신한 어머니가 핵폭발 이후 낳은 동생이다. 〈28일 후〉에서 군인들이 생존자를 불러모은 것도 부대장이 부하들에게 어떤 미래를 만들어주기 위해서였다. 비록 어처구니없는 이유였지만.

두려움 너머로

지금까지 나는 외부의 대재난이 만들어내는, 마음의 또 다른 재난에 대해 말했다. 가장 큰 문제는 두려움이다. 『드래곤헤드』에는 인위적인 뇌수술로 공포라는 감각 자체를 없애버린 무리들이 등장한다. "공포 따윈 어차피 뇌 속 화학 물질의 균형이 일시적으로 흐트러진 상태에 불과하니까……. 하지만 투약 등을 통해 인공적으로 제어할 수 있지." 이들은 방사능을 몸에 바른 채 거대한 재앙의 검은 구름 아래 무너져가는 세계 속을 걸어간다. 공포를 단지 뇌의 작용으로 인식한다면, 노숙자들이 술에 빠져 하루하루를 보내는 것도 타당한 도피의 방법이 될 것이다. 그러나 그것은 결코 진정한 생존법이 될 수 없다. 『드래곤헤드』의 괴집단의 우두머리는 다시 말한다. "공포를 느끼지 못하는 종은 멸종될 수밖에 없다." 두려움은 만나야 한다. 그리고 이겨야 한다. 인간은 모든 공포로부터 달아나기 위해 쾌적한 문명의 벽을 세워왔지만, 결국 그 벽 위로 비가 새어들고 쥐며느리가 꿈틀거리고 결국엔 무너지기도 한다. 두려움은 우리의 형벌이며, 우리의 무기다.

4

어찌하여 세상은 좀비로 가득 차게 되었나?
―나는, 지구 최후의 나

"로빈슨의 섬은 안식처인가 유형지인가, 은신처인가 함정인가, 유토피아인가 악몽인가, 여인과 뱀의 보호 아래 있는 에덴동산인가 고독이라는 지옥인가?" ─리즈 앙드리

 거대한 함정이 뉴욕 맨해튼 섬에서 브루클린 쪽을 향해 정박해 있다. 가까이 다가가면 갑판 위에 전투기가 있고, 그 날개 위에 한 남자가 서 있는 것을 볼 수 있다. 남자는 먼 풍경을 바라보는가 싶더니 이스트 리버를 향해 힘차게 골프채를 휘두른다. 따악! 공은 까마득히 날아간다. 옆에 있다면 '나이스 샷!'이라고 외치고 싶다. 골프광이라면 수십만 원, 수백만 원이 들더라도 그 한 샷을 날려보고 싶어할 것이다. 놀랍게도 그는 이 샷을 날리기 위해 돈 한 푼 들이지 않았다. 그 공이 날아가 자동차를 부수고, 남의 집 유리창을 박살내더라도 신경쓸 필요없다. 왜냐? 그는 그 세계에 살고 있는 유일한 인간이기 때문이다. 윌 스미스가 주연으로 나온 2007년 영화판 〈나는 전설이다〉의 한 장면이다.
 리처드 매드슨은 1954년에 그 원작 소설을 발표했다. 오랫동안 펄프 픽션과 3류 호러 영화 속에서 근근히 생존을 이어오던 좀비가 완전히 새로운 단계로 진화하는 순간이었다. 저급한 쾌락과 말초적 욕망의 대명사였던 이 장르는 그때 고치를 깨듯 날개를 퍼덕였다. 매드슨은 주인공 네빌의 집 밖에 있는 괴물들을 '흡혈귀(vampires)'라고 불렀지만, 그것은 생태적으로 명백히 좀비다. 그는 두 가지 방식으로 좀비 장르의 창조적 도약을 이루어냈다.
 하나는 좀비의 등장을 주술이 아니라 과학으로 해석했다는 점이다. 어떤 전염병(바이러스, 박테리아)에 의해 인류가 변이를 일으켜 흡혈귀/좀비가 되는데,

그들이 다른 인류를 공격해서 병을 옮기고 결국 인류 전체가 멸종에 이르게 되었다는 것이다. 페스트와 같은 전염병에 의한 지구 종말의 시나리오는 오래전부터 존재해왔다. 여러 종류의 뱀파이어 신화 역시 오랜 생명을 이어왔다. 리처드 매드슨은 두 가지 재앙을 하나의 역사로 엮었다. 그는 주인공 네빌을 통해 흡혈귀의 역사적 실재에 대한 그럴듯한 과학적 가설을 전개한다.

두 번째의 착상. 그것은 '고독'의 역전적인 시뮬레이션이다. 호러 장르의 분류에서 좀비와 뱀파이어는 한통속으로 묶이는 경우가 많다. 태양을 싫어해 밤에 깨어나 움직이고 사람들을 물어 자신의 일족으로 바꾸어놓는다는 점 때문이다. 그러나 자의식 측면에서 둘은 정반대의 입장에 서 있다. 좀비는 무의식적이고 욕망에만 충실한 다수, 뱀파이어는 강한 자의식을 가진 소수다.

여기 어떤 괴물들의 족보가 있다. 소설로는 브램 스토커의 『드라큘라』에서부터 앤 라이스의 『뱀파이어와의 인터뷰』를 거쳐 스테파니 메이어의 『트와일라잇』까지, 만화로는 하기오 모토의 『포의 일족』과 다카하시 루미코의 『인어의 상처』…… 여기에 등장하는 주인공들은 보통의 인간을 뛰어넘는 '별종의 존재'로 다양한 초능력을 가지고 있다. 그런데 특히 주목해야 할 공통적인 능력은 상처가 생겨도 금세 회복되고 특별한 방식이 아니면 죽지 않는다는 것이다. 영생은 동서고금에 걸친 인간의 꿈이다. 그러나 보통의 인간들에게는 늙지도 죽지도 않는 사람이란 공포스러운 괴물일 뿐이다. 이들 존재로서도 자신에게 부여된 영생의 힘이란, 영원히 인간과 어울리지 못하고 살아가야 한다는 고독의 형벌로 여겨진다.✝

✝ 메리 셸리는 여성의 감수성으로 그 고독을 시각화하기도 했다. 시체를 기워 만든 『프랑켄슈타인』은 형태상으로는 좀비 쪽에 가깝지만, 그 사고방식은 19세기 뱀파이어들과 한통속이다. "아빠, 나 외로워요. 신부를 만들어줘요."

『나는 전설이다』는 이러한 고독의 포위 구도를 뒤엎는다. 다수를 점한 인간 세계에서 몰래 살아가는 흡혈귀가 아니라, 지구를 점령한 좀비들에 둘러싸인 채 유일하게 살아남은 인간이다. 한때 가장 가까웠던 동료들을 포함한 좀비들은 밤마다 네빌의 집을 찾아와 벽을 두들겨댄다. 네빌은 극심한 고통과 불안으로 잠을 못 이룬다. 하지만 진정한 고통은 다른 곳에 있다. 가슴을 찢는 괴로움은 그가 이 세계에 남아 있는 유일한 인간이라는 사실이다. 사랑했던 부인과 아이와 다시 만날 수 없다. 그와 다정하게 대화할, 혹은 손을 꼭 잡고 이 미친 세상을 이겨나가자고 다짐할 친구 하나 없다. 비평가 댄 슈나이더는 『나는 전설이다』의 블록버스터판 영화가 등장하기 직전에 그 소설을 소개하며 이렇게 쓰고 있다.

> 설혹 그 안에 흡혈귀가 등장하지만, 이 소설은 흡혈귀에 대한 소설이 아니다. 심지어 가장 본질적인 측면에서 보자면, 호러나 SF 소설도 아니다. 대신 그것은 아마도 인간의 고독에 대해 쓴 가장 훌륭한 소설일 것이다. 그 점에서는 대니얼 디포의 『로빈슨 크루소』를 훨씬 뛰어넘는다.†

나는 이제 어떤 재앙으로 인해 단 한 사람만이 생존을 영위해가야 하는 경우에 대해 말해보고자 한다. 나를 제외한 전 인류가 멸종된 상황만을 염두에 둔 것은

† Dan Schneider, 《The International Writers Magazine》 2005년 1월호

아니다. 만약 내가 어떤 사고를 당해 밑바닥에 떨어졌고, 거기에는 이야기를 나눌 동료 하나조차 없다고 생각해보라. 저 구덩이 바깥에 일상의 삶이 흐르고 60억의 인구가 평범한 나날을 보내고 있더라도, 나는 그저 '지구 최후의 나'일 뿐이다. 그런 내가 싸워야 할 괴물이 있다. 좀비가 아니라 고독이다.

친구의 제조법

〈새벽의 저주〉의 주무대가 되는 쇼핑몰 건물에는 10여 명의 사람들이 갇혀 있다. 내부의 갈등은 있지만, 혼자가 아니어서 다행이다. 그런데 거기에서 멀리 보이는 건물에 혼자 살아남은 무기상이 있다. 마치 섬처럼 떨어져 있는 두 건물 사이에는 좀비들이 득실거려 가까이 다가갈 수 없다. 양쪽 사람들은 옥상

을 통해 대화를 나누는데, 거리가 멀기 때문에 크게 쓴 글씨를 서로 망원경으로 바라보며 의사소통을 한다. 그나마도 큰 위안이 된다. 그들은 신호를 주고받으며 체스를 두기도 하고, 좀비들을 쏘아 맞추는 게임도 한다. 그러던 중 무기상의 상황이 점점 나빠진다. 어느 날 그는 한층 시들해진 모습으로 '배고파(Hungry)'라는 메시지를 적어 보인다. 쇼핑몰의 사람들은 둘로 나뉜다. 위험을 무릅쓰고 식량을 보내줄 것인가? 아니면 이쪽의 안전을 위해 얄팍한 우정은 접어버릴 것인가?

아마도 쇼핑몰에 남아 있는 것이 당신 혼자였다면 선택이 훨씬 빨랐을 것 같다. 이 참혹한 세상에서 자신이 신뢰할 수 있는 '같은 인간' 하나를 확보하는 것이 중요한 의미가 있다. 우리는 어떻게 해서든지 친구를 만나야 한다. 없다면 만들기라도 해야 한다.

아내와 딸을 잃고 외로운 삶을 연명해가던 네빌은 어느 날 길거리에서 놀라운 존재를 만난다. 깜짝 놀라 움직일 수조차 없다. '그는 멍하니 개만 바라보았다. 개는 꼬리를 다리 사이에 잔뜩 말아넣고 길 저편으로 절룩거리며 달아나버렸다. 살아 있다! 그것도 대낮에!' 그의 세계를 집어삼킨 악마의 병은 동물들도 용서하지 않았다. 감염된 쥐들은 삽시간에 병을 퍼뜨렸고, 개나 고양이조차 좀비가 되었다. 그런데 그때 네빌은 기적적으로 감염되지 않은 개 한 마리를 발견한 것이다. 갈색과 흰색이 어우러진 잡종 개는 '왼쪽 귀가 살짝 접혀 있었고 달리는 모습이 비쩍 마른 오리 새끼를 연상시켰다.' 그는 "도망가지 마"라며 모든 염원을 다해 소리지른다. 그러나 개는 그 소리에 놀라 달아날 뿐이다.(『나는 전설이다』, 117쪽)

다시 개가 나타난다. 굶주림 때문에 네빌의 집 근처로 다가온다. 하지만 그의 요새 안으로 들어올 생각은 하지 않는다. 냉정하던 네빌의 마음이 크게 흔들린다. 자신의 삶이 앞으로 30년, 아니 죽기로 퍼마시지 않으면 40년은 남아 있다는 사실을 자각한다. 그는 무슨 수를 써서라도 그 개를 구하기로 한다. 지구상 마지막 남은 고등생명체와 친구가 되기 위해 온갖 노력을 다한다. 우유와 햄버거 조각을 집 밖에 내놓고 그와 친해지기를 간절히 바라고, 밤사이 개가 좀비들을 피해 숨어 있을 법한 공간을 찾기 위해 애를 쓴다.

개 한 마리에 지구 전체의 운명이 달린 것처럼 애쓰는 이 남자의 모습이 우스꽝스러워 보이나? 『방드르디』의 로빈슨도 아주 흡사한 행동을 한다. 그는 표류 뒤 배에 남은 여러 물건을 수습하고 탈출선을 만들어가던 중 개를 만나게 된다. 그가 타고 왔던 버지니아호 갑판에서 당직 선원과 함께 있던 텐이었다. 그 역시 이 녀석을 보고선 감격해서 어쩔줄을 몰라한다.

> 로빈슨은 가슴이 뜨거워지는 듯한 감동을 받았다. 그는 몇 번이나 그의 이름을 부르면서 개에게로 몇 발자국을 다가갔다. 텐은 인간의 목소리와 손길과 존재에 대한 억누르지 못한 욕구를 본능적으로 나타내는 종류의 개였다. 그런데 그 개가 끙끙거리면서 등을 비꼬고 정신없이 꼬리를 흔들며 로빈슨에게 다가오지 않는 것은 이상한 일이었다.(『방드르디』, 38~39쪽)

개가 인간의 친구가 될 수 있는 이유는 그만큼의 공감 능력과 감수성을 가지고 있기 때문이다. 그런데 이 불운한 개들은 그 능력 때문에 그를 잡으려 애쓰는 저 고독한 남자들과 비슷한 고통을 맞게 된다. 텐은 아마도 조난의 공포, 주인의 죽음, 야생 상태의 두려움 등으로 인해 마음을 닫고 있었을 것이다.

그렇게 사라져버린 텐은 어느 날 갑자기 '우정과 사랑을 이기지 못한 채' 덤불 속에서 튀어와 로빈슨에게 달려온다. 원래 로빈슨은 개가 달아났던 이유가, 자신보다 더 빨리 야생화되었기 때문이라고 생각했다. 그런데 그제야 그것이 잘못된 생각이었다는 사실을 깨닫는다. 텐은 갑작스레 마주친 로빈슨의 사나운 표정과 어리둥절한 얼굴 때문에 달아났던 것이다. "개는 불행에 의하여 인간성을 상실하고 타락하고 구역질나게 되어버린 존재의 동반자가 아니라 인간의 자연스러운 동반자"(『방드르디』, 75쪽)다. 로빈슨이 개를 되찾을 수 있었던 것은 그 자신이 인간의 모습을 되찾았기 때문이다.

실용적인 면에서도 극한 상황에서 개 한 마리를 친구로 둔다는 것은 변변찮은 인간 친구를 두는 것보다 훨씬 유리하다. 외국의 추운 고장을 다니다 보면 노숙자들이 큰 개를 데리고 다니는 것을 어렵지 않게 볼 수 있다. 개는 추운 밤 함께 끌어안고 체온을 나눌 상대이기도 하고, 못된 공격자들로부터 주인을 지켜낼 수 있는 충복이기도 하다. 『세븐시즈』에서 홋카이도에서 해동되어 깨어난 겨울팀은 하나둘 추위와 맹수의 공격으로 죽어간다. 오직 하나 다카히로만이 살아남는데, 그가 다른 팀원을 만날 때까지 15년 이상 '지구 유일의 사람'으로 버틸 수 있었던 것은 두 마리의 늑대개와 그 자손들 덕분이었다. 다카히로는 상당 기간 두 마리 개를 자신의 죽은 친구인 것처럼 착각하며 살아가기도 한다.

이런 면에서 원조 로빈슨은 확실히 네빌보다 유리한 조건 속에 살아갔던 것 같다. 그에게는 '총애받는 신하'인 앵무새 폴, 늙은 개, 그리고 섬에서 새로 태어난 고양이 두 마리가 있었다. 그러나, 모두가 이런 동물 친구를 만날 행운을 누릴 수 있는 것은 아니다. 그렇다면 어떻게 해야 하나? 친구가 없다면 만들어야 한다.

〈캐스트 어웨이〉에서 삭막한 무인도에 표류한 척 놀랜드의 유일한 친구가 되어주는 것은 배구공 윌슨이다. 척이 배구공에 묻힌 핏자국이 마치 얼굴을 그려놓은 것 같은 모양이 되는데, 그는 이 배구공에게 이름을 지어주고 대화를 나눈다. 평소 만화 캐릭터를 좋아하고 자기가 가진 물건을 '우리 아이'라고 부르며 인격화하는 사람들은 이런 상황에서 그 능력을 써먹을 수도 있을 것 같다.

바깥에서 대용품을 만날 수 없다면 안에서 만들어볼까? 〈그의 나라〉에서 무인도에 떠내려온 소년은 햇빛에 한쪽 얼굴만 검붉게 타서 별명이 쌍판이다. 그는 이 외로운 섬에서 홍씨와 백씨라는 두 개의 자아로 나뉘어 대화를 나눈다. 홍씨는 활달한 행동파다. 기왕 표류된 것, 학교에 돌아가서 자랑할 무용담이라도 만들자고 한다. 반대로 백씨는 조용한 사색파다. 들고 온 성경책을 읽고 또 읽으며 생각에 잠긴다. 쌍판은 일조량에 따라 거의 홍 씨로 지낼 때도 있고, 백씨가 되어 틀어박힐 때가 있다. 여기에 그가 짝사랑하던 미술 선생님의 환영까지 나타나기 때문에 심심해 보이지는 않는다.

야수와 수도자

개나 앵무새, 혹은 배구공을 통해 고독을 이겨낼 수 있다는 생각은 낭만적으로 보인다. 자신의 분신을 만들어 즐겁게 대화를 나누며 하루하루를 보내는 사람은 정신분열을 의심해야 한다.

문명의 빛이 꺼지고 야만의 어둠이 닥쳐올 때, 누구든 공포를 느낄 수밖에 없다. 혼자, 또는 소수만이 남아 있다는 사실이 주는 중압감은 더욱 크다. 좀비 영화를 보면 가끔 드는 생각이 있다. 저렇게 죽을 고생을 하며 도망 다닐 바에야 차라리 그냥 일찌감치 좀비에게 몸을 허락해버리는 게 낫지 않나? 투항은 비겁해 보이지만 가장 편안한 선택일 수도 있다. 만약 투항하지 않으려면, 어떻게 해야 하나? 싸워야 한다.

『파리대왕』에서 잭을 중심으로 한 소년들은 힘을 합쳐 멧돼지를 사냥한다. 이것은 식량을 얻어냈다는 것뿐만 아니라, 그 야수로부터 스스로를 지켜냈다는 의미이기도 하다. 그들은 그 멧돼지로부터 공격당해 죽을 수도 있다는 공포를 이겨냈다. 그런데 이 과정을 통해 예상 못한 변화들이 소년들 속에서 생겨난다. 이들은 흥분한다. 사냥을 통해 얻어낸 고기만이 아니라 살육 자체가 그들을 매혹시킨다. 이 신출내기 사냥꾼 무리는 색깔 있는 흙을 얼굴에 바르며 모닥불 수변에서 춤을 추는데, 그것은 한편으로는 남태평양이나 아메리카 원주민의 제의를 흉내내는 것처럼 보이지만, 동시에 자신들이 죽인 그 야수의 모습을 재현하는 것이기도 하다. 랄프와 돼지로 대변되는 아이들이 과거의 문명에 대한 기대를 유지하고 있다면, 사냥꾼들은 마스크를 통해 그들 내부의 '야생'을 해방시킨다.

> 사냥은 자연과의 완전한 합일을 경험케 한다. …… 사냥꾼은 사냥감과 일치될 때까지 그의 사냥감을 모방한다. …… 사냥은 어떤 인간 사업(enterprise)보다도 더 깊고 심오하게 인간을 대지와 연결시켜 준다. 처음 얼핏 보기에는 역설적으로 보이지만, 그의 사냥감에 대한 사냥꾼의 느낌은 깊은 열정과 황홀과 존경으로 가득찬 것이다. …… 사냥꾼은 그가 죽이는 동물을 사랑한다.[†]

[† 랜들 이튼(Randall L. Eaton), 'The Hunter As Alert Man' 『다시 꾸며보는 세상: 생태 여성주의의 대두』, 206쪽에서 재인용]

오르테가 이 가세트를 비롯한 몇몇 남성 사상가들은 남자들의 본성 밑바닥에는 사냥에 대한 숭고한 본능이 있다고 말한다. 이 털 없는 원숭이는 털 달린 짐승을 쫓고 그것을 죽임으로써 자신이 원래 속해 있던 세계로 돌아가는 것이다. 사냥은 남자를 바꾼다. 그런데 어떤 종류의 사냥이냐에 따라 그 변신의 정도는 다르다. 문명이 유지된 상태에서 일회적인 레크리에이션을 위해 장전된 사냥총을 겨누는 것과 적대적 야수에 둘러싸여 자신의 생존을 위해 칼을 휘두르는 것은 전혀 다른 종류의 게임이다.

『드래곤헤드』에서 터널에 갇힌 소년들 중 테루는 비교적 침착하게 두려움을 이겨내려고 한다. 하지만 노부오는 점점 통제할 수 없는 공포에 휩싸인다. "텔레비전도 알지 약도 없어. 여기서는 사흘도 살아남을 수 없어." 그는 어둠의 공포 속에서 망상에 시달리더니 회중전등을 들고 시체를 피범벅이 되도록 두들긴다. 이후 어둠 속에 누군가가 있다는 두려움과 자신의 행위에 대한 자책이 중첩되고, 그는 자신이 속해 있던 문명으로부터 스스로를 지워나간다. 마치 정글 속에 사는 원시 부족—『파리대왕』의 사냥꾼들과도 흡사하다—처럼 몸에 문양을 그리고, 다른 생존자와의 대화를 단절하고, 심지어 살아남은 여학생 아코를 죽이려고까지 한다.

『파리대왕』의 사냥꾼들과 노부오의 외형은 서구인이 미지의 정글에 조난했을 때, 그 주변에 나타난 원시 부족의 이미지와 통한다. 나는 이들이 원주민의 모습을 흉내내는 것을 두고 문명의 옷을 벗고 야생으로 들어가는 행위라고 했는데, 실제 원주민들이 자신의 얼굴에 채색을 하고 몸을 도려내고 문신하는 것은 정반대의 의미라는 해석도 있다. 루이스 멈퍼드는 '가장 오래된 예술이 화장이며 신체 장식'이며, 그것은 '본래의 동물적 자아와는 시각적으로 다른 새로운 개성의 확립'이라고 한다.† 사냥꾼들과 노부오는 문화적 편견에 따라 '원주민=야생인'으로 인식했을 수 있고, 다른 한편으로는 자연 속에 있지만 그곳에서 살아갈 수 있는 존재로서 자신을 변신시킨 것일 수 있다.

† 『인간의 전환』 28쪽. 클로드 레비 스트로스는 브라질 카두베오 족의 귀족들은 '그들의 가문에 대등하는 문신이나 형판을 몸에 채색함으로써 그들의 서열 표시를 나타낸다'고 한다.(『슬픈 열대』, 356쪽)

적어도 이러한 외형의 변화가 그들 정신의 변화를 반영하는 것은 분명하다. 야생화된 소년들은 자신에게 닥쳐올 폭력을 이겨내기 위해 더 큰 폭력을 행사하고, 야만적인 행위를 한 자신을 돌아보지 않기 위해 더욱 야만적이 된다. 그들은 자신들과 함께하지 않는 소년들을 견딜 수가 없다. 그들은 문명의 안경을 낀 채 자신을 바라보는 자를 포섭하려고 하고, 그게 먹히지 않자 그들 위에 군림하는 공포를 만들고자 한다. 조난당한 문명인이 정글에서 만나는 식인종은 자연 혹은 야생과 합일되어 있는 존재다. 이들은 자신의 세계에 침입한 이성적인 존재를 굴복시키려 한다. 그 방법은 죽이고 먹어 흡수하는 것이다. 좀비가 다른 좀비를 물어뜯어 좀비로 만들어가는 과정과 매우 흡사하다. 사냥꾼들은 스스로 사냥을 통해 피를 보고, 그 피를 몸에 바르면서 이 야만의 세계에 편입되어 간다. 죽지 않고 먹히지 않고 그들과 일체화되는 방법이다.

그런데 이렇게 후천적으로 야성화된 존재들은 선천적인 야성의 존재들보다 더 폭력적이고 위악적이다. 프랜시스 코폴라 감독이 조지프 콘래드의 소설

『어둠의 심연』을 영화화한 〈지옥의 묵시록〉은 그 무대를 콩고 강에서 전쟁 중의 베트남으로 옮긴다. 거기에는 평화로운 이성의 세계를 넘어선 온갖 잔혹이 널려 있다. 대규모의 폭격이 이루어지는 상황에서 서핑을 하는 군인들, 융단폭격에 맞추어 바그너의 음악을 틀어놓는 악취미…… 그리고 그 정점은 주인공이 북베트남에서 캄보디아로 이어지는 정글의 강을 거슬러 올라가 만나게 되는 커크 상사에 있다. 그는 한때 유능한 지휘관이었지만 지금은 원주민들의 세계에서 왕으로 군림한다. 그는 자신의 실체 없는 권력을 유지하기 위해 권좌 주변에 학살된 시체를 늘어놓고 공포를 조장하는 위악의 조경 공사를 해놓고 있다. 『오즈의 마법사』의 오즈도 마찬가지다. 자신의 두려움을 지우기 위해 더 큰 공포를 형상화하라. 자신의 휴머니티를 지워야만, 이 세계에 혼자 살아남았다는 두려움을 없애버릴 수 있다.

『나는 전설이다』에 등장하는 새로운 인종들은 젊은 살인자들을 내보내 주변의 좀비들은 물론 살아남은 과거의 인간까지 무차별적으로 살해한다. 네빌은 그에 대해 항의한다. 그러자 새로운 인종의 파견자인 루스는 되묻는다. 당신 역시 그런 살인을 하지 않았냐고. 다시 네빌은 말한다. "하지만 그들이 죽일 때의 표정을 보아야 했어…… 쾌락, 쾌락 그 자체였어." 루스는 말한다. "당신 얼굴을 본 적이 있나요? 죽일 때 말이에요."(216쪽) 네빌은 회의한다. 심지어 자신을 둘러싸고 괴롭혀왔던, 특히 자신을 불러내며 시비를 걸어온 좀비—벤—에게 공감을 느낀다. 새로운 인류가 좀비들을 학살하는 모습에 화를 낸다. 그러나 이미 돌이킬 수 없는 상황이다. 괴물과 맞서 싸우다 괴물이 되어버렸으니. 이제 우리는 "열정 없이…… 판단하지 않고" 적들을 죽인다. 왜 "판단은 우리를 패배하게 만들기 때문이다."(『이방인, 신, 괴물』, 105쪽) 나는 이것을 극단적으로 도덕과 휴머니즘을 포기하는 전략, 야수의 전략이라고 부른다.

이것이 고독을 이겨낼 유일한 방법일까? 그 반대편에 또 다른 답이 있다. 나는 서바이벌에 대해 이야기하며 사람들에게 이런 질문을 던지곤 했다. '현실,

역사, 픽션 속의 인물들을 통틀어 극한의 생존 상황에서 가장 잘 적응할 사람은 누구일까?' 인디아나 존스, 라라 크로프트, 마스터 키튼을 비롯한 생존술의 전문가들을 언급하는 사람도 많았다. 그런데 뜻밖의 강력한 후보는 예수, 부처, 간디 같은 종교의 성자들이었다. 이들은 실제의 삶 속에서 파국에 버금가는 고난을 체험했고, 사람들을 이끌어갈 해답을 찾아냈다.

'폭력적인 야수'라는 카드의 대칭점에 '금욕의 수도자'가 있다. 고행을 자처하는 승려들의 삶은 서바이벌에 특화되어 있다. 그들은 생존 리얼리티 쇼에 등장하는 주인공들보다 훨씬 적은 영양분을 섭취하고, 온갖 문명의 이기를 거부하는 미니멀의 생존 체계를 유지하고 있다. 극한 상황에서 식량 자원을 최소한으로 소모하면서 가능한 오래도록 버티는 데 있어, 정기적으로 단식 수행을 하는 스님들만한 전문가들이 있을까?

이런 반론이 떠오른다. 만약 그와 같은 성자가 혼자 살아남았다면, 그들은 분명히 세상에 살아남은 또 다른 인간을 찾으려고 할 것이다. 저 바깥에서 고통받는 생존자가 있다면 그들은 결코 안전한 움막에 머무를 수 없을 것이다. 자신에게 닥쳐온 고통을 묵묵히 이겨내는 것은 좋지만, 그들이 자신들만의 생명을 최우선에 두지 않는다는 점은 위험요소가 된다.

그렇다면 제3의 모델을 생각해보자. 수도사처럼 금욕적이지만 자신의 안전과 생명을 최우선으로 여기는 이기적인 존재. 극한 상황에서의 온갖 유혹을 이겨내면서, 스스로를 지키기 위해 게으름 없이 노력할 수 있는 강한 의지의 소유자. 로빈슨 크루소가 딱 그런 인물이다. 그가 서바이벌 장르에서 가장 유명한 인물인 이유가 있었던 것이다.

허나 나는 회의한다. 과연 그의 전략은 올바른 것이었을까? 21세기에 대량 복제되고 있는 어떤 존재들을 바라보며, 나는 그들이 로빈슨의 셋줄이 아닐까 하는 강한 혐의를 품어본다. 결코 아름다운 존재들은 아니다.

광막한 사르가소의 두 흡혈귀

21세기의 두 번째 10년, 세계는 좀비 열풍에 휩싸여 있다. B급 호러의 싸구려 캐릭터로 여겨지던 썩은 내 나는 시체들이 전 세계 가장 번쩍거리는 거리를 배회하고 있는 것이다. 이들은 호러 영화 마니아들의 열렬한 숭배물, 병맛에 감염된 젊은이들의 낄낄거리는 악취미이자 월가를 점령한 시위대의 정치적 메타포이기도 하다. 2011년 미국 주간지 《더 위크》는 지난 10년 간 좀비를 통해 벌어들인 '좀비 경제'의 가치가 57억 4천만 달러에 이른다고 발표했다.(2011년 10월 27일자)

도대체 왜 이렇게 좀비가 극성일까? 1장에서 나는 좀비의 번성을 전염병에 대한 공포와 연관지어 이야기했다. 그러나 그것만으로는 부족하다. 과학 저술가 뉴위츠는 '전쟁'이나 '사회적 격변'의 공포가 좀비의 득세에 주요한 몫을 하고 있다고 주장한다. 스티븐 킹은 호러 장르에 대한 열광을 분석한 책 『죽음의 무도』에서 좀비 광풍의 원인을 〈새벽의 저주〉 오프닝 타이틀에 나오는 이슬람 신자들의 집단 예배 의식에서 찾는다. 9·11 사태 이후 만연한 '이데올로기와 종교적 열광에 따라 일어나는 자살 폭탄 테러'에 대한 공포가 좀비에 투영되었다는 것이다. 그에게 좀비는 '절대 포기를 모르는, 빠르게 움직이는 테러리스트'다.(『죽음의 무도』, 25쪽) 유효한 지적이다. 『나는 전설이다』의 영화판에 등장하는 좀비는 더 이상 꾸물럭거리는 시체가 아니다. 놀라운 반사 신경과 속도를 갖춘 강력한 병기다.

나는 이 장르의 폭발적 인기에 큰 기여를 하고 있는 좀비 게임 속에서도 어떤 힌트를 얻는다. 영화 〈레지던트 이블〉 시리즈는 게임을 원작으로 하고 있다. 주인공인 인조인간 소녀는 무차별적으로 번식하는 좀비들을 상대로 전투를 벌인다. 그런데 여기에서 유의할 점이 있다. 좀비와 인간 간의 폭력성의 초점이 달라져 있다. 그러니까 진정한 파괴자는 '빠르게 움직이는 테러리스트' 좀비가 아니라, 최신의 무기로 좀비들을 무차별적으로 처치하는 1인칭의 주인공일 수 있다는 것이다. 거기에는 나를 제외한 모두를 적으로 돌리고, 그들을 죽여버리고 싶은 욕망이 투영되어 있다. 스티븐 킹은 좀비의 원인을 이슬람 테러리스트가 아니라, 콜럼바인 고등학교, 노르웨이 우토야 섬, 〈다크나이트 라이즈〉 상영관으로 이어진 일련의 총기 난사 사건에서 찾아야 할지 모른다.

좀비 현상은 영화와 소설이라는 대중 문화의 클럽 안에서만 파티를 벌이고 있는 것이 아니다. 2000년대 초반 캘리포니아에서 시작된 '좀비 워크'는 호러 영화팬들이 좀비 분장을 하고 거리를 걸어다니는, 일종의 플래시 몹으로 시작되었다. 그런데 미국과 캐나다, 프랑스와 호주로 번져간 이 유행이 점차 정치적 주장이나 항의가 담긴 시위와 결합하기 시작했다. 월가를 점령하자는 시위대의 좀비 워크는 월가 은행이라는 좀비가 우리의 일상을 위협하고 있다는, 혹은 재정 위기가 수많은 좀비들을 양산해낸다는 주장을 담았다.《슬레이트》 매거진의 토리 보시는 불경기에 절망하는 화이트칼라 노동자들에게 좀비의 파국이 '재정적인 호러 쇼의 완벽한 재현'이라고 한다. 국가 경제가 거덜나고 통제력을 상실하면 법률가, 기자, 은행 투자자와 같은 기득권자들의 기술은 무용지물이 된다. 그들은 무기력한 살덩이 외에는 아무것도 없는, 좀비와 다름없는 신세로 추락할 것이다.(2011년 10월 25일자) 소멸의 불안감이 째깍째깍 그들 주위를 포위해 들어온다.

이렇게 좀비는 의학적 전염병이 아니라, 사회문화적 전염병으로 전 세계에 퍼져나가고 있다. 의학자들은 병원균의 정체를 밝히기 위해, 그것이 어디에서 태어났는지 그 시원을 찾아간다. 나 역시 이 괴물의 뿌리를 찾아야겠다.

좀비들은 카리브 해의 부두교 의식에서 태어났다. 아이티의 무당들은 주술을 통해 죽은 시체를 되살려내는 의식을 행한다. 실제로는 약물을 투입해 가사 상태로 만들어놓은 사람이 며칠 뒤에 깨어나 멍한 상태로 몸만 움직이게 되는 것 같은데, 그 영혼 없는 육신을 좀비라고 불렀다. 아이티에서는 부두, 서인도 제도의 다른 섬에서는 오바아로 부르기도 했다.

좀비는 살아 있는 듯 보이는 죽은 사람이거나, 죽었지만 살아 있는 것 같은 사람을 말한다…… 좀비들은 바람 속에서 울부짖는다. 그것이 그들의 목소리다. 좀비는 바다를 통해 화를 발산한다. 그것이 바로 그들의 분노이다[†]

[†] 〈서인도제도의 번쩍이는 왕관〉에서. 『광막한 사르가소 바다』, 137쪽에서 재인용

공교롭게도 좀비들의 고향은 로빈슨 크루소가 표류한 바다다. 로빈슨이 가장 무서워하는 것은 카리브 해의 원주민, 그러니까 그가 '식인종'이라 부르는 존재다. 식인종이란 무엇인가? 내 집 바깥에서 무리를 지어 괴성을 지르고, 밤사이 울타리를 넘어들어와 나의 살을 뜯어먹으려는 존재. 인간의 형체를 가지고 있지만 세례를 받지 못해 야만의 영역 속에 있는 존재. 묘하게도 좀비와 겹쳐지지 않는가?

다시 아이티와 로빈슨의 섬에서 멀지 않은 바다, 진 리스의 소설 『광막한 사르가소 바다』로 가보자. 이 소설은 샬롯 브론테의 고딕 소설 『제인 에어』에서 로체스터의 미친 첫째 부인으로 나오는 '버사'의 처녀 시절을 중심으로 새로운 이야기를 전하고 있다. 소설의 주인공인 앙투아네트(버사의 처녀적 이름)는 작가 진 리스의 태생과도 흡사한데, 카리브 해 식민지에서 태어난 백인 여성이다. 혼혈이 아니라 백인 부부 사이에서 태어난 딸이지만, 열대의 섬에서 태어났다는 사실만으로 본토 출신들에게 '크레올'로 불리며 위험한 혈통으로 간주된다. 그녀의 더 큰 곤궁은 자신이 다른 백인들과 같은 부유한 플랜테이션 농장주가 아니라는 사실이다. 신분은 애매한 귀족 같은 처지이지만, 실제로는 거의 굶어죽기 직전의 극빈 상태. 흑인들은 그녀를 두고 '하얀 바퀴벌레'라 부르고, 백인들은 '하얀 니그로'라고 부른다. 어느 쪽에서든 그녀는 있으면서도 있지 않은 존재, 그래서 불쾌감과 적대감을 만들어내는 요소다.

원주민들은 처음 유럽인들이 왔을 때 그들을 신이라 여겼다. 거대한 배를 타고 와서 해안가에 정박하더니 말이라는 희한한 짐승에 올라타고 뚜벅뚜벅

달려온 그들. 원주민들은 두려움 속에서 환영의 꽃을 전달했다. 그러나 돌아온 것은 총탄과 강간이었다. 신은 신이되 두려운 신, 절대적인 힘을 가지고 있지만 자신들을 자상히 보살펴주는 신이 아니라 괴롭히고 학대하는 신이다. 신은 원주민들을 낯선 섬에 끌고 가 고된 노예로 만들었다.

신이 강력하고 전능해 보일 때는 감히 대들지 못한다. 그러나 그들이 위태한 외곽에 처해 있다는 생각이 들 때는 과감히 공격한다. 이제 그 희생양은 앙투아네트 가족이다. 원주민들은 이 이질적인 존재에 대한 불안감을 견디지 못하고, 폭도가 되어 돌을 던지고 집에 불을 지른다. 앙투아네트의 눈에 그들의 모습은 이렇게 비친다.

폭도들의 수가 어찌나 많은지 사람들 사이로 나무도 풀도 보이지 않았다. 강가에 사는 사람들이 많은 모양이지만 내가 알아볼 수 있는 얼굴은 없었다. 그들의 얼굴은 모두 똑같아 보였다. 눈은 번뜩이고 소리를 지르려고 입을 반쯤 벌린 똑같은 표정의 얼굴들이 연속적으로 반복하여 나타나는 것 같았다. (『광막한 사르가소 바다』, 58쪽)

나는 이 묘사에서 좀비 영화에 떼로 등장하는 그 의식 없는 얼굴들을 떠올린다.

다시 배를 타고 사르가소 바다를 거슬러 북쪽으로 가자. 거기 크레올들이 재즈 음악을 만들어낸 뉴올리언스가 있다. 흔히 좀비 장르는 1929년 저널리스트 윌리엄 시브룩이 소설 『매직 아일랜드』를 통해 아이티의 부두교 의식을 소개하면서부터 시작되었다고 한다. 하지만 그 훨씬 이전부터 이곳은 좀비들이 낯설지 않은 땅이었고, 그 역사는 지금까지도 찬연히 이어져온다. 프렌치쿼터 곳곳에는 각종 부두 숍이 번성하고 있고, 왁스 뮤지엄에는 콩고인들의 부두교 의식이 재현되어 있으며, 부두의 여왕이 묻혀 있는 묘지에는 여행객들의 발길이 끊이지 않는다.

뉴올리언스는 프랑스 중심의 유럽 백인들, 아프리카와 카리브 출신의 흑인들, 그리고 그들 사이의 혼혈인 크레올들이 뒤엉켜 지내던 곳이었다. 검은 좀비가 하얀 뱀파이어를 만나는 것도 자연스러운 일이었다. 앤 라이스의 소설 『뱀파이어와의 인터뷰』가 바로 그 이야기다. 1791년 프랑스 혈통의 루이는 뉴올리언스의 플랜테이션에서 젊은 농장주로 살아가고 있다. 그는 형제의 죽음으로 삶에 대한 희망을 잃어가던 중 뱀파이어 레스타트의 공격을 받고 그 역시 흡혈귀가 된다. 이후 레스타트가 루이의 농장으로 들어오고 둘의 동거 생활이 이어진다. 이때 곤란한 문제가 등장한다. 루이가 사람을 죽이는 일만은 피하고 짐승의 피로 버티려 애쓰는 반면, 레스타트는 게걸스럽게 흑인 노예들을 희생양으로 삼아 피를 빨아먹는다. 노예들은 연이은 실종 사건의 범인을 밝혀내고, 이 괴물들을 처치하기 위해 무기를 들고 저택을 포위해온다. 다시 이 장면은 『광막한 사르가소 바다』의 흑인 폭동과 겹쳐진다. 그런데 여기에서 공격을 당하는 백인의 실체는 가엾은 희생양이 아니다. 정말로 공격받아 마땅한 흡혈 괴물들인 것이다.

나는 여기에서 서로 마주보고 있는 두 가지 이미지를 본다. 하나, 백인들이 바라보는 '이성을 잃고 분노해 달려드는 흑인 노예들의 집단─좀비'. 둘, 흑인들이 바라보는 '은밀히 다가와 피를 빨아먹는 백인 농장주─뱀파이어'. 둘은 서로 닮았으면서 대조적이다. 둘은 모두 죽지 않는 존재, 혹은 죽지 못하는 존재다. 그러나 뱀파이어가 영원한 젊음과 절대적 미를 지니고 있다면, 좀비는 썩어 문드러진 피부에 악취를 풍기고 다니는 추악함의 대명사다. 둘은 모두 살아 있는 인간의 피나 육체를 먹지 않으면 안 되는 존재다. 그러나 좀비가 그저 욕망만이 남은 집단 무의식의 무리라면, 뱀파이어는 고고한 고독 속에 사는 지나친 자의식의 존재다. 실제 백인과 흑인이 그렇다는 게 아니다. 『뱀파이어와의 인터뷰』에서 흑인 노예들의 폭동은 너무나 합리적이다. 무당의 조종을 받거나 무의식에 의해 폭력을 행사한 것이 아니라, 그들 가족을 몰래 잡아먹는 식인종을 잡아 없애려는 행동이다. 그러나 지배층인 백인들은 이렇게 양쪽의 이미지를 만들어놓았다.

좀비는 거울을 보지 않는다

한국에서도 2000년대 초반부터 할로윈 파티가 유행하고 서서히 좀비 마니아들이 생겨났다. 좀비 영화나 드라마의 팬층도 두껍게 쌓여갔다. 이어 직접 창작을 통해 이 테마를 재생산하는 움직임도 빈번해졌다. 김중혁의 『좀비들』, 이경석의 『좀비의 시간』, 강풀의 『당신의 모든 순간』, 주동근의 〈지금 우리 학교는〉 등 좀비를 테마로 한 소설과 만화들이 줄을 잇고 있다. 황금가지 출판사는 'ZA(Zombie Apocalypse) 문학 공모전'을 통해 좀비를 테마로 한 작품들만을 모아 발표했다. 옴니버스 영화 〈이웃집 좀비〉 등 좀비를 소재로 한 영화들이 선을 보였고, 지상파 채널인 MBC에서까지 〈나는 살아 있다〉라는 좀비 드라마를 방영했다.

전통적으로 좀비는 카리브 해와 북아메리카, 혹은 그곳에 식민지를 두었던 유럽인의 공포다. 그런데 왜 21세기의 한국인들까지 그 좀비들의 파티에 열렬히 동참하는 걸까? 단지 미국, 영국 등 서구의 인기 드라마나 영화의 세계관에 감염된 때문일까? 아니면 밤마다 컴퓨터 게임 속에서 좀비들을 학살해온 기쁨 때문인가?

서구인들이 좀비 속에 투영한 불안과 공포는 이 시대 한국인들의 마음속까지 관통하고 있다. 우리는 즐비한 고층 빌딩 아래 최신 정보 기술의 혜택을 누리고 있지만, 언제든지 이 평온함이 붕괴될 수 있다는 가능성을 감지한다. 괴물은 결코 거대하지 않다. 나와 똑같은 체형에 인간의 얼굴을 하고 있다. 방금 전까지 문 밖에서 대화를 나누던 평범한 이웃 사람이 다시 문을 두드릴 때는 뾰족한 이빨을 내밀고 달려들 수 있다는 두려움. 이어 나 자신이 저 의식 없는 괴물의 대열에 끼어 괴성을 지르며 거리를 기어다닐지도 모른다는 공포.

좀비 장르는 번식하고 진화해간다. 최근의 작품들에서 좀비들은 점차 고차원적인 두뇌를 사용하더니 인격을 갖추기까지 한다. 페이크 다큐멘터리인 〈아메리칸 좀비〉에서는 살이 썩어문드러지고 시체를 먹고 싶어하는 특이한 병에 걸린 인간 정도로 묘사된다. 그들은 전통적인 좀비들처럼 무작정 인간을 공격하지 않는다. 상태가 양호한 경우엔 자각적 의식을 가지고 인간 사회에 동화되어 살아가고자 한다. 채식을 하며 인간보다 더 인간적으로 살아가려는 좀비도 있다. 좀비 학자는 '고대에 반역 후 사라진 노예가 좀비의 시초'라며 그들이 오랫동안 인간과 공존하며 살아왔음을 주장한다. 좀비는 이민자, 게이, 에이즈 보균자들처럼 다수의 편견에 의해 희생당하는 소수자다. 좀비들의 인권을 위해 싸우는 단체도 등장한다.

영화 속에서는 감독 두 명이 등장해 서로 다른 카메라의 시선을 보여준다. 이것은 좀비 현상에 대한 다양한 해석을 가능하게 해준다. 특히 나를 사로잡은 한 장면이 있었다. 촬영팀이 어느 좀비 중년 여성의 집을 방문했을 때, 누군가 저 너머에서 거실 벽을 쾅쾅 두드린다. 누굴까? 이 좀비가 잡아둔 사람이 살려달라고 발버둥치는 걸까? 아니면 이 여성의 가족 중 하나가 아주 상태가 나쁜 좀비로 변해버려 몰래 숨겨둔 걸까? 그녀는 말한다. "옆집에 사는 시끄러운 사람"이라고.

나는 피식하고 웃다가, 얼굴이 굳어졌다. 그렇다. 그것이 가장 진실에 가깝다. 좀비는 '옆집에 사는 시끄러운 세입자'다. 내게 껄끄럽게 굴지만 결코 얼굴을 마주치고 싶지도, 감정을 교류하고 싶지도 않은 타자—그들이 곧 좀비다.

좀비 영화 속의 주인공은 이런 눈으로 세상을 바라본다. 나를 제외한 이 세계의 인간들은 모두 좀비다. 그들은 어떤 병에 감염되었다. 병의 정체는 알 수 없다. 어떤 '설명'은 존재하지만 결국엔 해결되지 않을 것이다. 급속도로 불어가는 좀비들의 무리 속에 한때 내가 사랑했던 가족도 친구도 흡수되어버렸다.

그들은 오직 탐욕만이 남은 눈으로 먹잇감을 찾아 헤맨다. 밤낮 미친듯이 공부하며 스펙을 쌓고 있는 학생들, 부동산 투자의 막차라도 타려고 몰려다니는 중산층, 미국 소를 먹으면 광우병에 걸린다고 촛불을 들고 나와 있는 여고생들, 지하철 경로석을 장악한 채 종북좌경 세력이 이 나라를 망친다고 소리 지르는 노인들…… 나는 이들 무리가 무섭다. 이들은 인간의 외모를 하고 있지만 인간이 아니다. 다른 모든 이를 자신과 같은 개성 없는 모습으로 만들어야 안심한다. 그들은 좀비다.

나는 얼른 방으로 뛰어들어가 문을 닫는다. 바깥에서 목소리가 들린다. "어이 거기서 뭐해? 밖으로 나와서 이야기하자고." "그 좁은 곳에서 뭘하고 있는 거야? 햇볕 좀 쬐라고. 바보야." 나는 그 유혹을 떨치기 위해 문을 꽁꽁 닫아건다. 그때 익숙한 목소리가 들린다. "철수야. 엄마야. 문 좀 열어봐." "이놈의 자식. 너 학교도 안 가고, 직장도 안 가고 거기서 뭐하니?" 그들이 누군가를 데리고 왔다. "이봐요. 당신은 병에 걸렸어요. 빨리 치료를 받아야 해요." 바깥의 그들은 문을 쾅쾅 두드린다. 역시 좀비들이었어. 나는 더욱 꽁꽁 문을 닫는다. 어떻게 해야 하나? 나는 그들과 싸워 이기지 못한다. 숨을 죽이자. 조용히 존재하지 않는 것처럼.

나는 인형이 아니에요. 일종의 유령이죠. (『광막한 사르가소 바다』, 13쪽)

『광막한 사르가소 바다』의 앙투아네트는 결혼을 해 영국으로 건너간다. 그렇다면 이제 그녀는 '하얀 바퀴벌레'의 껍질을 벗고 안식을 찾게 될까? 아니, 이곳은 너무 춥다. 따뜻한 고향의 바다가 아니다. 그녀는 두꺼운 문 안으로 들어가 담요를 몇 겹으로 덮어쓴다. 서서히 저택 어딘가에 살고 있으나 아무도 모른 척하는 존재가 된다.……『제인 에어』를 두렵게 만드는 버사. 오직 그 방 안에서만 살아야 하는 집안의 골칫거리. 다락방의 광녀.[†]

† 『다락방의 미친 여자(Madwoman in the Attic)』 산드라 M. 길버트(Sandra M. Gilbert)와 수전 구버(Susan Gubar)가 쓴 여성문학 비평서의 제목. 샬롯 브론테와 같은 여성 작가들이 가부장 구조를 파괴하려는 충동을 여주인공이 아닌 미친 여자에 투사함으로써 가부장 사회의 구속을 수용하려는 욕망과 그것을 거부하려는 욕망의 분열을 극화시켰다고 보았다.

21세기의 나도 유령이 되는 병에 걸렸다. 학교에서는 공공연히 왕따를 당했고, 새로운 인생을 살려고 들어간 해병대에선 기수열외를 당했고, 직장에선 그 소문이 퍼져 은따가 되었다. 그래서 나는 집안에 있는 작은 방으로 숨어들어왔는데, 이제 부모도 나를 유령처럼 여기고 문 밖에 밥—일종의 제삿밥—을 가져다 놓고 사라진다. 나는 숨죽이며 있다가 그들이 바깥으로 나간 뒤에야 거실로 나간다. 고통스러운 것은 사실이다. 그러나 살아남기 위해서는 어쩔 수 없다. 나는 은둔형 외톨이라는 이름의 유령이니까.

은둔형 외톨이—골방의 표류자

카리브 해의 상어와 식인종에 쫓겨 허우적대던 로빈슨 크루소, 좀비와 인간 사냥꾼들에게 뒷덜미를 잡힐 위기에 처한 네빌…… 나는 그들처럼 무언가에 쫓겨 정신없이 달아났다. 그러고선 겨우 어느 건물 안으로 뛰어들어온 뒤 문을 닫았다. 자물쇠란 자물쇠는 꽁꽁 걸어 잠그고, 힘으로 움직일 수 있는 모든 가구로 문 앞을 막았다. 헐떡헐떡 숨을 몰아쉬며 주변을 둘러본다. 여기는 어디인가?

바닥에는 과자 봉지와 컵라면 그릇이 가득 차 있고, 더러운 담요 속에 겨우 머리를 내민 책상에는 컴퓨터가 놓여 있다. 벽에는 여자 아이돌의 사진이 붙어 있지만, 이미 형체를 알아먹을 수 없을 정도로 낙서가 되어 있다. 벽과 문에는 머리와 주먹으로 자해하며 때린 듯 움푹 패인 흔적과 핏자국이 가득하다. 작은 유리창은 덕지덕지 몇 겹의 커튼과 종이가 붙어 빛 한 톨 들어오지 않는다. 방 안 가득 정체를 알 수 없는 고약한 냄새가 채워져 있다. 기체조차 빠져나갈 틈이 없다. 그래 이곳은 은둔형 외톨이의 방이다.

잠시 잘못 찾아온 것이 아닌가…… 그런 생각도 했다. 아니다. 내가 식인종들에게 쫓겨 기진맥진해 숨을 몰아쉬던 동굴, 좀비들로부터 달아나 숨어 있던 쓰레기 트럭 안과 이 방은 너무나 흡사하다. 나는 은둔형 외톨이란 결국 타인이라는 괴물로부터 달아나 자신의 골방이라는 섬에 표류한 자라는 사실을 깨닫는다.

로빈슨 크루소에게 물어보자. "당신을 섬으로 데리고 간 것은 분명히 불운의 풍랑이었습니다. 그러나 당신을 그 안에 홀로 갇힌 고독의 존재로 만든 건 무엇입니까?" 그는 말한다. "무슨 소리야? 달아날 수가 없었잖아. 그 섬은 바다와 상어로 둘러싸여 있었고, 거기에 사람은 하나도 살고 있지 않았다고." 나는 다시 묻는다. "당신은 왜 그 섬에 찾아올 가능성이 있는 모든 사람들을 두려워했나요? 해적은 그렇다고 쳐요. 당신이 식인종이라 단정한 원주민들을 굳이 그렇게 배척할 필요가 있었나요? 물론 당신 시대의 유럽인들이 대부분 그렇게 생각했다는 건 알아요. 하지만, 그 시대에도 타이티의 원주민들과 다정하게 삶을 꾸려가던 선원들도 있었잖아요. 그리고 당신은 그 섬에 찾아올 사람들이 당신 편이 될 수 있다는 가능성을 극단적으로 배제했어요. 당신 섬에는 다른 표류자나 영국의 해군이 찾아올 수도 있었고 실제로도 그랬잖아요. 그러나 당신은 일단 그들 모두를 배척했어요. 그래도 훌륭하게 혼자 잘 살아남았다고 자랑하고 싶은가요? 어쩌면 당신은 카리브 해로 달아난 은둔형 외톨이에 불과했을지도 몰라요."

우리의 용맹하고 유능한 주인공 로빈슨 크루소를 은둔형 외톨이로 폄훼했다고 항의하는 독자들이 적지 않을 것이라 생각한다. 가장 강력한 반문은 이것이리라. '적어도 그는 은둔형 외톨이처럼 부모에게 기생하지는 않는다. 자급자족하며 경제적으로 완전히 독립해 있지 않나?'

좋다. 이제 은둔형 외톨이의 시선으로 나의 '방'을 하나의 독립적인 생존 공간인 '섬'으로 생각해보자.

〈김씨 표류기〉의 소녀는 상당히 중증인 은둔형 외톨이다. 가족과의 교류가 전혀 없고, 온종일 자기 방에 처박혀 있다. 편의점에 가서 물건을 사오는 정도의 외출도 하지 않는다. 그렇다면 소녀는 어떻게 식량과 식수를 구하는가? 가족들이 모두 집 밖으로 나가고 인기척이 없는 때를 기다린 뒤 안전하다고 판단이 되면 겹겹이 잠가놓은 열쇠를 따고 문을 연다. 어머니가 차려놓은 밥상에서 얼른 몇 가지를 챙겨 방으로 돌아온다.

지극히 의존적인 생존 방식이다. 그런데 이렇게 생각할 수는 없을까? 소녀가 갇히게 된 섬에는 천연의 샘(정수기)과 야자수(냉장고)가 있다. 개울에는 운 좋게도 바로 건져내서 먹을 수 있는 물고기가 널려 있다(밥상). 평소에는 사나운 짐승(가족)이 근처를 배회해서 피해야 하지만, 그들이 사라진 틈을 타서 그것을 채집해 먹는 것이다. 소녀의 어머니는 분명히 소녀를 위해 생산적인 노동을 대신하고 있다. 그러나 그것은 어머니의 입장이다. 소녀의 입장에서 어머니는 정서적 교류가 전혀 이루어지지 않는 존재, 그러니까 자연 현상일 뿐이다. 가끔 그 짐승이 식량을 미끼로 자신의 삶에 개입하려 한다. 문을 열려고 한다. 그때는 괴성을 지르며 쫓아내야 한다. 내가 짐승들보다 약한 건 알고 있다. 그러나 소리를 질러 겁을 주면 그들은 물러난다.

그래, 궤변이다. 소녀의 삶이 자기 완결적이라 말할 수 없다. 나도 인정한다. 그러나 소녀 자신의 입장에서는 이것은 완벽하게 기능하는 고독자의 생존 조건이다. 소녀는 솔직히 이 방을 나서기가 죽기보다 싫다. 문을 여는 것조차 대단한 용기를 필요로 한다. 그래도 먹고 살기 위해 문을 연다. 그녀는 매일 그 어려움을 이겨내고 힘겹게 생존하고 있는 것이다.

은둔형 좀비 학살자

돌이켜보면 인류 역사의 어느 시대 어느 사회에서나 그처럼 '갇힌 인간'의 생존 양식은 존재해왔다. 신체나 정신 장애를 가진 많은 사람들은 안전상의 문제, 혹은 단지 부끄럽다는 이유로 부모에 의해 구금되었다. 그러나 원래 정상적인 사회 생활을 하던 사람들이 갑자기 방으로 숨어들고, 가족조차 접근하지 못하도록 하는 현상이 대규모로 벌어진 것은 비교적 최근의 일이다.

1970년대 일본에서 등교 거부자들이 대거 등장한다. 그리고 1990년대 중반 '히키코모리(ひきこもり)'라는 신조어가 나온다. 학교와 사회, 심지어 가족과의 관계까지 단절한 채 방 안에만 틀어박혀 사는 사람들을 일컫는다. 일본 후생성은 2001년부터 6개월 이상 이러한 증상을 보이는 사람들을 히키코모리로 분류하게 되었는데, 보통 3~4년, 심할 경우에는 10년 이상 방안에 갇혀 지낸다고 한다. 일본 복지 네트워크에 따르면 2005년 일본에 히키코모리는 160만 명 이상 존재한다고 한다. 인구 100명당 1명꼴이다. 한국에서도 은둔형 외톨이의 문제가 급속히 대두되었지만, 일본처럼 섬세한 집계는 이루어지지 않고 있다. 그러나 일본과 비슷한 형태로 학교에 적응하지 못해 등교를 거부하는 청소년들이 크게 증가하는 데서 위험을 예견할 수 있다. 정신과 전문의 여인중 박사는 "현재 학교를 가지 않는 학생 1만 명 정도가 은둔형 외톨이의 전조 증상을 보이고 있다."고 말한다.†

등교 거부와 히키코모리 현상이 처음 본격화되던 1970년대에는 이를 개인과 가족의 문제로 치부했다. 이런 시선들은 아직도 강하게 남아 있는데, 아이들을 적극적으로 밖으로 꺼내주지 않고 응석을 받아준 부모들의 책임이 무엇보다 중하다는 주장이다. 부모들이 주변의 시선을 의식해 이들의 존재를 숨겨둔 것도 사실이다. 그런데 문제는 이렇게 봉합되지 않았다. 이들의 억눌린 감정이 점차 폭력성을 띠게 되고, 급기야 집 밖으로 나가 극단적인 범죄를 저지르기 시작한 것이다. 1990년대 히키코모리, 오다쿠 등의 용어가 생겨난 것도 이들의 범죄적 병리 현상에 대한 공포에 기인했다. 이 끔찍한 문제는 머지않아 바다를 건너왔다.

† KBS 2TV 〈추적 60분〉 2005년 4월 13일자

2008년 10월 20일 서울 논현동 고시원에서 거주하던 정모 씨가 건물에 방화를 한 뒤, 뛰쳐나오는 사람들을 무차별적으로 찔러 살해한 사건이 발생했다. 살해당한 사람들의 다수는 주변 식당에서 일하는 여성들이었고, 정씨와는 별다른 교류가 없는 사람들이었다. 그로부터 두 달 전인 8월 15일 서울 홍제동 초등학교 앞에서는 김모 씨가 길을 가던 행인을 흉기로 찔러 숨지게 했다. 두 사람은 전혀 안면이 없는 사이였다. 다시 한 달을 거슬러 올라가 7월 22일, 강원도 동해시청 민원실에 한 남자가 뛰어들어와 별다른 이유 없이 공무원 1명을 살해했다. 역시 자신의 불만을 토로하기 위해 극단적인 수단을 사용한 '묻지마 살인'이었다.

  연이은 '묻지마 살인'을 접한 경찰은 그들의 살해 동기와 주변 환경을 조사했다. 정씨는 일정한 주거와 직업 없이 고시원을 전전하며 주위 사람들과 거의 교류가 없는 생활을 해왔고, 다른 살인범들도 비슷한 상황이었다. 이어 언론은 이 사건들을 일본에서 연이어 벌어지고 있던 비슷한 형태의 무차별적 살인과 연관시키며, 이 잔혹한 범행들이 운둔형 외톨이에 의해 벌어진 것이라는 공통점을 도출시켰다. 사회는 물론 가족들과도 거의 교류 없이 자신의 골방에 처박혀 살고 있던 사람들이 자신의 고독감과 불만을 표출할 기회를 잃고, 결국 무차별적인 살인을 저지르게 되었다는 것이다.

  이제 은둔형 외톨이는 청소년기에 국한된 문제로 보아서는 안 된다. 십수년간 집안에 처박혀 있는 장기 은둔자들도 문제이지만, 최근에는 대학을 졸업한 뒤에 사회에 적응하지 못한 20대의 청년 무업자들의 일부가 이와 유사한 생활 패턴을 보이고 있다. 2011년 한국의 청년 무업자는 95만 명에 이른다.[†] 이들의 90%에 달하는 사람들이 '취업 비희망자'로 분류되고 있다. 이러한 상황은 청년들이 무력감 속에서 사회와 단절된 생활을 하고, 은둔형 외톨이의 생활로 접어드는 단초가 된다. 이들 중 가족으로부터 달아난 사람들은 주로 고시촌 생활을 한다. 2008년 일본의 히키

† 《동아일보》 2011년 10월 15일자

코모리 관련 NGO가 국내를 방문해 노량진 고시촌을 둘러보며, 한국 역시 히키코모리 문제가 만만치 않을 것이라는 의견을 내놓았다. 그 의견은 너무나 적확했다.

〈나는 전설이다〉에서 네빌의 문 밖에는 언제나 자신을 노려보며 잡아먹으려는 좀비들이 가득하다. 그들 중에는 한때 자신의 직장동료였던 자도 있다. 그는 네빌의 이름을 부르며 빨리 나오라고 한다. 그는 그 소리를 듣는 것이 죽도록 싫다. 나는 은둔형 외톨이들이 마치 네빌처럼 세상을 바라보고 있다고 생각한다. 이 세계의 유일한 진짜 사람인 나는 좁은 방에 갇혀 있다. 바깥에는 인간과 비슷한 누군가들이 있다. 그러나 나는 그들과 교류할 수 없고, 대화를 나눌 수 없고, 친구가 될 수 없다. 그들은 한때 인간이었지만 지금은 영혼을 빼앗긴 채 나를 잡아먹지 못해 안달하는 좀비들이다. 나는 살아남기 위해 문과 창을 막고, 마치 이 안에 아무도 없는 것처럼 숨죽이고 있어야 한다. 그러나 이곳은 너무나 좁다. 내가 왜 여기에 갇혀 있어야 하나? 서서히 분노가 솟아오른다. 저 더러운 미친 새끼들 때문이다. 그래 너희들이 날 죽이겠다고? 웃기는 소리. 내가 먼저 너희를 죽여주지. 그러고선 집 밖으로 튀어나간다. 눈앞에 보이는 모든 생명체들을 닥치는 대로 처치한다.

2011년 12월 대구에서 친구들의 따돌림과 폭행으로 고통받던 중학생이 스스로 목숨을 끊었다. 이어 우리 사회의 학교 내 폭력이 훨씬 어린 세대에 광범위하게 퍼졌다는 사실이 속속들이 드러나고 있다. 사람들이 가장 받아들이기 어려웠던 것은 가해 소년들이 자신들의 행동을 그저 장난으로 여기고 아무 죄책감을 느끼지 않았다는 것이다. 그들은 공감의 능력을 상실했고, 이것을 하나의 게임으로 인식했을 수도 있다. 피해자를 괴롭히면서 모종의 쾌락을 얻으면서 점점 강도를 더해갔다.

식인종은 로빈슨의 거울이고, 좀비는 자폐적 인류의 거울이다. 가해 학생과 그로부터 공격받고 방에 숨어든 학생들 역시 서로의 거울이다. 이들은 상대를 '같은 종류의 사람'으로서 대하지 않는다. 서로 두려움 속에 상대를 보기만 해도 죽여 없애야 한다고 여긴다. 로빈슨이 식인종의 발자국을 보고 잠을 못 이룰 정도로 불안에 떨었다고 했던가? 프라이데이가 로빈슨에게 붙잡힌 뒤 느낀 공포만큼은 아니었을 것이다. 네빌은 자기 집 문을 부수고 들어오는 좀비들을 두려워했다. 그러나 정작 단말마의 비명을 내지르며 총탄에 쓰러져 간 것은 좀비들이었다.

반복적인 가해 행동을 하는 사람들의 뇌를 MRI로 촬영하면 공감을 관장하는 전두엽에 큰 변화가 일어나 있다고 한다. 고통받거나 슬퍼하는 사람의 모습을 보아도 반응하지 않는 것이다. 반복적으로 가해를 당한 아이들 역시 마찬가지다. 타인을 신뢰하지 못하고 공감의 감정을 상실해가고, 결국 방 안에 자신을 가둔다.

60억 명의 지구 최후의 인간

이렇게 자기 방 안에, 자기 마음속에 스스로를 가둔 사람이 60억 명이 된다. 그렇다면 이 행성은 '지구 최후의 인간' 60억 명이 가득 찬 곳이 된다. 그들은 어떤 창문으로 가끔씩 바깥을 내다본다. 그러자 서로 놀라 뒤로 몸을 뺀다. 질겁을 하고 으르렁대며 무기를 찾는다. 그 창문의 양쪽에는 이런 존재들이 서로 마주 서 있다.

나 – 좀비
로빈슨 크루소 – 식인종
앙투아네트 – 폭동 노예
레스타트(뱀파이어와의 인터뷰) – 폭동 노예
버사 – 제인 에어

은둔형 외톨이 - 학교 폭력의 가해자
옆집의 까다로운 세입자 - 옆집의 시끄러운 세입자

무인도 표류자의 바다 바깥에 식인종이 있고, 고립된 나의 골방 바깥에 좀비가 있다. 그들은 서로 상대를 불안해하고 극히 위험한 타자로 인식하고 있다. 저들을 없애지 않으면 잠을 잘 수가 없는 것이다. 그런데 사실 그들 사이에 있는 것은 유리가 아니라 거울이었다. 그들은 '이해할 수 없는 타자'를 두고 좀비라고 했으나, 그들 자신 역시 그 타자로부터 '좀비'로 인식된다. 좌빨촛불 시위꾼이라는 좀비, 수구꼴통이라는 좀비, 군바리라는 좀비, 개독이라는 좀비…… 그들은 무리를 지어다니며 사람들을 공격한다. 때론 일진이라는 이름으로, 때론 키보드워리어라는 이름으로, 때론 팬덤이라는 이름으로…… 그리고 상대를 자신과 같은 무리가 되도록 만들든지, 아니면 파괴시켜버린다. 왜 그럴까? 배가 고파서다. 마음의 배가 고파서, 불안하고 불쾌해서다. 이질적인 요소를 문질러 없애지 않으면 잠이 오지 않아서다.

그런 무리가 되지 못한 나는 혼자 숨는다. 지구상의 바보들은 언젠가 서로를 물어뜯고 멸종할 것임을 알기에, 미리 이 은신처에 숨어든 것이다. 나는 지구 최후의 나다.

영화 〈좀비랜드〉의 주인공은 좀비가 출현하기 전에는 은둔형 외톨이처럼 살아왔던 청년이다. 그는 이런 말을 한다.

"내가 가진 장점은 좀비들이 나타나기 전에 그들을 좀비처럼 여겼다는 거죠."

5

이 깜깜한 마피아 게임의 탈출구는 어디인가?
—공존의 배

해변에 찍혀 있는 사람의 맨발 자국을 본 나는 소스라치게 놀랐다. 모래밭에 난 발자국은 너무나 선명했다. 나는 마치 벼락에라도 맞은 것처럼, 아닌 귀신이라도 만난 것처럼 서 있었다. ……어찌나 무서운지 발밑의 땅바닥이 제대로 느껴지지도 않았고, 두세 걸음 걸을 때마다 뒤를 돌아보지 않을 수 없었다. —『로빈슨 크루소』

『세븐시즈』에서 소행성의 충돌로 인류가 멸종할 것을 염려한 일본 정부는 젊은 후보자들을 냉동시켜 미래로 보낸다. 홋카이도에서 눈을 뜬 '겨울' 팀은 가장 열악한 상황이다. 가이드를 비롯한 다수가 죽고, 세 명만이 혹독한 추위 속으로 기어나온다. 한 소녀와 두 소년, 그들은 서로에게 의지하며 생존을 위해 몸부림친다. 그러나 결국 살아남아 따뜻한 지역으로 옮겨간 사람은 다카히로 하나뿐이다.

그는 길들인 개떼들과 함께 '지구 유일의 사람'으로 살아간다. 『나는 전설이다』의 네빌처럼 지독히 외로운 삶. 차라리 맹수와 공룡의 습격을 걱정하며 하루하루 생존의 고민을 이어가야 한다는 사실이 고마울 정도다. 그렇게 15년을 지내온 어느 날 그는 옛 도쿄로 간다. 그 사이에도 여러 번 보아왔던 풍경이다. 허리까지 수몰된 빌딩 몇 개가 더 무너져 내린 것 외에는 달라진 게 없다. 그러나 지금은 무언가, 그래 공기가 다르다. 그는 내달린다. 저 멀리 목소리가 들린다. "이봐요. 누구 없어요? 누구 살아 있는 사람 없냐구!"

다카히로는 그렇게 여름 B팀의 생존자들과 만난다. '이날을 얼마나 기다렸던가?' 그는 위험에 빠진 여름 B팀을 구해준다. 그리고 눈물을 흘린다. '사람을 만났어.' 그러나 기쁨도 잠시. 그는 자신을 쳐다보는 냉랭한 시선을 느낀다. 그래도 모닥불을 피우고 몸을 녹이기로 한다. 서로 대화를 나누면 불안감은 수 그러들겠지. 허나 다카히로가 잠이 든 것 같자, 여름 B팀은 몰래 자리를 뜬다. "혼자만 살아남은 게 수상하잖아. 서로 죽이거나, 최악의 경우 잡아먹었을 수도 있어."

당신이라면 어떨 것 같은가? 극악한 생존 상황에서 혼자 버텨오던 어느 날, 자신의 주변에 다른 인간이 존재한다는 증거를 발견한다. 그때 어떤 느낌이 들 것 같은가? 나의 고독에 종지부를 찍고, 함께 어려움을 헤쳐갈 동지를 얻었다고 생각할 것인가? 아니면 식량을 뺏어가거나 나를 노예로 부려먹거나 심지어 잡아먹을 수도 있는 최악의 적을 맞닥뜨리게 되었다고 생각할 것인가?

다시 시간을 돌려보자. 다카히로를 만나기 몇 주 전, 여름 B팀은 파도치는 바다 위 선박에서 눈을 뜬다. 그때 누군가 물살에 휩쓸려가자, 그들은 구원의 손길을 내민다. 이러한 행동이 부자연스럽거나 위선적이라 여겨지지 않는다. 특히 아라시는 용맹하고 정의롭게 모두를 도우려고 한다. 그러나 시간이 이들을 바꾸어간다. 여름 B팀은 그 뒤 혹독한 원시의 생태계 속에서 괴물들과 싸운다. 그러고선 마침내 가을 팀의 부락을 찾아내고, 사람을 만났다는 반가움에 팔을 벌린다. 그러나 가을 팀의 태도는 전혀 다르다. 그곳은 독재적인 지배자 커플이 팀원들을 노예처럼 부리고 있었고, 여름 B팀을 어떤 음모에 따라 찾아온 침입자로 취급한다. 다른 인간이란 자신의 생존을 위한 도구에 불과하다고 여기는 악랄한 세계관을 만난 것이다. 그들은 상처받고 달아난다. 그 후 다카히로와 마주쳤을 때, 가장 적대적으로 구는 것은 애초에 가장 정의롭고 열려 있던 성격의 아라시다.

누군가 사회와 문명의 안전망에서 미끄러진 직후라면 다른 사람의 손을 잡고 연대해야 한다는 생각이 클 것이다. 고독의 수도자 로빈슨 크루소조차도 단 한 사람이라도 함께 섬으로 탈출할 수 있었으면 얼마나 좋았을까 하는 마음을 일기장에 토로한다. 외로움을 덜기 위해서도, 노동의 분배를 위해서도, 적과의 싸움을 위해서도 하나보다는 둘이 좋다. 셋 또는 그 이상이면 더욱 좋다. 그러나 열악한 생존 상황에서 서로 경쟁하고, 털없는 원숭이가 얼마나 간교한 적인지를 체험하면 타인에 대한 기대는 적대감으로 바뀐다. 문명과 도덕의 껍질은 그처럼 얇다. 자동차 접촉 사고 직후 도로 한가운데에서 핏대를 세우고 싸우는 두 운전자를 보면 금방 깨달을 수 있다.

그래, 차라리 혼자였던 때가 나았어. 그때로 돌아갈래. 그러나 네빌이 '지구 최후의 인간'이 된 것이 스스로의 선택이 아니었듯이, 『15소년 표류기』의 열다섯 소년이 함께 배를 타게 된 것도 계획했던 바는 아니었다. 이제 우리는 불가피하게 타인이라는 동지 혹은 괴물을 만나야 한다.

자기 소개서

그날 시드니에서 출발해 로스앤젤레스로 향하던 오세아닉 815편은 원인 미상의 사고로 어느 섬에 추락한다. 승무원과 다수의 승객들은 사망하고, 겨우 정신을 차리고 해변으로 기어올라온 생존자는 40여 명. 이들은 외부와 완전히 단절된 절해고도에서 실종(Lost)된 채 과거를 잃고(Lost) 이 섬에서 생존을 위해 바둥거려야 한다. 이겨내지 못하면 죽고(Lost) 만다.

드라마 〈로스트〉는 21세기에도 무인도 표류기가 가능함을, 이 전통의 이야기가 여전히 새로운 의미를 만들어낸다는 것을 증명했다. 이 작품은 고전적인 무인도 극의 전형을 차용하면서 현대적인 색채를 집어넣었다. 특히 두드러지는 차이점이 있다. 〈로스트〉의 생존자는 40여 명에 이르는 성인들이다. 다른 무인도 표류기를 보자. 『로빈슨 크루소』는 한 명, 『푸른 산호초』는 두 명, 『스위스의 로빈슨 가족』이나 『신비의 섬』은 대여섯 명, 『15소년 표류기』와 『파리대왕』은 10여 명의 소년들로 구성되어 있다. 〈로스트〉는 숫자도 훨씬 많고, 생존자의 대다수가 성인이다. 간혹 부부나 가족 관계가 있지만 생면부지의 인간들이 함께 지내야 한다는 점도 특이하다.

서로 낯모르는 성인 남녀들이 정체불명의 섬에 떨어졌다. 구조될 것이라는 기대는 점점 희박해지는 가운데, 극한의 생존 상황에서 하루하루를 버텨나가야 한다. 이들을 불안에 떨게 만드는 것은 거센 파도가 몰아치는 바다나 숲속에 있는 정체불명의 괴수만이 아니다. 가장 큰 위험 요소는 자신 옆에서 피를 닦아내고 있는 저 사람일지 모른다. 여기 있는 인간들은 과연 누구인가? 비행기는 왜 폭발했을까? 테러리스트의 소행은 아닐까? 승선자 중 FBI와 함께 탄 중대 범죄자가 있었다는데, 과연 그는 살아남았을까? 이들은 서로의 과거와 정체를 알지 못하기 때문에 누구도 쉽게 믿을 수 없다. 어떻게 해야 할까?

"이제 각자 자기 소개를 하도록 하지."

이 대사가 나와야 한다. 〈로스트〉의 상황은 애거서 크리스티의 추리 소설과도 비슷하다. 주인공들은 폐쇄된 공간—시골의 저택, 호텔, 섬, 열차—에 갇히게 되고, 그 안에서 살인 사건이 일어난다. 서로가 서로를 살인자로 의심하는 상황, 상대방의 존재를 확인하는 절차는 당연하다.

〈로스트〉의 생존자들도 위기 상황이 수습되자마자 이런 절차를 거쳤어야 한다. 그러나 승객 명단을 통해 생존자들의 호구 조사를 시작하는 것은 몇 주나 지나서다. 몇 가지 이유를 추측할 수 있을 것이다. 당장 살아남는 게 급박했다든지, 기장이나 승무원처럼 주도적으로 챙겨야 할 사람이 모두 죽었기 때문이든지, 혹은 누군가가 의도적으로 그 과정을 지연시켰을 수도 있다. 하지만 내가 이런 상황에 처해 있다면 그런 서스펜스를 즐기고 싶지는 않다. 가능하면 빨리 그 안에 있는 사람들의 정체를 파악하고자 할 것이다. 한국인들이라면 그런 성향이 더 강할 것이다. "자, 전부 모여보세요. 다들 민증 까시고요. 나이로 서열 정리부터 하죠." 그런데 여기에서 유의할 점이 있다.

마피아 게임

1986년 모스크바 대학교의 디미트리 다비도프는 고등학생 대상의 심리학 연구를 위해 '마피아(Mafia)'라는 파티 게임을 만든다. 한 무리의 사람들이 서로 마주 앉아 대화를 하면서 심리 대결을 하는 것으로, 모스크바 여러 대학교의 기숙사, 강의실, 캠프장을 휩쓸었고 유학생들을 통해 세계 각국에 퍼졌다. 한국에 상륙하는 데도 오래 걸리지 않아 1990년대 대학생 MT에서도 만날 수 있게 되었다.

'마피아'는 늑대인간(Werewolf), 암살범(Assassin) 등 여러 이름으로 변형되고, 좀더 복잡한 보드 게임으로 만들어지기도 했다. 하지만 게임의 핵심적인 장치는 다음과 같다.

한정된 무리 안의 사람들은, 다수를 점하는 시민과 소수의 마피아(또는 늑대인간)로 나뉜다. 일곱 명의 시민과 두 명의 마피아가 적정 비율로, 참여자의 숫자에 따라 마피아의 숫자도 바꾼다. 게임을 시작하기 전에 시민들은 모두 눈을 감고 그 사이에 마피아만 눈을 떠서 자기 조직원이 누구인지 파악한다. 그 다음에는 낮과 밤의 턴이 번갈아 실행된다. 낮에는 시민들이 누가 마피아인지 토론하고, 투표를 통해 마피아로 추측되는 자를 한 명 제거한다. 밤이 오면 마피아가 시민 하나를 죽인다. 마피아는 누가 시민인지를 확실히 알고 죽이지만, 시민은 그들이 죽이는 것이 마피아인지 시민인지 모른다. 게임은 항상 마피아가 시민보다 적은 상태에서 출발하는데, 시민들이 마피아를 모두 제거하거나 마피아의 숫자가 시민보다 많아지면 끝이 난다.

게임의 요체는 정보를 독점하고 있는 소수의 마피아와 무지 상태이지만 숫자가 많은 시민들이 맞서는 상황이다. 소비에트 러시아의 정보 독재 체제를 비꼰 것일 수도 있고, 보편적인 인간 사회의 딜레마를 다룬 것일 수도 있다. 어쨌든 〈로스트〉의 생존자들이 처한 상황은 이와 유사하다.

모닥불을 피워놓고 생존자들 모두가 둘러앉았다고 생각해보자. 거기에서 각자 자신을 소개한다. 직업, 이름, 나이, 비행기를 탄 이유 같은 것들을 말한다. 이들 중에는 떳떳이 자기 자신을 드러내는 사람들도 있을 것이다. 그들은 자신의 이익이 공동의 이익과 대체로 일치한다고 여긴다. 신분을 공개해도 거리낄 것이 없다. 그러나 일부는 그렇지 않을 수 있다. 비행기를 폭파시킨 테러리스트, 수배중인 범죄자, 치명적인 전염병의 보균자…… 이들은 가능하면 자신의 정체를 드러내고 싶어하지 않을 것이다. 마피아 게임과 유사하지만 좀더 복잡한 양상을 나타낼 수 있다.

10명의 생존자가 있다고 치자. 이중 공동의 생존에 동의하는 사람을 시민, 나머지를 모두 처치하고 혼자 살아남아야 되겠다고 여기는 사람을 마피아라고 하자.

    a. 무리에는 10명의 시민이 있다.
    b. 무리에는 8명의 시민과 2명의 마피아가 있다.
    c. 무리에는 5명의 시민과 5명의 마피아가 있다.
    d. 무리에는 7명의 시민과 2명의 A그룹 마피아와 1명의 B그룹 마피아가 있다.
    e. 무리에는 1명의 시민과 9명의 서로 다른 그룹의 마피아가 있다.

각각의 상황에 따라 상당히 다른 일이 벌어질 것이다. 아마도 a의 상황이 가장 안전해 보인다. '모두가 투명하게 자신을 공개하고, 모두가 서로를 믿는다. 안심하고 자자.' 과연 그럴까? 이미 이 사람들의 정체를 알려줄 과거 혹은 문명과의 교신은 끊어져버렸다. 이들은 모두 진실을 말하는 시민이지만, 그것이 사실임을 알 방법이 없다. 만약 시민들 사이에 '이들 중 누군가가 마피아다'라는 작은 의심이 싹트면, 그들은 존재하지 않는 마피아를 두려워할 수도 있다. 마피아 게임의 진정한 공포는 '매일 밤 마피아가 시민 하나씩을 죽인다.'는 사실이 아니다. '매일 낮 무지한 시민들이 작당해서 선량한 시민들을 마피아로 오인하고 죽일 수 있다.'는 사실이다.

우리는 살아남기 위해 의심해야 한다. 그러나 의심은 우리 모두를 공멸의 길로 인도하기도 한다.

공존의 우주선

1980년대 중반 〈11인의 우주전사〉라는 제목의 애니메이션이 국내 지상파 TV를 통해 방영되었다. 한 회짜리 짧은 작품이었지만, 독특한 설정과 철학적인 테마로 당시 시청자들에게 강한 인상을 주었다. 원작은 하기오 모토의 만화 『11인이 있다!』인데, 고립된 우주선에서 펼쳐지는 전형적인 마피아 게임을 보여준다.

자유로운 우주 여행이 가능해진 먼 미래. 인간과 다양한 변이 종족들은 지구 연방과 성간 연맹이라는 확장된 세계 속에서 협동과 경쟁을 이어간다. 주인공들은 지구가 속한 테라계 행성에서 창립한 우주 대학국의 입학 시험을 치르고 있다. 여러 테스트를 거친 뒤 선별된 10명의 수험생은 예고 없이 우주선 하쿠 호에 탑승한다. 갑작스런 조난 상황 속에서 협동과 생존의 가능성을 시험하는 것으로, 대학 입학을 위한 최종 테스트다. 우주선이 출발하자마자 비상벨이 울리고, 수험생들은 몇 가지 위급한 상황을 처리한다. 이어 한자리에 모인 수험생들. 그런데 뭔가 이상하다. "11인이 있다!" 원래 이 우주선의 승선인원은 10인, 그런데 1명이 더 타고 있는 것이다.

서로 다른 행성 출신으로 외모도 관습도 이질적인 수험생들은 고민한다. 누가, 왜 거짓말을 하고 있을까? 우주선에는 만약의 상황을 위한 비상 버튼이 있다. 그러나 그 버튼을 누르는 즉시 우주선에 탄 수험생 모두는 탈락하게 된다. 이들은 결국 의심을 묻어두고 53일 간의 운항 시험을 치르기로 한다.

우주선의 운항은 순조롭지 못하다. 무언가 의도된 듯한 사고들이 계속 발생한다. 차례대로 터지도록 설계되어 있는 폭발물이 발견되고 우주선의 엔신이 망가진다. 궤도가 어긋난 우주선은 뜨거운 항성 아오를 향해 돌진한다. 선내의 온도가 올라가면서 치명적인 바이러스인 델 붉은반점병이 활동하기 시작한다.

수험생들의 정신은 점차 붕괴되어 간다. 병에 대한 면역력을 지닌 수험생을 찾아내자, 그를 붙잡아 폭행하려 한다. 숨어 있는 한 명의 거짓말쟁이에 대한 의심과 두려움은 점점 커져간다.

'우리 편'과 '나쁜 놈'. 우리는 어린 시절 놀이를 통해 이 구분의 중요성을 배워왔다. 서바이버 상황에서 집단을 이루게 된 사람들이 맞닥뜨리는 근본적인 문제이기도 하다.

적과 아의 판단 기준은 무엇인가? 지역과 출신, 인종과 외모, 언어와 말투 등의 기준이 먼저 적용될 것이다. 『11인이 있다!』의 수험생들은 서로 다른 행성에서 왔기 때문에 외모 자체가 이질적이다. 지구인과 비슷한 종족도 있지만 돌처럼 생기거나 물고기 같은 형상도 있다. 만화의 주요한 테마는 이들이 이러한 외적인 이질감을 극복하고 서로 연대할 수 있는가 하는 것이다. 그런 의미에서 이들 대부분이 서로 이질적인 외모를 지녔다는 것이 문제를 약화시키고 있다고도 여겨진다. 오히려 구성원 대부분이 유사한 외모를 지니고 있고 한두 명이 이질적인 모습을 보일 때, 그를 의심하고 차별할 가능성이 커진다. 〈로스트〉에서 아랍계인 사이드가 테러리스트로 의심받고, 영어를 할 줄 모르는 한국계 김지수가 오해를 사서 묶인다든지 하는 경우가 그러하다. 관동대지진이 벌어졌을 때 재일 조선인들에게 분풀이를 해대는 것과 같은 소수인에 대한 비이성적인 공격도 강화될 수 있다.

내가 속한 그룹이 선량한 시민들의 집단이라고 보는 것 자체가 낭만적이다. 단지 우연히 같은 공간에 갇혀 각자의 생존과 이익을 위해 행동하는 이기적 개인들의 연합체라고 보는 것이 현명하다. 사람들은 본능적으로 그것을 깨닫는다. 그리고 자연스럽게 그룹을 형성한다. 보다 확실하게 믿을 수 있는 사람끼리 손을 잡고, 그렇지 않은 사람을 배제해 나가는 것이다. 어느 무리에도 끼지 못한다면, 불순분자로 낙인 찍혀 제거당할 가능성도 높아진다.

리얼리티 쇼 〈서바이버〉의 탈락자 제거 방식은 이러한 원리를 아주 잘 농축해놓았다. 참가자들은 팀으로 나뉘어 미션을 수행하고, 미션에서 패배한 팀의 구성원 중 하나는 팀원들의 투표를 통해 탈락된다. 상식적으로는 미션의 수행에 얼마나 능력을 발휘했고, 얼마나 성실히 임했는가가 주요한 판단 기준이 되어야 한다. 그러나 실제 투표는 그와 무관하다. 다수의 세력에 가담하기만 하면 살아남는다. 여기에서 치열한 머리 싸움이 벌어진다. 냇가에서 빨래를 하면서 팀원 내의 여론을 파악하고, 숲에서 땔감을 주우면서 동맹의 의사를 확인한다.

협동과 배반의 게임은 7장 게임 편에서 본격적으로 살펴보고, 다시 『11인이 있다!』로 돌아가보자. 하쿠호의 수험생들이 지켜야 할 아주 중요한 원칙이 있다. '한 명이라도 낙오되면 모두 불합격이다.' 이들은 외모나 인종에 대한 편견을 극복하고 공통의 목표를 위해 단결해야 한다. 그렇게 힘을 모아야만 자신들에게 닥쳐오는 중대한 문제들─경로를 이탈해 태양으로 접근해가는 우주선, 고열 속에 급속히 퍼지는 전염병─을 해결하고 함께 생존할 수 있기 때문이다. 〈로스트〉도 서로 다른 취향과 철학을 가진 사람들이 결국에는 힘을 합해 문제를 해결해가는 모습을 보여준다. 가혹한 서바이벌의 상황은 가족과 동료까지 불신하게 만들 수 있지만, 반대로 일상의 상황에서는 마주치기도 싫은 사람들과 살을 맞대고 잠들 수 있게 한다. 더러운 손이라도 서로 맞잡는 것이 안전하기 때문이다.

카드 공개─우리는 서로 무엇을 알아야 하는가?

나는 '서바이버 타임'이라는 스마트폰 어플리케이션을 구상하고 있다. 작동 원리는 간단하다. 이 어플을 깔아두면 하루 중 어느 순간 갑자기 벨이 울린다. 그러면 나는 제한된 시간(1분 정도) 안에 주변에 있는 10명의 사진을 찍어야 한다. 10명을 채우지 못하더라도 시간이 지나면 더 채울 수는 없다. 스마트폰의 벨이 울리는 순간 나는 가상의 대재난을 맞이하게 되는데, 바로 내가 찍은 10명이 함께 무리를 이루어 생존해갈 사람들이다.

『11인이 있다!』나 『세븐시즈』의 여름 A팀은 여러 단계의 테스트를 거쳐 우수한 인재들만 모아놓았다. 그러나 실제 서바이버 상황에서 그런 인재들만 모일 가능성은 얼마나 될까? 아니 그런 경우라면 애초에 나 같은 오합지졸은 배제되었을테니 고려의 대상에서 제외하는 게 타당해 보인다. 현실적으로는 랜덤한 상황에서 내가 어떤 사람들과 함께 있게 될까를 생각해보는 게 좋을 것 같다.

서바이벌 타임이 울리는 그 시간에 나는 어디에 있을까? 그 상황에 따라 팀의 구성원들은 전혀 달라진다. 출근길 전철 안이라면 20~50대의 회사원들이 대다수일 것이다. 일요일의 대형 마트라면 아이가 딸린 일가족일 가능성이 높다. 해외에서 환승하는 비행기 안이라면 다양한 국적의 사람들이 모여 있을 것이다. 거래처 회의실에서 프리젠테이션을 하고 있을 때라면, 나를 못 잡아먹어 안달하는 '갑'들일 수도 있다. 저녁 시간 멀티플렉스의 엘리베이터 안이라면 네 쌍의 연인 사이에 낄 수도 있다. 만에 하나, 소녀시대 팬사인회에 갔다가 그 아홉 명과 같이 행동해야 하는 경우도 상상 못할 바는 아니다.

부당한가? 왜 자신의 가족이나 애인처럼 가깝고 쉽게 힘을 모을 수 있는 사람을 고르지 못하나? 혹은 탁월한 능력을 지닌 서바이버 전문가를 물색해서 그의 팀이 되면 안 되나? 물론 문제의 순간에 당신이 집에 머무르고 있거나, 러브호텔에서 연인과 샤워를 하거나, 우연히 소방서에서 재난 대처 실습을 하고 있을 수도 있다. 그러나 확률적으로 생각하자. 당신은 하루 중 얼마나 당신이 사랑하고 믿을 수 있는 사람들과 함께 있는가?

사실 우리의 일상적인 삶도 그와 같은 부당함 속에 자리하고 있다. 우리는 어쩔 수 없는 상황에 밀려 원하지 않는 타인들과 집단 생활을 하고 있다. 월급 몇 푼을 받기 위해 엉터리 같은 상사와 무능한 후임 사이에 치이고, 오직 진학에 매달려 우정이라고는 손꼽만큼도 나눌 수 없는 동급생들과 함께 학원 의자에 앉아 있다. 우리가 서바이벌 상황에서 만나게 되는 집단은 바로 우리 일상의 반영이다. 주체적인 선택의 가능성은 거의 없다.

스스로 고르지 못한 대상들이니, 서로에 대해 무지하고, 그래서 불신하게 될 가능성도 크다. 그러나 영원히 서로를 외면하고 있을 수는 없다. 목숨이 왔다갔다 하는 상황에서 바로 옆에 붙어 있는 사람의 정체를 조금도 알 수 없는 것만큼 끔찍한 경우가 어디 있겠는가? 서로의 불신 때문에라도 우리는 자신의 정체, 각자가 가진 카드를 공개해야 한다.

이름, 나이, 인종, 언어, 가족 관계, 과거의 직업과 능력, 현재 보유한 물품…… 우리가 가진 카드는 여러 장이다. 모든 카드를 공개하라고 강요할 수는 없다. 그러나 가능한 서로의 카드를 공개하도록 해야 한다. 왜냐하면 우리는 그 카드를 다시 모아 새로운 전략을 짜고, 새로운 생존의 조건을 탐색해야 하기 때문이다. 2장에서 개인 단위로 파악했던 여러 생존의 조건들을 이제 집단의 기준에서 재해석해야 한다.

여기에는 적절한 타이밍이 중요하다. 무턱대고 초인종을 눌러 '통계청인데요. 인구 센서스 조사 나왔습니다' 하는 식은 곤란하다. 이름 정도는 집단을 이루자마자 파악할 수도 있지만, 다른 카드들은 서로 최소한의 신뢰가 쌓인 이후에야 공개할 수 있을 것이다. 함께 힘을 모아 넘치는 강둑을 막아냈을 때라든지, 달려드는 멧돼지를 때려잡아 구워먹을 때라든지, 각자의 가족 시신을 수습해 함께 불태울 때라든지…….

직업이나 나이 같은 기초적인 사항은 당연히 먼저 공개될 것이다. 더불어 그 사람의 가족이나 연인 관계도 중요하다. 가령 누군가 열렬히 사랑하는 사람이 있다면, 그를 찾기 위해 고립된 이 공간을 벗어나려고 안간힘을 쏠테니까. 『페스트』의 신문기자 레이몽 랑베르, 『세븐시즈』의 아라시와 하나는 연인을 찾기 위한 일념에 목숨을 걸기도 한다. 누구나 카드 속에서 정서적인 공감대를 이룰 만한 요소들을 찾을 것이다. 혈연, 학연, 지연…… 이렇게 파국과 함께 과거 속에 묻혔다고 생각했던 것들이 다시 의미를 발휘한다. 질병이나 신체적 핸디캡을 가지고 있는지의 여부도 알아두면 좋다. 그러나 이 모든 것 중에서 가장 중요한 카드가 있다. 팀을 이룬 각자에게 어떤 능력이 있는지를 파악해야 한다.

쓸모와 약점—너와 나의 유용성

"그들에게 사이러스 스미스는 하나의 소우주였고, 모든 학문과 지식을 합친 존재였다! 산업이 발달한 도시에서 사이러스가 없는 상태로 살기보다는 무인도에서 사이러스와 함께 사는 편이 낫다."『신비의 섬』에 나오는 한 사람에 대한 소개다. 그는 "창의력이 풍부한 동시에 손재주가 뛰어났고, 근육도 단단하고, 사색가인 동시에 행동가이고, 정력이 넘치고, 무슨 일이든 쉽게 해치우고, 불운을 아무렇지도 않게 여기는 고집스러운 기백도 갖추고 있으며 '만물박사'이기도 한" 존재다. (『신비의 섬』, 23쪽)

서바이버 장르를 이리저리 쑤시고 다니다 보면, 정말 저 사람하고만 같이 있으면 죽을 걱정은 안 해도 되겠다 싶은 경우를 만난다.『신비의 섬』의 사이러스, 〈로스트〉의 잭처럼 능력도 뛰어나고 희생정신도 강한 사람들이다. 그러나 그것은 소설과 드라마 속의 영웅들이다. 그런 능력자들이 항상 내 근처를 어슬렁거리고 있을리는 없다. 나는 길거리의 필부필녀들과 함께 생존의 조건을 재구축해야 한다.

우선 생존 상황에서 어떤 능력들이 필요한지를 알아보자.『세븐시즈』에서는 미래의 황폐화된 세계에서 인류를 부활시킬 임무를 띤 아이들의 특수 학교가 나온다. 단순히 우수한 신체 조건과 여러 능력을 갖춘 사람을 선발하는 것이 아니다. 최고의 정자와 난자의 결합으로 만들어진 아이들을 모아놓고 어릴 때부터 생존에 특화된 교육을 시키는 것이다. 그 학교는 모두 일곱 반으로 나뉘어 황폐화된 미래에서 살아남을 지식과 능력을 배양하는데, 생존 상황에서 필요한 전문 능력들이 무엇인지, 이들 과목을 통해 힌트를 얻을 수 있을 것이다.

- 불 반—발화법, 연료의 개발과 이용, 화약, 각종 무기 제작, 수렵과 격투기, 숯 굽기, 담금질, 도예
- 물 반—식수 확보, 치수 관개, 하수, 수질 오염과 지하수, 수차 등 수력, 바다에 대한 지식
- 바람 반—천문, 지리, 기상, 바람과 공기, 풍차 및 풍력, 각종 자연 재해
- 땅 반—토목과 건축, 지층의 식별, 광물과 돌의 감식과 사용법, 농지 확보, 토양의 성장, 화산 활동, 지진
- 동물 반—가축과 관련된 질병, 정육과 각 부위 이용법, 생태계와 환경, 맹수의 특성과 퇴치법, 곤충과 물고기
- 식물 반—농경 전반, 식물 채집, 생태계와 환경, 식목, 약초와 독초, 버섯과 해초의 이용법과 재배, 퇴비 만들기
- 의료반—응급 처치는 전원, 의학 전반의 지식과 실습

 모든 학생들은 이들 과목을 전반적으로 이수하지만, 이 중 두 개의 반을 전문적으로 공부하게 된다. 아무리 뛰어난 인재라도 모든 분야에서 최고의 두각을 나타낼 수는 없기 때문이다. 인류의 가장 큰 장점은 협동과 분업을 통해 훨씬 큰 능력을 발휘하고, 여러 문제에 대처해 나가는 것이다. 『신비의 섬』에서도 사이러스의 능력이 아무리 뛰어나도, 함께하는 다른 인물들의 협력이 없다면 남태평양의 척박한 섬에서 마주치는 온갖 어려움을 극복하기는 어려웠을 것이다. 기자 기데온은 두뇌와 수완을 발휘해 섬을 개척하는 데 도움을 주고, 소년 허버트는 박물학에 깊은 지식을 가지고 있고, 노예 출신 네브는 무쇠와 같은 몸에 대장간 일에 익숙한 헌신 덩어리다.
 서바이버 상브가 소년들을 특별히 흥분시키는 이유도 여기에 있다. 거의 원시에 다름없는 생존 조건, 최악의 상황에서 주인공들의 경험과 능력을 모아 기가 막힌 해결책을 마련하다니. 그만한 희열이 어디에 있을까? 하지만 우리가

잠시 몸을 피한 움막은 인력 쇼핑센터가 아니기에, 우리에게 필요한 능력을 마음껏 골라담을 수는 없다. 우리와 함께 있는 사람들로부터 어떤 능력을 뽑아내느냐가 더욱 중요하다.

나는 랜덤한 상황에서 이러한 조건을 얼마만큼 갖출 수 있는가 시험하기 위해, 케이블 TV를 돌려 채널마다 가장 먼저 등장하는 10명의 사람을 무작위로 뽑았다. 그리고 그들이 가진 생존 능력을 간단히 메모해보았다.

- 헬스 트레이너(20대 중반, 남)—여러 힘쓰는 일, 전투에 유용, 영양과 건강 관리의 노하우
- 대형 고물상(40대 중반, 남)—폐허 속에서 확보된 여러 물자의 재활용
- 국밥집 욕쟁이 할머니(70대 초반, 여)—각종 식재료의 활용, 요리
- 인터넷 쇼핑몰 CEO(30대 중반, 남)—주요 물자 보존 장소에 대한 지식
- 레이싱 걸(20대 초반, 여)—자동차에 대한 지식(?), 집단 이동 생활에 대한 노하우
- 세무사(30대 중반, 남)—자원 사용에 관한 예결산표 등 각종 통계 작업
- 케이블 TV 설치기사(20대 후반, 남)—나무 타기, 외부와의 교신
- 이과계 대입 재수생(19세, 남)—각종 과학 지식
- 약사(36세, 여)—의약품 전반에 대한 지식
- 군부대 행보관(30대 중반, 남)—무기, 전투, 단체 생활에 대한 노하우

금세 분명히 알 수 있는 사실이 있었다. 머리로 하는 일보다는 몸으로 하는 일을 해온 사람, 지시를 하는 사람보다는 실무를 해온 사람이 훨씬 유용하다. 파국 이전의 직업적 선호도나 수입 상황과는 대체로 반대의 경향이다. 가장 쓸모를 찾기 어려웠던 사람이 인터넷 쇼핑몰 CEO였다. 레이싱 걸은 외모로만 먹고 산다고 여길지 모르겠지만 일반인보다 훨씬 육체적으로 혹독한 생

활을 하기에 이런 상황에 나름 잘 적응할 것 같았다. 의외로 학생이 유용하다는 생각이 들었다. 우리 사회는 학생들에게 입시를 위해 온갖 지식을 주입시키고 있는데, 덕분에 그들이 지식 창고가 되어 있는 것이다. 특히 자연과학적 지식이 유용한데, 『신비의 섬』에서 그 예들을 쉽게 발견할 수 있다. 이들은 비례를 이용해 수직 암벽의 높이를 계산하고, 철광석의 특징을 알아 그것을 가공하고, 바다표범을 때려잡아 껍질을 무두질한다. 물론 단순히 머릿속에 들어 있는 지식이 바로 유용성을 발휘하지는 않는다. 자신이 부딪힌 문제에 그것을 적용하는 응용력이 필수적이다.

우리 사회의 직업군 상당수가 사무직, 화이트칼라라는 사실은 위기시의 적응력을 떨어뜨리고 있다. 단 하나의 예외는 '의사'다. 모든 생존극에서 거의 빠짐없이 이 역할의 중요함이 강조된다. 〈로스트〉 초기에 가장 중요한 인물은 외과의사인 잭이고, 『세븐시즈』에서 의료반의 기초 지식은 모든 학생들이 체득해야 한다. 〈캐스트 어웨이〉, 〈비치〉에서 치과의사만 하나 있었어도 이들의 섬 생활은 훨씬 평화로웠을 것이다. 『눈먼 자들의 도시』에서 불가사의한 전염으로 실명이 된 의사는 『일리아드』에서 호머가 한 말을 기억해낸다. "의사는 몇 사람의 가치가 있다."(46쪽)

우리 시대 인간들의 능력이 얼마나 한쪽에 치우쳐 있는지도 깨달을 수 있었다. 불과 20~30년 전만 하더라도 정육, 재봉, 수리 등은 일상적인 가사의 영역이었다. 큰 짐승은 몰라도 집에서 토끼나 닭 정도는 직접 목을 따고 내장을 정리하곤 했다. 그런데 곳곳에 들어선 대형 할인마트는 그러한 과정을 막고 있다. 집안 사람들이 힘을 모아 처리하던 일들이 이제는 서비스의 영역으로 넘어가버렸다. 화장실에 문제가 생기면 휴대전화로 관리인 아저씨를 부르고 수리기사에게 모든 걸 맡겨버리는 삶을 통해 우리의 생존력은 조금씩 서세되고 있었던 것이다.

정답이 없더라도 포기할 수는 없다. 우리가 이 팀원들 속에서 끄집어내야 하는 능력은 그들 직업에 관련된 것에 국한되지 않는다. 때론 30대 초밥집 청년보다 70대 국밥집 할머니가 더 유용할 수 있다. 할머니는 직접 산에서 쑥을 캐고, 토끼를 잡고, 독극물로 잡은 꿩의 내장을 긁어낸 뒤 만두를 빚어봤을 것이다. 깔끔하게 손질된 참치로 예쁘게 모양만 낼 줄 아는 청년의 요리 기술보다는 훨씬 유용하다. 물론 '30대 청년'이 지닌 젊음의 힘이 중요할 수도 있지만, 그걸 20대 헬스 트레이너가 할 수 있다면 포기할 수도 있다. 다른 사람에게는 없는 특별한 장점, 그것이 더 큰 빛을 발하기도 한다.

생존 상황에서 어떤 인간의 유용성이란 두 가지 관점에서 바라보아야 한다. 하나는 팀의 입장에서 각각의 성원들이 지닌 능력을 어떻게 끄집어내고 조합할 것인가? 다른 하나는 개인의 입장에서 내가 가진 능력을 어떻게 어필해서 팀 내에서 나의 입지를 강화할 것인가 하는 것이다. 나는 레이싱 걸이 불안하다. 예쁘고 젊은 여성이라는 존재는 분명 팀에 활력을 주지만, 지금은 그녀의 미소만 먹고 살아갈 수 있는 때가 아니다. 오히려 분란을 초래할 수도 있다. 그러나 오히려 레이싱 걸이 나를 쳐다보고 말할지 모르겠다. "그러는 너는? 맨날 책상에 앉아 글만 쓰던 놈이 무슨 소용이 있어?" 나는 대답을 준비해놓았다. "우리는 전기도 들어오지 않는 긴긴 밤을 보내야 해. 그런데 내 머릿속에는 정말 많은 만화, 영화, 소설의 이야기들이 있거든. 지금은 TV도 영화관도 없어. 너희들이 이야기를 즐기는 재미를 어디에서 얻을 건데?" 이제 지구는 10명이 사는 마을이 된 것이다. 그중 가장 노래를 잘 부르는 사람이 가수다. 가장 개인기가 많은 친구가 개그맨이다. 가장 요리를 잘하는 사람이 칠성 호텔의 셰프 대접을 받아야 한다. 당신은 이 섬의 유일한 시인, 유일한 교사, 구멍난 냄비를 두드리는 최고의 드러머가 될 수도 있다.

그래, 긍정적으로 보자면 끝이 없지. 지금은 위기의 때다. 능력 이상으로 약점이 두드러진다. 『세븐시즈』 여름 B팀의 나츠는 이런 말을 듣는다. "툭하면 넘어지고 떨어지고, 그게 남자한테 귀엽게 보일거라 생각하는지 모르겠지만,

여기선 치명적이야." 나츠는 약점을 보완하기 위해 이빨을 깨문다. 식량을 구해오라는 지시를 받아 짧고 빈약한 다리로 숲을 헤맨다. 그리고 야생 고사리류와 버섯을 따서 온다. 그런데 그 버섯을 먹은 동료가 식중독을 일으킨다. 동료의 무능과 실수는 적보다 무서운 결과를 빚어낼 수 있다.

당신이라면 이렇게 무능한 일원을 어떻게 할 것인가. 전염병의 보균자, 도착적 섹스 중독자, 사기꾼 등 정상적인 상태라면 절대 가까이 두고 싶지 않은 사람이 같은 팀에 들어 있다면 어쩔 건가. 두 가지 선택이 있다. 용기를 북돋아 주며 도움이 되는 일을 할 수 있도록 기대하거나, 어떤 핑계를 대서 집단에서 낙오시켜버리거나…… 그때 누군가 나직이 말한다. "아니요. 아예 다르게 쓸데가 있을 것 같은데요?" 작은 키의 모모타로는 여름 A팀에 구조되어 몸을 치료하고 식사를 얻어먹게 된다. 정말 이렇게 살려주고 먹을 것까지 주다니 너무 고맙다고 생각한다. 그러나 그것은 착각이었다. 그는 가끔 식사를 한 뒤 구토를 하며 괴로워하는데, 사실 그는 팀이 새로 채집한 식물에 독이 있는지 없는지를 검사하기 위한 모르모트로 사용되고 있었던 것이다.

지금 우리는 여유로운 환경에서 휴머니티가 넘치는 시간을 보내고 있지 않다. 이 집단이 마음에 들지 않는다고 해서 '저는 여기까지 하겠습니다. 게임비 정산해주세요.' 하고 집에 돌아갈 수는 없다. 우리는 한 배를 타고 있다. 어떻게든 집단 안에 있는 사람들의 능력을 끌어내고 약점은 제거해야 한다. 부당하고 방만한 태도로 남의 노력에 기생하는 자는 가차없이 응징해야 한다. 동시에 개인들은 자신이 쓸모 있는 인간이라는 것을 끊임없이 증명해야 한다. 우리의 보트는 위태하다. 보트에 무게만 더하는 인간은 언제든지 물 속에 내팽겨쳐질 수 있다.

팀의 분리 혹은 재조합

이런저런 시도에도 불구하고 서바이버 집단 안에서의 내적 알력이 극심해진다면 어떻게 하나? 서로에 대한 불신과 불만이 팽배해지고, 사사건건 의견 대립이 일어나고, 심지어 주먹질까지 오간다. 그때 우리는 팀을 분리해 각각의 길을 가는 방안을 고려하게 된다.

『15소년 표류기』에서 권위주의적인 태도를 지닌 영국 소년들은 지도자를 뽑는 투표 결과에 불만을 품고 팀을 떠나기로 한다. 남아 있는 소년들은 그들을 설득하려고 하지만, 강제적으로 붙잡아둘 방법은 없다. 『세븐시즈』에서 여름 A팀은 가을팀을 고문하고 괴롭히지만 그들이 달아날 때 애써 붙잡지 않는다. 자신들에 대해 적대적이면서 이미 팀으로 연대하고 있는 사람들을 내부 구성원으로 두고 관리하는 일은 까다롭다. 차라리 내보내는 것이 나을 수 있다. 어떤 국가가 내전 이후 패배한 지도 세력의 망명을 허용하는 것도 비슷한 이치다.

문제는 우리가 혹독한 생존 상황에 있고, 살아남기 위해 차지할 수 있는 공간이 지극히 협소하다는 데 있다. 신선한 샘물 부근, 외부 경계에 유리한 언덕, 애써 가꾸어둔 농작물 등을 둘러싸고 두 그룹이 다시 부딪칠 가능성이 적지 않다. 둘이 갈라지는 상황에서 분명히 감정이 나빠져 있을 것이고, 그 원한으로 인해 또다시 다툴 여지가 많다. 팀의 분리는 상호 경계에 불필요한 힘을 소모하는 결과를 빚을 가능성이 높다. 『파리대왕』에서 분리해간 사냥꾼의 집단이 살상 행위를 벌이는 것과 같은 파국에 이를 수도 있다.

여기에서 우리는 '숫자'에 대해 고민하지 않을 수 없다. 서바이버 상황에서 한 그룹의 숫자는 어느 정도가 적당할까? 단지 많으면 많을 수록 좋을까? 아니면 적당한 규모가 각자의 생존을 영위하며, 서로 필요한 경우 교류하는 정도가 좋을까?

주요 서바이버 그룹들의 구성원 숫자를 정리해보면 아래와 같다.

- 『로빈슨 크루소』 전반부, 『그의 나라』 전반부, 『나는 전설이다』, 〈캐스트 어웨

이〉—1명

- ·〈푸른 산호초〉, 〈파라다이스〉, 『로빈슨 크루소』 프라이데이 등장 후, 〈어메이징 레이스〉—2명
- ·『신비의 섬』—5명
- ·『스위스의 로빈슨 가족』—6~7명
- ·『세븐시즈』—8명의 5개 팀
- ·『11인이 있다!』—12명
- ·『15소년 표류기』—15명
- ·『파리대왕』—15명
- ·『서바이버』 시즌 1—16명
- ·『익스페디션 로빈슨』—40명
- ·〈로스트〉 초반 생존자들—46명
- ·『표류교실』—초등학교 한 개의 인원

    1인 모델의 경우, 고립과 고독으로 인한 고통을 가장 극심하게 겪을 것이다. 그러나 물자를 나눈다거나 의견의 대립을 중재해야 한다거나 하는 정치적 문제는 전혀 없다.

    2인 모델의 경우에는 연인과 동지 같은 수평적 모델과 주인과 노예 같은 수직적 모델로 나뉜다. 두 사람만 의견이 맞으면 순발력 있는 행동을 하면서도 고독의 문제를 어느 정도 해결할 수 있다. 하지만 두 사람의 의견이 충돌하면 중재하기가 어렵다.

    다섯 명 정도의 가족 구성에서부터 15명 이하의 소규모 그룹의 경우가 상당히 경쟁력 있어 보인다. 팀으로서의 강점도 유지하면서, 이견이 있을 경우 전체의 의사를 물어 조정할 여지도 있다. 『세븐시즈』에서 미래로 향하는 구명정은 팀원 일곱 명에 가이드 한 명씩을 붙여놓았다. 구명정의 크기 같은 기술

적인 문제도 있었겠지만 나름의 장점을 지닌 규모이기 때문이리라. 그러나 여전히 한 사람 한 사람의 입지가 크기 때문에 의견의 불일치가 생길 경우 팀 전체가 흔들릴 위험성이 많다. 소수가 일탈하거나 게으름을 피우더라도 쉽게 제재하기 어렵다.

40명 이상 대규모 그룹의 경우에는 규모의 전략을 짤 때 확실히 유리하다. 다양한 직업과 능력을 지닌 사람들이 포함되어 있고, 외부와의 전투에서도 쪽수가 많은 게 유리하다. 그러나 이 정도 팀이 의견 일치를 이루고 꾸준히 집단을 유지하기가 쉽지 않을 수도 있다. 팀이 쪼개지거나 지배·피지배 계층으로 갈릴 가능성도 커진다. 『표류교실』처럼 여러 그룹의 전면전이 벌어질 수도 있다.

생존 상황에서 나의 팀은 몇 명이 될까? 거기에는 불가항력적인 요소가 크게 작용할 것이다. 우리는 주어진 숫자에 따라 유기적으로 변화하며 생존에 적합한 집단 구조를 만들어야 한다. 나는 팀 스포츠에서 어떤 힌트를 얻을 수 있을 거라고 본다. 혼자하는 골프, 탁구 복식, 5명의 농구, 9~10명의 야구, 수십 명이 수시로 교체되는 미식축구…… 각 숫자에 따라 팀원의 역할도 달라지고, 경기 운영도 달라진다.

재생의 밤

울타리 바깥에선 여전히 정체 모를 굉음과 포악한 짐승의 울음소리가 들려온다. 하루 종일 숲을 돌아다니며 바구니를 채웠지만 배에선 꼬르륵 소리가 멈추지 않는다. 사흘 동안 힘들게 세운 북쪽의 가벽은 하룻밤의 세찬 바람에 부서졌다. 집으로 돌아갈 희망은 거의 보이지 않는다. 오늘도 밤이 온다. 아주 길 것이다. 전기도 전등도 TV도 라디오도 인터넷도 없는 칠흑의 밤이다.

가냘픈 모닥불 아래 사람들이 침울하게 모여 있다. 누군가 입을 연다.

"혹시 단추 남은 거 있는 사람 없어요? 머리 묶는 고무줄하고 바꾸지 않을

래요?"

"저기 셔츠에 있는 거 뜯어가요. 고무줄은 필요없어요. 난 대머리니까."

"이제 탈모 걱정 안 해도 되겠네. 어쩌다 그렇게 머리가 빠졌나?"

"예전에 군대에서 6박 7일 행군을 할 때 칡뿌리를 잘못 뜯어먹었어요."

"뻥치시네. 이 사람아. 자네 나이가 몇인데, 6박 7일 행군이야?"

우리는 다시 과거에 대해, 스스로에 대해 털어놓는다. 그리고 그 이야기에 귀기울인다. 상대방이 적인지 아닌지 판단하기 위해서가 아니다. 그의 직업, 경력, 능력을 듣고 유용성을 판단하기 위해서도 아니다. 그저 어떤 말이라도 나누고 싶은 거다. 우리가 어떤 우연으로 여기에 모였든지 간에, 과거의 우리가 어떤 사람이었든지 간에, 우리는 지난 며칠 고통을 함께 했다. 저들이 없었으면 이곳의 삶이 더욱 힘겨웠으리라는 걸 확인했다. 그래, 나는 겨우 만났다. 내 마음속의 분노, 상실, 고통의 감정을 이해해줄 지구상의 유일한 존재들을 만났다.

모닥불이 사그라들면, 누군가 조심스레 나무를 더한다. 그 작은 조각 하나가 소중하지만 누구도 반대하지 않는다. 다시 불이 타오르고 우리는 또 다른 이야기를 하나둘 던진다. 우리의 과거를 태운다.

"사실 제가 말씀을 못 드렸는데요. 제가 사회에 있을 때……"

"됐어. 이 세상이 다 불타 없어졌는데, 그깐 과거가 무슨 의미가 있어?"

그래, 내가 탈옥수였든, 불효자였든, 사기꾼이었든…… 그 과거는 지옥의 입이 열리며 불타 사라져버렸다. 우리는 이제야, 많은 소중한 것을 잃고 난 뒤에야 겨우 기회를 잡은 것일 수도 있다. 진정으로 무언가를 새로 시작할 기회를. 내일 우리는 마지막 남은 통조림을 붙잡기 위해 서로의 다리를 걷어차고 머리칼을 잡아당길지 모른다. 그러나 지금은 누군가와 함께 있다는 사실에 감사한다.

인간은 이렇게 재생한다. 혼자가 아니라 여럿일 때 그것은 훨씬 쉽게 이루어진다. 우리는 함께 고통에 처해 있다는 사실 때문에라도 더 큰 연대감을 가질 수 있고, 서로가 가진 유형무형의 재산을 나누고 재조합함으로써 상상도 못한 것을 만들어낼 수도 있다.

2차 대전 당시 이탈리아 군에 소속되어 있다 독일군 편에 서기를 거부했다는 이유로 포로수용소에 갇힌 조반니노 과레스키는 회고한다. "우리는 버려진 것보다 더 나쁜 상태가 되고 말았지만, 그렇다고 짐승이 되지는 않았다. 우리는 빈손으로 우리만의 문명을 만들어갔다. 우리는 여기서 라디오 뉴스, 강연, 교회, 대학, 극장, 음악회, 전시회, 스포츠, 기술, 지방 의회, 공공 시설, 증권거래소, 도서관, 신문 광고, 교역, 상업 등을 만들어냈다."(『비밀일기』, 14쪽) 우리는 문명으로부터 버려졌지만, 다시 여기에서 새로운 문명을 만들 수 있다. 여러 사람과 함께라면 훨씬 쉬울 것이다.

6

나는 야수인가, 수도자인가, 희생양인가?
―도덕과 권력의 그라운드제로

이봐, 이봐! 우리 서로를 비난하지 말자구. 우린 이게 전부 밀하우스 잘못이라는 걸 알잖아." —〈심슨 가족〉

도덕과 법률의 디폴트

2010년과 2011년 사이, 세계 곳곳은 초대형의 지진과 쓰나미로 파괴되었다. 재난의 파괴력 자체로도 커다란 충격이었지만, 부서진 건물 사이에서 기어나온 사람들이 펼쳐낸 혼란상은 더욱 끔찍했다. 특히 치안의 공백 기간에 터져 나온 갖가지 범죄 행위는 생존자들로 하여금 살아남았다는 사실을 후회하게 했다.

대지진 직후 칠레 영토의 절반은 '혼돈 지역(catastrophe zone)'으로 규정되었다. 지진 이후의 폭동과 약탈 때문에 치안 질서가 거의 와해된 것이다. 슈퍼마켓을 부수고 들어간 군중들은 생필품만이 아니라 가전제품이나 가구 등 눈에 보이는 것은 무엇이든 들고 튀었다. 경찰이 뻔히 보고 있는 상황에서도 총기를 휴대하고 나타나 주유소에서 기름을 뽑아갔고 현금 상자에까지 손을 댔다. 감옥에서 폭동과 방화가 일어났고, 수백 명의 죄수가 탈옥해 인근 지역에서 강도와 성범죄를 저지르기도 했다.

아이티는 더욱 극심한 고통을 겪었다. 지진 이전에도 아이들이 진흙으로 만든 쿠키로 배를 채우는 라틴아메리카 최빈국이었던 데다, 지진으로 30만 명이 죽고 100만 명이 집을 잃었다. 부실하게 지어졌던 건물들은 거의 붕괴되었고 최소한의 생존 조건이 궤멸된 상태. 법률과 윤리와 양심을 따지는 것 자체가 무의미해졌다. 사람들은 시신을 발견하면 주머니를 털었고, 총기를 들고 다니며 상가를 약탈했다. 심지어 원조를 위해 달려간 세계 각국의 구호 차량을 습격했고, 생필품을 사이에 두고 무리지어 칼부림을 했다. 그야말로 무법천지였다.

우리가 살던 전 시대 역시 다툼이 없지는 않았다. 그러나 거기에는 윤리와 법률이 있었다. 경찰력을 비롯해 다툼을 중재하거나 제어할 어떤 수단들이 있었다. 그러나 문명의 빌딩들이 무너지면서 그 모든 장치들 역시 땅으로 곤두박질쳤다. 보편적인 도덕률, 양심, 휴머니즘에 호소하는 얄팍한 목소리는 큰 힘을 가진 자의 고함 소리에 날아가버린다.

이제 세계의 권력, 법, 도덕은 디폴트되었다. 그러나 나는 이 순간을 무정부, 무법, 무도덕의 상태라고 보지 않는다. 그 시점에 판단을 멈추면 당신은 이미 패배의 길에 들어선 것이다. 디폴트가 된 순간, 다시 시작된다. 이제 다른 종류의 정치 행위, 도덕적 판단, 법적 강제가 등장한다.

의견 대립

재난으로 심각한 타격을 입은 뒤 가까스로 살아남아 함께 뭉친 생존자 집단이 있다. 위기는 어느 정도 진정되어 비교적 안전한 상황에 이르렀다. 지진과 쓰나미의 타격을 받은 경우라면, 무너져가는 외곽도로를 통과해 고지대의 안정적인 위치에 텐트를 치게 되었다. 바다에서 표류한 상태라면 가까스로 섬에 기어올라 맹수들의 공격을 피할 만한 움막을 마련했다. 좀비들에게 쫓기는 상황이었다면 튼튼한 장벽이 있는 대형 쇼핑몰에 들어와 식품 코너의 음식들로 배를 채웠다. 공포에 질려 서로 공격하던 사람들이 무기를 내려놓고 공동의 생존을 모색하기로 했다. 그런데 이 시점에서 하나둘 의견의 차이들이 드러난다.

가장 빈번하게 떠오르는 문제는 바로 이것이다.

· 구조탈출파—누군가 우리를 구해줄 것이다. 구조를 기다리며 신호를 보내는 데 최선을 다하자.
· 자급생존파—현재의 조건에서 자급하며 생존의 여건을 만드는 것이 급선무다.

〈로스트〉에서 비행기 추락으로 섬에 떨어진 사람들은 우선 바닷가에서 구조를 기다린다. 그러나 식수가 거의 동이 나자 탐험대를 보내 물을 찾는다. 다행히 맑은 샘물을 찾아내고, 인근의 동굴도 발견한다. 잭은 최선의 생존 조건을 갖춘 그곳에 정착지를 만들자고 한다. 그러나 소이어를 비롯한 반대파가 생긴다. 그들은 잭을 두고 비관주의자라고 비판하며 해변에서 구조를 기다려야 한다고 주장한다. 아예 직접 배를 만들어 섬을 탈출하자는 세력도 있다. 양측의 주장은 평행선을 타고, 중립적인 팀원들을 설득하는 작업을 벌인다.『파리대왕』에서도 양상은 비슷하다. 해변에서 불을 피우며 구조를 기다리자는 랄프의 무리, 그리고 정글로 들어가 사냥을 하며 정착하자는 잭의 패거리로 나뉜다.†

〈로스트〉와『파리대왕』모두, 초기에는 대체로 자유로운 의사 결정에 따라 거취를 결정한다. 그런데 이후의 양상은 다소 다른 방향으로 전환해간다.『파리대왕』의 경우는 두 팀의 분리가 매우 파괴적인 양상을 띤다. 숲으로 들어간 사냥꾼들의 패거리가 야수화되면서 랄프의 무리를 공격한다. 숲에 있는 '괴물'에 대한 공포감이 커지면서 양쪽의 대립은 극한으로 치닫는다. 그러나 〈로스트〉에서는 양측의 갈등은 이어지지만 극단적인 분열과 대립으로 나아가지는 않는다.

구조탈출파와 자급생존파 중에서 어느 쪽이 옳은 걸까? 그것은 상황에 따라 다르다.『파리대왕』은 10여

† 공교롭게도 〈로스트〉와『파리대왕』의 주인공 중 하나는 '잭'이라는 이름을 가지고 있다. 〈로스트〉(2004년)는『파리대왕』(1954년)이 발표되고 50년 뒤에 나왔는데, 여러 요소들을 노골적으로 차용하고 있다. 항공기로 섬에 추락한 사람들, 숲에 존재하는 정체불명의 괴물, 첫번째 사냥감인 멧돼지, 디 아더스와 또 다른 부족…… 잭의 이름도 이러한 차용의 일환으로 보인다. 그러나 둘의 극중 위치는 정반대에 있다. 휴머니즘과 희생정신이 강한 〈로스트〉의 잭은『파리대왕』의 랄프에 더 가까워 보인다.

명의 자기 결정력이 부족하고 육체적으로 허약한 소년들의 집단이다. 두 팀으로 분리되었을 때, 그 힘은 치명적으로 약해진다. 서로가 상대를 흡수하지 않으면 안 된다. 〈로스트〉의 구성원은 40여 명의 성인이다. 팀이 분리된다고 해도 어느 정도의 규모를 이루고 있어 자생력이 있다. 그리고 두 지역 사이의 거리는 1.5km 정도로 탈출파와 정착파로 나뉘더라도 양쪽을 오고 갈 수도 있다. 애초에 싸울 필요 없이 한쪽은 구조를 요청하고 한쪽은 자생력을 키우며 서로 보완해도 좋았을 것이다.

여기에서 우리가 주목해야 할 점은, 탈출과 정착 중 어느 쪽이 옳은가가 아니다. 팀 내에서 중대한 의견 차이가 생겨났을 때 어떤 방식으로 처리해야 하는가의 문제다.

가장 기초적인 규칙들

이제 우리는 잠정적으로 한 배를 탔다. 그러나 이 안에서도 계속 경쟁과 견제가 이루어질 것이라는 의심은 지울 수 없다. 때론 사소한 오해나 실수가 분쟁을 일으켜 이 배 자체를 전복시킬 수 있다. 때문에 우리는 어떤 합의에 기반한 규칙들을 만들어가야 한다. 먼저 서로 남아 있는 의심들을 잠재우고, 공동의 생존이라는 목표를 위해 힘을 모으기 위해서는 최소한의 두 장치가 중요하다.

총은 내려놓으시지?

북쪽 나라의 국경선 근처. 전쟁으로 집을 잃은 어느 부족원들이 혹독한 추위 속에 늑대들의 추격을 뿌리치고 통나무 오두막에 들어선다. 그와 동시에 반대쪽 문이 열린다. 역시 비슷한 처지인 듯한 사람들, 그러나 한눈에 적국의 사람들이라는 걸 알게 된다. 그들은 긴장 속에 서로를 노려본다. 그때 바깥에서 무시무시한 늑대 떼의 울음소리가 들린다. "당신들을 따라온 놈들이군." "무슨 소리야. 네놈들의 더러운 냄새를 따라온거지." 그러나 다툴 여지가 없다. 너나 할 것 없이 벽난로의 불을 피우고, 벽의 창문을 튼튼한 나무로 덧댄다. 밤새 포탄 소리가 들린다. 그리고 몇 발은 오두막 바로 옆으로 떨어진 듯 굉음을 울린다. 그렇게 뜬눈으로 밤을 지샌 다음날. 늑대들은 검은 자작나무 숲으로 사라졌다. 이제 안전해졌군. 각자의 길을 가야지.

문을 나선 사람들은 무언가 크게 잘못되었다는 것을 알게 된다. 그들이 들어서 있는 것은 강 한가운데 있는 작은 섬에 자리잡은 오두막. 그런데 밤사이의 폭격으로 주변의 얼음이 모두 깨진 것이다. 차가운 물살이 무서운 속도로 흘러가는 강물. 두 무리는 꼼짝없이 이 작은 섬에 갇혀버렸다. 다행히 오두막에는 통조림을 비롯한 비상 식량과 땔감이 있어, 며칠은 머무를 수 있을 것 같다. 그 사이에 섬을 탈출할 뗏목을 만들어야 한다. 양쪽의 인원이 모두 달려들어야 겨우 그 목적을 달성할 수 있을 것 같다. 좋다. 두 부족은 손을 잡기로 한다. 그리고 말한다. "총은 내려놓으시지." "그쪽부터 치우시지."

잠시도 안심하기 어려운 서바이벌의 상황, 서로 손을 잡기로 한 무리 안에서도 다시 분쟁이 일어날 가능성이 있다. 팀원들은 우연히 발견한 건빵 한 봉지 때문에 맹수처럼 달려들어 서로를 공격할 수도 있다. 이를 막기 위해서는 무엇보다 상대를 살상할 수 있는 치명적인 공격 도구를 제거해야 한다. 그러나 핵무기가 그렇듯이, 깔끔한 폐기란 참으로 어렵다. 〈로스트〉에서도 생존자들이 발견한 몇 자루의 권총이 계속 문제가 되는데, 그걸 쉽게 없애버리지 못한다. 이 강력한 무기를 안이 아니라 바깥으로 겨누어야 할 상황 때문이다. 숲의 야수나 다른 부족이 공격할 때, 그 총이 없으면 무방비 상태로 당하고 말 것이지 않은가? 결국 총기와 탄약을 따로 관리한다든지, 믿을 만한 덜 공격적인 사람에게 맡긴다든지, 모두의 동의가 있어야만 열 수 있는 안전한 금고를 마련한다든지 하는 방법을 찾아야 한다.

먹을 것은 모두 꺼내놓죠?

서로를 향해 겨눈 공격 무기를 거두는 일은 누구든 쉽게 생각할 수 있다. 그러나 더 근본적이면서 중요한 문제는 이것일지 모른다. 한정된 공간 안에 있는 사람들을 야수로 만드는 것, 그것은 무엇인가? 굶주림이다. 우리가 하나의 공동체라는 걸 확인하기 위해서는 각자의 식량 보따리를 풀어놓아야 한다.

2010년 칠레 대지진에서 매몰되었던 광부들은 평상시가 거의 서바이벌 상황이었기 때문에 일반적인 경우보다 더 많은 식량을 확보하고 있었다. 그러나 지하 622m의 갱도 안에서 지상과의 연락이 단절된 채 언제 구출될지 모르는 상황. 비축한 식량이 얼마 동안이나 유효할지는 예측 불가능했다. 만약 초기에 식량을 공유하는 조치가 취해지지 않았다면, 이들은 너 나 할 것 없이 자기 분의 식량은 먼저 먹어치운 뒤에 남의 식량에 눈독을 들였을 것이다. 식량도 급속히 소모되었겠지만, 그 이전에 서로를 공격하는 일이 벌어졌을 가능성도 컸다. 다행히도 그들은 현명한 조치를 취했다.

"우리는 매몰된 후 첫 회의에서 갖고 있는 모든 음식을 공유하기로 합의했다."[†]

[†] 《워싱턴 포스트》와의 인터뷰에서. 광부 리카르도 비야로엘, 2010년 10월 14일자

이들은 사고 17일째에야 지상과 연락이 닿아 추가 식량을 전달받았는데, 그 이전까지 점점 식량을 줄여나가 마지막에는 48시간마다 두 숟가락 분량의 참치와 우유 반 컵, 비스킷 반 조각을 나눠 먹으면서 굶주림을 이겨냈다고 한다. 결국 이들을 살린 것은 최소한의 식량을 공동 분배하여 생존의 시간을 늘려간 결정이다.

신기하게도 이러한 판단은 거의 본능적으로 이루어지는 것 같기도 하다. 『표류교실』에서 새로운 질서를 만들어야 한다는 걸 깨달은 학생들이 교실에 모여 회의를 한다. 첫 번째 합의는 각자가 지닌 식량 자원들을 교탁에 올려놓

는 일부다. 다음에 소개할 〈심슨 가족〉의 에피소드에서도 섬에 표류한 일행은 과자를 비롯한 식량을 공유한다. 〈로스트〉에서도 초반의 혼란을 겪은 뒤에는 식량을 공유하고 배급하는 것을 원칙으로 한다.

무기의 통제와 공동 급식이 재앙을 막는다. 이러한 합의는 아주 기초적이고 본능적인 조치이기도 하다. 그러나 이것만으로는 부족하다. 누군가 그 합의를 깬다면 어떻게 해야 하나?

범죄와 처벌

〈심슨 가족〉에서 스프링필드 초등학교 학생들이 모의 유엔 교실을 위해 버스를 타고 간다.† 아이들의 장난으로 촉발된 사고로 버스는 강에 추락해 떠내려 간다. 운전사는 자기만 살겠다고 달아나버리고, 바트와 리사를 비롯한 10명의 소년 소녀들만이 무인도에 표류한다.

† 'Das Bus'편, 9시즌 14번째 에피소드, 1998년

당장의 큰 문제는 식량이다. 아이들은 버스에 남아 있던 과자와 간식류를 나누어 먹으며 버티기로 한다. 현명하게도 앞에서 언급한 '식량 공유의 원칙'을 재빠르게 적용한 것이다. 그런데, 다음날 아침 깨어난 아이들은 경악한다. 그 얼마 안 되는 식량을 누군가 모조리 먹어치운 것이다. 볼록한 배를 하고 트림을 하는 밀하우스가 즉각 범인으로 의심받는다. 그러나 그는 숲속에 있는 '괴물'이 그걸 먹었다고 항변한다. 분노한 소년들은 그를 응징하기 위해 다가온다. 그때 리사가 그 사이를 막아서며 모의 유엔헌장을 내보인다. 문명인답게 민주적인 절차로 문제를 해결하자는 것이다.

아이들 마음속에 남아 있는 문명의 잔재가 일시적인 승리를 거둔다. 정식 재판이 벌어진다. 바트가 판사, 넬슨이 검사, 리사가 변호사 역할을 맡는다. 밀하우스가 과자를 훔쳐먹었다는 결정적 증거는 없었고, 결국 무죄 평결이 내려진다. 그러자 넬슨을 비롯한 과격파는 판결에 반대한다. 결국 직접 밀하우스를

잡아 응징하겠다고 달려든다. 밀하우스, 바트, 리사는 쫓겨 도망가다가 동굴 속으로 뛰어들어간다. 그곳에서 아이들은 전날 밤의 범인이 그 동굴에 있던 멧돼지임을 알게 된다. 소년들은 멧돼지를 때려 잡아 범죄자를 응징하고, 동시에 그 고기를 구워먹으며 식량 문제를 해결한다. 밀하우스는 고기를 먹으며 전날 밤 멧돼지와 자신이 공범이었음을 넌지시 고백하고, 그를 옹호했던 리사는 채식주의자이기 때문에 돌멩이의 이끼를 핥아먹는다.

『15소년 표류기』와 『파리대왕』의 여러 요소들이 섞여 있는 아주 뛰어난 패러디다. 우리는 무인도에 표류된 초등학생들이 처한 상황의 아이러니를 통해 웃음을 얻게 되지만, 동시에 서바이벌 상황에 우리가 처하게 될 핵심적인 정치와 법률의 순간들을 발견한다. 이 사건의 주요한 대목은 다음과 같다.

1) 식량을 공동으로 소유하고 나눠먹자는 합의
2) 합의의 위반자 발생―범죄
3) 범죄 행위에 대한 판단(유무죄)과 형량의 결정
4) 결정에 대한 반발, 자력 구제로 응징―합의의 파괴

이 짧은 에피소드가 우리에게 던져주는 문제 의식은 적지 않다. 문명의 도덕적·법적·정치적 매뉴얼이 사라진 상황에서, 집단은 내부의 이견을 어떻게 조정할 것인가? 공동체의 이익을 깨뜨리는 행위는 어떻게 다룰 것인가? 집단 내의 서로 다른 의사는 어떻게 하나로 모을 것이고, 그 결정을 유지할 강제력은 어떻게 확보하는가? 아이들이 '모의 UN'이라는 행사를 하던 와중에 무인도에 표류했다는 것 자체가 매우 상징적이다.

우리는 문명의 붕괴와 함께, 과거에 가졌던 많은 기준들이 소멸되었다는 사실을 알게 된다. 사람들의 의견을 취합하던 정치적 제도와 더불어, 범죄를 처벌하던 법률도 그 힘을 상실했다. 실제 우리가 서바이벌 상황에서 맞닥뜨릴 여

러 문제들은 구속력도 없는 재판 게임이나 멧돼지를 희생하는 제의처럼 가볍게 끝나지는 않을 것이다.

소년들의 민주주의 실험실

쥘 베른이 지은 『15소년 표류기』의 원제는 『2년 동안의 방학(Deux Ans de vacances, 1888년)』이다. 1896년 일본인 모리타 시겐이 영어판을 중역하며 『모험기담 15소년(冒險奇談 十伍少年)』이라 이름붙였고, 이후 1950년대에 『15소년 표류기(十伍少年漂流記)』로 정착된다.✝ 이것이 그대로 한국에도 들어오게 된 것이다. 만약 내게 두 제목 중 하나를 선택하라면 '십오소년'을 택할 것 같다. 그쪽이 훨씬 울림이 크다. 그리고 15라는 숫자가 지닌 배후의 의미도 드러낸다. 그것은 15개의 투표권이다.

✝ 모리타는 이때 '모험'이라는 단어를 처음 지어냈다고도 한다. 위키피디아 재팬.

뉴질랜드에서 여름학교를 보내던 15명의 소년이 조난당해 무인도에 도착한다. 이들은 어른 하나 없이 자신들만의 힘으로 섬에서 살아갈 방도를 찾아야 한다. 아이들은 본능적으로 믿을 만한 리더를 따르게 되고, 자연스럽게 두 무리로 나뉜다. 한쪽은 도니펀과 영국 학생들이 중심인데, 상급생과 하급생 간의 상명하복을 철저히 지킨다. 다른 쪽은 하급생이 상급생의 잔심부름을 할 의무가 있다는 데 전혀 동의하지 않는 프랑스 소년 브리앙의 주변에 모인 무리다. 이들은 무리 안의 이견들이 점점 커지는 걸 느끼고 이를 조정할 필요성을 느낀다. 그래서 섬의 지도자를 정하기로 한다. 어떻게? 투표를 통해서다.

15명의 소년들은 각자 한 표씩의 투표권을 가진다. 다만 견습선원 모코는 흑인이라 당시의 관습상 선거권을 행사할 수 없었고 스스로도 선거권을 요구하지 않았다. 그러니까 유권자는 모두 14명. 이들은 나이, 능력, 국적을 불문하고 각각 한 표씩 주어진 자신의 권리를 행사해 섬에서의 새로운 정치를 만들어 간다. 때는 왕정이 시들어가며 민주주의로 대체되는 상황, 쥘 베른은 이 신생의 정치 제도를 시험하기 위해 무인도를 무대로 삼고 관습에 물들지 않은 소년들을 그 위에 올려놓은 것이다.

첫 임기에는 양측의 중재자 역할을 한 미국인 고든이 뽑혔다. 그는 중도적 입장에서 일을 잘 처리한다. 하지만 어린 학생들은 고든의 '강경한 방식과 지나치게 현실적인 태도'를 싫어했다. 도니편은 이 기회를 이용해 새 지도자로 선출되기를 바라고 있었지만, 아이들은 그들에게 보다 유연하게 대해주는 브리앙이 새 지도자가 되기를 원했다. 그가 지도자가 되면 '단 음식을 실컷 먹으면서 즐겁게 지낼 수 있을 거'라고 기대했다. 그러나 브리앙은 지도자가 되는 일에 관심 없이 쉬지 않고 일했다. 도니편과 브리앙은 게임 도중에 속임수를 쓴 것을 두고 다투는 등의 알력을 보이다 두 번째 지도자 선거의 후보로 맞선다. 결과는 브리앙의 승리. 그런데 이에 승복하지 못하는 도니편은 자신을 따르는 소년 셋을 데리고 독립해서 나간다. 민주적 절차에 의한 합의가 무너지게 된 것이다. 그러나 악당 월스턴 일파가 공격해오고 그들은 흩어진 채로는 맞설 수 없다. 브리앙이 나서 그들을 다시 같은 팀으로 합류시킨다. 외부의 강력한 적 때문에 다시 동지가 된 셈이다.

쥘 베른이 여러 작품을 통해 인류의 미래를 실험하는 장으로 여겼던 신생 독립국 미국은 머지 않아 강력한 국가로 자리잡았다. 그리고 '십오소년'들이 선택한 민주주의는 세계 대다수의 나라에서 정치 원리로 받아들여진다. 허나 국가 간의 평화는 쉽게 자리잡지 못했다. 20세기 초반 두 번의 세계 대전이 연이어 찾아온다. 그리고 1954년 윌리엄 골딩은 『파리대왕』에서 다시 영국인 소년들을 무인도에 떨어뜨려놓는다. 골딩의 이야기는 베른의 이야기보다 훨씬 미묘하고 복잡하다. 그 섬은 온갖 은유의 과실로 가득하다. 그러나 이 표류기의 가장 중요한 화두 역시 '민주주의'다.

무인도에 조난한 소년들은 그 직후 무리의 질서 유지와 의견 통일을 위해 리더를 뽑는다. 자연스럽게 랄프가 그 역할을 맡고, 잭, 피기 등 다른 소년들은 그의 리더십에 충실히 따른다. 이들은 힘을 모아 지형을 파악하고 모닥불을 피우고 물과 식량을 구한다. 이때 소년들은 회의를 하게 되는데, 소라고둥이 중요한 역할을 한다. 누구든 고둥을 부는 사람은 회의를 소집할 수 있고, 그 고둥을 들고 있는 사람은 발언권을 얻는다. 고둥은 명백한 민주주의의 상징물이다.

구조대에 대한 기대가 엷어지자 잭을 비롯한 일파들이 점차 랄프의 지시에 반기를 든다. 소년들은 느슨한 형태의 군대식 조직을 이루며 교대로 모닥불을 지키는데, 잭의 일파가 야생 돼지를 사냥하러 몰려 가는 바람에 모닥불을 꺼뜨린다. 여기에서 모닥불은 과거의 문명 세계로 돌아가려는 의지, 사냥은 섬에 정착하고 야생의 삶으로 들어가는 시도의 표현이다. 결국 소년들은 두 집단으로 나뉜다. 한쪽은 랄프와 피기를 중심으로 개인의 권리와 민주적 의사표현을 중요시하는 집단이다. 다른 쪽은 잭의 지시를 충실히 따르는 집단으로, 절대적 권위에 복종하며 공격적인 성향을 보인다. 이들은 과거의 문명을 포기하고 섬의 야성 속으로 들어가려고 한다.

『15소년 표류기』에서 서로 분리된 소년들은 월스턴이라는 강력한 적에 대항하여 다시 하나로 모인다. 『파리대왕』에서도 숲에 있는 정체불명의 괴물이 공동의 적이 될 수 있다. 그러나 십오소년이 맞서야 하는 적과는 달리 숲속의 괴물은 실체가 없는 공포다. 잭의 패거리는 그 공포에 굴복하고 스스로 종교적인 표식으로 파리대왕을 만들어낸다. 인간의 이성을 신뢰하고 그 이성의 협동으로 문제를 해결할 수 있다고 믿었던 민주주의에 대한 기대는 급속히 무너져간다. 예민한 소년 사이먼이 숲속의 괴물이라 여겼던 것은 추락한 낙하산 병사의 시신이라는 사실을 알고 무리에게 알리려 한다. 하지만 때마침 모닥불을 피우고 야성의 제의를 취하던 소년들은 광기에 휩싸인 채 사이먼을 괴물로 오인해 살해하고 만다. 랄프는 자신을 배신하고 잭의 무리로 넘어간 쌍둥이 형제에게 방관의 죄를 묻지만, 그 스스로 이 살해의 제의에 은연중에 가담하고 만다. 결국 민주주의를 상징하던 고둥은 빛깔이 바래고 피기의 죽음과 함께 부서진다.

『15소년』과 『파리대왕』 사이에 두 번의 세계 대전이 있었고, 나치의 인종 학살이 있었다. 윌리엄 골딩은 영국 해군으로 2차 세계 대전에 참전해 노르망디 상륙 작전에 참가했다. 민주주의는 노예 제도를 없애는 등 큰 성과를 거두었지만, 인종과 국적을 떠나 인류의 화합과 세계의 평화를 이루리라는 기대는 여지없이 꺾였다. 골딩은 이성에 기반한 문명이란 얼마나 얕팍하며, 언제든지 야성의 폭력성에 먹힐 수 있다는 사실을 하나의 우화로 그려냈다. 이러한 테마는 또 다른 소년들의 표류극 『표류교실』에서 더욱 폭력적이고 야만적인 모습으로 변한다. 이제 주인공들의 무리조차 적들과 싸우기 위해 강고한 폭력과 냉정함으로 무장한다.

어른들의 권력 쟁투

외딴 공간에서 살아남기 위해 애쓰는 인간들의 상호 대립과 정치를 통한 중재. 이러한 주제를 다루고 있는 많은 작품들이 미성년들을 주인공으로 삼고 있다. 『15소년』은 8~13세, 『파리대왕』은 13세 이하, 『표류교실』은 7~12세 정도의 초등학생이다. 우리는 왜 이 소년들을 냉혹한 세계에 던져넣은 걸까? 그것은 루소가 소년 '에밀'을 통해 인류의 미래를 만들어보고자 한 시도와 통한다. 이미 때문어 전쟁 따위나 일으키고 세계를 멸망시킨 장본인, 그러니까 어른들은 믿을 수 없다. 그 죄로부터 벗어나 있는 존재, 편견과 관성을 벗어던진 순수한 소년들에게만 새로운 세계의 문제를 풀어갈 수 있는 자격이 주어진다.

안타깝게도 나는 이미 소년의 자격을 잃었다. 그렇다고 멸망의 죗값을 치르기 위해 잿더미에 묻히고 싶은 생각도 없다. 그러니 이제 어른들의 이야기를 해야 하겠다. 소년들의 보이스카우트 세계에서는 누가 리더가 되느냐를 두고 왈가왈부하는 학급 회의가 이루어진다. 그러나 어른들의 세계에선 그렇게 입으로 떠들 시간이 없을지 모른다.

호시노 유키노부의 만화 『블루홀』에서 다른 시간대와 연결되는 구멍이 발견되면서, 과학자, 선원, 기자 등이 탐험에 나선다. 이들은 공룡들이 날뛰는 원시시대로 떨어지는데, 『세븐시즈』의 미래와는 정반대의 위치이지만 상황은 아주 흡사하다. 문명 세계와의 연결이 완전히 끊어진 야만의 정글에서 생존을 위해 몸부림치는 이들에게 과거의 질서는 의미가 없다. 전 세계에서 힘을 발휘하던 나이, 계급, 재산, 배경 등은 무용지물이다. 오직 무력으로 우위에 서고, 생존에서 유리한 위치를 차지하는 자가 지배적 위치에 선다.

> 해병대 하사에게 엘리트 미녀와 대학의 높으신 학자 양반까지 무릎을 꿇다니. 약육강식―힘이 곧 법인 세계로구만! (『블루홀』 1권, 258~259쪽)

강력한 한 사람에게 다수가 굴종하는 상황이 부당하다면 어떻게 거역할 것인가? 힘이 약한 자들이 그룹을 만들어야 한다. 무엇을 매개로?

부론손과 미우라 겐타로 콤비의 만화 『재팬』의 경우를 살펴보자.† 1991년 스페인의 바르셀로나에 한 무리의 일본인 관광객들이 모여 있다. 아름다운 여성 리포터 가츠라기, 그녀를 추근거리며 따라온 야쿠자 야시마와 그 부하, 그리고 네 명의 잘난 척하는 고등학생들. 이들은 세계 경제와 일본의 정체성에 대해 관념적인 대화를 나누며, 일본인으로서의 오만함을 은연중에 풍긴다. 그러다 갑자기 큰 지진이 일어나고, 이들은 땅밑으로 꺼진 뒤 황폐한 사막 같은 곳으로 튀어나온다. 눈앞에 보이는 것은 서기 2031년에 죽은 누군가의 묘비. 그러니까 적어도 40년 이후의 세계다. 이미 지구는 오존층의 파괴와 온난화로 황폐해진 데다, 각지의 원자력 발전소가 폭발하면서 만든 죽음의 재로 뒤덮여 있다. 극심한 식량난에 대부분의 나라는 식량 유통을 금지시키고 자급자

† 일본에서는 극단적인 남성주의를 표방하는 만화들이 아주 굵은 줄기를 형성하고 있는데, 약육강식의 근미래 세계에서의 주먹싸움을 그린 『북두신권』과 가상의 중세 전쟁 시기를 배경으로 『베르세르크』가 대표적이다. 『재팬』은 『북두신권』의 부론손이 스토리를 쓰고 『베르세르크』의 미우라 겐타로가 그린 만화이다. 두 대가의 합작치고는 아주 졸렬한 작품. 그러나 그 얄팍함에도 불구하고, 혹은 그 얄팍함 때문에 이들이 파국의 세계를 바라보는 눈을 더 생생하게 확인할 수 있다.

족에 들어간다. 경제대국 일본은 세계의 금고였지만 한 톨의 쌀도 사먹을 수 없는 신세. 결국 일본인들은 배를 타고 내륙으로 들어와 식량을 구걸하는 난민 신세가 된다.✝ 엘리트 독재 국가인 네오 유러피안은 그들을 차별하며 노예로 삼는다.

✝ 세계 질서가 흔들리면 일본인들이 왕따가 되어 공격받을 것이라는 공포는 1980년대 미국과 유럽 등지에서 벌어진 일본 상품 불매 운동, 일본 경제 동물론 등의 현상과 연결된다. 우메즈 가즈오는 『나는 신고(わたしは真悟)』를 통해 반일 폭동이 대파국을 일으키는 상황을 묘사했다.

이제 어떻게 살아남을까? 그전까지는 바보처럼 보이던 야쿠자 야시마가 자신의 무력을 통해 주변 사람들을 결속한 뒤 이민족들의 폭력에 폭력으로 맞선다. 그의 위력을 깨달은 여자는 스스로 방에 찾아와 옷을 벗고, 바보 같던 젊은이들은 무장하며 야시마가 설파하는 힘의 원리에 동조한다. 그들은 여러 모험을 겪던 중 일본계 난민의 지도자였다가 사형수로 붙잡혀 있는 아즈마라는 인물을 만난다. 딱 보기에 예수를 닮은 이 남자는 비폭력의 순수한 저항으로 전쟁 없는 세계를 주장한다. 야시마 일행은 아즈마와 함께 붙잡혀 교수대에 오르나, 동조자들의 무장 봉기로 탈출한다. 그리고 신국가 '재팬'의 탄생을 선언한다. 아즈마는 스스로를 희생해 그들을 살리고, 전쟁 없는 세계를 만들어달라고 한다. 그러나 사실상 아즈마 역시 폭력의 유용성을 인정했다고 볼 수밖에 없다.

나는 파국 이후에 모든 것이 디폴트되었다고 말했다. 그러나 많은 것들은 붕괴되었지만 여전히 부숴진 채 주변에 흩어져 있다. 특히 정서적인 요소들이 과거보다 더 강력한 힘을 발휘할 수도 있다. 서로가 의심하고 경쟁하는 상황에서는 그룹을 만들어 대결할 수밖에 없는데, 국적, 인종, 언어와 같은 지표만큼 확실한 건 없다. 당연히 혈통주의, 국수주의, 파시즘이 크고 작은 형태로 이 야만의 세계에 창궐할 것이다. 달리 말하자면, 인종과 지역주의에 기반한 폭력이 동시다발적으로 벌어지는 현재의 세계는 그만큼 파국에 가까이 다가서 있는 것인지도 모르겠다.

민주파와 독재파

우리는 외부의 힘에 저항하며 어떤 무리를 이루어냈다. 그러나 이 내부에서도 끝없이 이견이 발생하고 권력의 쟁투가 벌어진다. 우리는 그것을 해결하기 위해 어떤 조직의 원리를 받아들여야 할까?

〈로스트〉의 초반, '생존자들(the Survivors)'은 개인주의에 기반한 느슨한 민주주의의 형태를 띠고 있다. 각자 원하는 대로 행동하고, 분쟁이 있는 경우 당사자들 간에 해결한다. 이는 절대적인 강자가 없어서이기도 하고, 개성 있는 강자들이 많아서이기도 하다. 외과의사인 잭은 집요하다 싶을 정도로 위험에 빠진 사람들을 구해내지만, 막상 사람들이 그를 리더 취급하며 모든 것을 결정해주기를 바라자 스트레스를 심하게 받는다. 존 로크는 생존 전문가로서 이런 상황의 대처법에 대해 잘 알고 있지만, 가급적 무리에서 떨어져 독자적인 행동을 한다. 무리에서 일어나는 일 때문에 자신이 피해를 입는 것에 대해 경계하는 듯이 느껴질 정도다. 헐리는 여러모로 『파리대왕』의 피기를 연상시키는 존재다. 둔한 외모 때문에 얕잡아 보이지만, 사실 팀에서 일어나는 여러 문제를 가장 현명하게 판단하고 공동체적인 입장에서 해결책을 찾는다. 케이트, 사이드, 소이어 등도 능력이 상당히 뛰어난 강자들이다. 하지만 범죄 경력 등 각자의 핸디캡이나 정서적인 태도 때문에 리더 입장에 서지는 못한다. 〈로스트〉가 주는 가장 큰 재미 중 하나는 이렇게 서로 다른 개성들이 특별한 제도 없이 절묘하게 균형을 이루며 팀으로서 힘을 발휘해가는 모습이다. 가끔 심각한 이견이 생기기도 하지만, 직접 민주주의의 이점을 적절히 이용해 해결한다. 이것은 마치 서로 다툼이 일어났을 경우 치명적인 상황이 벌어질 것을 알고 있는 강대국들이 적절히 균형을 이루는 모습과도 닮았다고 여겨진다.

〈로스트〉의 섬에는 이들 생존자들만 있는 것이 아니었다. 섬의 반대편에 있는 '디 아더스(the Others)'들이 서서히 정체를 드러내는데, 이들은 신참 생존자들과는 다른 형태의 정치 구조를 가지고 있다. 50여 명으로 추산되는 이 그룹은 벤자민이라는 강력한 리더를 중심으로 철저한 명령 체계에 따라 움직인다. 내부에서 이견을 가진 자는 철창에 감금하거나 죽이고, 섬의 새로운 침입자인 '생존자들'을 냉철하게 이용한다. 적으로 간주되면 가차없이 없애고, 때론 생체 실험의 도구로 쓴다. 일종의 1인 독재의 권위주의 모델이다.

1인 리더의 강력한 명령 체계에 기반한 모델과 개인의 자유를 중요시하면서 협동을 통해 능력을 이끌어내는 모델의 대조는 소년들의 표류기에서도 보아왔던 것이다. 과연 양쪽 그룹이 서로 부딪히면 어떤 일이 벌어질까? 『15소년 표류기』에서는 제3의 적이 나타나 민주파로 단결한다. 『파리대왕』은 독재파가 민주파를 해체시킨 후에 공멸한다. 『세븐시즈』에서는 독재적인 여름 A반이 자신을 찾아온 다른 그룹들을 아주 쉽게 장악한다.

민주파 그룹과 독재파 그룹이 만났을 때, 대체로 독재파의 공격에 민주파가 여지없이 무너지는 모습을 보여준다. 그런데 〈로스트〉에서는 양측이 상당 기간 힘의 균형을 이룬다. 느슨한 민주파의 생존자들이 잘 조직된 디 아더스와 맞설 수 있는 이유는 무엇일까?

초반에는 디 아더스의 힘이 압도적으로 강하다. 오래전부터 이 섬에 정착해서 살고 있었다는 사실 자체가 워낙 유리한 위치를 제공한다. 게다가 비행기 추락 직후부터 스파이를 잠입시켜 생존자들의 일거수일투족을 살펴보는 등 주도면밀한 작전을 펼치고 있었다. 다만 이들은 생존자들을 즉각 살상하거나 노예로 만들기보다는 자신들에게 필요한 부분만 이용하기 위해 정체를 숨긴다. 그러니까 나치, 소련 등 힘의 우위를 과시하는 전통적인 독재 체제의 모델보다는 중남미의 마약 밀매 조직 혹은 게릴라 집단을 연상케 한다. 생존자들 그룹 안에 워낙 뛰어난 인재들이 많다는 사실 역시 디 아더스의 입장에서는 곤란한 점이었을 것이다. 생존자들은 개인의 자발적인 행동을 용인하면서도, 필요한 순간 협동심과 희생정신을 통해 능력을 100퍼센트 이상 발휘했다.

그러나 이런 실력 이상의 것이 함께했다. 생존자들이 디 아더스와 맞설 수 있었던 가장 중요한 이유는 그들의 이중적 태도라고 본다. 그들은 그룹 내에서는 민주적인 태도를 취하지만 외부에 대해서는 예민한 경계와 적대적인 자세를 거두지 않는다. 그들이 몰래 잠입한 벤을 붙잡게 되었을 때는 그의 정체를 정확히 모르는 상황에서 고문까지 자행한다. 디 아더스 역시 독재파가 지닌 문제점을 노출시킨다. 그 내부에는 벤의 독재에 불만을 품은 세력들이 있어 그를 제거하려고 하는데, 생존자들은 이러한 요소를 적극 활용한다. 내부로는 민주주의, 외부를 향해서는 폭력도 마다하지 않는 태도. 무언가 연상되지 않나? 사실상 현재의 국가 체제가 이러한 서바이벌 상황의 생존 모델이다.

몇 가지 조직의 형태

생존을 위한 다툼이 격렬해지고 폭력과 살상도 불가피해진 상황. 우리는 좀 더 빠르고 정확한 지휘 체제하에 일사분란하게 움직여야 한다. 그를 위해서는 어떤 조직을 만들어야 할까?

먼저 군사 조직의 형태를 고려해야 한다. 『재팬』에서 생존자들은 야쿠자를 중심으로 한 유목 전투 부대의 형태를 띠고, 『맨발의 겐』에서는 전쟁과 폭격으로 고아가 된 아이들이 자연스럽게 군대와 비슷한 형태로 움직인다. 어쩌면 파국 이전에 존재했던 군사형 조직 자체가 그대로 옮겨올 수도 있다. 〈28일 후〉에서는 맨체스터의 지역 부대가 그대로 생존 집단으로 전환한다. 생각해보면 대재난이 발생할 경우, 이런 집단의 생존 가능성이 훨씬 더 높을 수 있다. 전투 식량과 살상 무기, 조직적인 명령과 복종 체계…… 그들은 이미 서바이벌을 상정한 체계를 갖추고, 그런 시스템으로 움직이고 있었다.

보다 평화로운 상황에서도 권위주의나 독재의 모델이 등장할 수 있다. 거친 서바이벌의 조건 속에서 살아남기 위해서는 혹독한 노동을 감수해야 한다. 때론 방사능 오염 지대에서 무기를 회수해 오거나 전염병에 걸린 시체를 소각하는 등 위험하거나 불쾌한 행동을 해야 할 때도 있다. 이런 행동은 누구에게, 어떻게 강제할 것인가? 후쿠시마 원자력 발전소의 뒤처리 작업처럼 고액의 보수를 줄 수도 없다. 또한 개인의 일탈과 나태가 조직 전체의 생존 자체를 위태롭게 할 수도 있다. 이런 상황이라면, 사람들은 조직 내에서 민주주의를 포기하고 강력한 권위에 기댈 수도 있다.

『세븐시즈』의 여름 A반은 전문적인 생존 훈련을 받은 인재들이 모여 있는 집단이다. 때문에 가장 먼저 정착해서 자급자족의 농경 생활에 들어가는데, 확실한 주도권을 잡은 두 사람이 다른 멤버들을 통솔하는 독재적 부족 체제를 만든다. 자신들은 편안히 특권을 누리며 나머지 멤버들에게 강제 노역을 부가하고, 임무를 수행하지 못했을 경우에는 체벌을 가한다. 아메리카에 식민지를 만들던 유럽인들은 낯선 오지에서 생존하기 위해서는 상당한 육체 노동이 필요하다는 걸 깨달았다. 이들은 아프리카로부터 수입한 노예들을 강제 노동에 동원했다. 파국의 상황에서 자급자족의 체제를 만들어가는 과정은 야생 상태의 신대륙을 개척하는 것과 아주 유사하다. 집단 내에서 우위를 점한 자들이 노예 제도를 재활용하려는 유혹에 빠지는 것도 당연한 수순으로 보인다.

물론 이것은 지배하는 자의 입장이다. 피지배자는 어떻게 해서 그 시스템을 받아들이나? 여름 A반을 찾아왔다 이들의 포로가 된 가을반 멤버들은 의아하게 생각한다. 여름 A반의 멤버들은 전부 특수한 생존 훈련을 받은 자들이고, 지배당하는 멤버들 역시 상당한 실력자들이다. 그런데 왜 이들은 체념한 듯 굴종의 노예 생활을 받아들이고 있는 걸까? 왜 힘을 모아 권좌의 독재자를 흙바닥으로 끌어내리지 않는 걸까? 가을반의 멤버들은 이들과 힘을 합쳐, 부족의 비민주적인 체제를 뒤엎어보고자 한다. 그러나 이들은 거부한다. 현재가 가장 좋다는 것이다.

권위주의적인 체제는 단순히 지배자가 힘으로 강압해서 이루어지는 것만은 아니다. 모든 것이 뒤흔들린 상황에서 많은 사람들은 판단력의 부재에 시달린다. 이전의 세계에서는 많은 매뉴얼이 있었다. 초등학교를 졸업하면 중학교에 가면 되고, 성적이 안 좋으면 학원에 가고, 대학교에서는 가능한 많은 스펙을 쌓아서 대기업에 취업하고…… 그러나 이제는 모든 개별의 상황들이 판단과 판단과 판단을 요구한다. 이것은 결코 쉬운 일이 아니다. 그래서 그들은 강력한 리더가 무언가를 지시해주길 바라고, 그 카리스마를 중심으로 질서를 이루는 데 동의하는 것이다.

『15소년 표류기』와 『파리대왕』의 주인공들은 모두 10세 전후의 소년들이지만, 연령대에 따라 상당히 다른 태도를 보인다. 상대적으로 어린 쪽들은 우유부단한 태도로 우왕좌왕하고, 리더가 바뀜에 따라 전혀 다른 모습을 보인다. 『15소년 표류기』의 어린 유권자들은 어리광을 부리면서, 부드러운 태도로 단것을 많이 줄 것 같아 브리앙을 지지한다. 반면 『파리대왕』에서 잭이 데리고 다니는 어린 성가대원들은 소년 파시스트들로 보일 정도로 맹목적인 충성심을 보인다. 『재팬』 초반부에 유약하고 이기적이던 고등학생들은 강력한 힘을 통한 자존을 외치는 야쿠자의 리더십에 이끌려 전투 부대원이 된다. 물론 나이를 먹는다고 모두 주인 의식을 가지는 것은 아니다. 〈로스트〉에서는 모든 문제에 잭이 어떤 결정을 해주기를 기다리는 사람들도 적지 않다. 그들은 어떤 형태로든 믿고 따를 '권위'를 필요로 하고 있는 것이다.

초코파이와 벨제붑

『말빌』에서 핵폭발 이후 살아남은 20세기의 프랑스인들은 중세의 자급자족적인 삶을 재현한다. 엠마뉘엘을 비롯한 주요 인물들은 어린 시절을 함께 보낸 친구들로, 이들이 처음 삶의 터전을 만들어가는 과정은 과거의 서클 생활을 재현하는 듯한 느낌을 준다. 그러나 그들은 머지않아 이런 느슨한 조직으로는 제반의 문제를 해결하기 어렵다는 길 깨닫는다. 그들은 구심점을 원하고, 자연스럽게 엠마뉘엘이 말빌의 실질적인 리더가 된다. 그는 사람들의 의견을 민주적으로 수렴하면서도 분명한 지휘로 그들을 이끌어간다. 그러나 그것만으로는 부족했다.

　엠마뉘엘은 황폐화된 세상에서 인류 문명을 재건해나가는 과정이 구약성서에 나오는 노아의 임무와 아주 닮았다는 걸 깨닫는다. 그는 이 대선배로부터 지혜를 얻고자 성경을 펴곤 한다. 그런데 사람들이 그가 읽고 있는 성경을 좀더 소리 내어, 함께 읽기를 바란다. 그들 중에는 메이소니에 같은 강고한 공산주의자도 있지만 반대하지 않는다. "난 유물론자이긴 하지만, 신을 믿으라는 강요만 하지 않는다면 유태 민족의 이야기에 귀를 기울인다고 해서 싫어할 이유는 전혀 없어."(『말빌』 1권, 193쪽) 엠마뉘엘은 특히 창세기에 감격한다. 그는 파괴된 세계에서 모든 걸 잃어버린 사람들에게 이 세상의 창조를 노래하는 웅장한 서사시를 읽어준다. 그는 위기의 시대를 헤쳐나가야 하는 집단에는 효율적인 정치 제도, 분명한 리더십만이 아니라 정신적인 가치가 필요하다는 것을 깨닫는다.

　나는 파국의 시기에 사람들을 하나로 모으는 구심점은 민족이나 군벌이 아니라 종교일 가능성이 높다고 본다. 성경을 비롯한 여러 종교의 교리들은 극도의 재난 상황에서 만들어진 것들이다. 최초의 신도들은 모두 최악의 서바이벌 상황을 이겨내야 하는 존재들이었다. 그들은 소수 민족을 압살하는 압제자를 피해 사막을 건너거나, 메뚜기 떼에 휩쓸린 들판에서 곡식 한 알을 찾아 헤매거나, 전염병으로 몰살당한 도시를 떠나 은폐된 오지에 모여들었다. 우리가 맞게 된 묵시록은 그 상황을 재현한다. 그 옛날 종교의 창시자들이 그랬듯이, 이 위기의 때에 승려, 목사, 신부는 사람들의 흔들림을 막고 난관을 극복하게 하는 지도자가 될 수 있다.

　청교도들은 종교적 박해를 피해 새로운 대륙으로 왔다. 그리고 그 교리는 개척자들의 생존을 가능하게 한 위력 있는 정신적 수단이었다. 이들은 미개의 황무지를 신의 영토로 만들고자 시간을 아껴 노동에 매진했고, 근검절약을 통해 자산을 불려갔다. 종교는 그 땅에 있던 다른 인간들을 몰아내는 것에 대한 양심의 가책도 덜어주었다. 원주민들은 성경에 가르침에 따르지 않는 이교도 괴물이니까. 로빈슨 크루소가 불모의 섬을 잘 정돈된 농장으로 일구어낸 데에도, 이러한 신교의 정신이 크게 기여했다. 이언 와트는 '창세기에서 노동을 아담과 이브가 신의 명령에 불복종한 데 대한 저주로 묘사했던 것에 반해, 신교 윤리에서는 신이 준 선물을 지칠 줄 모르고 열심히 관리하는 것이야말로 최고의 윤리적·종교적 의무라고 가르쳤다.'고 지적한다. (『근대 개인주의 신화』, 223쪽)

종교는 극단적 결핍과 공포의 상황에서 마음의 안식을 준다. 칠레 대지진으로 고립된 광부들이 고난의 시간 동안 큰 동요를 일으키지 않은 데는 이들이 종교적으로 잘 통일되어 있었다는 점도 무시할 수 없다. 고립 초기부터 기도는 이들에게 큰 힘을 주었고, 외부와 연결된 뒤에 신부가 33권의 작은 성경에 일일이 이름과 기원을 적어 내려보낸 것을 감사히 받았다. 『말빌』의 사람들은 기나긴 저녁 성경에 나오는 이야기들에 대해 토론하며 시간을 보낸다. 엠마뉘엘은 삼촌의 이야기를 떠올린다. 삼촌이 독일군에 붙잡혀 동프러시아에서 강제노역을 했을 때 포로들이 난로가에 앉아 눈물이나 흘리고 있지는 않았다고. 그들은 많은 이야기를 나누고, 노래하고, 껄껄대며 웃었다고 한다. 그것은 '수도원의 활기' 같은 것인데, 말빌의 사람들도 그걸 재현하고 있다. 여러모로 종교적 공동체가 위기의 시대에 떠오르는 가장 강력한 조직 모델 중 하나임은 부정할 수 없다.

나는 독실한 무신론자이지만, 군대 시절 일요일에는 3대 종교 시설을 번갈아 다니며 초코파이와 떡을 얻어먹었다. 그러니까 파국의 위기가 닥치면 식량과 보호 시설을 얻으려고 가까운 절, 교회, 성당을 찾아가 고개를 조아리는 일에 주저하지는 않을 것 같다. 그러다 문득 깨닫는다. 저 종교적 공동체를 결코 만만하게 보아서는 곤란하다는 걸. 세속의 교회가 같은 이름으로 선혀 나쁜 일을 행하는데, 생존 상황의 종교적 공동체가 그러지 말란 법이 없다.

말빌에 어느 날 퓔베르라는 신부가 나타난다. 유랑 신부인 이 사람은 프랑스 이곳저곳을 떠돌다가 말빌의 이웃인 라 로크에 들렀을 때 세계의 붕괴를 맞이하게 되었고, 지금은 거기에 머무르고 있다고 한다. 그는 말한다. "우리는 무척 고통스러운 상황에 직면해야만 했지요."…… "영적인 관점에서는 잘 살아가고 있고, 물질적인 관점에서 보면 무척 어렵게 살아가고 있습니다."(『말빌』 1권, 325~326쪽) 큼지막한 햄 조각을 입에 넣은 그는 말빌의 암소를 양도해달라는 터무니없는 요구를 한다. 퓔베르는 재앙 이후 물을 만난 종교 장사꾼이다. 그는 대재난의 참상을 이용해 사람들의 죄의식을 파고들고, 그들에게 고해를 하라고 하면서 정보를 캐내 이용한다. 결국 말빌의 사람들은 퓔베르의 거짓 종교에 저항하고, 임마뉘엘을 자신들의 신부로 선출한다.

나는 지금 도시의 야경을 지배하고 있는 붉은 십자가들의 행렬이 모두 건전한 신앙심의 상징이라 여기지 않는다. 때론 기복을 위해 모여든 사람들이 만들어놓은 강고한 성곽으로 느껴지기도 한다. 그들은 왜 거기에 모여 있을까? 바깥의 사람들이 세상은 여전히 일상의 규칙대로 돌아간다고 여길 때, 그들은 현재를 극단적인 서바이벌의 상황으로 간주하고 다른 집단을 배척하는 강력한 공동체를 구성하고 있는 것이다.

그들의 생존력을 인정한다. 신의 용서 자체가 강력한 생존의 수단이 될 수도 있다. 우리가 야수의 가면을 쓰고 남의 곡식을 약탈한 것, 선량하게 다가오는 짐승을 때려잡은 것, 남편이 식수를 구하러 나간 틈에 그 부인과 정을 통한 것도 고해를 통해 용서받는다. 종말의 세계, 우리는 살기 위해 악을 행해야 한다. 그 악을 정화하는 신전을 가진 자가 더 잘 살아남으리라.

허나 그것은 교회 문 밖의 자들을 이교도, 식인종, 좀비로 보는 철저한 배타성을 기반으로 한 전략이다. 앞에서 나는 국가나 인종을 중심으로 한 배타적 집단이 가져올 위험성에 대해 말했다. 종교 역시 그러한 위험에서 자유롭지 않다.

만약 소수의 사람들이 고립되어 있는 상황에서 서로 배타적인 종교가 대립

한다면 어떻게 될까? 혹은 절대 다수가 하나의 종교를 믿고 있지만, 소수가 불신자라면? BBC의 〈캐스트 어웨이 2000〉에서는 제7안식교 신자와 동성애자 사이의 분쟁이 큰 논란을 불러일으켰다. 일상의 사회라면 그들은 서로 다른 공간에 따로 있는 것으로 문제를 유화시킬 수 있다. 그러나 폐쇄된 공동체에서 종교적·윤리적·이념적 괴리는 시한폭탄과 같다. 〈도전 슈퍼모델〉 시즌 1에서 일리스는 무신론자라는 이유 때문에 로빈의 공격을 받는다. 로빈은 후보들을 불러모아 손을 잡고 신에게 기도를 하는데, 일리스 역시 그 손을 잡지 않으면 안된다. 시즌 2에서는 유럽 출신이 경쟁에서 이겨 크리스마스 화보를 찍게 되자, 기독교인인 미국 출신의 후보가 화를 낸다. 그녀가 무신론자이므로 크리스마스를 믿지 않는데 그 화보를 찍는 것은 이율배반이라고. 단지 리얼리티 쇼의 후보자들이 이럴진데, 생존을 걸고 서로를 견제해야 하는 험악한 상황에서 종교의 차이는 얼마나 파괴적인 상황을 만들어낼까?

정치, 법률, 도덕과 마찬가지로 이제 신과 교회도 그 모습을 달리한다. 과거의 종교가 무슨 소용이 있는가? 사람들은 재난에서 실질적인 힘을 발휘하는 무언가를 광신하고 맹종한다. 자신들에게 먹을 것과 잠잘 곳을 제공하는 교회에 달려들어가고, 자신을 일순간에 죽여버릴 수 있는 가공할 능력을 지닌 존재에 굴복한다. 『파리대왕』에서 사냥꾼 소년들은 숲에 있는 괴물에 공포를 느끼고, 그것은 곧 종교가 된다. 그들은 존재하지 않는 괴물에 굴종하며 그의 자비를 구한다. 자신들이 사냥한 암퇘지의 머리를 잘라 숲에 꽂아둔다. 제물은 덕지덕지 파리를 꼬이며 파리대왕 벨제붑이 된다.

폭력의 바이러스, 위악의 공동체

개인의 자유와 민주주의의 가치를 빌어 의심하지 않는 사람들이라면, 이미 많은 것을 양보했다고 여길 것 같다. 탐탁지는 않지만 권위주의적인 리더의 지시를 따르고, 확실한 믿음은 없지만 공동체의 다수가 믿는 신에게 경배를 올리기도 했다. 항상 뾰족한 창을 들고 무리의 울타리를 지키며, 낯선 인간들이 찾아오면 철저하게 실리를 따져 판단하고, 간혹 전투가 벌어지면 폭력을 행사하는 것도 주저하지 않았다. 그러나 아직 멀었다. 우리는 더 깊고 어두운 곳까지 내려갈 수 있다.

영화 〈28일 후〉에서 런던의 동물 인권 운동가들은 생체 실험을 위해 감금되어 있던 침팬지들을 풀어준다. 그런데 이들은 '분노 바이러스'에 감염되어 있었다. 이 강력한 바이러스는 감염자에게 폭력 충동을 일으키고, 그가 주변의 생명체를 물어뜯게 만들어 숙주들을 증식시켜 간다. 탈출한 침팬지는 인간을 물고, 인간은 또 다른 인간을 물…… 런던을 비롯한 영국 전역은 분노 바이러스에 감염된 폭력적인 좀비들이 점령한다. 21세기의 좀비는 그저 주술에 휘둘려 꾸물럭거리는 시체가 아니다. 이제 그들은 걷잡을 수 없는 분노와 무분별한 폭력적 충동이라는 현대인의 질병을 고농축된 바이러스로 주입당한 괴물이다.

개봉 후 10년이 지나지 않았을 때다. 2011년 런던 시내는 〈28일 후〉를 연상시키는 과격한 폭동으로 전 세계 뉴스의 초점이 되었다. 런던 북부 토트넘에서 경찰의 총격에 숨진 흑인 남성을 추도하는 시위가 과잉 진압에 부딪히자, 분노한 시민들이 무차별적인 폭력 사태를 일으킨 것이었다. 나는 유튜브에 업로드된 CCTV 화면을 통해 도심 곳곳에서 벌어지는 폭동의 적나라한 현장을 볼 수 있었다. 길거리에는 부상당해 비틀거리는 청년이 있다. 그를 부축해주는 사람이 있는가 하면, 도와주는 척 다가와 가방 안의 물건을 들고 가는 젊은이도 보인다. 흑인 청년은 상점의 유리창을 깨고 들어가 대형 LCD TV를 뜯어간다. 곳곳에서 화재와 약탈이 벌어지고, 경찰은 자기들끼리 모여 최소한의 수비를 하고 있다.

대지진으로 파국에 처한 아이티도 아니고, 세계 최강국 중 하나인 영국의 수도 런던이다. 도대체 이렇게 어처구니없는 폭력 사태가 일어난 이유가 뭘까? 나는 보스턴닷컴 빅픽처의 폭동 보도 사진에 달린 댓글들을 통해 힌트를 얻을 수 있다. 장 프랑수아즈 마르탱이라는 네티즌은 말했다.

> 사람들은 하룻밤 동안이라도 자신들이 힘을 얻었다는 기분 때문에 폭동을 일으킨다. 사람들은 그들의 일생 동안 '너는 아무짝에도 쓸모없다'라는 말을 들으며 생을 소모해왔고, 이제 문자 그대로 무엇이든 할 수 있다는 사실을 깨달았기에 폭동을 일으킨다.†

진정한 서바이벌의 세상이 닥치면 폭력은 불가피할 것이다. 우리는 식량을 얻고 가족을 보호하기 위해 총과 칼을 들어야 한다. 그러나 그 폭력이 합리적인 필요성의 한계를 넘어서는 것은 순식간이다. 실질적인 이익과는 상관 없는 위악. 무엇이든 저지를 수 있기 때문에, 과거에는 행하지 않았던 온갖 파괴와 잔혹의 행위를 벌이게 될지도 모른다. 그것은 분노 바이러스에 감염된 인간과 마찬가지의 모습이다.

† boston.com/bigpicture/2011/08/london-riots.html

나치와 홀로코스트의 참상을 고발해온 로렌스 리스는 2차 대전의 잔혹 범죄 관련자들과의 인터뷰에 기초한 책 『그들의 가장 어두웠던 시간』에서 이렇게 말한다. '고대 로마인들은 문명이 그들을 부드럽게 만들 것이라고 걱정했다. 뜨거운 욕탕과 안락한 침대에 노출되어 있으면 전투에서 적과 싸울 능력을 둔하게 만들 것이라고.' 그러나 곧 이것이 착각이었다고 고백한다. 문명이라는 침대는 지극히 편하지만, 그만큼 가볍고 쉽게 찢어진다. 그는 2차 대전 당시 일본군으로 있었던 에노모토 마사요라는 남자를 만난 뒤에 그 사실을 뼈저리게 깨닫는다. 1945년 전쟁의 막바지에 에노모토 상사는 중국의 시골 마을에서 배고픔과 피로에 지쳐 있었다. 본진과 멀리 떨어져 고립된 가운데 그와 동료들은 근처 농가에 젊은 여자가 있다는 이야기를 들었다. 그들은 마을을 찾아갔고, 입구에 들어서자마자 그 여자와 마주쳤다. 여자는 일본어를 할 줄 알았다. 친지들은 그녀에게 마을을 떠나 있으라고 했지만, 그녀는 일본인이 그렇게 나쁜 사람들이 아니라며, 그래서 마을에 남아 있기로 했다고 한다. 에노모토는 여자를 보자 본능대로 행동했다고 한다. '그녀를 강간하고, 그녀를 먹고, 그녀를 죽이고, ─나는 그것에 대해 아무것도 느끼지 않았다.'[†]

[†] Lawrence Rees, Their Darkest Hour, 74~76쪽, Ebury Press, 2008년

우리는 현재의 문명, 이성과 도덕으로 친교하는 이 세계가 제법 단단하다고 여긴다. 그러나 인간의 정신은 사흘만 굶어도 급격히 붕괴된다. '패닉의 장'에서 말한 중대한 3일의 기로가 그것이다. 그때가 되면 도덕과 수치심을 내던지고서라도 배를 채우려 한다. 이어 배고픔이 사그라들고 심장의 박동이 잦아든다. 그때부터 죄책감이라는 또 다른 공포가 들이닥친다. 그걸 밀어내기 위해서는 얼굴을 지워야 한다. 『드래곤헤드』의 노부오처럼, 『파리대왕』의 사냥꾼들처럼, 얼굴에 그림을 그려 문명 바깥의 존재가 되었다고 선언해야 한다. 인간이라면 저지르지 않을 짓들을 일부러 행하며 자신은 그 야만의 세계에 동화되었다고 주장해야 한다. 더욱 위험한 것은 그러한 위악이 조직화된 힘으로 등장할 때다.

나는 3장에서 고독을 이겨내는 두 가지 모델로 야수와 수도자를 이야기했다. 이제 그것을 집단이라는 상황에 적용해보자. '집단화된 수도자'는 앞에서 말한 종교적 조직체와 닮았을 것이다. 매우 강하다. 신념에 따라 움직이고, 조직의 이익을 위해 스스로를 희생한다. 그렇다면 '집단화된 야수'는 어떠한가? 스스로 인간의 얼굴을 지운 이들이 무리를 지어 이 무법의 세계를 돌아다닌다면 어떤 일이 벌어질까?

2011년 일본 도호쿠 대지진 직후 미국 CBS 방송이 흥미로운 소식을 전했다. 지진 복구 현장에 일본의 야쿠자 조직들이 구호 물품을 보냈다는 것이다. 일본 쪽 SNS에서는 야쿠자들이 피해 지역의 교통 정리를 하고 있다는 소식도 흘러나왔다. 훈훈한 미담이다. 위기시에 민간인을 보호하는 범죄 조직이라.

『재팬』에 나오는 전직 야쿠자 영웅 같은 건가? 허나 나는 그것은 동화에 불과하다고 생각한다. 문명이 무너지고 경찰력이 의미를 잃는 상황이 오면, 가장 경계해야 할 것은 조직 폭력배다.

『눈먼 자들의 도시』에서 실명 상태가 된 사람들이 병원에 모여 있다. 처음에는 보호 조치가 이루어지고 식량이 배급된다. 허나 점차 환자들이 늘어나고 관리자들까지 눈이 멀면서 통제할 수 없는 상황으로 치닫는다. 배급이 중지되자 모두 식량 상자를 향해 달려든다. 상자를 차지한 사람들은 침대에서 빼낸 나무와 쇠막대기로 무장하고 다른 사람들을 물리친다. '어떤 사람은 믿을 수 없게도, 경찰을 불러, 하고 소리치고 있었다.'(195쪽) 결국 상황을 정리한 것은 총소리였다. 눈먼 깡패 하나가 총을 들고 소리 질렀다. "오늘부터는 우리가 음식을 맡겠다."(197쪽) 깡패들은 사람들이 지닌 모든 귀중품을 강탈했고, 음식이 썩어 곰팡이가 피는 한이 있어도 그저 나눠주는 법은 없었다. 그들은 각 병실에 통지한다. 여자들을 보내 그 몸값으로 식량을 타가라고.

처참한 생존의 묵시록에서 세계를 지배하는 것은 이와 같은 집단일지도 모른다. 힘에서도 앞서고 그 힘을 사용하는 데도 주저함이 없는 자들. 『그의 나라』에서 육지로 돌아간 쌍판은 오토바이를 타고 다니는 일군의 폭력 집단을 만난다. 이들은 생존자 공동체의 물자를 약탈하려 하고, 강간 후에 살인한 시체를 강에 집어던져 식수원을 오염시킨다. 『아키라』에서는 청소년 폭주족 집단, 『드래곤헤드』에서는 뇌에서 공포를 제거한 폭력 집단이 거리를 장악하고 있다.

생존의 성 정치학

2001년 뉴욕이 9·11 테러로 비명을 지를 즈음, 지중해의 사르디니아에서는 당시 부부였던 가이 리치 감독과 마돈나가 〈스웹트 어웨이〉라는 영화를 찍고 있었다.

† 1974년 이탈리아의 여성 감독 리나 베르트뮬러가 찍었던 영화의 리메이크. 원작을 두고 《빌리지 보이스》는 '여자가 만든 영화 중 가장 노골적으로 여성 비하적인 영화'라고 평했다.

그리스에서 이탈리아로 가는 지중해 바다 위에서 부유층 부부들이 럭셔리한 요트 여행을 한다. 엠버(마돈나)는 내면이 망가진 상류층 부인으로, 온갖 사치를 누리면서도 불안과 짜증만이 가득한 나날을 보낸다. 그녀는 위악적인 행동과 불쾌한 언사로 주변 사람들을 괴롭히는데, 특히 하급 선원 주세페를 대놓고 못살게 군다. 주세페는 모욕감에 씩씩대지만 밥벌이를 위해 참을 수밖에 없다. 그러다 이들이 탄 배가 풍랑에 휩쓸려 조난하고, 엠버와 주세페 단 두 사람만 무인도에 표류한다. 엠버는 여전히 짜증을 부리며 주세페를 부려먹으려 하지만, 머지않아 둘의 전세가 뒤바뀐다. 평생 남들 위에 군림할 줄만 알았지 자기 손으로는 아무것도 할 수 없는 상류층 부인에게 무인도의 삶은 혹독하다. 굶주림과 목마름에 지친 엠버는 주세페에게 굴종할 수밖에 없다. 주세페는 그런 그녀를 멸시하고, 이어 노예처럼 부려먹는다.

문명으로부터 달아난 무인도. 그것은 흔히 성적 판타지와 결부된다. 누구의 눈치도 볼 것 없이 스스럼없이 사랑을 표현하는 자유로운 남과 여. 그러나 〈푸른 산호초〉와 〈파라다이스〉의 에덴은 좁고 위태하다. 그 섬 밖에는 언제나 야만적인 남성들, 노예 사냥꾼과 해적들이 침을 흘리고 있다. 법과 문명 바깥에서 즐기는 자유로운 성의 쾌락. 그것은 언제나 성적 착취로 변질될 위험성에 노출되어 있다.

〈28일 후〉의 헨리 웨스트 소령은 영국 맨체스트 지역의 요새화된 군부대를 통솔하고 있는 지휘관이다. 좀비들이 창궐하는 영국 땅에서 이만큼 확실한 생존의 조건을 갖춘 곳을 찾기는 어려워 보인다. 그러나 그에게는 큰 고민이 있다. 현상 유지는 가능하다. 그러나 미래는 어디에 있나? 어떻게 저 혈기 넘치는 부대원들에게 내일의 가능성을 만들어줄 것인가? 그는 외부로 라디오 방송을 내보낸다. 자신들의 부대가 안전을 확보했고, 분노 바이러스를 이길 의학적 수단도 가지고 있다고. 방송을 들은 생존자들은 목숨을 걸고 부대로 찾아온다. 소령과 부대원들은 그들을 환영한다. 그러나 이들이 구하고자 하는 사람 속에 남자는 해당되지 않는다. 그들이 덫을 놓고 낚으려고 했던 것은 '여자'였다. 그가 생각하는 '미래'는 부대원들의 성욕을 해소해줄 따뜻한 육체였다.

무력이 지배하는 무법천지. 그것은 극단적인 남성 위주의 권력 관계를 만들어낼 수 있다. 우리는 일본군들의 종군 위안부로 끌려가 성폭력의 희생이 된 조선 여성들의 실화들을 누차 들어왔다. 아이티나 칠레 대지진 이후의 폭동 상황, 여러 지역의 전쟁과 내전 상황에서 벌어진 참혹한 성적 범죄들을 알고 있다. 『눈먼 자들의 도시』의 여성들은 가족들의 식량을 얻기 위해 깡패들에게 몸을 팔아야만 한다.

물론 우리는 서바이벌 픽션에서 어떤 남성보다 강력한 생존력을 발휘하는 여성 캐릭터를 발견하기도 한다. 〈터미네이터〉의 사라 코너, 『세븐시즈』 여름 B팀의 보탄 등…… 신체적 능력이 중요한 〈서바이버〉 같은 생존 리얼리티 쇼에서도 남성 출연자를 압도하는 여성들이 등장하기도 한다. 그러나 평균적인 신체 조건에서 여성들이 남성보다 훨씬 어려움을 겪게 될 것이라는 사실은 자명해 보인다. 평소 체력 단련을 충분히 하고 호신술을 배워둔 경우가 아니라면, 총기와 같은 수단을 재빨리 확보하는 것이 중요하지 않을까?

다행히도 극악무도한 폭력의 상황을 벗어난 어떤 공동체를 생각해보자. 그들은 안정적인 생존의 조건을 갖추었고, 구성원 내부의 성적·계급적 차별도 없다. 적어도 이 집단의 성원들은 이성적인 판단을 유지하고, 강제적인 성폭력을 제어할 수 있다. 그러나 이때에도 성의 문제가 완전히 사라진 것은 아니다.

『말빌』 초반부에 엠마뉘엘이 자신들의 세계를 '수도원'이라고 생각한 데는 또 하나의 이유, 다소 염세적인 상황이 작용했다. 그들의 세계에 여자라고는 이미 2세의 생산 능력을 상실한 할머니밖에 없었기 때문이다. 그러니까 그들의 세계는 "후손도 없이 죽음만을 기다리는 남성들의 세계. 수도원, 혹은 절"(1

권, 207쪽)이었다. 그러던 어느 날, 엠마뉘엘이 젊은 여성 미에트를 구출해 성으로 데리고 들어온다. 수도원에 돌연 활기가 돈다. 이제 미래가 빼꼼 문을 연 것이다. 그런데 곧 마냥 좋아할 일만은 아니다. 남자 여섯 명에 여자 하나, 너무나 불균형적인 성비. 여자는 미래를 잉태시킬 보물임과 동시에 집단을 붕괴시킬 시한폭탄이다.

가장 냉정한 토마가 과감히 나선다. 두 가지 가능성이 있다고. 미에트가 그들 중 하나를 선택하거나(일부일처제), 미에트가 그들 모두와 자는 것(일처다부제). 토마 자신은 두 번째 방안이 '한마디로 매우 비도덕적'이라 불가능하다고 말하지만, 엠마뉘엘은 그에 반대한다. 어린 시절 또래 남자아이들 대부분의 사춘기를 통과하게 해준 여자 아델라이드를 떠올리고, 다섯 형제가 하나의 신부를 공유하는 인도의 마을 이야기를 한다. 엠마뉘엘은 토마 이외에는 모두 자신의 '공유' 방안에 찬성할 거라고 여긴다. "이건 도덕의 문제가 아니라 환경에 대한 적응의 문제야."(1권, 298쪽) 뜻밖에도 나머지 사람들은 여자를 나눠갖는 안에 반대한다. "난 그거 좋아하지 않아." 엠마뉘엘은 리더로서의 자존심에 타격을 입는다. 더불어 다른 사람들이 '신부들의 생각'이라는 도덕적 고정관념에 얽매여 있다고 여긴다. "장래가 걱정스러웠다. 욕구불만과 질투심 그리고 어쩌면 살인에 대한 욕구까지도 느낄지 모른다는 두려움이 앞섰다."(1권, 301쪽) 그리고 그는 기회가 있었을 때, 미에트를 자신의 것으로 만들지 못했다는 사실을 후회한다.

이튿날부터 미에트의 간택을 받기 위한 남자들의 상호 견제가 시작된다. 허나 이들이 고심 끝에 결정한 일부일처제는 곧 의미를 상실한다. 미에트가 밤마다 다른 남자의 손을 잡고 침실로 가는 것이다. 그런데 그를 가장 열렬히 원했고, 실질적인 우선권이 있었음에도 민주적 절차를 위해 포기했다고 여긴 엠마뉘엘에게는 순서가 돌아가지 않았다. 도대체 왜? 사실 미에트가 가장 사랑하는 것은 엠마뉘엘이었으나, 그가 다른 신부를 방에 감추어두었다고 착각하고 있었던 것이다. 오해는 풀리고, 머지 않은 어느 저녁 엠마뉘엘은 한 손엔 성경, 다른 손엔 미에트의 손을 잡고 침실로 간다. 모두 안도의 한숨을 내쉰다.

『말빌』에서는 다소 희극적으로 문제가 봉합이 되지만, 폐쇄된 사회에서의 불균형한 성비—특히 남초 현상—는 상당한 위험성을 내포하고 있다. 혹독한 환경에서 살아남기 위해서는 젊은 남성들의 힘이 필요하지만, 그들은 섹스에 대한 욕구를 참기 어렵다. 한시적으로는 이 에너지를 이용해 집단의 생산력을 극대화할 수 있을지 모르겠다. 여성이 아직 자신의 배우자를 선택하지 않았다면, 남자들은 여성의 마음에 들기 위해 최선을 다해 사냥에 나설 수 있다. 해가 진 뒤에도 파종을 준비한다든지 보초를 선다든지 하는 행동을 앞장서서 할 수도 있다. 그러나 언젠가는 여자가 선택해야 한다. 그리고 선택에서 배제된 자가 쉽게 승복하지 않을 경우, 이 불만은 체제를 무너뜨릴 도화선이 될 수 있다.

자궁이라는 미래

모두의 축복 아래에서든, 혹은 불만과 질시 속에서든 밤은 이루어질 것이다. 그리고 그것은 불안의 세계에서 하룻밤 쾌락을 선사하는 것으로 그치지 않는다. 이곳은 콘돔과 사후피임약을 파는 약국이 없는 세상이다. 원하든 원하지 않든, 머지않아 여성의 몸 안에 새로운 생명이 자리잡을 가능성이 농후하다. 자, 이제 그들은 어떤 반응을 보일 것인가?

『말빌』과 같은 안정된 재생산의 사회라면 이를 크게 반길 것이다. 드디어 폐허가 된 지구 위에 재생의 씨앗이 뿌려졌다. 식물이 꽃을 피우고, 말들이 교배하여 망아지를 낳는 것만으로도 기뻐 몸이 떨린다. 하물며 인간의 아이라니…… 아이들은 새로운 노동력이 될 것이며, 언젠가는 늙고 지칠 구성원들을 돌봐줄 것이다. 더불어 우리는 아이를 낳음으로써 시간의 한계를 벗어나 존재할 수 있다. 우리가 가까스로 재생시키고 있던 이 세계의 엔진이 비로소 가동되기 시작하는 순간이다.

허나 이러한 행복은 튼튼한 성곽에서 농장을 짓고 살아가는 이들만의 것일 수 있다. 『세븐시즈』에서 보탄은 기회만 생기면 집적거리는 세미마루를 향해 알몸을 드러낸 채 말한다. "여기서 아이를 낳는다는 건 목숨과 관계된 행위야. 그리고 이 세계에서 아이를 키워가야 하는 거야." 아이를 가지는 순간 본인도 위험해지고, 그 아이도 극도로 위험한 세상으로 나온다는 사실을 주지시키는 것이다.

세미마루는 불량한 척하는 열여덟 살짜리 소년이어서 체념한다. 보다 본능에 충실한 남자라면 보탄의 말을 귓등으로 흘릴 수도 있었을 것이다. 임신과 출산의 부담은 여자 쪽이 훨씬 크게 진다. 자신은 저지르고 달아나버릴 수도 있다. 어쨌든 공동체적인 관점에서는 이처럼 불안정한 상황에서 아이를 가진다는 것이 위험한 일이라고 생각할 수밖에 없다.

〈푸른 산호초〉, 〈파라다이스〉 같은 로맨틱한 커플들의 경우는 어떨까? 이들이 문명으로부터 떨어져 나오면서 얻게 된 가장 큰 즐거움은 성의 자유다. 그들은 누구의 간섭도 없이 밤낮으로 애정 행각을 벌인다. 당연히 임신의 가능성이 높다. 그리고 그 상황이 중대한 변화의 계기가 된다.

〈파라다이스〉의 경우 아기를 가지게 되는 사건이 그들로 하여금 문명으로 돌아가게 만드는 중요한 계기가 된다. 그와 같은 오지에서 아이를 낳고 기를 자신이 없었기 때문이다. 반대로 〈푸른 산호초〉에서는 큰 어려움 없이 아이를 낳고 키운다. 건강하고 잘생긴 부모의 매력을 이어받은 아이라 열대 섬에서도 잘 적응해서 자라난다.

다만 이런 의문은 든다. 임신과 육아는 몰라도, 출산은 어떻게 해냈을까? 산부인과 시설도 없고, 전문 산파도 없는 상황에서. 『세븐시즈』에서 임신을 하게 된 쿠루미가 어떤 해답을 주는 것 같다. "나 뉴질랜드에서 팜 스테이를 해본 적이 있다고 말했었지? 거기서는 말도 소도 양도 다들 아무렇지 않게 새끼를 낳았어. 아이를 낳는 건 자연적인 일이야. 원시 시대에도 낳았잖아. 그러니까 나도 틀림없이 괜찮을 거야."

인간이라는 식량 혹은 도구

우리는 지금까지 모든 것이 무너져버린 세계에서 기적적인 확률로 만난 또 다른 인간들에 대한 이야기를 해왔다. 그들은 나의 몸과 마음을 기댈 굳건한 동지가 될 수도 있고, 내가 맞서 싸워야 하는 가장 영리하고 강력한 적이 될 수도 있다. 우리는 지구상의 유일한 이성을 만나 재생의 씨앗을 심을 수도 있고, 또 그 아이를 통해 미래를 열 수도 있다. 그러나 아직 인간을 이용하는 마지막 한 방법을 미처 이야기하지 못했다.

1972년 10월 13일 우루과이 몬테비데오를 떠나 칠레 산티아고로 가던 우루과이 항공 571편이 안데스 산맥에 추락했다. 승객들은 럭비 선수들과 친지들이 대부분이었는데, 45명의 탑승객 중 13명이 사고 당시에 죽었고 남은 사람들은 해발 3,600m의 고지대에 내팽겨쳐졌다. 구조대가 도착하리라는 기대는 10일 뒤에 완전히 사라졌다. 라디오에서 당국이 구조를 완전히 포기했다는 소식이 들려온 것이다. 그러나 이들은 포기하지 않았다. 추위, 굶주림, 눈사태 속에서 72일 간을 버텼고, 결국 두 명의 청년이 10일 간의 행군 끝에 구조 요청을 해 16명의 생존자를 구조했다. 그들은 어떻게 살아남았을까?

조난 당시 식량이라 할 만한 것은 몇 개의 초콜릿과 빈 와인병이 전부였다. 물은 햇볕에 눈을 녹여 와인병에 모으는 것으로 충당했지만, 영양분을 섭취할 방법은 없었다. 사방이 눈으로 뒤덮여 있는데다 산짐승조차 나타나지 않았다. 추운 고지대라 더 큰 열량을 필요로 했다. 그들 중 누군가 찰리 채플린의 〈황금광 시대〉를 보았는지 모르겠다. 찾다찾다 가방의 가죽을 벗겨 먹기도 했다.

오랜 고심 끝에 그들은 시신을 먹기로 했다. 결코 쉽지 않은 결정이었다. 승객들 대부분은 친구나 친지들이었고, 그들 모두는 천주교 신자들이었다. 그러나 다른 대안은 없었다. 가장 인연이 먼 비행사부터 먹기 시작했다. 처음에는 살덩이를 그냥 뜯어먹었고, 이후에는 육포처럼 건조시켜 먹거나 비행기 동체에 올려놓고 구워먹기도 했다. 구조된 이후 생존자들의 건강 상태는 대체로 양호했다고 한다.

식인은 인간 사회가 가진 가장 강력한 터부 중 하나다. 식인종이라는 규정은, 그들이 인간이 지켜야 할 최소한의 도덕을 저버린 존재라는 것이다. 백인들은 아프리카와 카리브 해의 원주민을 식인종이라 통칭하며, 식민 지배와 기독교 전파의 정당성으로 삼았다. 반대로 인도의 힌두인은 기독교인들이 성찬식에서 예수의 살을 대신하는 음식을 먹는 것을 보고 그들을 식인종이라고 여겼다. 문화에 대한 상대주의적인 시각이 널리 퍼진 지금에도 공식적으로 식인을 용인하거나, 상대의 식인 관습을 인정하는 경우는 거의 찾아볼 수 없다. 그러나 인간이 극도의 궁핍에 처해 있고, 그가 먹을 수 있는 것이 사람의 살밖에 없다면 그것은 용인될 수 있는 일일까?

『11인이 있다!』의 번외편인 '스페이스 스트리트'에서 주인공 타다가 '추위와 굶주림으로 전멸한 변두리 기지에 개 한 마리만 살아남았다'는 기록을 읽는다. 개가 살아남은 것은 대원들의 시체를 먹어 영양분을 섭취했기 때문이다. 소년들은 이 문제에 대해 논쟁을 벌인다.

"살고자 하는 것은 동물의 본능이다. 인간이라도 그렇게 했을 터다."

"인간에게는 최소한의 이성이 있다. 영양분이 아니라, 인육이다. 살아남은 후에 지탄을 받을 염려는 하지 않나?"

"자기 보존 본능. 죽으면 끝이니까."

"난 안 먹을거야. 하지만 그럴 때 누가 먹는다고 해도 탓하지는 않아."

"사람 고기와 구더기는 같은 의미야. 혐오 식품. 그걸 먹느니 차라리 굶어죽을래."

이들이 근거로 삼는 판단 기준은 세 가지로 요약된다. 혐오, 양심, 법률.

일단 혐오의 문턱부터가 높다. 내가 중고등학교에 다닐 때는 동시 상영관이 적지 않았다. 나와 친구들은 무료하게 시내를 걷다가 혹하는 극장 간판에 이끌려 들어가곤 했다. 보통 한 편은 성인용 영화, 다른 한 편은 드라마가 있는 영화, 이런 식의 편성이었다. 그러던 중 나는 최악의 선택을 하고 만다. 영화의 제목도 스토리도 기억나지 않지만, 그 충격적인 장면만은 또렷이 떠오른다. 영화 속에선 베트남 전쟁이 한창이다. 무차별 폭격이 이루어지는 전장의 군데군데에는 커다란 구덩이가 패어 있는데, 누군가 포탄을 피하다 그 구덩이에 굴러 떨어진다. 그러자 악다구니 같은 괴물이 달려든다. 그의 살을 뜯어먹는다. 괴물이란 다름 아닌 그 구덩이에 먼저 떨어져 있던 병사. 굶주림에 지친 그는 구덩이로 굴러떨어지는 병사들의 육신을 뜯어먹으며 삶을 유지했던 것이다. 그 장면이 불러일으킨 본능적인 혐오는 아직까지 나의 뇌리에 남아 있다. 2012년 수원 성폭행 살인사건에 관한 여론에서도 드러나듯이, 살인보다 용납하기 어려운 것이 식인이다.

멕시코의 화가 디에고 리베라의 생각은 다르다. 그는 회고록에서 고백했다. 파리의 모피 상인이 자기 고양이에게 고양이 고기를 먹였더니 모질이 아주 좋아졌다는 이야기를 듣고, 그 효과를 스스로 체험해보기로 했다고. 그는 동료들과 함께 시립 시체 안치소에서 병들거나 늙어죽지 않고 폭력에 의해 사망한 사람의 시신을 샀다. 그리고 두 달 동안 인육만을 먹고 지냈는데 다들 더 건강해졌다고 한다. 그가 위악적으로 꾸며낸 이야기일 가능성도 적지 않다. 그러나 그는 이것이 인간이 지닌 하나의 편견을 깨는 중요한 과정이라고 인식한 것 같다.

> 인간이 현재의 기계석이고 원시적인 수준보다 더 차원 높은 문명에 다다르면 인육을 먹는 행위는 용납될 것이다. 그때쯤이면 모든 미신과 불합리한 금기는 모두 내던졌을 것이니까.†

† 디에고 리베라, 『스티프』, 메리 로취, 267쪽에서 재인용

리베라의 의견에 전적으로 동의하지 않더라도, 굶주림의 고통이 혐오와 양심을 넘어섰다고 생각해보자. 그래서 누군가 인육을 먹었다. 그들에 대한 법률적인 판단은 어떻게 될까? 과거에는 해양 조난이 거의 죽음과 직결되는 경우가 많았는데, 조난 중에 식인을 한 경우에는 불문에 붙이기도 했다. 선원들은 '바다의 관습'이라며 제비뽑기를 해서 먼저 먹힐 자를 결정했다. 영국에서 해양 조난자의 식인에 대한 마지막 재판은 1884년에 있었다. 사우스햄튼에서 시드니로 가다 조난한 영국 선원들이 가장 어린 선원을 죽인 뒤에 인육과 피를 받아먹고 버티다 구조된 것이다. 이들은 애초 사형 선고를 받았다가 어쩐 일인지 뒤에 정상이 참작되어 6개월 구금형으로 감형되었다.† 1972년의 사건에서 우루과이 사람들은 식인을 통해 살아 돌아온 생존자들을 환영했고 가톨릭 교회는 그들을 용서했다. 여러 이유가 있었을 것이다. 식인을 저지른 사람들이 범죄자나 탈옥수가 아니라 다수의 일반인이었다는 사실, 따로 살인을 저지른 것이 아니라 이미 죽은 자의 살을 먹었다는 점 등이 고려되었을 것이다.

† 「Britain's last trial for cannibalism at sea. The story of the Mignonette」 Bartlett Library Researchers, 2008 National Maritime Museum Cornwall http://www.nmmc.co.uk/images/uploads/The%20Mignonette1.pdf
†† 신디 엥겔, 『살아 있는 야생』, 340쪽

우리의 서바이벌 상황에서 법률은 소멸되어 있다. 혐오, 양심, 법률이라는 세 기준 중 가장 큰 물리력을 지닌 쪽이 없어졌다. 나는 양심의 눈을 감고, 인육에 대한 혐오를 접으면 살아남을 수 있다. 그리고 처벌은 없다. 그렇다면 식인은 훌륭한 대안인가? 동물의 자가 치료 행동을 연구해온 신디 엥겔은 말한다. '카니발리즘은 얼핏 생각하면 동족을 잡아먹어 영양도 섭취하고 경쟁에서 우위에 설 수 있으므로 동물들 사이에는 흔할 것으로 생각하지 쉽지만 의외로 흔하지 않다.'††

주요한 두 요인이 있다. 그중 하나는 이러한 행위가 용인되면, 가까운 친척을 잡아먹는 것이 가장 쉽고 그로 인해 그 종족의 생존력이 떨어진다는 점이다. 우리가 처한 폐쇄적인 생존 공동체에서 사람을 먹는 걸 허용했다는 것은,

나 자신도 누군가의 먹이가 될 수 있다는 걸 뜻한다. '동료를 죽이지 않는다. 동료를 먹지 않는다.'는 불문법이 폐기되는 순간, 우리 각자는 도살장 한가운데 들어서게 된다.

또 하나 무시 못할 점은 같은 종의 동물을 먹을 경우 특정 병원균에 대해 유전적 취약성이 커진다는 사실이다. 자기 종의 생리에 완전히 적응한 병원균을 그대로 옮겨오는 것이다. 광우병이란 단순히 말하면 소에게 소고기를 먹여서 생기는 병이다. 파푸아 뉴기니 동쪽 고지대에 사는 사람들에게 이와 비슷한 쿠루(kuru)병이 발생하곤 했는데, 그 부족원들이 사람이 죽으면 그를 기리는 의미로 뇌를 먹은 풍습이 원인이었다.

정말 극단적인 경우가 아니면 식인은 피하는 것이 생존 자체에도 도움이 되는 것 같다. 그러나 인간은 영리하고 영악한 동물이다. 굳이 먹지 않고 죽이지 않고도 다른 인간을 생존의 '도구'로 사용하는 방식들은 많다. 포로들을 노예로 부려먹는 것은 오히려 인간적으로 보인다. 『스위스의 로빈슨 가족』에서 개가 원숭이 어미를 물어죽이는데, 가족은 새끼 원숭이 닙스를 데리고 다니며 새로 채집한 식물이 식용 가능한지 테스트한다. 『세븐시즈』에서는 부상당한 꼬마를 이와 같은 모르모트 역할로 사용한다. 〈데드 캠프〉의 악랄한 제작자는 자기 프로그램 출연자의 시체를 조각조각내더니 좀비를 꾀는 유인물로 쓴다.

새로운 규칙과 법률들

대지는 요동쳤고 도덕의 뚜껑은 열렸다. 그렇다면 우리는 살아남기 위해 무엇이든 해도 괜찮은 걸까?

폐허가 된 도시를 헤매던 어느 오후, 나는 길에 쓰러져 잠들어 있는 한 사람을 본다. 살아 있는 인간을 발견했다는 안도감도 들지만 다른 한편으로는 두려움도 생긴다. 만약 저자가 지극히 폭력적인 인간이라 깨어나자마자 나를 해치려 들면 어떻게 할 것인가? 혹은 병자나 좀비여서 내게 병을 퍼뜨린다면? 그래, 불안 요소는 건드리지 말자. 모른 척하고 지나가자. 그때, 그의 옆에 놓인 통조림 상자를 발견한다. 나는 조심스레 다가가 그것을 줍는다. 그런데 그때 그가 깨어나 내 팔을 꽉 잡는다. 깜짝 놀란 나는 그에게 총을 쏜다. 그는 확실하게 죽었고, 나는 통조림을 챙겨 무리로 돌아온다. 동료들이 무슨 일이 있었냐고 묻지만 대답하지 않는다.

밤이 오고 눈을 감지만 잠이 오지 않는다. 나는 계속해서 '생존'과 '윤리'의 딜레마에 허우적거린다. 마키아벨리를 끌어와볼까? '목적이 수단을 정당화한다.' 우리의 목적이 '생존'이라면, 그것을 위한 수단에는 절도, 약탈, 살인 등 과거의 법률 체계에서 용납되지 않던 것들도 포함될 수 있다. 그게 더 확실한 효과를 낸다면 못 쓸 이유도 없다. 그러나 여기에도 엄격한 기준이 적용되어야 한다.

설혹 집단 외부에 대해 파렴치하고 무자비한 행동을 해서 이득을 취하는 것을 용납한다고 하자. 집단 내부에서까지 그런 행동이 통용되어서는 안 된다. 서로가 동의한 분배의 조건을 무시하고, 남의 식량이나 도구를 탐하는 자들이 등장하면 공동체의 질서는 곧바로 문란해진다. 전체적인 윤리관이 흔들리고 범죄적 행동의 경향이 강해지면 내부의 질서는 불안정해진다. 긴장은 쉽게 다툼으로 이어지고, 예전의 상식과 여유로 해결되지 않을 문제들에 부딪친다. 때문에 우리는 보다 엄정한 규칙, 어쩌면 파국 이전의 상황보다 강력한 규율을 만들어야 할지도 모른다.

윤리나 법률 같은 거창한 이름을 붙이지 않아도 된다. 우리 집단, 혹은 나 자신이 함께 지켜가야 할 행동의 기준을 세우자는 것이다. 모두가 뙤약볕에서 땀을 흘리며 밭을 일구고 있을 때, 어느 게으름뱅이가 대마초 같은 걸 피우며 헤롱거리고 있다. 각자가 하루 동안 구한 식량을 저녁마다 공평하게 분배하기로 했는데, 어떤 녀석이 도토리를 몰래 숨겨두고 먹다가 발각되었다. 이렇게 누군가 규정을 어기거나 범죄를 저지를 경우, 집단은 그에게 어떤 조치를 취하고 처벌을 내려야 할까?

〈로스트〉에서는 배에 불이 나고 누군가의 방화가 의심되자 주먹다짐이 벌어진다. 잭을 비롯한 사람들은 '당사자들의 문제'라며 개입하지 않는다. 그러다 결국 문제가 커지자 용의자의 손에 수갑을 채워 뙤약볕에 놔둔다. 매우 즉흥적인 판결이다. 더 이상 사건이 번지지 않아서 그렇지 매우 위험한 태도다. 각자가 단순한 분노와 적개심으로 상대를 오해하고, 처벌을 핑계로 가혹한 보복을 가할 가능성도 적지 않다. 때문에 집단은 규율위반자에 대한 조치와 처벌의 방법에 대해 사전에 규정해놓아야 한다.

머릿속 기억의 서재를 뒤지자. 종교적 공동체라면 그들의 경전이 중요한 윤리적 규범을 재확인시켜줄 것이다. 민주적 공동체라면 다수결의 원칙 등 과거 민주주의를 기초를 이루었던 장치들을 되살릴 수 있을 것이다. 그러나 무조건 과거의 것을 되살려야 한다는 강박을 가질 필요는 없다. 우리의 상황에 맞지 않을 경우 과감하게 폐기할 필요도 있다. 쥘 베른이 『15소년 표류기』에서 보여주었듯이, 문명으로부터 버림받은 조난자들은 그들을 억눌렀던 악습을 일소할 수 있는 절호의 기회를 얻은 것일 수도 있다.

루소는 자신이 가르칠 소년 에밀이 '제일 처음 읽을 책'이자 '오랫동안 그의 온 서재 역할을 할' 책, 그러니까 읽을 가치가 있는 단 한 권의 책이 『로빈슨 크루소』라고 한다. 그 이유는 이렇다.

다른 인간과 모든 기술 도구들의 도움을 빼앗긴 채 홀로 무인도에서 살아가면서도 자신의 생존과 안전을 돌보고 심지어 어느 정도의 행복까지 찾아낸 로빈슨 크루소. (중략) 그것이 사회적 인간의 상태가 아니라는 것은 나도 동의한다. 그리고 사실 에밀이 그런 상태가 될 것도 아니다. 그러나 그는 바로 그런 상태에서 다른 모든 사람들을 평가해야 한다. 스스로 편견에서 벗어나 사물의 진정한 관계에 기초해 판단하는 가장 확실한 방법은, 스스로를 고립된 인간의 입장에 놓고, 그런 사람이 하듯이,

모든 것을 자신에게 얼마나 쓸모가 있는가로 판단하는 것이다.†

† Emile, ou de l'education, p. 211. 이언 하트, 앞의 책 251쪽에서 재인용

이언 하트는 다음과 같이 덧붙인다. "그렇다면 루소에게는 무인도의 고독한 인간이야말로 모든 것의 유용성을 가장 온전하게 판단하는 판관인 셈입니다."(251쪽) 모든 것이 파괴된 땅 위에 서 있는 우리 역시 그 기회를 얻었다.

그리고 추방이라는 형벌에 대하여

우리의 공동체는 새로운 도덕, 법, 정치의 기준을 확립했다. 그리고 합의를 어기는 자들에게는 처벌을 내리기로 한다. 사실 이 처벌의 적절함이 공동체의 운명을 좌우할 수 있다. 처벌의 방법에는 굶기기, 체벌, 구금 등이 있고, 극단적으로는 사형에 이를 수도 있다. 그런데 이때 중요하게 고려해볼 방법이 있다. '추방'이다.

대항해시대 대양을 항해하던 선박들은 몇 달씩 완전히 고립된 생활을 해야만 했다. 간혹 임시 정박지에 닿기는 했지만, 배에서 일어나는 일은 모두 그 안에서 처리해야 했다. 그 자체로 서바이벌 집단의 모델이었다. 배에서는 선장을 중심으로 한 엄격한 상명하복의 체계와 선상법이 질서를 유지하는 도구로 사용되었다. 그러나 가혹한 노역과 지나친 권력의 남용은 선상 반란을 가져오고, 그들 사이의 관계가 역전되기도 했다. 때론 해적들이 그 배를 점령하기도 했다. 어느 쪽이 이기더라도 마찬가지다. 권력의 우위에 올라선 자들은 이 집단에 존재하지 않아야 할 자, 실패한 반역자나 옛 선장을 처리해야 한다. 가장 좋은 방법은 무엇일까? 갑판에서 교수형에 처할까? 바다로 떨어뜨려 악어나 상어의 밥이 되게 할까?

그 시대 주요한 형벌 중 하나는 마루닝(marooning)이었다. 죄인을 무인도 같은 섬에 내려놓고 가버리는 것이다. 섬이라고는 하지만 나무 한 그루도 없는

모래더미에 불과한 경우도 많았다. 보통 약간의 식량과 물을 주고 떠나버리는데, 빠른 시간 안에 다른 선박이 그를 구해주지 않으면 그대로 죽을 게 뻔하다. 자살을 하라고 권총과 총알을 함께 주는 경우도 있었다고 한다. 그러면서 하는 말이 "너를 이 섬의 총독으로 임명한다." 〈캐리비안의 해적〉에서는 잭 스패로우, 스티븐슨의 『보물섬』에서는 벤 건이 그와 같은 형벌을 받는다.

마루닝은 돛대에 목을 매달거나 악어 밥이 되도록 물에 던져버리는 것보다는 약하지만, 감옥에 가두어두거나 태형을 가하는 것보다는 가혹한 형벌이다. 좋은 점은 죄인을 직접 죽였다는 양심의 가책을 느낄 필요가 없고, 죄인이 살아돌아와 자신에게 벌을 내린 무리들에 복수할 가능성도 낮다는 사실이다.

서바이벌 공동체에서 '추방'은 아주 강력하면서도 철학적이기까지 한 형벌이다. 예전 공동체 사회에서는 무리에서 죄를 저지르거나 배척당한 사람은 조용히 짐을 싸서 밤에 사라졌다. 〈로스트〉에서도 죄의식에 사로잡힌 사이드는 스스로에 대한 처벌로 무리를 떠나버린다. 추방된 자는 '죽음이지만 죽음이 아닌 어떤 상태'로 들어가는 것이다. 이때 두 가지 길이 있다.

지금 당신은 자의에 의해 무리에서 벗어난 자인가? 그렇다면 3장 고독의 장으로 돌아가야 한다. 그게 아니라 집단의 결정에 의해 추방된 것인가? 그렇다면 다음 장으로 넘어가면 된다. 리얼리티 쇼에서 부족의 투표로 제거(elimination)된 자가 바로 당신이다.

7

리얼리티 쇼는 신자유주의 시대의 부루마블인가?
―게임의 재구성

"투표 결과가 발표되면, 그것은 최종 결과입니다. 탈락자는 즉시 마을을 떠나야 합니다." ─제프 프롭스트, 〈서바이버〉의 사회자

영국의 가수 겸 사회운동가 봅 겔도프는 1984년 밴드 에이드(Band Aid)라는 프로젝트를 진행했다. 유명 가수들이 함께 앨범을 만들어 기근에 시달리는 에티오피아 사람들을 돕자는 것이었다. 프로젝트는 큰 반향을 불러일으켰고, 이듬해 마이클 잭슨, 퀸시 존스, 라이오넬 리치가 함께한 '위 아 더 월드(We Are The World)'의 촉매제가 되었다. 10년 뒤인 1994년 봅 겔도프는 독립 프로듀서 찰리 파슨스와 함께 새로운 TV 프로그램을 개발했다. 〈캐스트어웨이(Castaway)〉라는 이름의 이 쇼는 무인도에 한 무리의 남녀를 보내 그들이 생활하고 경쟁하는 모습을 기록하자는 것이었다. 인간들이 고립된 자연 속에서 얼마만큼 협동하고 민주주의의 가능성을 보여주는지 관찰하자는 진지한 의도였다.†

처음 그들이 접촉한 영국의 BBC 방송국은 제의를 선뜻 받아들이지 않았다. 대신 스칸디나비아 방송사들이 호의적이었고, 1997년 스웨덴에서 〈익스페디션 로빈슨(Expedition Robinson)〉이 만들어졌다. 자원한 참가자들은 거의 야생 상태인 무인도에 들어가 생활했는데, 그 모습은 애초의 예상보다 훨씬 야만적이었다. 참가자들 대부분이 피골이 상접할 정도로 건강이 나빠졌고, 서로 창을 들고 쫓아다니는가 하면 나중에는 식인의 유혹을 받았다고 고백할 정도였다. 방영 직전 탈락자 중 하나가 기차에 몸을 던지기도 했다. 논란에도 불구하고,

† 살롱닷컴. 2000년 3월 13일자. http://www.salon.com/2000/03/13/wackytv/

혹은 논란 덕분에 쇼는 스칸디나비아 전역에서 큰 성공을 거두었다.

미국의 CBS는 이 컨셉을 사들였고, 2000년에 〈서바이버〉 시리즈를 런칭했다. 대서양을 건너면서 제목만 바뀐 게 아니었다. 새 제작진은 스웨덴 버전의 위험성을 보았기에, 참가자의 수를 40명에서 16명으로 대폭 줄이는 등 안전장치를 강화시켰다. 그만큼 자연 상태에 있는 날것 그대로의 인간 행동을 엿보자는 취지는 퇴색되었다. 다른 무엇이 필요했다. 참가자들의 피, 그리고 시청자의 피를 끓게 할 무엇이. 미국인들의 해답은 간단했다. 3만 달러 남짓의 우승 상금을 100만 달러로 늘렸다. 이로 인해 쇼의 초점은 전환되었다. '소수의 사람들이 무인도에서 살아가면 어떤 공동체를 이룰까?'라는 취지는 '무인도에 고립된 소수의 사람 중에서 단 한 사람만 살아남아 100만 달러를 얻게 한다면, 이들은 어떻게 싸울까?'로 바뀌었다.

BBC 역시 같은 해 오리지널 컨셉을 발전시킨 〈캐스트어웨이 2000〉을 방영했다. 스코틀랜드의 외딴 섬에 36명의 남녀 어른, 그리고 아이들을 보내 공동체의 터전을 건설하는 과정을 찍은 것이다. '승자'가 아니라 '공동의 목표'를 내세운 이 프로그램은 리얼리티 쇼라기보다는 다큐멘터리에 가까운 형태가 되었다. 쇼는 적지 않은 반향을 불러일으켰지만 〈서바이버〉가 만들어낸 폭발적인 열광은 아니었다. 〈서바이버〉 시리즈는 전 세계로 수출되며 리얼리티 쇼 붐을 불러일으켰다.

바이킹의 자손들이 무인도를 무대로 인간의 밑바닥을 보려 했다면, 플라잉 더치맨의 후예들은 교외의 저택을 이용했다. 1999년 네덜란드에서 시작된 〈빅 브라더(Big Brother)〉 쇼는 서바이버의 대칭점에 있는 리얼리티 쇼다. 제작진은 10대에서 40대 초반의 남녀 10여 명을 교외의 집에 100일간 가둔 뒤, 집안 곳곳에 설치된 카메라와 마이크로 그들의 일거수일투족을 훔쳐보고 엿듣기로 했다.

1992년 MTV에서 방영된 〈리얼 월드(The Real World)〉가 이러한 형식의 효시로 여겨지기도 하는데, 〈빅 브라더〉만큼 자기 의식을 가진 리얼리티 쇼는 아니었다. 〈리얼 월드〉가 젊은 MTV 세대의 동거 생활과 사회 관계를 관찰하고자 하는 정도였다면 〈빅 브라더〉는 우리 안에 갇힌 남녀들의 밑바닥 감정까지 샅샅이 들춰보고자 했다.

〈빅 브라더〉가 〈서바이버〉와 핵심적으로 다른 점은 참가자들이 문명 세계의 안락함을 그대로 누리고 있다는 사실이다. 굶어죽을 위험도 없고, 화장실과 샤워도 편안히 즐긴다. 그렇다면 어떻게 해야 이들의 감정을 들끓게 할까? 어떻게 해야 시청자들의 눈을 사로잡을 장면을 만들어낼까? 제작진은 자극적인 미션들을 던져주었다. 불타는 관에서 탈출하라고 하거나, 돼지 눈알을 먹게 했다. 그 경쟁의 과정에서 서로 헐뜯고 머리 끄댕이를 잡아당기며 싸우게 했다. 사실 미션의 강도는 크게 중요하지 않았다. 서로 취향도 성격도 맞지 않는 사람들이 밀폐된 상황에 갇혀 있다는 것만으로 끝없이 분쟁이 일어났다. 출연자들은 치열한 감정의 격동을 만들었고, 지금까지 보지 못했던 드라마를 펼쳐냈다. 그리고 가장 큰 자극의 장치가 있었는데, 그것은 〈서바이버〉와 같았다. 매주 탈락자를 뽑아 제거한 뒤, 최후의 생존자에게 막대한 상금과 상품을 주었다.

〈서바이버〉와 〈빅 브라더〉 시리즈는 각각 수십 개의 국가에서 자체 제작되며 선풍적인 인기를 끌어모았다. 그리고 이들이 확립한 새로운 쇼의 형식—고립된 공간, 서로 낯모르는 아마추어 경쟁자, 참가자의 일거수일투족을 비춰주는 카메라, 고백의 뒷담화, 자극적인 미션, 주기적인 탈락 시스템, 최종 우승자에 대한 거액의 상금—은 여러 테마와 결합하며 리얼리티 쇼라는 새로운 TV 장르를 탄생시켰다. 2004~2005년 급속히 성장한 리얼리티 쇼는 미국 광고 시장에서 30초당 광고료를 가장 많이 받는 10개 프로그램 중 다섯 자리를 차지했다. 짝짓기(〈배첼러〉, 〈템테이션 아일랜드〉), 요리(〈헬스 키친〉), 음악(〈아메리칸 아이돌〉), 패션(〈도전 슈퍼모델〉, 〈프로젝트 런웨이〉), 비즈니스(〈어프렌티스〉), 여행

〈어메이징 레이스〉) 등 손길이 닿지 않는 분야는 없었다. 쇼들은 서로 경쟁하고 증식하고 교배하면서 새로운 생태계를 만들었다.

리얼리티 쇼의 목적은 철저히 엔터테인먼트였지만, 그 양상은 거대한 생체 실험과 같았다. 상금, 명예욕, 혹은 도전 정신에 이끌린 참가자들은 기꺼이 실험실로 들어갔고, 벌거벗은 모르모트들의 일거수일투족은 전 세계 시청자들 앞에 공개되었다. '각본은 없다'는 대전제 속에 파렴치한 행동과 예측할 수 없는 결과들이 시청자들의 촉수를 당겼다. 처음에는 카메라가 자신을 보고 있다는 것 때문에 평균 이상의 도덕심을 보여주던 참가자들은, 시즌이 거듭될수록 그 도덕을 내버릴 때 훨씬 큰 인기를 모을 수 있다는 사실을 깨닫게 된다. 리얼리티 쇼에 열광하는 팬덤과 미디어의 시선들까지 하나의 증식된 실험실을 만들었고, 그것은 이 시대의 인간상에 대한 새로운 고찰을 가능하게 했다.

리얼리티 쇼의 10년

그렇다면 21세기 첫 10년의 사람들은 어찌하여 리얼리티 쇼에 그토록 열광하였을까?

TV 미디어의 내적 진화의 산물

20세기가 종말을 고하는 시점에 인류는 소설, 만화, 영화, 케이블 채널, 그리고 인터넷 미디어에서 쏟아져 나오는 픽션들에 묻혀버렸다. 이야기 창작자들은 더 이상 새로운 것을 만들어낼 수 없었고, 나올 수 있는 시나리오는 모두 나왔다. 영리해진 대중들은 패턴화된 허구에 질렸다. 더불어 MTV, 인터넷, 케이블 채널 서핑 등 짧고 자극적인 화면에 익숙해진 젊은 시청자들은 선형적인 플롯, 감상적인 드라마에 흥미를 느끼지 못하게 되었다. 그래서 리얼리티 쇼는 각본을 없애고 상황만 던져준 채 그 안에 벌어지는 일을 충실하게 찍어 시청자들에게 보여주기로 했다. 카메라는 객관적인 위치를 벗어난다. 마치 〈블레어 위치〉의 셀프카메라처럼 콧구멍 밑을 파고든다. 이음새 없는 매끄러운 연출도 포기한다. 〈어메이징 레이스〉에서는 달리는 출연자를 쫓다가 나뒹구는 카메라맨의 화면이 그대로 나온다. 원칙적으로 재촬영은 없다. 제작진도 서바이벌 상황이다.

또한 시청자들은 연기된 감정이 아니라 실제의 감정, 예측 불가능한 파격의 결과를 보고 싶어졌다. 이를 위해 리얼리티 쇼는 TV가 지닌 엿보기 장치의 역할을 극대화했다. 영상 기술의 발전은 카메라 수십 대와 마이크 100여 대를 〈빅 브라더〉 세트장에 채워넣을 수 있게 했고, 그 안에서 벌어지는 청춘 남녀들의 생활상을 속속들이 들여다볼 수 있게 했다. 동시에 리얼리티 쇼는 그냥 몸매 좋은 일반인의 사생활을 엿보는 밋밋한 구멍이 아니었다. 옴쭉달싹 못하는 상황에서 상금을 얻기 위해 죽기살기로 매달리는 사람들의 쌩얼을 보는 가학적인 관음의 창이었다. 시청자들은 "벗어라. 벗어라." "싸워라. 죽여라."라고 외치는 스트립 쇼장과 격투장의 관객이 되지만, 자신의 모습은 철저하게 은폐할 수 있었다.

스튜디오 안에 전통적인 드라마와 쇼가 있다면, 리얼리티 쇼는 '스튜디오 바로 바깥'을 보여준다. 분장실, 방송국 복도, 회의실…… 이제 제작진 자체가 리얼리티 쇼의 출연진이 되는데, 음모, 기만, 밀고 당기기는 출연자들 사이만이 아니라 출연자와 제작진 사이에서 끊임없이 벌어진다. 서구 사회에서 먼저 만들어진 리얼리티 쇼는 한국 시장에는 원형대로 들어오지 못했다. 일반인 출연자는 덜 잘나가는 연예인으로 대체되었고, 위악적인 캐릭터는 악플에 무너졌고, 도전자들은 서로의 성공에 박수를 보내는 착한 아이들이어야 했다. 다만 하나는 확실히 받아들였다. 전통적인 제작 방식의 무대 아래와 위의 구분선, 공과 사의 구분은 깨어졌고 여기에서 '리얼'의 느낌은 건질 수 있게 되었다. 시청자들은 〈슈퍼스타 K〉와 〈위대한 탄생〉에서 일반인이 하룻밤에 스타가 되는 모습에 감정이입을 한다. 이것은 고전적인 오디션 프로그램에서도 그랬다. 하지만 리얼리티 쇼는 시청자들이 전지적인 관점에서 그 스타들이 만들어지는 배후를 엿보며, 건당 500원의 문자 투표로 자신이 거기에 권력을 행사하고 있다고 느끼게 만든다.

전쟁과 사냥 게임의 생중계, 진짜 리얼을 덮기 위한 가짜 리얼

2001년 9월 11일 맨해튼에서 일어난 사건은 대중들 의식의 뿌리를 흔들었다. 아랍의 테러리스트가 접수한 비행기 두 대가 세계 유일의 초강대국 한복판에 있는 두 개의 초고층 빌딩을 고꾸라뜨렸다. 사건도 놀라웠지만 그것이 전달되는 방식은 더욱 충격적이었다. 나는 그때 예비군 훈련을 앞두고 원서동 현대 사옥 앞 분식점 TV에서 그 장면을 보았다. 전 세계인이 똑같은 장면을 생중계로 관람하고 있었을 것이다.

이미 1990년대 걸프전이 생중계될 때부터 우려들은 있었다. 전쟁을 스포츠처럼 TV 화면으로 보여주는 것은 오히려 우리의 감각을 무디게 만들 수 있다고. 그렇게 걸프전이 깔아놓은 레드카펫 위로 9·11 테러가 왔고, 이어 분노한 미국과 그 우방국들의 군대가 몰려들었다. '테러와의 전쟁'은 일종의 리얼리티 쇼처럼 전개되었고, 첨단 폭격기의 조종사가 바라보는 화면은 전쟁 게임의 모니터와 다를 바가 없었다. 아프가니스탄의 동굴로 숨어든 테러의 원흉을 찾아가는 특공대 뉴스는 빈 라덴 사냥 게임이었다. 뛰어난 성능의 보급형 디지털 카메라는 리얼리티 쇼의 현장만이 아니라 전쟁의 모래 속에서도 진가를 발휘했다. 살인, 납치, 고문의 영상들이 곳곳에서 솟아나왔다.

시청자들은 이 지긋지긋한 전쟁에서 눈을 돌리고 싶어졌다. 그러나 디즈니의 동화로는 불가능했다. 비도덕과 폭력에 대한 감각은 무뎌졌고, 자극을 지워버릴 다른 자극이 필요했다. 테러는 평온한 일상이 어느 순간이든 무너질 수 있다는 불안감을 만들었고, 전쟁은 죽이지 않으면 죽는다는 생존 감각을 강화했다. 이제 이것은 2차 대전 때의 〈카사블랑카〉 같은 달콤한 판타지로 해소될 수 있는 성격이 아니었다. 강화된 생과 사의 감각을 해소할 탈출구, 그것이 리얼리티 쇼였다. 세계인들은 이라크와 아프가니스탄의 전장이 아닌, 열대의 섬, 고급스러운 저택, 패션쇼의 런웨이에서 벌어지는 또 다른 생존 게임에 빠져들었다. "죽거나 죽이거나, 그것은 단지 게임일 뿐이잖아. 심각하게 생각할 게 뭐 있어? 세상이 다 그런거지." 그러면서 그들 스스로 TV에 나오는 후보자 중 하나를 전화 투표로 처형시키고 있었다.

신자유주의, 승자 독식, 세계의 개입화

리얼리티 쇼가 번성한 2000년대의 첫 10년은 이른바 신자유주의가 천연덕스럽게도 이념 아닌 이념으로 도처에 잠식해 들어간 시기다. 세계는 무역의 국경을 없애고 자유로운 경쟁 속에서 게임을 벌인다. 탈락자는 당연히 밑으로 떨어지고, 승자는 상금을 독식한다. 우리는 게임에 동의했기 때문에, 게임의 결과에도 동의해야 한다. 공공을 위한 선, 부의 재분배, 이런 것은 게임을 재미없게 만든다. 한 사람이 전부를 얻는 것이 최고의 쾌락을 선사한다.

유니버시티 칼리지의 그레이엄 반필드는 BBC 방송 등이 추구해온 TV의 공공성이 쇠퇴했다면서 이렇게 말한다. "확실히 리얼리티 쇼가 번성하기 시작한 것은 '공공'(대중)이란 무엇인가에 대한 합의가 쇠퇴할 무렵이었다."† 리얼리티 쇼는 신자유주의의 경쟁 관계를, 그 안에서 승리를 위해 벌이는 온갖 낯뜨거운 행동들을 게임이라

† 『논쟁 없는 시대의 논쟁』, 영국사상연구소 저, 86쪽

는 형태로 TV 속에 옮겨놓았다. 시청자들은 과거처럼 정정당당하고 능력이 뛰어난 영웅을 추켜세우지 않고, 참가자 모두가 행복한 결말을 맺는 이야기에 안도하지 않는다. 오히려 초반에 도덕적인 듯 보이던 참가자가 폭발하며 자신의 거친 본성을 드러내는 걸 즐긴다. 얼핏 약해 보이지만 의외의 영민함과 간교함으로 게임을 뒤집는 캐릭터들에 박수를 보낸다. 그것이 현실에 더 가깝기 때문이다.

아이러니하게도 리얼리티 쇼에서 매회 주목받는 것은 승자가 아니라 탈락

자. 승자는 다수인데 반해, 탈락자는 대부분 단 한 사람이기 때문이다. 〈나는 가수다〉를 시끄럽게 했던 스포일러의 핵심은 누가 살아남았냐가 아니라, 누가 떨어졌냐이다. 예외는 없다. 한 사람은 떨어져야 한다. 심사위원에게 혹평을 받은 사람, 참가자들로부터 배척을 받은 사람, 시청자들에게 인기없는 사람…… 마치 위태위태한 보트를 타고 망망대해를 떠다니는 한 무리의 표류객들과도 닮은 모양이다. 배는 좁고 식량은 부족하고 사람은 많다. 그리하여 가장 약한 자를 바다에 빠뜨리거나, 뽑기에서 걸린 자를 골라내 잡아먹는다. 잔혹한 카메라는 이 탈락자를 쫓아간다. 그 심정을 묻는다. 리얼리티 쇼는 낯뜨겁게도 일탈자, 패배자, 개인의 불운을 이용한다. 그러면서 생존자들로부터 안타까움의 눈물을 쏟게 해서 감정적 포르노그래피를 만들어낸다. 어쩌면 그들의 조문은 미래의 자신을 향한 것일 수도 있다. 게임의 마지막엔 오직 한 사람의 승자밖에 남지 않으니까.

리얼리티 쇼는 승자 독식의 현재를 풍자하면서, 동시에 그러한 게임을 당연한 것으로 여기는 세계관을 퍼뜨렸다. 다만 중요한 차이가 있다. 리얼리티 쇼의 출연자들은 그가 과거에 지니고 있던 직업, 경력, 재산, 명망, 권력과 같은 계급장을 떼고 등장한다. 그야말로 자유 경쟁. 어쩌면 허울좋은 신자유주의 명목하에 온갖 기득권의 결핍에 시달려온 시청자들이 적어도 TV의 게임 안에서만은 공정한 경쟁, 고전적 자유주의의 이념이 작동하기를 기대하는 것인지 모른다. 그리고 이것은 우리의 서바이벌 노트와 매우 비슷한 조건을 형성한다.

서바이벌의 게임화

리얼리티 쇼는 '소규모 인간 그룹이 어떤 공간에 갇히고, 그 안에서 경쟁을 통해 상대를 제거해나가면서 최후의 생존자를 가리는 상황'을 게임화했다. 그렇다면 우리는 리얼리티 쇼를 통해 서바이벌 상황에서의 생존법을 배울 수도 있지 않을까? 분명히 논리적으로 가능한 착상이다. 허나 둘 사이의 차이점 역시 무시할 수 없다. 이를 질문과 응답으로 정리해보자.

Q ⅢⅢ 리얼리티 쇼는 '게임'이며 '쇼'다. 참가자들을 극한의 궁핍에 몰아넣기도 하지만 실제 참가자를 죽이지는 않는다. 폭행, 강도, 살인, 식인 같은 극단적인 행동은 용납되지 않는다. 그러니까 실제의 서바이벌 상황과는 질이 다르지 않나?

A ⅢⅢ 물론 리얼리티 쇼의 패배자는 죽지 않는다. 그러나 리얼리티 쇼에서 '탈락'이란 결국 죽음을 제도화해놓은 장치라는 점을 간과해서는 안 된다. 그리고 인생을 뒤바꿀 만한 거액의 상금은 자본주의 사회에서는 인생을 뒤바꿀 수 있는 장치로 기능한다는 점도 무시할 수 없다. 일반적인 생존 상황은 구덩이에 매달려 기어오르기 위한 싸움이다. 구덩이에 미끄러져 떨어지면 영원히 돌아올 수 없고, 겨우 기어올라 오면 최소한의 생존이라는 평지에 도달할 수 있다. 리얼리티 쇼는 안전망을 깔아둔 절벽을 기어올라가는 게임이다. 절벽에서 미끄러져도 죽지는 않는다. 평범한 삶이라는 평지에 선다. 그러나 최후의 승자는 그전의 삶과는 비교가 되지 않는 높은 위치에 서게 된다. 그 간극은 충분히 크다. 때문에 참가자들은 이 게임에 목숨을 건듯 전력으로 매달린다.

Q ⅢⅢ 상금의 규모로 보자면, 일반적인 프로 스포츠 경기, 퀴즈쇼, 핫도그 많이 먹기 대회 역시 만만치 않다. 리얼리티 쇼가 그런 대회와 다른 점이 있는가?

A ⅢⅢ 〈서바이버〉, 〈어메이징 레이스〉 같은 경우 벌레 빨리 먹기나 바다 아래 있는 열쇠 가져오기 같은 유사 스포츠 게임을 벌이기도 한다. 그러나 리얼리티 쇼의 차별점은 이 '미션'을 포함한 참가자의 삶 전체가 프로그램의 세계 안에 갇혀 있다는 점이다. 각자의 숙소에서 잠자고 연습장에서 몸을 푼 뒤에 두 시간 정도 경기장에서 축구를 하는 것과는 다르다. 리얼리티 쇼는 참가자의 사생활을 거의 없애며, 경

기 바깥의 생활과 인간 관계까지 게임 안에 들어오게 한다. 많은 시청자들 그리고 여러 학자들로부터 흥미를 끄는 요소는 게임 자체가 아니라 바로 이 부분이다. 게이머들은 그 세계의 잠재적인 살인자와 함께 먹고 자며 대화를 나눈다. 그 상황이 더욱 극적인 장면들을 만들어낸다.

Q ▮▮▮▮ 서바이벌에는 '공동의 생존'이라는 옵션이 있다. 허나 리얼리티 쇼는 아니지 않은가?

A ▮▮▮▮ 그렇다. 아마도 그 지점이 가장 큰 차이일 것이다. 실제 서바이벌 상황에서 가장 좋은 답은 모두가 건강하게 살아남는 것이다. 그러나 리얼리티 쇼에서 공동체의 승리는 없다. 한 명 혹은 극소수만이 살아남는다. 서바이벌 상황에서는 무리 바깥과의 대립과 싸움이 중요하다면, 리얼리티 쇼는 무리 내부의 경쟁이 훨씬 중요하다.

나치의 박해를 피해 미국으로 망명한 유대인 학자들은 프린스턴 대학을 중심으로 여러 지적 성취들을 이루어냈다. 특히 수학자 폰 노이만과 경제학자 모르겐슈테른이 「게임의 이론과 경제적 행태」를 통해 수면 위로 올려놓은 '게임 이론(Game Theory)'은 학계의 새로운 이디엄이 되었다. 그들은 '죄수의 딜레마'와 같이 논리 게임을 통해 인간 행동의 패턴을 알아내고 그를 활용해 경제의 움직임을 해명하고자 했다. 애초 경제학에서 시작된 이 이론은 정치, 국제관계, 생물학, 심리학 등 다채로운 분야에서 응용되고 있다.

리얼리티 쇼는 게임화된 서바이벌이다. 이 게임은 유희일 수도 있지만, 동시에 어떤 실험이 될 수 있다. 극단적으로 폐쇄된 조건의 생존 게임에서 과연 어떤 종류의 게이머가 승리를 쟁취할 것인가? 그는 어떤 능력을 동원하고, 어떤 전략을 써야 살아남을 수 있는가? 경쟁, 속임수, 협동, 질투 등 그 안의 인간들이 느끼는 감정은 어떻게 형성되고, 그것은 게임의 진행에 어떤 영향을 끼치게 되는가? 우리는 리얼리티 게임 쇼의 생존 방법을 실제 서바이벌 상황에서의 생존 전략에 대입시켜 볼 수도 있을 것이다.

게임의 구조와 승리의 방정식

이제 서바이벌에 대한 게임 이론의 실험실로서 리얼리티 쇼를 바라보고 그 구조를 파악해보도록 하자. 이들 쇼의 게임들을 단순화하기란 쉽지 않다. 미국만 하더라도 한 해 수십 편의 리얼리티 쇼가 만들어지고, 제작진은 저마다의 개성을 갖추기 위해 계속 새로운 장치를 구상하고 있다. 나는 서바이벌이라는 테마에 보다 근접한 프로그램들을 중심으로 구조를 정리해보기로 했다. 먼저 가장 흡사한 형태인 〈서바이버〉로 줄기를 세우고, 이어 〈빅 브라더〉나 〈어메이징 레이스〉 같은 보편적 도전 과제 위주의 프로그램, 마지막으로 〈아메리칸 아이돌〉과 〈헬스 키친〉 같은 특정 영역의 능력을 중요시하는 경우에서 주요 요소들을 찾아 덧붙였다.

리얼리티 게임의 핵심 구조는 다음과 같다.

❶ **서로 낯모르는 일반인 출연자를 특정 공간에 불러모아 고립시킨다.**

- 〈서바이버〉의 경우, 16~20명 정도의 사람들을 쿡 아일랜드 같은 오지에서 생활하게 한다.
- 〈어메이징 레이스〉의 경우, 2인 1조로 지원하게 하는데 각 조의 구성원은 부부, 연인, 남매 등 미리 알고 있는 사이다.
- 일반인 출연자가 정석이기는 하지만 변형도 있다. 〈빅 브라더〉가 인기를 모으자 유명인들을 비슷한 환경에서 동거하게 하는 여러 프로그램들이 만들어지기도 했다. 그러나 이들은 과거의 경력, 재산, 지명도를 배제한 자연인으로 간주된다.

❷ 이들은 최소한의 물품만 가져오고, 일정 기간 동안 같은 공간에 머무르며 주최 측이 제공하는 조건만을 이용해 생활한다.

· 시작의 상자: 보통 여행 가방 하나 정도의 개인 소지품을 들고 온다. 이는 여행 시에 조난했을 경우나, 큰 재난을 당해 급히 옮겨야 하는 정도의 물건으로 생각하면 된다. 〈서바이버〉는 주최 측이 주는 단검, 수통, 그릇 이외의 초기 반입품을 엄격히 제한한다. 〈어메이징 레이스〉는 각자 메고 다니는 가방 안의 개인 물품만 사용 가능하다.

· 자연 조건: 주최 측이 마련한 장소와 그들이 제공하는 물품은 일종의 자연 조건으로 간주할 수 있다. 이때 생존을 위한 물자의 지원을 극도로 제한해 생필품을 둘러싼 경쟁을 유도하는 경우가 있고, 식료품은 거의 무제한으로 제공하며 다른 종류의 능력 평가에 집중하는 경우가 있다. 〈서바이버〉에서는 식수를 제공하는 샘 등 최소한의 생존 조건만 제공하고, 집을 짓고 먹이를 구하는 일부터 참가자가 직접하도록 한다.

· 동거: 〈리얼 월드〉나 〈빅 브라더〉의 핵심은 처음 만나는 타인과의 동거 생활이다. 이러한 포맷은 〈도전 슈퍼모델〉과 〈슈퍼스타 K〉 등 굳이 도전자들이 합숙할 필요가 없는 종목의 쇼에도 적용된다. 아무리 능력이 뛰어나도 공동체 생활에 잘 어울리지 못하거나 다른 도전자와의 관계에 제대로 대처하지 못하면 어려움을 겪게 된다.

· 〈서바이버〉는 부족 단위로 생활하도록 하는데, 인간이 야생 상태에서는 이렇게 살아가는 것이 자연스러운 형태인 것 같다. 팀을 나누는 경우 랜덤하게 섞기도 하지만, 연령/성별/인종 별로 분리하기도 한다. 여기에서 일어나는 인간 관계는 모두 카메라에 포착되고, 자신의 속마음은 '고백 일기' 혹은 나레이션 형태로 표현된다.

❸ 매회 도전 과제를 수행하고, 이기는 자(팀)에게는 보상이 주어진다. 꼴찌 혹은 패배한 팀의 한두 사람은 게임에서 완전히 탈락된다.

· 과제는 프로그램의 주제에 따라 다양한 형태를 띤다. 〈프로젝트 런웨이〉는 패션

디자인, 〈헬스 키친〉은 요리, 〈어프렌티스〉는 비즈니스 과제 등 테마에 부합하는 미션을 던져준다. 〈서바이버〉의 도전 과제는 인내, 문제 해결, 팀워크, 해당 지역에 대한 지식, 육체적 경쟁 등의 성격을 띠고 있다.

· 도전 과제에서 최고의 성과를 보인 사람은 그 주의 우승자로서 특권을 얻는다. 이들은 그 회나 다음 회의 탈락 대상에서 제외되고, 특식, 가족과의 만남 등 상품 등을 받을 수도 있다.

· 패배한 팀의 한 사람, 혹은 레이스에서 꼴찌를 한 사람은 탈락한다. 〈서바이버〉가 보여준 가장 흥미로운 방식이 여기에 있는데, 팀원들의 투표에 의해 한 사람이 제거된다. 도전 과제를 성실히 수행하거나 능력을 보인 사람이 탈락에서 제외될 수도 있지만, 인간 관계에서 문제를 나타내거나 너무 뛰어나 최종 경쟁에서 장애가 될 것 같은 사람을 사전에 제거시키기도 한다. 부족 내의 비밀스러운 연맹이 형성되고 협잡과 속임수가 뒤섞인다. 다수파에 속하기 위한 '정치'가 중요해진다. 〈어프렌티스〉는 쇼의 진행자인 도널드 트럼프가 패배한 팀과 회의를 해 자신을 옹호하거나 탈락시킬 멤버를 지적할 기회를 준다. 최고 결정권은 보스인 도널드 트럼프가 쥐고 있다. "너는 해고야!(You're Fired!)

· 〈서바이버〉에서 숨겨진 면책 상징물(Idol)을 찾은 사람은 '면책 특권'을 얻는다. 능력이 떨어지고 약한 존재라도 행운이 따르면 자신을 보호할 수 있다. 면책 상징물을 찾았다고 해도, 바로 공개하지 않아도 된다. 없으면서도 있는 척할 수 있고, 다른 사람에게 양도해서 그와 연합할 수도 있다. 정치는 점점 고도화된다.

· 시청자들이 탈락을 결정하는 경우도 많다. 〈아메리칸 아이돌〉이나 〈슈퍼스타 K〉의 경우 심사위원의 평이나 점수가 개입할 수도 있지만, 결정은 시청자 투표에 의해 이루어진다. 〈빅 브라더〉의 경우, 매주 참가자들이 투표를 통해 퇴출시키고 싶은 동거인 두 명을 선정한다. 이 후보들을 시청자 투표에 올려 둘 중 하나를 제거한다.

❹ 최종적으로 남아 있는 단 한 명, 혹은 커플이 거액의 상금을 독식한다.

· 〈서바이버〉 부족 투표의 마지막에는 최종 도전자 두 명이 후보가 되고, 그동안 쫓겨난 부족원들이 모여 둘 중 하나를 선택한다. 죽은 자가 왕을 간택하는 방식. 그러니까 탈락을 시키더라도 인간적으로 완전히 적대적인 상태로 만들어서는 안 된다.

· 연애 리얼리티 쇼에서는 최종 우승자가 '상금'과 '연애', 둘 중 하나를 선택하도록 하기도 한다. '사랑이냐 돈이냐'라는 고전적인 딜레마를 마지막 스테이지에 올려놓는 것이다. 때론 〈조 밀리어네어〉처럼 우승의 대상이 되는 상대방이 백만장자가 아니라 평범한 노동계급의 청년이라는 반전을 준비해놓기도 한다. 만약 그의 선택을 받아 살아남은 마지막 여성이 그의 정체를 알고도 그와 사귀기로 결정한다면, 그때 제작진은 숨겨두었던 100만 달러의 상금을 두 사람에게 주게 된다.

심판의 테이블, 게임의 밀고 당기기

〈서바이버 차이나〉에서 몇 주 동안 굶주림에 지친 도전자들이 제작진이 지시한 장소에 도착한다. 그들 앞에는 먹음직스러운 치즈버거와 감자튀김 더미가 차려져 있다. 제작진은 말한다. 선택하라. 지금 이 음식을 먹을 것인가? 아니면 그날 밤에 있을 탈락자 투표에서 면제될 특권에 도전할 것인가? 어떤 이는 먹을 걸 가지고 장난치냐고 할지 모르겠다. 하지만 이것은 생존의 근본적인 딜레마를 축약해놓은 것이다. 음식이냐, 안전의 확보냐? 그러니까 이것은 '먹을 것'이 아니라 '생존'을 가지고 장난치는 것이다.

리얼리티 쇼는 게이머의 생사를 걸고, 이런저런 밀고 당기기를 하는 게임이다. 이 게임은 게이머들 사이에서도 벌어지지만, 제작진과 게이머 사이, 제작진과 시청자, 그리고 게이머와 시청자 사이에도 벌어진다.

먼저 제작진의 입장에서 생각해보자. 이것은 각본이 짜인 드라마가 아니다. 그들은 이 쇼에서 누가 이기고, 누가 질 것인지 개입할 수 없다. 그렇지만 게임을 항상 긴장감 넘치게 만들어야 한다. 만약 그 결과가 너무 뻔하거나 작위적이라면 시청자들은 금세 채널을 돌려버리고 말 것이다. 제작진은 애초에 이 게임을 아주 정교하게, 그들이 끼어들지 않아도 스릴 넘치는 다툼이 벌어지도록 설정해두어야 한다.

긴장감 넘치는 게임을 이루는 초석은 '공정한 경쟁'이다. 리얼리티 쇼는 참가자의 외적인 조건들을 가능한 공평한 상태로 만든다. 그들이 어떤 직업, 경력, 재산을 가지고 있는지는 참고 사항일 뿐이다. 이것은 '완전히 평등하고 자유롭게 경쟁할 수 있는 경제 체제'를 목표로 하는 고전적 자유주의와 닮았다. 하지만 이것은 아무런 개성이 없는 디폴트 캐릭터로 시작하는 컴퓨터 게임이 아니다. 각 참가자들의 체력, 지식, 외모, 인종, 성별 등의 요소는 당연히 게임 속에서 작용한다. (2장에서 언급한 서바이벌의 조건과도 부합한다.) 게이머들은 자신이 가진 조건들을 적절히 활용해야 한다. 아름다운 얼굴과 몸매는 산낙지를 먹고 빨리 달리는 데는 아무 소용이 없다. 그러나 사람들에게 도움을 요청하고 자신을 데리고 다니게 만드는 데는 아주 유리하다.

본인의 능력은 변경할 수 없다. 돈으로 부가적인 아이템을 구입할 수도 없다. 그래서 정말 더욱 중요해지는 것이 이 게임의 핵심을 빨리 파악하는 것이다. 무엇보다 '승리의 조건'이 무엇인지, 거기에 다가가기 위한 최단 경로는 무엇인지 알아내야 한다.

리얼리티 쇼에서 승자/탈락자를 판정하는 방식은 몇 갈래로 나뉜다.

❶ **절대적 심판관:** 〈도전 슈퍼모델〉, 〈프로젝트 런웨이〉 등이 대표적인데, 쇼의 호스트와 해당 분야의 전문가들이 순위를 정하는 방식이다. 〈백만장자와 결혼하기〉 등에서 한 명의 호스트가 후보들을 선택, 혹은 배제하면서 판가름하는 방식도 이와 유사하다. 이런 경우에도 특정 미션을 수행하는 사람에게는 면책 특권을 주기도 한다.

❷ **미션 수행의 선착순:** 〈어메이징 레이스〉처럼 도전 과제를 수행하고 먼저 도착점에 들어오는 순서대로 순위를 정하는 방식이다. 심판관의 개입이 가장 적은 경우이다.

❸ **시청자 투표:** 〈아메리칸 아이돌〉의 본선, 〈나는 가수다〉처럼 출연자들이 자신의 실력을 뽐내고, 시청자나 관객의 투표로 순위를 결정하는 방식이다.

❹ **내부 투표+시청자 투표:** 〈빅 브라더〉처럼 일단 내부 투표로 예선을 거친 뒤, 시청자 투표로 최종 탈락자를 정하는 방식이다.

❺ **미션 수행+내부자 투표:** 〈서바이버〉처럼 팀 단위의 대결로 승패를 가린 뒤, 패자 팀의 한 사람을 부족원의 투표로 제거하는 방식이다.

❻ **미션 수행+절대적 심판관:** 〈어프렌티스〉처럼 팀 단위의 대결로 승패를 가린 뒤, 패자 팀의 한 사람을 심판관이 탈락시키는 방식이다.

❼ **내부자 상호 투표:** 〈아찔한 소개팅〉처럼 여러 명의 남녀가 하는 데이트 리얼리티가 대표적인데, 서로 상대 팀 중 한 사람을 골라서 탈락시킨다.

이러한 판결의 방식은 다음과 같은 기준으로 평가받을 수 있을 것이다.

    a. 판결은 얼마나 공정한가?
    b. 판결은 얼마나 흥미로운 결과를 가져오는가?

서바이벌 상황의 교보재로서 리얼리티 쇼를 바라보는 나는 기준 하나를 더 추가한다.

c. 판결은 얼마나 현실에 가까운가?

세 가지 기준은 서로 넘나든다. 공정하지 않은 결과가 속출할 경우, 그 게임에 대한 기대와 흥미는 급속히 떨어질 것이다. 그렇다고 너무 확실한 후보만 계속 승리를 해서도 재미가 없다. 능력은 떨어지지만 애정이 가는 후보, 혹은 성격적으로 결함이 많지만 그 때문에 흥미로운 사건들을 만들어내는 후보가 일찍 사라져서는 곤란하다.

우리는 후보들 사이를 오고가기도 한다. '물론 가장 실력 있는 자가 이겨야지', '핸디캡을 가진 자가 그것을 극복하고 이기는 게 더 재미있어', '착한 사람이 이기는 걸 보고 싶어', '실력이 없는 자가 약아빠진 술수를 부려 교묘하게 이기는 게 더 현실적이야'. 우리는 이 게임이 공정하면서도, 약자에게 기회를 주고, 그러면서 현실적이기를 바란다.

나의 초점은 c. 서바이벌 상황에서의 현실성에 맞춰져 있다. 이런 기준이라면 역시 〈서바이버〉의 판결 기준에 가장 끌린다. 일단 여기에서는 부족의 단합된 '실력'을 통해 상대와의 경쟁에서 이기고 그를 통해 생존할 가능성이 주어진다. 실제 상황에서도 샘물, 음식, 거주지 등을 공동의 목표로 해서 부족 단위의 무리가 힘을 겨룰 것이다. 그러나 부족원 모두가 생존할 가능성이 없을 경우, 내부의 다툼이 이어질 것이다. 이때 부족원 중 하나를 제거해야 한다면 그 판정은 누가 하게 될까? 절대적인 권위를 지닌 판사가 판결하거나, 시청자들의 인기 투표로 결정하는 방식은 현실적이지 않다. 부족원 자체의 투표에 따라 성원을 탈락시키는 방식이 실제의 상황에 가깝다.

〈서바이버〉를 통해 우리는 생존에 필요한 요소가 매우 복합적임을 알 수 있다. 달리기를 잘하거나, 숨을 오래 참거나, 고약한 음식물을 섭취하는 '능력'은 분명 직접적인 힘을 발휘한다. 성실한 생활 태도로 부족원들의 신망을 얻거나, 상냥한 대화나 매력적인 언행으로 '인기'를 얻는 방법도 있다. 그러나 매번 한 명씩은 꼭 탈락한다는 이 강박한 생존 조건, 그리고 그것이 부족원의 투표에 의해 결정된다는 상황은 '정치'의 중요성을 드러낸다. 어떤 팀에 소속되는가라는 '운'도 중요하다. 그리고 면책 상징물이라는 극단적인 행운의 요소가 있다. 누군가 부족원을 처치할 수 있는 총을 가지고 있다면, 혹은 부족이 찾아가야 할 방공호로 가는 길을 알고 있다고 생각해보자. 그의 능력이 아무리 떨어져도 그는 이 팀에서 탈락되지 않을 것이다.

우리는 실력, 인기, 정치력, 운이라는 요소가 한꺼번에 작용하는 게임 속에 들어와 있다. A가 여러 육체적 능력이 뛰어나 팀의 승리에 항상 앞장서 왔다고 하자. 그러나 단 한 번 팀이 패배한 순간, 팀원들은 다른 생각을 품을 수 있다. 'A가 그동안 너무 잘난 척을 하고 다른 사람들을 무시해왔다.' 또는 'A가 능력이 너무 뛰어나기 때문에 그를 사전에 제거하지 않으면 내가 최후의 승자가 될 수 없다.' 투표 민주주의의 맹점 속에 가장 뛰어난 능력을 가진 자가 조기에 탈락하기도 한다. 이런 상황이니 부족원 내에 비밀 연맹이 결성되고 합종연횡이 벌어진다. 〈서바이버〉의 시즌이 거듭될수록 참가자들 간의 거짓과 권모술수는 점점 강화되고, 더욱 복잡한 정치 행위가 이루어진다. 누가 누구를 탈락자로 찍을지는 뚜껑이 열리기 전까지는 알 수 없다. '만인에 대한 만인의 거짓말'— 모두가 마피아인 마피아 게임이 펼쳐지는 것이다.

제작진들은 이러한 내적 갈등이 시청률을 유지하는 열쇠라는 사실을 알게 되었다. 그래서 또 다른 흥미로운 장치를 집어넣는다. 〈서바이버〉는 물론 〈도전 슈퍼모델〉 같은 경우에도 그 회에 우승하여 별도의 특권을 얻는 사람이 나온다. 그 사람은 거창한 저녁식사나 자유로운 쇼핑과 같은 혜택을 누리는데, 이때 자신과 함께 그 행운을 즐길 사람을 뽑으라고 한다. 언뜻 승리에 대한 동기 부여를 하고 그 즐거움을 공동체와 함께 나누라고 하는 것 같다. 허나 이것은 악마의 장치다. 한편으로는 먼 미래의 상금이 아니라 눈앞에 쾌락의 과실을 던져줌으로써 이긴 자와 이기지 못한 자의 위화감을 크게 만들고 그것으로 갈

등을 강화시킨다. 또한 우승자가 특정인을 지정함으로써 팀 내에서의 사적인 인간 관계를 공개하게 만든다. 선택된 무리와 선택받지 못한 사람들과의 관계를 이간질시키는 것이다. 〈어메이징 레이스〉에서는 레이싱 도중에 특정 상대를 그 자리에서 움직이지 못하게 하는 장치가 있다. 이것은 공개적으로 '싫은 사람'을 표명하라는 것이다. 만약 그 사람이 그 레이스에서 아예 탈락하면 상관없겠지만, 만약 살아남아 다음에 같은 권리를 얻는다면 자신에 핸디캡을 준 사람을 방해할 가능성이 아주 높을 것이다.

〈서바이버〉의 한 에피소드가 끝나고 탈락자를 정하는 투표장 앞에 부족원들이 각자의 생명을 상징하는 횃불을 들고 모인다. 이때 진행자가 말한다. "여기에서는 두 종류의 관계가 있죠. 지금 당장의 전략적인 관계, 나아가 오래 지속될 관계." 우리는 살아남기 위해 짚을 얽어 지붕을 세워야 할 뿐만 아니라, 다른 사람과의 관계를 얽고 튼튼히 유지해가야 한다.

게임적 이성, 그리고 감정이라는 무기

우리가 치르는 리얼리티 쇼의 생존 게임에서 영원한 우정 같은 덕목은 존재할 수 없다. 모든 승패가 가려진 뒤 참가자들이 토크쇼에서 만나 함께 끌어안고 눈물을 흘리기도 하지만, 그것은 어디까지나 게임 바깥의 이야기다. 게임 안에서는 생존과 죽음, 두 개의 카드밖에 없다. 그러므로 살아남기 위해서는 일상의 상황보다 훨씬 예민한 생존 감각, 다른 방식의 사고 체계가 필요하다. 나는 이것을 '게임적 이성'이라고 부른다. 세계와 인간의 삶을 게임으로 인식하고, 모든 사고와 판단의 최우선순위를 그 게임에서 이기는 것으로 설정해두는 생각의 체계다.

우리가 살아가면서 어떤 문제에 부딪히면 그것을 판단하고 해결하기 위한 사고 체계를 작동시켜야 한다. 근대 과학의 발전 속에서 무지몽매한 관습의 틀을 벗어던진 사람들은 '합리적 이성'을 주창했다. 문제의 인과 관계를 정확히 밝히고 불필요한 요소를 제거한 상태에서 올바른 판단을 내리라는 것이다. 그러나 판단의 과정에서 '가치'가 완전히 배제될 수는 없다. '누구'에게 이득이 되는 판단을 하느냐라는 관점의 차이에서 선택은 전혀 다른 방향으로 나아갈 수 있다. 합리적 이성은 나에게 이득이 되고 아니고를 따지는 것뿐만 아니라, 타인에 대한 배려, 공동체의 이익, 인류의 보편적 정의까지를 고려하라고 말한다. 유대계 독일 철학자로서 2차대전의 와중에 미국으로 망명한 호르크하이머는 『도구적 이성 비판』에서 이러한 합리적 이성이 자연에 대한 승리를 구가하고 문명화되는 과정에서 '도구적 이성'으로 전락했다고 말한다. 그는 이성을 두 가지로 나눠 설명하는데, '객관적 이성'이 주체의 관심과 별개로 인간이 추구할 목적에 관계한다면, '주관적 이성'은 목적과 관계하지 않으며 어떤 목적에 가장 적합한 수단을 찾아내는 데 주력한다. 객관적 이성을 배제한 주관적 이성이 관심을 갖는 목적은 오직 주체의 '자기 이익'뿐인데, 그가 비판하는 실용주의와 실증주의는 바로 이러한 주관적 이성을 대변하는 철학이라고 한다.

내가 말하는 '게임적 이성' 역시 호르크하이머가 말하는 '도구적 이성'과 유사하다. 이 사고방식은 오직 게임에서 내가 이기는 것, 끝까지 탈락되지 않고 살아남는 것에 초점을 맞추는 생각의 체계다. 팀의 승리, 다른 게이머에 대한 배려, 영웅 심리, 선량한 이미지 같은 것은 그 자체로 목적이 될 수 없다. 나의 목표는 오직 자신의 승리와 생존에만 초점이 맞춰져 있다.

『세븐시즈』의 생존 학교에서 학생들이 야외 사격 훈련을 하러 간다. 그리고 다음과 같은 표적이 나타난다. a. 토끼 b. 늑대 c. 운동모자를 쓴 어린이 d. 칼을 든 남자. 훈련생 중 하나인 안고는 주저한다. 도대체 어떤 표적은 쏘고 어떤 표적은 쏘지 말아야 하나? 단순히 얼마나 빨리, 그리고 정확히 목표물을 맞추는 것만이 중요한 게 아니다. 과연 저 표적을 맞춰야 하나 말아야 하는 가치 판단이 필요하다. 그의 사고 체계는 여기에서 즉답을 내리지 못한다. 그러나 경쟁자인 료는 다짜고짜 모두 쏘아 맞힌다. 안고가 항의하자 료는 말한다. "무조건

쏘면 돼." "사람을?" "칼을 들고 있었어." "어린애는?" "전염성 병이 있었지."

 게임이라는 상황은 윤리의 허물을 벗긴다. 하굣길에 집으로 뛰어가던 중 한 친구가 쓰러진다. 그러면 모두 멈춰서 그 친구를 일으켜세워 함께 걸어가는 게 당연해 보인다. 그런데 그 아이들이 체육 시간에 100m 달리기를 한다. 먼저 들어온 순위대로 점수가 달라진다. 그 상황에서 중간에 한 친구가 넘어졌다. 나머지 아이들이 그걸 무시하고 끝까지 달려갔다고 해서 그들을 나무랄 수 있을까? 그냥 자기 실력을 최대한 발휘한 뒤 늦게 들어온 친구를 위로해주는 정도면 된다.

 리얼리티 쇼 역시 게임이다. 그 안에서 게이머가 승리를 위해 쓰러진 사람을 돌아보지 않고 열심히 달려가는 것을 두고 나무랄 사람은 없다. 그러나 이렇게 물을 수는 있다. 그것이 과연 최종 우승을 위한 최선의 방법인가? 리얼리티 쇼는 단순한 스포츠 게임이 아니다. 리얼리티 쇼 제작자들은 경쟁자들의 동거 생활, 팀의 공동 과제, 파트너 선택 등과 같은 인생의 여러 면모를 이 게임 안에 집어넣어 두었다. 이는 우리가 인생에서 겪는 여러 감정적 요소들을 불러온다. 공동체 안의 믿음, 파트너의 잠버릇에 대한 불쾌감, 뛰어난 능력에 대한 질투, 다른 종교에 대한 배타심…… 이것 역시 게임의 승패를 좌우하는 요소들이다. 우리는 단지 '승리'라는 목적을 위해서라도 그것을 활용하거나 피해가는 능력을 발휘해야 한다.

 '게임적 이성'이 승리에만 초점이 맞춰져 있다고 하면, 이기적인 캐릭터가 훨씬 유리한 위치에 서 있을 것이라고 여길지 모른다. 〈도전 슈퍼모델〉의 진행자인 타이라 뱅크스는 시즌 3에서 말했다. "이제 우리는 더 이상 검은 악녀(Black Bitch)를 필요로 하지 않는다." 앞의 두 시즌에서 맹활약한 로빈과 카밀을 염두에 둔 말이다. 이들은 파리에서 클라이언트를 찾아가는 미션에서 행인을 돈으로 매수해 길을 안내하도록 하거나, 다른 후보의 무신론적 경향을 공격하며 따돌림을 주도하기도 했다. 그런데 과연 그들의 노골적인 이기심과 편 가르기가 최종적인 승리에 도움을 주는 걸까? 한두 회는 성공할지 모른다. 그러나 그들은 스스로 적을 만들고 역공을 당해 무너진다.

도덕이나 이데올로기를 배제한 이기심은 결코 '게임적 이성'이라고 할 수가 없다. 오히려 나이브하고 순수하기까지 하다. 〈로스트〉의 소이어는 대놓고 이기적으로 행동하지만, 결국 그런 인간은 팀을 이룰 수 없고 다수의 힘에 굴복당하기 십상이다. 인간들은 육체적 욕구뿐만 아니라, 도덕과 감정에 따라 움직이는 존재다. 끊임없이 정치가 이루어지고 거짓말이 횡행하는 상황에서, 우리에게 더욱 필요한 것은 상대로부터 적으로 인식되지 않는 능력이다. 내가 거짓말을 하지 않고 팀의 승리에 최선을 다한다는 신뢰감을 주어야 한다. '착한 척'을 하는 것도 매우 훌륭한 능력이다.

리처드 도킨스는 『이기적 유전자』를 통해 인간을 비롯한 생명체 진화의 주체가 유전자이며, 그 유전자는 유전자의 풀에 자신의 복제를 늘려가려는 이기적 속성에 따라 행동한다고 주장한다. 이때 개체는 유전자를 실어나르는 기계로 이용되는데, 각 개체의 이기적인 행동 방식이 유전자의 입장에서 항상 좋은 전략은 아니다. 고전적인 '죄수의 게임'은 죄수에게 '배신'과 '협력'이라는 두 장의 카드를 주고, 상대방을 배신하느냐 아니면 협력하느냐를 선택하라고 하는 것이다. 근시안적인 태도로는 배신이 유리하지만, 이는 곧 두 죄수가 서로를 배신해 최악의 결과를 만들어낸다. 그래서 같은 게임을 반복하면 대체로 '마음씨 좋은 쪽'이 승리한다.

여기에서 이런 생각이 든다. 이 '마음씨 좋은 쪽'이 정말 순수하게 마음씨 좋은 사람일 필요는 없는 것 아닌가? 게임에 이기겠다는 이기심을 절대 놓치지 않고, '마음씨 좋은 전략'을 쓰면 되는 것 아닌가? 리얼리티 쇼의 서바이벌 게임은 휴머니티를 배제하지 않는다. 온갖 종류의 감정들—동정심, 연대감, 복수심—은 오히려 아주 강력한 게임의 수단이 된다. 전쟁을 이끄는 자들은 자신의 승리를 위해 온갖 종류의 감정에 호소한다. 종교, 인종, 국가주의…… 미움과 적대감을 이용하는 것은 흔한 방법이지만, 때론 사랑과 인류애를 이용하기도 한다.

서바이벌라이즈(Survival-ize)

리얼리티 쇼는 인간 세상의 모든 영역을 게임으로 만든다. 〈헬스 키친〉은 뉴욕 레스토랑의 주방을 불구덩이 지옥 같은 요리 경기장으로 만든다. 〈도전 슈퍼모델〉은 젊은 여성들에게 패션모델의 고된 나날을 체험하고 자신의 재능을 검증받으라고 한다. 〈슈퍼스타 K〉는 가수를 꿈꾸는 젊은이들에게 매주 새로운 미션을 수행하며 시청자들의 인기를 끌어내라고 한다. 〈어프렌티스〉는 비즈니스 전선의 갖가지 영역에서 상대 팀을 격퇴하려고 한다. 이들 모두는 이 세상의 모방이다. 시청자들 스스로가 겪고 있거나, 그 분야를 꿈꾸는 사람들이 겪어야 하는 삶의 현재를 축소하고 게임화해놓은 것이다.

그렇다면 〈서바이버〉나 〈빅 브라더〉는 어떠한가? 야생 생활을 꿈꾸는 모험가들이나 아름다운 청춘들의 하우스메이트가 되기를 바라는 이들에게 대리 체험의 즐거움을 주는 게임인가? 그런 측면이 전혀 없지는 않을 것이다. 그러나 테마에 대한 관심도만을 따진다면, 조난 체험이나 동거 생활이 이처럼 세계적인 주목을 끌 만한 요소는 아니었을 것이다. 이들은 다른 리얼리티 쇼—특정 직업에 얽힌 게임들에 비해 훨씬 보편적인 무엇을 건드리고 있다. 나는 성공한 많은 리얼리티 쇼가 21세기 자본주의 사회에서 살아가는 많은 사람들의 인생을 축약해 게임으로 만들어놓았다고 생각한다.

리얼리티 쇼는 자신 앞에 펼쳐진 게임 속에서 모든 수단을 동원해 이기라고 한다. 열심히 달리고, 머리를 짜내고, 능력을 발휘해라. 동료와 협동하면 좋지만 때론 다른 동료들을 속이거나 이간질할 수도 있다. 영웅적인 인내력을 발휘하거나 처절한 동정심을 불러일으켜서라도 패배자의 대열에서 벗어나라. 그러나 모든 행동은 룰 안에서 이루어져야 한다. 실제의 서바이버 상황은 이와 좀 다르다. 우리는 누군가 고생을 해서 잡아온 도마뱀을 훔쳐먹을 수도 있고, 다른 동료들과 힘을 모아 뺏어먹을 수도 있다. 6장에서 말한 대로 어느 정도의 룰은 지켜져야 하지만, 일상의 상황보다는 훨씬 후퇴한 상태다. 하지만 리얼리티 쇼의 규칙은 아주 단단하다. 폭력이나 범법 행위는 용납되지 않는다. 스태프들의 음식을 훔쳐먹는 등 게임 외의 요소를 동원해서도 안 된다. 거의 모든 장소가 카메라로 촬영되는 상황이니, 일상 공간에서보다 더 강력한 통제가 이루어지고 있다고 봐도 된다.

또한 머리를 조금 삐딱하게 굴리면 현실적이지 않은 요소들이 많다. 〈서바이버〉에서 탈락자를 결정하는 방식은 각자의 최후 변론 끝에 1인 1표의 비공개 투표로 이루어진다. 매번 패배한 팀에서 한 사람씩 몰아내야 한다는 것 자체에 시비를 걸 수도 있지만, 식량이 부족하다거나 해서 필요한 조치라고 가정해보자. 그런데 왜 민주주의, 그것도 20세기 이후의 사람들이 받아들이고 있는 좁은 의미의 민주주의적 방식인가? 실컷 자유롭게 경쟁하라고 해놓고선, 왜 탈락의 룰만큼은 이런 방식으로 고정시켜놓았는가? 가령 팀의 합의에 따라 공개 투표로 할 수는 없을까? 해양 조난자들이 희생자를 결정할 때처럼 뽑기를 통해 랜덤하게 골라내는 건 어떤가? 물론 투표를 거치면 팀에 보탬이 되는 사람을 남겨놓는다는 장점이 있다. 그러나 뽑기를 하면 부족원들의 양심의 가책도 덜할 것이고, 서로를 이간질하는 정치 행위도 이루어지지 않을 것이다.

나는 앞에서 서바이벌 상황이란 모든 것이 디폴트되는 상태라고 했다. 우리는 백지 상태에서 새로운 도덕, 정치, 법률을 세울 수 있다. 그러나 리얼리티 쇼에서 완전히 혁명적인 발상으로 게임판을 뒤집는 것은 불가능하다. 서바이벌은 서바이벌이되, 분명한 테두리 안에서의 생존 게임이다. 생존을 위해 열정적으로 최선을 다하지만, 그 구조는 절대 벗어날 수 없다. 어쩐지 낯익은 모습 아닌가? 〈서바이버〉의 정치적 상황은 무인도의 조난자들보다는 현대 자본주의의 일상 생활과 닮았다.

앨버타 대학 아니코 보드로코지 교수는 말한다. "성공적인 텔레비전 프로그램들이 다 그렇듯이, 〈서바이버〉 역시 주제가 다양한 텍스트이기 때문에 서로 다른 독해를 가능하게 만든다. 21세기의 직장, 인간 관계, 자본주의에 관해 생각하고 토론할 수 있는 출발점으로서 사람들은 그 쇼를 이용할 수 있다." 리얼리티 쇼는 21세기 자본주의 생존 경쟁의 무대를 축약시켜놓았다.

† 『논쟁 없는 시대의 논쟁』, 영국사상연구소, 101쪽

TV 속의 게임은 현실을 모방하지만, 시청자들은 또 그 쇼를 보면서 세상의 본질을 파악하는 인식의 틀을 얻는다. 이 세상은 결국 서바이벌이다. 좋은 대학에 들어가고, 갖가지 스펙을 쟁취하고, 먼저 취직 자리를 구하고, 동료들을 제치고 승진하는 과정 하나하나가 생존의 미션들이다. 물론 능력만으로 해결되지 않는다는 것은 안다. 운도 따라야 하고 정치력도 필요하다. 실력 있는 팀의 일원이 되는 것이 훨씬 유리하고, 때론 업무 능력보다 다른 사람들과의 관계를 만드는 것이 중요하다. 나는 언제든지 이 위치에서 도태될 수 있다. 경쟁 납품에서 뒤지면 심판의 자리에 불려가고, 거기에서 보스의 결정에 따라 퇴출될 수도 있다. 퇴출 이후의 삶은 없다. 그것은 죽음과 다름 아니다. 인간적인 관계라는 것이 전혀 없지는 않다. 동료들과 사석에서 대화를 나누고, 그의 성취를 축복하거나 좌절을 위로해줄 수는 있다. 그러나 본 게임에서는 언제나 서로서로가 경쟁자다. 왜냐하면 '우리 팀의 승리'라는 것은 단지 일시적인 것에 불과하니까. 이 게임의 끝에 '공동체 모두의 승리'라는 결론은 없다. 최후의 승자는 한 사람이다. 거기에 올라서지 않으면 모두 낙오자일 뿐이다. 그러니 나는 '게임적 이성'으로 무장해야 한다. 따뜻한 배려나 동료애보다는 내가 얻는 고과 점수가 더 중요하다. 그러나 그걸 표시나게 해서는 안 된다. 나는 도덕과 인간애라는 카드도 유효적절하게 쓸 수 있는 능수능란한 게이머가 되어야 한다.

선진 자본주의 국가의 시민들은 30~40년 전과는 비교가 안 될 정도의 물질

적 풍요 속에 살아가고 있다. 하지만 여전히 자신들이 극단적 생존 경쟁 속에서 겨우 버텨나가고 있다는 공포를 벗어나지 못한다. 두려움은 동료와 친지에게까지 칼을 겨누게 한다. 이러한 죄책감을 지우는 방법이 바로 '게임화'이다.

나는 영웅이 아니다. 언제나 계산하고 약삭빠르게 머리를 굴려야만 몸 하나를 건사할 수 있다. 수업과 시험은 물론 방과후 체험 학습과 봉사 활동도 대학 입학을 위한 점수로 정리하는 습관을 들여야 한다. 전쟁, 지진, 정치인의 비리 폭로는 주가 지수로 계산해야 한다. 이제 삶은 하나의 게임판이다. 타인들을 게임의 말로 여기자. 차례차례 그들을 제치고 내가 최후의 생존자가 되도록 하는 것…… 이것이 게임의 목표다. 그러기 위해 우리의 일상을 서바이벌라이즈(Survival-ize)한다.

'일상에서의 생존 경쟁'이라는 현실은 서바이벌 픽션을 만들었고, 이어 서바이벌 리얼리티 게임 쇼를 만들었다. 서바이벌 픽션의 오랜 역사는 리얼리티 쇼의 구조에 상당한 영향을 미쳤고, 리얼리티 쇼의 인기는 반대로 게임적인 구조의 서바이벌 소설과 영화를 만들어냈다. 그리고 리얼리티 쇼가 농축시킨 '게임적 이성'은 시청자들로 하여금 일상에서의 생존 경쟁에 임하는 사고 방식에 영향을 주게 되었다. 이렇게 현실과 픽션과 게임은 서로에 영향을 주며 얽히게 되었다. 픽션과 게임은 우리에게 즐거움을 주면서 동시에 우리가 처한 현실에 대해 명징하게 인식하는 계기가 된다. 그러나 반대로 '생존 경쟁'과 '게임'의 관점으로 고착화된 사고 방식은 우리의 현재를 그저 게임의 룰처럼 숙명적으로 받아들이게 만들기도 한다.

앵그리버드는 왜 화가 났는가?—게임의 맹점, 승리의 혼돈

보릿고개로 상징되는 30~40년 전의 보편적인 배고픔에 비하자면 지금 우리는 훨씬 커다란 풍요를 누리고 있다. 그러나 이 시대는 과거 어느 때보다 '서바이벌'의 공포에 질려 있다. 21세기의 뉴스, 영화, TV는 극악한 생존 게임을 앞다투어 내보내고 있다. 도대체 왜?

어쩌면 그 사이에 체험한 급속한 성장이 문제인지 모른다. 이미 상승의 속도감에 길들여진 중산층은 성장의 궤도가 꺾이는 것 자체로 불안감에 휩싸인다. 기성 세대는 그리하여 더욱 악착같이 기득권을 붙들려 하고, 지금 막 사회로 나온 젊은 세대는 취업과 도전의 기회마저 얻지 못하고 있다. 성장의 탑이 흔들리면서 외곽은 급속히 허물어지고 있고, 사회적 보장 장치가 없는 상태에서의 대량 해고는 죽음과 다름 없는 상황을 만들고 있다.

이 시대가 맞고 있는 근본적인 문제는 이것이 전 세계가 촘촘히 연결된 상황에서의 파국이라는 점이다. 가치 중립적인 척하며 1990년대를 풍미했던 '세계화'라는 단어는 2000년대에 들어 '신자유주의'라는 노골적인 이념이 되었다. 미국을 중심으로 한 서방 금융 자본의 무력에 저항할 수 있는 세력은 없고, 인터넷의 확산과 FTA로 세계 경제는 날실과 씨실을 엮었다. 쿠바의 농업 같은 극미량의 독립적인 경제 분야를 제외하고 세계는 노골적인 자유 경쟁 체제로 전환해갔다. 여기에 도박적인 투기 자본이 실물도 존재하지 않는 금융—외환, 선물 거래, 파생 상품—으로 무모한 게임을 벌였고, 이 카지노가 터지면서 세계 경제는 걷잡을 수 없이 무너졌다. 이제 그리스, 포르투갈 등 유럽 변방의 재정 위기는 곧바로 한국 증시를 강타한다. 일자리가 없으면 이민이라도 가야 하건만, 달아나려고 해도 달아날 곳이 없다.

중산층의 몰락 속에 99%와 1%의 격차는 더욱 커지고 있다. 리얼리티 쇼의 '승자 독식'은 게임의 재미를 극대화하기 위한 장치가 아니라, 현실의 또렷한 반영이다. 경제 불황이 커질수록 사람들은 복권에 매달린다. 일확천금이 아니면 인간다운 삶 자체가 불가능한, 안전한 중산층이란 존재하지 않는 상황을 겪고 있기 때문이다. 만화 『도박묵시록 카이지』에는 에스포와르 호라는 배가 나온다.† 빚에 쪼들려 인생 막장에 내몰린 인간들을 모아놓고 거액의 도박을 벌이는 곳이다. 운명의 밤이 지

† '에스포와르'는 프랑스어로 희망이라는 뜻이다.

나면 한 사람의 승자는 거액의 상금을 거머쥐고 새로운 미래를 시작할 수 있다. 그러나 나머지 모두는 진짜 지옥으로 떨어진다. 이제 국가 전체, 세계 전체가 도박선 에스포와르가 되고 있는 것이다. 캠브리지 대학의 사회학과 명예교수 예란 테르보른은 2008~2009년 금융 위기를 통해 전 세계에 2천만 명의 실업자를 만들어낸 위기의 장본인을 '금융 카지노 자본주의'라고 부르고 있다.[†]

[† 『다른 세계를 요구한다』, 6쪽]

지난 시절 '세계화'를 연호하고, 전 세계의 경제권역과 차례차례 자유 무역 협정을 맺어온 한국인들은 이미 이 게임 속으로 깊이 들어와버렸다.

리얼리티 쇼에서 펼쳐지는 서바이벌 게임은 이미 우리의 현재다. 그러니 우리가 리얼리티 쇼를 통해 배우게 된 전략과 노하우들을 실제의 삶에 활용할 수도 있지 않을까? 게임적 이성은 신자유주의 시대에 가장 적합한 세계관일지도 모른다.

먼저 우리를 둘러싼 세계를 게임으로 바라보자. 우선적인 이점은 우리가 문제적 상황에 접했을 때 필요 이상의 공포나 두려움을 갖지 않게 해준다는 것이다. 사건을 이루는 제 요소들을 가능한 객관적으로 바라보고, 유리한 결과를 만들어내기 위해 그 요소들을 재배치한다. 또한 일시적인 승리와 패배에 연연하지 않고, 진정한 최종 목표를 향해 차분히 접근하는 마음가짐을 배양한다. 스포츠 경기나 보드 게임을 통해 수많은 승리와 패배를 맛보고 다양한 전략과 전술을 경험한 아이들은 미래의 진짜 승부에 보다 냉정하게 대처할 수 있다. 또한 게임에서 이기기 위해서는 경쟁에 대한 스트레스를 이겨내야 한다. 아무리 능력이 뛰어나도 남을 짓밟고 선두에 서는 것을 주저하면 승리할 수 없다. 하지만 이 모든 과정을 그저 게임으로 여기면, 어제의 친구가 낙오되는 모습도 태연하게 바라볼 수 있다. 오히려 약간의 안도감도 느낄 수 있다.

이런 반문이 가능하다. 세계는 불확실하고 언제든지 기우뚱할 수 있다. 아무리 차근차근 게임을 준비해도 한 방에 넘어질 수 있다. 그러니 오히려 느긋하게 대응하며 현재를 즐기는 것도 방법이 아닐까?

경험 많은 게이머들은 아니라고 한다. 분명히 이 게임에는 운이 많이 작용한다. 변수도 점점 많아지고 있다. 그러나 그럴수록 운에 의해 흔들릴 가능성을 최소화해야 한다. 느슨하게 열린 문을 닫아야 한다. 아이는 태교부터 유치원, 학교, 학원, 봉사 활동, 토익, 해외 연수의 체계를 완벽하게 밟아가야 한다. 모든 단계에서 최고의 수준을 유지해야 한다. 이렇게 준비해가도 매번 부딪히는 문제적 상황을 효과적으로 대응하기 어려울 수 있다. 이때는 생존을 위한 처세의 매뉴얼을 찾아야 한다. 그것은 마치 게임 튜토리얼을 따라가는 것과 비슷하다. 없다면 스스로 만들어야 한다. 그래야 즉각적인 반응이 가능하다. 〈좀비랜드〉에서 냉혹한 생존의 위협을 받고 있는 주인공은 자신의 행동 원칙들을 하나씩 정립해간다. 제1원칙-체력. 제2원칙-확인 사살. 제3원칙-화장실을 조심하라.✝ …… 17-영웅이 되지 마라. …… 가장 근본적인 원칙은 '아무도 믿지 마라'이다. 삶을 이기고 지는 것으로만 이해한다면, 타인은 나의 적이거나 내가 이용해야 할 자원이다.

✝ 주인공이 과민성 대장 증상이 있어 자주 뒤가 마려운데, 좀비들은 꼭 거기서 튀어나온다.

만약 당신이 자식의 성공을 절실히 원하는 학부모인데, 자녀가 하루 한두 시간은 처참하게 상대를 없애는 총싸움 게임에 매달려 있다. 그게 불만인가? 오해다. 말리지 마라. 당신 아이가 그런 게임적 세계관으로 무장해야 친구들을 좀비로 여기고 처치하며 한 계단 한 계단 위로 올라갈 것이다. 동정심을 품지 못하게 하라. 길거리 밥차의 노숙자나 도시빈민은 당신이 낸 세금을 물어뜯고 사는 좀비들이다. 무상급식 따위로 경쟁자가 될 아이들을 도와주며 교실에 붙잡아두는 짓 지체가 넌센스다 하지만 그냥 쫓아내자니 당신 아이 내신 등급을 위해 밑바닥에 깔려줄 존재가 없어지니까 그것도 곤란하다.

나는 리얼리티 쇼를 좋아한다. 그것은 아주 색다른 엔터테인먼트이면서, 동시에 훌륭한 교훈을 준다. 앞에서 비꼬듯이 말한 '게임적 세계관', 약육강식의 논리를 말하는 것이 아니다. 그것은 보편적인 도덕의 전달자로서도 기능한다.

리얼리티 쇼는 그 생생한 카메라로 보여준다. 인간들이란 참 놀라운 존재로 그토록 험악한 상황에서도 살아날 방법을 찾아낸다. 분업화된 현대 사회가 아니라 밑바닥의 생존 조건에서는 탁월한 한 사람보다는 서로 다른 능력을 가진 사람들이 함께 모여 문제를 해결하는 것이 훨씬 용이하다. 아무리 영웅적으로 보이는 사람들도 나약한 면모를 가지고 있다. 게임에 등장하는 여러 사람들은 그 개성만큼이나 다양한 장점을 가지고 있다. 게임 초반에는 전혀 눈에 뜨이지 않던 사람이 뜻밖의 전략으로 승리에 다가가는 것을 보며, 나 자신도 저 게임의 최종 승리자가 될 수 있다는 기대를 갖게 해준다.

다만 그것이 지닌 폐쇄적인 게임의 틀은 의심하고 싶다. 리얼리티 쇼의 서바이벌 경쟁에는 '공동체의 승리'가 없다. 공정하게 경쟁했으니 진 사람은 룰을 승복하며 사라져야 한다는 것은 게임 안에서나 가능한 일이다. 도덕적인 측면에서 말하는 것이 아니다. 실제의 생존 상황에서 순순히 자신의 횃불을 끄고 바다 밖으로 사라질 사람은 없다. 그들은 저항한다. 리얼리티 쇼의 제거 방식은 그 저항으로 인한 손실을 감당할 만한 모델이 아니다.

우리는 다른 종류의 게임을 만들 수도 있다. 『11인이 있다!』처럼 한 명의 낙오자라도 생기면 모두가 패배하는 게임도 가능하다. 중간 탈락자 없이 모두가 처음부터 끝까지 경쟁한 뒤에 최종 점수로 순위를 가릴 수도 있다. 팀 단위의 도전자들이 문제를 해결하게 하고 그 결과에 따라 상금을 지급하고 팀원들이 나눠 가지게 할 수도 있다. 돌이켜보면 우리가 과거에 보았던 많은 게임 쇼들이 이러한 모델들이었다. 그러나 이런 방식은 21세기 첫 10년의 시청자들에게 자극을 주지 못했다. 모두의 땀으로 얻은 성취, 그것은 우리가 처한 현실에서는 너무나 촌스러운 판타지였기 때문이다. 거기에는 '리얼'이 없다.

10년 전의 TV쇼보다는 요즘 은행과 대기업의 신입 사원 연수가 더 자극적이다. 길어야 네 시간 취침을 마치고 일어나 얼차려가 난무하는 수업을 이어간다. 강의 시간에는 CCTV로 감시하며, 조는 직원은 인사고과에서 불이익을 받는다. 야간 행군에는 전원이 참여해야 하고 성별이나 체력에 대한 고려는 없다. 이걸 촬영하면 그대로 리얼리티 쇼다. 다만 출연자들은 고백의 카메라 앞에서도 회사에 대한 불만을 절대 말하지 못할 것이다.

리얼리티 쇼의 인기는 예상을 훨씬 뛰어넘었지만, 또 생각 밖으로 빠르게 퇴조해가는 듯도 하다. 많은 TV쇼들이 리얼리티 쇼의 여러 요소를 차용했지만, 그 처음이 보여주었던 생동감 있는 생존 게임의 형태는 사라져 가고 있다. 2010년을 전후로 여전히 인기를 모으는 분야는 리얼리티 쇼의 요소들을 자기 식대로 변형해서 받아들인 오디션 프로그램들이 대부분이다. 우연인지 모르지만 리얼리티 쇼의 썰물은 세계 경제의 위기와 거의 동시에 진행되고 있다. 리얼리티 쇼 속에서 바보 같은 도전자가 온통 분란을 일으키다가 결국 쫓겨나는 모습을 보며 낄낄대던 사람들이, 진짜로 그 탈락자처럼 길거리에 나앉게 된 것이다. 매회 한 명만 떨어진다는 설정이라면 오히려 안도해도 될 것 같다. 직원의 2/3가 명예퇴직이라는 이름으로 잘려나간다. 남은 후보들도 안도의 숨을 내쉬지 못한다. 이 제작진이 과연 약속한 상금을 지불할 능력이 있는지 의심스럽다. 도전자들은 물론 스태프들까지 직접 무인도에서 먹을 것을 구하는 모습이 목격된다. 신자유주의의 게임은 스스로 붕괴되고 있는 것이다.

핀란드의 벤처기업 로비오에서 만들어 스마트폰과 태블릿 PC로 선풍적인 인기를 모은 〈앵그리버드〉라는 게임이 있다. 새들이 자신의 알을 훔쳐간 돼지들에게 화가 나 스스로 새총에 몸을 건다. 그리고 쏜살같이 하늘을 날아가 돼지들이 쌓아놓은 탑을 무너뜨리는 것이다. 나는 이 게임 속에서 먹튀 금융 자본과 월스트리트를 섬링하는 시위대의 모습을 겹쳐보게 된다. 자신들이 낳은 알을 빼앗아가 그들만의 탑을 세운 돼지들. 앵그리버드는 자신의 알을 되찾아올 수 없다는 것을 안다. 그러나 그냥 한숨만 쉬지는 않는다. 자신의 몸을 던져 그 탑을 완전히 허물고 점령하고자 한다. 런던 청년들의 폭동, 남유럽 청년 실업자들의 시위, 타이의 레드셔츠 운동, 광화문의 촛불 시위는 서로 다른 얼굴의 화난 새들이다. 기왕 무너질 제국이라면 우리가 나서서 부수자. 그 부서진 벽돌들을 다시 쌓자. 새로운 게임을 만들자. 함께 서바이벌 하자.

8

왜 유토피아는 파국의 디스토피아와 닮아 있나?
―섬, 낙원, 실낙원

"밤에는 음악회가 열렸다. 가넷이 오케스트라 대신 아코디언을 연주했고, 다른 아이들은 영국인답게 진지한 태도로 박자가 틀린 노래를 불렀다." —『15소년 표류기』

1 | 섬의 유혹, 야생의 기쁨

성급해진 아열대의 입김이 거리를 휘감고 있다. 남자가 전철에 올라탔을 때는 냉기가 머리를 찌르더니, 어느새 텁텁한 등줄기의 땀으로 바뀌어 있다. 차장의 안내 방송이 나온다. "때 이른 이상 고온으로 전 차량에 냉방 장치를 가동하였습니다. 하지만 일부 승객…… (잠시 쉬고) …… 항의로 현재 작동을 멈추었으니 승객 여러분의 양해를 바랍……" 사람들은 주변을 둘러본다. 누가 '일부 승객'일까? 백발의 노인과 임산부를 스쳐가던 눈빛은 얇은 블라우스에 핫팬츠를 입은 여성에게로 모인다. 여성은 창으로 고개를 돌리며 형광색 네일링이 된 손톱을 재빨리 휘둘러 부채질을 한다. '난 아니야. 난 아니야. 나도 더워.' 분노할 대상조차 잃어버린 시선은 차량 가운데 매달려 있는 모니터로 모인다. 윈도의 오류창이 가운데 떠 있고 그 뒤로 맥락 없는 광고가 지나간다. '누군가 저 오류창 좀 없애줘.' 모두 간절히 생각한다. 깡마르고 키 큰 남자가 손을 뻗어 오류창의 엑스 표시를 누른다. '그건 터치 스크린이 아니야! 바보야.' 아무도 소리 지르지 않았지만, 모두 그 비명을 듣는다. 남자는 눈을 질끈 감는다.

어디론가 떠나고 싶다. 이 콩나물시루 같은 전철을 타지 않아도 되는 곳, 자기 지시대로 고친 보고서를 얼굴에 내다던지는 상사가 없는 곳, 어디선가 된통

깨진 다음 내게 갑질하려고 벼르는 거래처 직원이 없는 곳, 도로를 꽉 채우고 있는 자동차와 사람 떼가 없는 곳…… 어디든 좋다. 이 지옥 같은 도시를 뜨고 싶다. 거기 아무것도 없어도 좋다. 아니 아무것도 없는 편이 낫다. 무엇보다 사람들이 없는 곳, 로빈슨 크루소의 섬 같은 곳 말이다.

눈앞에 털북숭이의 서양인이 나타난다. "자네가 내 섬을 분양받고 싶다고 했나?" 남자는 무슨 소리인지 몰라 쭈뼛거린다. "부동산 업자한테 연락이 왔어. 무인도를 구하는 사람이 있다고. 내 섬을 그대로 넘겨줄 수는 없네. 너무 잘 정돈되어 있거든. 자네가 그걸 바라지도 않을 거고…… 그 심정 알아. 누군가의 손도 타지 않은 게 좋겠지. 처녀의 섬 말이야. 다행히 내가 처음 도착했을 때와 비슷한 조건의 섬은 몇 개 있어. …… 그런데 정말 자네 거기로 가고 싶나? 거긴 아무것도 없어. 무엇이든 자네 손으로 찾아내든지 만들어야 해. 잠시 게으름을 피우면 물 한 방울, 계란 한 알 구할 수 없어. 밤이면 숲에서 짐승의 괴성이 들려오고, 자네는 주린 배를 모기떼에 물어뜯겨야 할거야. 내일을 기약한다는 것 자체가 사치지. 그래 무엇보다 사람이 그리워질거야. 그런데도 바닷가에서 발자국 하나만 발견해도 심장이 터질듯 도망쳐 숨게 되지. 잠깐만 방심하면 목숨줄 자체가 위태로우니까. 그래도 가고 싶다면, 지금 내게 말해. 아니면 그냥 눈을 떠."

남자는 속눈썹 사이로 조명빛이 가늘게 덜컹거리는 것을 보며 고민한다. 다시 눈을 뜨면 그는 그 전철을 타고 있을 것이다. 짜증을 견디고 30분만 서 있으면, 맥주 한 잔을 사서 편의점 바깥 의자에 앉을 수 있을 것이다. 그를 보호해주고 밥과 커피를 주는 도시와 문명 안에 머물러 있음에 안도할 수 있다. 그러나 그는 고민한다. 정말로 숙맥 같은 삶을 버리고 저 야생의 섬을 선택할 수는 없을까? 그곳이 얼마나 위험한지 모르는 것은 아니다. 그럼에도 끌린다. 오히려 그 위험 때문에 더 끌린다. 섬은 남자를 부르고 있다.

원초적 삶이 초대한다

나는 지금까지 의도하지 않은 불운으로 생존의 도마 위에 오른 사람들의 이야기를 해왔다. 그러나 사실 우리는 그토록 처절한 생사의 갈림길을 스스로 찾아 들어가기도 한다. 당신은 혹시 내가 떠벌려온 저 흉악한 사태들을 상상하며 어떤 종류의 희열을 느끼지 않았나? 헐떡이는 심박의 리듬을 어느 순간 자신의 것으로 만들어 그 전율을 즐기기는 않았나? 그랬다면 당신 역시 상상 속에서나마 이러한 삶을 동경하고 있는 것이다.

'집 나가면 개고생'. 그런데 이 세상에는 그 개고생을 사서 하는 사람들이 있다. TV 채널만 돌려도 알 수 있다. 〈1박 2일〉에서는 전국을 돌아다니며 복불복으로 야외 취침을 하고, 〈정글의 법칙〉에서는 열대의 오지를 찾아가 원시인처럼 직접 움막을 짓고 도마뱀을 사냥해 먹는다. 어떤 이는 히말라야의 암벽을 등반하기 위해 몇 년 간 주말마다 트레이닝에 열중하고, 또 누군가는 수백만 원을 들여 남극에 가서 일주일 지내고 온 것을 자랑하기도 한다. 호주 관광청의 광고는 성공한 비즈니스 우먼이 야생의 텐트에서 자기 자신을 되찾는 모습을 내보낸다. 인간의 본성은 위험을 피하고 안락함을 찾게 마련이다. 그런데 왜 이들은 이런 고행, 목숨을 건 위험을 즐기는 것일까?

극기 훈련이라는 이름으로 설명할 수 있을지 모른다. 특히 대한민국처럼 정신적 문제를 해결하는 데는 심리 상담보다 해병대 입소가 낫다고 생각하는 사회에서는. 그게 아니라면 언젠가 닥칠 전쟁이나 서바이벌 상황에 대비하자는 걸까? 당사자들은 다른 답을 말한다. 그 개고생은 무언가를 해결하기 위한 실용적 수단이 아니다. 그 자체가 즐거움이다. 야생의 생활과 그곳에서 벌어지는 위험 속에서 진짜 희열을 맛본다는 것이다. 소수의 독특한 취향도 아니다. 아웃도어의 모험을 찾아가는 행위는 21세기 가장 중요한 엔터테인먼트의 하나로 자리잡고 있다.

인류는 오래전부터 주변의 산과 강을 돌아다니며 야생의 모험을 즐겨왔다.

그러나 유럽인들의 식민지 개척 시대에 이르러 그것은 새로운 국면으로 접어든다. 아프리카의 원시림이나 인도의 신비한 문명을 체험한 모험가나 고고학자의 여행기는 유럽인들의 콧구멍을 벌렁거리게 했다. 그것은 지식인들에게는 지적인 호기심, 군인과 정치인들에게는 야망, 모든 이들에게 일확천금의 꿈을 심어주는 판타지였다. 19세기 말 『해저 2만리』와 『신비의 섬』 같은 쥘 베른의 해양 모험 소설들은 소년들을 매혹시켰고, 20세기에는 『타잔』, 『킹콩』, 『늑대개』 등 더욱 성숙한 독자들을 위한 소설들이 등장했다.

철도를 비롯한 여행의 인프라가 확충되면서 이러한 모험은 더 이상 책 속의 세계가 아니었다. 군인, 모험가 등 건장한 성인 남성만이 아니라 여성과 책상물림들도 탐험에 동참할 수 있게 되었다. 케냐의 사파리 투어는 루즈벨트, 헤밍웨이 같은 유명인을 끌어들였고, 누구나 돈과 열정과 체력만 있으면 초원을 누비며 짐승들을 사냥할 수 있게 했다. 남아프리카 전쟁 때 기병대를 훈련시킨 로버트 베이든 파월은 당시 야외에서 행했던 여러 훈련과 놀이를 모아 『소년을 위한 정찰 활동(Scouting for Boys)』이라는 책을 펴냈다. 이어 소년들이 리더를 중심으로 소집단을 형성해 추적, 정찰, 야영, 응급처치 등을 하는 '보이스카우트 운동'이 조직화되고 전 세계에 퍼져나간다.

2차 세계 대전 이후 순수한 레크리에이션 활동인 등반, 야영, 사냥 등도 자기 영역을 만들어간다. 세계 각국이 산업화·도시화되면서, 반대급부로 자연을 체험하고자 하는 욕구가 늘어났다. 경제적인 잉여와 레저 산업의 발전으로 장비를 보다 잘 갖추고 야외 활동을 할 수 있게 되었다. 미국의 산악과 해안 지역, 호주와 뉴질랜드의 미개척지를 중심으로 여러 아웃도어 스포츠들이 자리를 잡는다.

그렇다면 이런 개고생 서바이벌에 스스로 뛰어드는 인간들의 욕망은 무엇일까? 미지에 대한 동경, 지적인 호기심과 연결된 경우도 많았다. 『나일 살인사건』, 『메소포타미아 살인사건』 등 애거서 크리스티의 모험 추리 소설들은 모래속에 묻힌 고고학의 보물들을 찾아가는 여정이었다. 문명 세계에 대한 환멸 때문에 자연으로 숨어들고 싶다는 욕망도 적지 않았다. 고갱은 파리의 살롱을 버리고 타이티의 처녀림, 혹은 처녀의 몸속으로 들어갔다. 아무도 오르지 않은 정상에 깃발을 꽂는 정복욕, 육체적인 한계에 도전해 그 성취감을 맛보고 싶은 욕망도 있을 것이다. 그러나 그 밑바닥엔 다른 본질이 있었다. 안전한 방탄 유리 뒤에서 사파리를 들여다보는 것이 아니라, 그 한가운데로 뛰어들어 자연과 독대하며 생과 사의 갈림길을 직접 체험하고 싶어하는 이유가.

원초적인 삶은 세월이라는 이끼로 덮인 채 여전히 우리를 매혹하고 각성시키고 있다. 복잡한 문명 속에서 지치거나 질병으로 고통당할 때, 혹은 내적 갈등으로 사회 관계에 위기가 찾아올 때, 우리는 수풀 속으로 숨어들거나 해변에 있는 한적하고 작은 마을로 돌아간다. 그곳에서 외부의 자연과 우리 자신의 가장 깊은 자아가 하나임을 느끼고 '자신에게 돌아왔다'고 말한다. 최초의 인간처럼 딸기를 따고 버섯을 찾으러 갈 해변을 따라 모래처럼 부스러진 돌이나 조개 또는 파도에 떠내려온 나뭇조각을 한가롭게 주울 때 이상으로, 빠르게 지나가는 순간에 더욱 완전하게 만족감을 느끼는 때가 실제로 있을까?†

그것은 원초적 삶으로 돌아가고자 하는 회귀의 욕망이다. 최소한의 도구만을 들고 자연 속에 뛰어든 우

† 루이스 멈퍼드 『인간의 전환』, 51~52쪽

리는 자신의 내부에서 무언가 잠들어 있던 것이 깨어나기 시작했음을 느끼게 된다. 유전적으로 수렵채집인인 우리들은 그때를 본능적으로 기억하고 돌아가려고 한다. 부시무시한 천둥번개를 피해 바위 아래 숨고, 며칠 밤낮을 추적해 거대한 야수와 싸워 먹잇감을 구하며, 나무둥치 아래에서 정체 모를 빨간 열매를 딴 뒤 두려움 속에 첫입을 베어먹던 때 말이다. 그것은 위험하다. 그러나 우리에게 진정한 만족감을 준다.

또한 그것은 영혼의 심연에 다가가게 하는 수단이기도 하다. 1857년 헨리 데이비드 소로는 『야생의 카누 타기』(Canoeing Wilderness)를 통해 그가 홀로 메인 주의 강들을 탐험했던 때를 이야기했다. 그는 타인과의 접촉을 완전히 배제한 자연 속에서만 도달할 수 있는 깊은 사색을 체험했다. 또 어떤 사람들은 물질적인 풍요를 스스로 끊음으로써 원초적인 상태에 다가가기도 한다. 곡기를 끊고 단식을 하거나, 단지 몇 가지 도구만을 가지고 산이나 사막을 헤맨다. 그들은 주기적으로 야생으로 돌아가고자 하는 이런 행동들을 통해 '인식의 기초'에 도달할 수 있다고 한다.

나는 사회 속에 고정된 나의 위치를 회의하고, 근본적인 물음을 던진다. 겉보기에 이 세상은 평화롭다. 음식물이 썩을 만큼 풍요가 넘친다. 그러나 나는 그 세계에서 그저 하나의 톱니처럼 끼여 돌아갈 뿐이다. 현대 사회의 분업은 모든 결정 및 해결 과정을 남에게 넘겨주었다. 아니 시스템에 넘겨주었다. 서류더미와 이메일을 통해 주고받는 정보들은 실체도 없이 여기로 왔다가 저기로 간다. 그 안에서 내가 무엇을 하는지, 그 자각은 점점 사라진다. 대부분의 사람들은 지시받는 데 익숙해져 있으면서, 동시에 이중삼중의 명령 체계에 지쳐 있다. 숫자와 관념어의 나열에 불과한 서류더미 속에 빠져 있는 사무원은 자기보다 먼저 태어나거나 시험 성적을 좀더 잘 받았다는 이유로 책상머리에서 까딱까딱 명령하는 상사를 보면 열불이 난다. 하루 종일 집안일에 시달리던 가정주부는 계좌에 이체되는 월급 몇 푼을 핑계로 소파에 늘어져 있는 남편의 얼굴에 굽던 생선을 내던지고 싶다. 그들은 스스로를 증명하고 싶다. 보다 순수한 문제 상황, 생명이 달린 극한의 상황에서 자신의 결정으로 그 위험을 이겨낼 수 있음을 보여주고 싶다.

이러한 활동은 결코 안전하지 않다. 등산을 하는 사람들은 산에서 큰 비를 만나는 것이 얼마나 위험한지 잘 알고 있다. 순식간에 불어난 물에 휩쓸려 바위에 머리를 부딪히고 다시는 눈을 뜨지 못할 수도 있다. 우리는 그러한 불확실한 상황을 두려워한다. 모든 것이 매뉴얼화된 안전한 세계에서 살아온 사람들은 더욱 그렇다. 그러나 내가 죽을 수도 있다는 그 가능성. 그것만큼 나를 깨우는 것은 없다. 정해지지 않은 미래, 생과 사를 가르는 갈림길에서 우리는 흥분한다. 많은 생존 드라마에서 주인공이 잠시 잠이 들었다 화들짝 놀라며 일어나는 장면을 본다. 그는 눈을 뜨면서도 자신의 생존 여부를 의심한다. 의심했기 때문에 더 확신한다.

〈로스트〉에서 비행기의 식량이 고갈되자 사람들은 전전긍긍한다. 이때 머리숱이 없는 중년 남자 로크가 나선다. "사냥을 해야지!" 그는 가방을 열어 각종 사냥용 칼을 보여주고, 야생 멧돼지의 생태와 사냥법에 대해 읊어댄다. 어느모로 보나 야생 서바이벌의 전문가로 보인다. 그러나 실제 그의 과거는 전혀 다른 모습이었다. 그는 상자 만드는 회사에서 의미 없는 서류 작업을 하고 있었다. 회사에서는 따돌림당하기 일쑤였고, 새파랗게 어린 상급자는 사생활까지 간섭했다. 유일하게 마음을 나눌 수 있는 사람은 폰섹스 클럽의 수화기 너머에 있는 여성뿐이었다. 로크는 호주에서 원주민의 야생 생활을 체험하는 '워크어바웃'에 참여하고자 한다. 그 위험을 극복함으로써 자신도 할 수 있다는 증명을 하고자 했던 것이다. 그런데 현지에서 여행사 담당자는 말한다. "당신은 할 수 없어요." 왜? 오직 이것만을 위해 몇 년 동안 돈을 아끼고, 시간을 쪼개 여기로 날아왔는데. 여기에서 숨겨진 진실이 밝혀진다. 그는 4년 전의 사고로 하반신이 마비된 상태다. 휠체어 신세를 져야만 하는 사람을 정상인도 위험한 오지로 데려갈 수는 없었던 것이다. 그는 절망감 속에 미국으로 돌아가는 비행기를 탄다. 그런데 그 사고로 비행기가 섬에 추락하고, 그 충격 때문인지 기적적으로 신경이 되살아나 걸을 수 있게 된다. 그 기적은 일종의 은유다. 그는 박제화된 삶 속에서 잃어버린 하반신의 신경—생명력—을 그 야생 속에서, 죽음을 맞닥뜨리면서 되찾을 수 있었던 것이다.

사냥이라는 명상 혹은 쾌락

로크는 기필코 멧돼지를 잡아 사람들 앞에 내려놓는다. 명백히 이것은 『파리대왕』의 돼지 사냥을 재현한 것이다. 그러나 소년들이 야생의 희열에 들떠 본래의 자신을 잃어버린 것과는 달리, 성인 남성인 로크는 이 사냥의 과정을 완전히 장악하고 있다. 그에게 사냥은 '살아 있다'는 것을 확신하는 가장 분명한 방법이다.

가장 힘센 사냥꾼은 타잔과 함께 콩고의 푸른 밀림 속에 살지 않는다. 그는 맹수를 쫓으며 아프리카의 사바나에 살지 않는다. 그는 미국의 변방이나 혹은 북극의 얼음 위에 살지 않는다. 가장 강력한 사냥꾼은 우리의 머리 한귀퉁이, 남성 영혼의 일부로 고정되어 자리잡고 있다.[†]

[†] 『오리온의 후예―사냥으로 본 남성의 역사』, 찰스 버그먼, 권복규 옮김, 문학과지성사, 22~23쪽
[††] José Ortega y Gasset, 『Meditations on Hunting』, 영역 Howard B. Wescott, New York:Scribner's 1985, 116쪽

로크는 오랜 시간 고행하며 들짐승의 발자국과 흔적을 추적하기도 한다. 그에게 이것은 단순히 식량을 확보하려는 행위가 아니다. 호세 오르테가 이 가세트는 말한다.

당신이 이 20세기라는 현재의 골치 아픈 문제에 사로잡혀 있다면 총을 들고 개를 불러모은 뒤 산으로 가서 더 이상의 수고 없이도 몇 시간, 혹은 며칠 동안 구석기인이 되는 즐거움을 누려보라. 모든 시대의 남성들은 사용한 무기의 종류를 제외하고는 별다른 차이가 없이 이 같은 일을 해왔다.[††]

그에게 사냥이란 '인간 조건 속에 교묘히 깃든 깊고도 영원한 갈망'이고 '사냥꾼은 야수와의 신비한 일치 속에서 즉각적으로 감염되고 게임처럼 행동하기 시작한다.'(123쪽)

현대인이 아무리 딱딱한 외투로 자신을 덮어도, 피부 안에 감춰진 사냥의 욕망은 언제든지 바깥으로 튀어나올 수 있다는 것이다. 그들은 어떻게 그것을 숨겨두고 있을까? 아마도 스포츠 경기가 그것을 대체하고 있을 것이다. 한 무리의 남자들이 공을 몰아 상대 골에 차넣은 뒤 괴성을 지르는 모습은, 그들의 조상이 무리지어 맘모스를 사냥하던 시절을 재현한다. 남성 직장인들이 삼겹살 회식 뒤에 여직원들을 택시에 태워보낸 뒤 PC방으로 가서 '스타크래프트'를 하며 배틀넷의 이름 모를 초딩들과 싸우며 아드레날린을 발산하는 모습은 어떤가? 혹은 그들의 상사가 룸살롱 테이블 위에 올라가 늑대 울음소리를 내거나, 주말에 필드에서 골프채를 휘두르는 행위는? 그러나 이 모든 것은 진정한 사냥의 대리물일 뿐이다.

사냥은 육식성의 야수(predator)와 사냥꾼(hunter)의 대결이다. 〈런닝맨〉의 '헌터' 편에서 최민수는 그 본질을 간파해서 말한다. "사냥꾼과 야수의 만남은 짐승과 짐승의 만남이다. 만났으면 둘 중 하나는 죽어야 한다." 튼튼한 안전판 뒤에서 상대를 학살하려는 행위, 그것은 사냥이 아니다. 안락한 사파리 관광으로는 진정 자연과 합일할 수 없다. 인간은 자신을 경외에 가까운 공포로 이끄는 상대를 만나야만 진정 새로운 단계로 도약할 수 있다. 『노인과 바다』와 『모비딕』의 주인공들처럼 자연이 만들어낸 최고의 생명체와 맞서 목숨을 던져야 한다.

서바이벌의 상황이 그것을 가능하게 해준다. 죽이지 않으면 죽게 되는 공정한 게임. 순수한 사냥이 우리로 하여금 삶의 본질에 다가가게 한다. 우리는 파국 뒤에 맞이할 엄혹한 폭력의 세계를 두려워한다. 그러나 또한 거기에서 어떤 희열을 얻는다. 놀라운 아이러니다.

철학자 버트런드 러셀은 「우리가 범죄에 끌리는 이유」라는 에세이에서 이렇게 주장한다.

유감스럽지만 내가 볼 때 사냥의 쾌감은 대다수 사람들이 인정하는 것 이상으로 강력한 인간 본성의 한 요소다. 그것은 대중이 터뜨리는 모든 도덕적 분개에서 톡톡히 제 몫을 하고 있다.†

† 『런던 통신 1931~1935』, 송은경 옮김, 264쪽

그가 유감스럽다고 한 이유는 이 사냥의 총구가 동물에게만 향하는 것은 아니기 때문이다.

나는 2009년 뉴욕의 브루클린 남쪽 바닷가에 있는 코니아일랜드를 찾아갔다. 20세기 초중반 영화를 자랑했던 놀이동산은 이제 퇴락한 몰골로 빛바랜 향수를 팔고 있었다. 유원지 곳곳에는 기이한 인간과 동물들이 등장하는 '프릭쇼'의 포스터들이 걸려 있었는데, 비위가 강한 편이 아닌 나는 공짜라 해도 그 서커스의 천막 안으로 들어가볼 생각은 없었다. 그리고 나는 어느 길목에 붙어 있는 문구에 화들짝 놀라 멈춰섰다. '인간 사냥(Man Hunting)'. 과장된 수사만은 아니었다. 말 그래도 인간을 표적으로 삼아 총을 쏘는 게임이었다. 한 남자가 주인에게 요금을 내니 페인트 탄을 발사할 수 있는 총을 건네주었다. 여드름 숭숭 난 아르바이트생이 옆에서 노닥거리다 주인의 호통 소리를 듣고 헬멧과 안전조끼를 입고 사격장 안으로 달려갔다. 야트막한 벽이 중간중간에 있었고, 인간 표적은 그 위에 고개를 내밀고 이리저리 숨어 다녔다. 손님은 탄환을 쏴 그의 몸에 페인트 상흔을 남기기 위해 애썼다. 맞아도 죽지는 않을 것이다. 그러나 충분히 고통을 줄 정도는 되어 보였다. 인간은 이런 것을 즐기는 동물이다.

도시로 촘촘히 메꾸어진 현대의 지구에서 서바이벌의 상황이 도래했다. 죽느냐, 죽이느냐의 게임에서 인간과 동물이 맞설 가능성은 얼마나 될까? 기껏 동물원을 탈출한 사자 몇 마리와 다투는 정도가 아닐까? 만약 우리가 거기에서 사냥을 경험한다면, 그 총구는 야수가 아니라 다른 인간을 향해 있을 가능성이 훨씬 크다. 나치의 유대인 학살, 일본군의 야만 행위, 보스니아의 인종 청

소…… 그 살상은 생존을 위한 필요를 훨씬 넘어서는 것이었다. 심지어 어떤 쾌락의 소산이었을 수 있다. 야만의 어둠이 찾아오자 우리는 본능적으로 내부의 사냥꾼을 깨운다. 그 사냥감은 평소 내 신경을 건드려온 노숙자들, 내 일자리를 뺏어간 이주노동자들, 잘난 척 고급 승용차를 몰고 다니던 부자들일 수도 있다. 우리는 이러한 쾌락을 위해 서바이벌의 밤을 은근히 기다리고 있을지도 모른다.

섬을 당첨받은 사나이

원초적 삶이란 결국 끝없는 긴장과 스릴의 롤러코스터에 올라탄다는 것인가? 우리가 파국의 세계를 동경하는 것은 단지 위기가 만들어내는 아드레날린에 취하고자 함인가? 아니라고, 분명히 말하는 한 주인공이 있다. 이언 와트는 이렇게 말한다.

> 『로빈슨 크루소』가 성공한 요인 중 하나는 기본적인 경제적인 과정들이 치유적인 여가 활동으로 전환되는 모델을 제공한 데 있었다. 정원 가꾸기, 옷감 짜기, 목공—애완동물 기르는 것은 말할 것도 없고—등을 통해서 어린이와 어른, 보이스카우트와 성인 모두 크루소 식 경제적, 생태론적 만족감을 함께 느껴볼 수 있었다. (『근대 개인주의 신화』, 222~223쪽)

로빈슨 역시 살아남기 위해 파도, 상어, 식인종, 해적들과 싸운다. 그 과정의 스릴은 독자들을 매혹시키는 주요한 요소다. 그러나 그의 일기 대부분은 그가 자연 상태의 섬을 개간하는 과정의 즐거움을 기록하고 있다. 파국의 타임머신이 그를 데리고 간 것은, 수렵의 시대가 아니라 원초적 농경의 시대다.

로빈슨의 섬은 『푸른 산호초』나 부갱빌의 타이티처럼 눈을 뜨면 바로 먹을 것을 얻을 수 있는 풍요로운 상태가 아니다. 그는 살아남기 위해 주변의 자연을 자신에게 맞게 개조시켜야 한다. 오두막을 지어 비바람을 막고, 땅을 개간해 곡식을 키우고, 야생 염소를 길들여 우리 안에 넣어야 한다. 그는 근검절약과 개척의 의지라는 청교도 정신의 현현으로 즐겨 인식된다. 따라서 노동은 그에게 부여된 신성한 의무이다. 하지만 그가 섬을 개척해가는 과정은 기계적이고 건조한 재생산에 머무르지 않는다. 그는 자신이 만들어낸 유용한 물건들이 적재적소의 장소에 놓여가는 것을 즐거워하며, 자신의 일기를 통해 그 성취를 자랑하고 있다.

> 배의 난파는 불행한 재난처럼 묘사되지만, 그것은 아버지를 거역한 크루소의 죄에 대한 신의 응보라기보다는 생산수단을 가져다준 기적적인 선물이다. 더구나 그의 경쟁자가 될 수 있었던 사람들이 모두 죽어버렸기에 그것은 특히 행운의 선물이다. (앞의 책, 226쪽)

무인도는 기회의 땅이다. 로빈슨은 '블루 오션'에 뛰어든 창업자처럼 자신의 섬을 개발해간다. 많은 시행착오가 뒤따르고 목숨까지 걸어야 하는 리스크가 있지만, 그가 노력을 통해 얻은 것은 모두 자신의 소유로 남는다. 모든 결정은 자신이 하고, 실패를 해도 남의 추궁을 받을 필요가 없다. 또 하나 중요한 점은 그의 섬에는 성공을 자랑할 사람도 실패를 비웃을 사람도 없다는 사실이다. 어쩌면 이 점이 그에게 행복을 주는 더 큰 요소일지도 모른다. 만약 로빈슨이 망원경으로만 볼 수 있는 이웃 섬에 또 다른 표류자가 있어, 그보다 더 멋진 장원을 가꾸고 있는 모습을 보게 되었다면 그의 만족감은 그만큼 크지 못했을 것이다. 문명 세계에서 우리를 피폐하게 만든 것, 벌어도 벌어도 스스로가 부족해 보이게 만들었던 시기와 질투는 사라진다. 로빈슨은 브라질에서 노예를 부리며 농장으로 큰 이익을 얻었던 사람이다. 자급자족의 한계를 넘어서 교역을 통해 더 큰 이득을 얻을 수 있다는 사실을 분명히 안다. 그럼에도 그는 자기 앞에 부여된 작은 공간에서 스스로 만들어낸 질서의 세계를 사랑한다. 역시 영국인이다. 그는 섬을 거대한 정원으로 가꾼다.

산업혁명 훨씬 전의 독자들에게도 로빈슨의 자급자족은 커다란 흥밋거리였다. 하물며 현대인들에게 로빈슨이 만들어낸 성과들은 얼마나 놀라운 것인가? 우리가 탄복하는 것은 그가 자신만의 머리와 손으로 덫을 놓아 염소를 잡고 벽난로를 만들어 세웠다는 사실이 아니다. 그는 우리에게 어떤 가능성을 가르쳐준다. 우리는 이 세계를 변경할 수 없는 규칙들로 가득한 곳, 체계의 시스템이나 전문가의 도움 없이는 하루도 살아갈 수 없는 곳으로 인식해왔다. 허나 로빈슨은 그 모든 것이 사라져버린 세계에서 혼자 일어나 생존했을 뿐만 아니라, 문명 세계에서 살고 있는 어떤 이도 부럽지 않은 만족감을 얻었다.

나는 10여 년 전 넓은 옥상을 혼자 쓸 수 있는 집을 빌어 살면서, 그 안에 작은 생태계를 만들어볼 꿈을 꾸었다. 스티로폼 상자 속에 상추와 깻잎 모종을 심고, 토분을 직접 구워 바질과 민트를 가꾸었다. 인조 마루를 깔고 작은 분수를 설치하고 야간 조명등도 켰다. 가끔 친구들을 불러 밭에서 난 재료로 요리를 해 석양을 바라보며 먹기도 했다. 그 기쁨은 다른 무엇에 비할 바가 아니었다.

그러던 어느 날, 큰 문제가 생겼다. 옥상에 물이 점점 안 빠지더니, 큰 비가 올 때는 찰랑거리며 바닥에서 차오르기 시작했던 것이다. 애초에 정원을 가꾸라고 만든 옥상이 아니었다. 그 넓은 곳에 배수구는 달랑 하나. 그 아래 파이프에 불순물이 끼어 막히자 옥상 전체가 수영장으로 변했다. 거기에 폭우가 더해지자 그 물이 폭포수처럼 집안으로 쏟아졌다. 나는 배수 공사 아저씨를 부르며 생각했다. 정말 이런 사소한 일조차 처리하시 못하는 주제에 생태계의 재현이 어떻고 허세를 떨었구나. 아저씨들은 강철로 된 긴 도구를 가져와 10여m 아래에서 꺾여 있는 배수관을 뚫었다.

문제가 근본적으로 해결된 것은 아니었다. 두어 달 뒤에 다시 물이 막혔고,

이번엔 직접 나서 보기로 했다. 기다란 옷걸이봉 두 개를 튼튼한 테이프로 감아 연결했다. 그래도 모자라자 못 쓰는 우산대를 붙이고 나의 긴 팔까지 더해 물이 꽉 찬 구멍 안으로 넣었다. 우산대 끝이 딱딱한 것에 부딪히는 느낌이 나자 기쁨보다 두려움이 생겼다. 혹시 파이프 자체를 뚫어버리면 어떻게 하지? 그러면 이 집 전체가 물난리가 날텐데. 두려워하며 봉을 아래로 쿡쿡 쳤다. 드라이버처럼 빙글빙글 돌리기도 했다. 한참을 긴가민가하더니 펑 하며 뚫렸다. 그때의 기쁨이란, 2002년 월드컵 이탈리아 전을 동네 동물병원에서 보면서 요양 중이던 개와 고양이 십수 마리를 경기가 나게 할 정도로 소리를 질렀던 때 이상이었다.

몸으로 하는 일이란 얼마나 굉장한가? 문제에 부딪혔을 때, 누군가를 시키지 않고 직접 해결했을 때의 기쁨이란 얼마나 굉장한가? 누군가에게 그것은 사냥 이상의 쾌감을 선사한다.

로빈슨 크루소는 탁월한 영웅이다. 그가 식인종과 싸워 프라이데이를 구했다거나, 해적과 스페인 선박을 물리쳤기 때문이 아니다. 그는 어떤 문제를 만나든지 간에 그것을 자기 손으로 해결한다. 그는 창의적인 발명가이자 공학자, 건실한 농부이며 기록관이다. 요엘 퀴노는 마치 로빈슨이 실존 인물이었던 것처럼, 그가 남긴 가상의 '그림 일기'를 『기상천외의 발굴, 로빈슨 크루소의 일기』라는 제목으로 펴냈다. 잘 정돈된 오두막과 농장, 망고나무 밑의 별장, 보리의 줄기와 보릿대를 엮어 만든 광주리, 야생 꿩을 잡거나 쥐를 물리치기 위해 고안한 덫들, 각종 연장통과 총기 보관대…… 그림으로 재현된 로빈슨의 섬은 완벽한 유기농 주말농장이며, 무엇이든 만들 수 있는 핸드메이드 공방, 물고기가 들끓는 개인 낚시터, 열대의 새들로 가득한 동물원이다. 형벌 같은 유배지는 낙원으로 바뀌었다. 그 낙원은 수백 년을 넘어 21세기의 사람들에게도 부러움을 사고 있다.

놀이의 발견

야수에 맞서 목숨을 내걸고, 뙤약볕에서 땅을 일구면서도 기쁨을 느끼다니. 인간이란 게 참 굉장한 동물인 건 사실인가 보다. 그러나 전철에서 땀을 흘리며 무인도를 꿈꾸던 남자가 저 야생의 섬에서 만나기를 기대했던 즐거움이 바로 그것일까? 설마 껍질을 깨는 자각을 통해 사냥과 자급자족의 노동에서 진정한 삶의 의미를 찾아냈다고 하자. 우리는 그것만으로 살아갈 수 있나?

〈로스트〉에서는 무인도 체류가 장기화된다. 그런데 어느 정도 생존의 조건이 갖추어지고 상황이 안정되면서 생각지 않았던 위기의 징후들이 드러난다. 피부 발진 같은 사소한 현상을 과도하게 걱정하는 환자가 생기지 않나. 솔선수범해서 모든 일을 해결해가던 잭이 짜증을 내지 않나. 뚱보 헐리는 본능적으로 이것이 매우 위험한 상황이라는 걸 깨닫는다. 그러다 문제를 해결할 물건을 찾는다. 골프채와 공이다. 그는 찰리와 함께 섬의 잔디밭에 홀을 파고 골프 코스를 만든다. 다른 사람들은 혀를 찬다. 지금 뭘 하고 있는 거야? 살아남느냐 마느냐 하는 판국에. 헐리는 말한다. "부자들이 이런 데 와서 골프를 치려고 얼마나 돈을 쓰는지 알아?" 에메랄드빛 바다를 내려다보는 야자수 사이로 하얀 공이 날아간다. 모두가 깨닫는다. 진정으로 필요한 것이 무엇이었는지.

그 옛날 우리는 혹독한 노동을 통해 돈을 벌고, 그 돈으로 TV를 사거나 놀이동산의 티켓을 끊었다. 그러나 이제 어떤 놀이도 구매할 수 없다. 스스로 놀이를 만들지 않으면 안 된다. 모든 사람들이 헐리처럼 골프 세트와 잔디밭을 만날 행운을 얻지는 못할 것이다. 그러니 우리는 과거를 돌이켜봐야 한다. 과거에 우리는 무엇을 가지고 놀았나? TV, 게임기, 인터넷, 노래방 기계 같은 건 이제 없다. 좀더 시간을 거슬러 올라가야 한다. 흙먼지가 날리는 마당에서 친구들과 함께 놀아본 경험이 있는 사람들의 노하우가 필요한 때다.

우리는 주변에 있는 작은 돌이나 조개를 주워 공기놀이를 할 수 있다. 나무 막대기가 있으면 자치기를 할 수도 있다. 혹시 염소나 사슴 같은 발굽 있는 짐승을 잡아먹었다면, 무릎 주변의 뼈를 뒤져보라. 작고 가벼운 너클본(Knucklebone)이라는 뼈를 찾을 수 있을 것이다. 이걸 조금만 다듬으면 공깃돌이나 주사위로 만들 수 있다. 원시 시대부터 인간이 즐겨 가지고 놀던 놀이기구다. 아이들이나 즐기는 놀이라고 몸을 빼는 사람들도 있을 것이다. 그렇다면 그날 구해온 물고기나 과일을 걸고 내기를 해보라. 정말 짜릿짜릿할 것이다. 시간이 좀더 여유롭고 열정이 생긴다면, 주변에 있는 물건들로 장기나 체스 세트를 만들 수도 있다.

> 우리는 가끔 체스를 두었다. 체스판은 없었지만 말의 움직임을 종잇장에 적어가며 두었고, 나중에는 포장 상자 옆면을 이용해서 체스판을 만들고 단추나 벨기에 동전 같은 것으로 기물 한 세트를 만들었다.†

† 조지 오웰, 『파리와 런던의 밑바닥 생활』, 48쪽

문명이 무너진 뒤에 의술, 목공, 농업 등 실용적인 기술을 제외한 전 시대의 많은 직업들이 의미가 없어졌다고 했다. 그러나 뜻밖의 직업이나 재능이 그 활용도를 되찾을 수 있다. 가수가 일순위다. 길고 쓸쓸한 밤에 멋진 목청으로 노래를 불러준다면, 그에게 야자수 몇 개를 건네주어도 좋다. 나처럼 평생을 만화, 영화, 소설 속에 파묻혀 살아온 인간들은 온갖 이야기들로 그들을 즐겁게 해줄 수 있을 것이다. 연기력이 좀 받쳐주는 친구들이 있으면, 함께 연극이나 만담을 해봐도 좋다.

중세 말 이탈리아에 극심한 흑사병이 돌았다. 피렌체에서만 10만 명이 희생되었다고 하는데, 사람들은 병을 피해 곳곳의 시골로 숨어들었다. 그때 피에솔레의 시골 마을 별장에서 일곱 명의 젊은 여성과 세 명의 남성이 함께 지내게 된다. 이들은 지루하고 걱정스러운 밤을 보내기 위해, 매일 각자가 알고 있는 이야기 하나씩을 말하기로 한다. 그렇게 모인 열흘 간 100편의 이야기가 보카치오의 『데카메론』이다. 고통의 시간을 이겨내는 데 이야기만큼 힘을 가진 엔

터테인먼트는 없다.

　혹독한 시간은 우리에게 삶의 즐거움을 앗아갔다. 그러나 우리는 모든 것을 잃어버린 이 세계에서도 작은 경험과 상상력을 통해 놀이를 만들고 재미를 얻는다. 그리고 인간은 컴퓨터나 TV가 아니라 다른 인간의 얼굴을 보며 놀 때 가장 큰 즐거움을 얻는다는 사실을 깨닫는다. 그래서 우리의 생존 공동체는 무엇이든 함께 즐기는 동아리가 될 수도 있다. 남극점을 향한 처절한 행군의 텐트에서 스코트와 그 동료들은 서로가 아는 지식들을 강의하는 소위 '남극대학'을 만들었다. 『15소년 표류기』의 소년들은 아코디언 한 대에 기대어 박자도 맞지 않는 노래를 부르며 그들만의 음악회를 열었다. 결핍은 우리를 고통스럽게 만든다. 그러나 때론 우리에게 진정한 기쁨으로 다가갈 길을 열어주기도 한다.

나태와 타락의 기쁨

　프랑스의 작가 미셸 투르니에는 학창 시절 철학교수가 되는 것을 유일한 미래로 생각했다. 자질도 자신감도 있었다. 노력과 신중함도 빠뜨리지 않았다. 스물한 살에 대학교수 자격시험을 치를 기회가 있었지만 4년 동안 독일에서 공부를 보충한 뒤에야 시험에 응했다. 그는 당연히 1등으로 합격하리라 생각했다. 그러나 끝에서 1등이었다. 아마도 그에겐 종말을 맞이한 듯한 충격이었을 것이다. 그 해가 1950년이었다.

　낙담한 그는 낮게 엎드렸다. 번역자, 방송국 PD, 출판사 편집자로 있으며 남의 생각과 작품을 만지는 일에 종사했다. 그리고 서서히 자신의 철학을 소설이라는 형식으로 표현할 수 있다는 걸 알아냈다. 그는 섣불리 시도하고 섣불리 낙담하지 않기를 바랐다. 책상서랍엔 실패한 습작들이 가득 찼다. 겨우겨우 출판사에 보낼 만한 수준에 이르렀다는 생각이 든 소설 『방드르디』는 1966년 12월에야 탈고되었다.

　『방드르디』는 미셸 투르니에가 20세기의 눈으로 재창조해낸 로빈슨 크루소

✝ Vendredi, 프랑스어로 '금요일', 즉 원주민 프라이데이의 프랑스식 표기다.

의 이야기다. 제목에서 로빈슨의 이름을 내리고 방드르디✝를 내세운 것에서도 알 수 있듯이, 이 책은 로빈슨 크루소-프라이데이의 관계로 형상화된 유럽의 문명인-미개한 야만인의 주종 관계를 뒤집는다. 소설은 『로빈슨 크루소』의 플롯을 따라가는 척하다가, 점차 방드르디가 로빈슨이 재현한 서구 문명을 뒤집어가는 과정을 그린다. 그리하여 '섬'의 또 다른 비밀을 가르쳐준다. 우리는 이 무인도에서 사냥의 명상, 자급자족의 장원, 공동체적 놀이라는 생산적이고 건전한 방식을 넘어선 어떤 삶이 가능하다는 사실을 알게 된다.

투르니에의 로빈슨은 처음 섬에 도착한 날 이곳을 '탄식의 섬'이라 이름 붙이고 체념 상태에 빠진다. 어떻게든 구조대가 올 거라 여기며 늘어져 있는다. 그러다 그 기대가 사라지자 결국 이곳에 삶의 터전을 만들기로 하고 섬의 이름을 '스페란자(희망)'로 바꾼다. 그는 이후 성실한 자세로 섬을 개척해나간다. 자신이 세운 문명의 모사물에 만족하며 스스로를 총독에 임명한다. 그는 혼자만의 형법까지 만들어 시행하는데, 여기에서 우선적으로 처벌하도록 되어 있는 요소가 흥미롭다. 그것은 '진창에 들어가 나태하게 늘어지거나 아무 곳에나 변을 보는 행위'다. 처벌은 구덩이에 스스로를 감금하는 방식으로, '구덩이는 햇빛에 노출되어 하루 중 가장 뜨거운 여섯 시간 동안 햇살이 침처럼 와서 꽂히도록 되어 있다.'(86쪽) 그가 가장 경계한 죄악은 나태와 방종, 무질서였다.

섬은 로빈슨의 의도대로 질서를 갖추어간다. 그는 식인종에게 잡혀먹힐 뻔한 원주민 소년을 구해 방드르디라 이름붙여준다. 그것은 그에게 섬이라는 자연뿐만 아니라 거기에 있는 미개인까지 지배하게 된 듯한 자신감을 준다. 허나 오해였다. 처음 방드르디는 원작과 같이 충실한 종이었다. 하지만 녀석은 로빈슨이 애써 구축한 질서와 문명을 서서히 무너뜨리기 시작한다. 기회는 섬의 물시계가 멈추고 로빈슨이 사라진 때에 찾아온다. 방드르디는 자신에게 부과된 노동—밭에 물을 준다든지, 전망 초소를 짓는 일 따위는 당장 그만둔다. 그는 로빈슨이 영국인답게 정성스럽게 만들어놓은 '선인장 공원'으로 찾아간다. 거기에 그의 주인이 배에서 가져왔던 궤짝을 부수듯이 내려놓더니, 쏟아져 나온 보석과 장신구를 꺼내 선인장에 옷과 악세서리를 입혀 치장을 한다. 그것도 지겨워졌는지 논으로 가서 물수제비를 뜨다가 주인의 충견 텐을 진흙 속에 빠뜨려 죽일 뻔한다. 그리고 결국 수문을 터뜨려 농사를 끝장낸다. 집으로 돌아온 로빈슨은 분노에 못 이겨 방드르디를 깨운 뒤 두들겨패기 시작한다. 그러다 성서의 가르침이 떠올라 멈춘다. 주인의 자비심 덕분에 섬은 다시 원래의 질서로 돌아가는 듯했다. 잠깐의 눈속임이었다. 얼마 뒤 방드르디는 폭약을 터뜨려 로빈슨이 섬에 구축한 문명의 복제물을 깡그리 날려버린다.

로빈슨은 몰락한 갑부가 자신이 부리던 하인과 함께 거리에 나앉은 듯한 신세가 된다. 허탈감에 빠진 그는 서서히 방드르디를 관찰하고 닮아간다. 그는 머리 깎는 걸 포기해 야수처럼 덥수룩해지고, 덕분에 한 세대는 젊어 보인다. 예전엔 양산을 쓰고 다녔지만 이제 발가벗은 채 햇볕 아래 나선다. '방드르디는 실질적으로 일이라곤 전혀 하지 않았다. 과거와 미래의 개념이라고는 알지 못하는 그는 오로지 현재의 순간 속에 갇힌 채 살고 있었다.'(227쪽) 그는 순간이 목적이 되고, 본능이 예술이 되는 새로운 삶을 발견한 것이다. 이것은 야성으로 돌아가는 것이지만, 『파리대왕』처럼 야만에 먹히는 것이 아니다. 투르니에는 이러한 생각의 전환으로 물질 문명의 쳇바퀴 속에 갇혀 있던 서구인들의 머리를 내리쳤다. 불필요한 탐욕에 비하자면, 나태는 아무런 죄도 아니다.

사실 투르니에도, 그의 로빈슨도 너무 진지하다. 이처럼 고결한 깨달음의 상태까지 나아가지 않아도 파국의 섬에서 방드르디처럼 행동할 수 있는 자질을 가진 인간들은 많다. 스기무리 신이치의 만화 〈호텔 칼포니아(Hotel Calfornia)〉의 배경은 일본 홋카이도 깊은 산속의 관광호텔이다. 찾아오는 손님이 거의 없어 경영이 위태한 상태로, 어느 날 폭우가 내려 호텔로 이어지는 단 하나의 도로가 끊어진다. 아직 핸드폰이 상용화되기 전의 상황인데, 호텔의 유선전화는 요금 연체로 끊겨 있다. 그렇다. 일종의 고립된 섬이 된 것이다. 호텔 직원들은 처음에는 목숨을 건 서바이벌 게임에 나서는 듯하다. 지배인은 식료품 창고를 잠근 채 음식을 독점하고, 종업원들은 거기에 맞서 싸운다. 그런데 종업원들이 주도권을 잡은 뒤에는 상황이 정반대로 흐른다. 그들은 이 파국의 상황이 완전한 방종의 기회임을 깨닫는다. 호텔의 시설을 제멋대로 이용하며 놀고, 방 하나를 독차지한 채 록밴드 흉내를 내며 목청을 높인다. 급기야 몇몇은 여종업원의 코스프레 의상을 입고 여장 놀이에 나선다. 보다 못한 한 종업원이 소리친다. "여기는 변태여관이에요."

파국의 상황은 우리에게 '무엇이든 저질러도 좋다'는 일탈의 자유를 부여한다. 죽음에 직면했던 공포를 벗어난 뒤의 우리는 '어차피 죽었을지도 모르는데'라는 마음에 도덕의 통제력까지 벗어난다. 〈새벽의 저주〉에서 쇼핑센터에 갇힌 주인공들은 리처드 치즈의 노래 〈다운 위드 더 시크니스(Down With The Sickness)〉'를 배경으로 각자가 그 순간에 즐길 수 있는 최고의 유희에 탐닉한다. 판매용의 자전거를 타고 매장 안을 누비는 것 정도는 애교다. 어떤 여자는 평소엔 꿈만 꾸던 고급 란제리를 마음껏 입어보고 복장도착증의 중년 남자는 여자 하이힐을 신어본다. 아직 상표가 붙어 있는 비디오카메라로 둘이서 섹스 비디오를 찍어도 된다. 그리고 가장 큰 희열은 옥상에 올라가 바깥의 좀비들을 총으로 쏘아 맞추는 게임을 하는 것이다. 내일이 없다는 절망은 오늘을 제멋대로 살아가도 상관없다는 방만으로 가볍게 바뀌기도 한다. 이것 역시 우리가 파국을 은연중에 기대하는 이유다.

고독 그 자체

이언 와트는 로빈슨의 모험담이 독자들의 관심을 끄는 진정한 이유는 무엇일까, 자문하며 그 답을 말한다.

고독이 가진 보편적인 매력, 즉 무인도이다. 이것이 이 소설이 상상력을 자극하는 이유 중 하나이다.(『근대 개인주의 신화』, 242쪽)

로빈슨이 도달한 섬은 그 자신 말고는 어떤 인간도 살지 않는 '무인도'다. 그는 야생의 세계에서 한 인간이 다른 사람의 도움, 타인과의 접촉 없이 생존할 수 있다는 가능성을 보여준다. 만약 그가 『15소년 표류기』나 『스위스의 로빈슨 가족』처럼 동료나 가족과 함께 섬에 도달했다면 훨씬 용이하게 이 섬을 지배할 수 있었을 것이다. 그러나 그것은 우리가 그에게서 발견하는 매력을 탈색시킨다. 그는 혼자다. 완전한 고독자로 그 섬에서 살아남았다. 게다가 밀집된 인구와 각박한 명령 체계로 감옥이 되어버린 문명의 도시에 살고 있는 인간들보다 훨씬 행복해 보이기까지 한다.

정말 그랬을까? 소설 속이니까 그렇게 꾸민 것 아닐까? 『로빈슨 크루소』의 창작에 큰 힌트가 되었던 셀커크라는 선원의 실화가 있다. 그는 스스로 남태평양의 섬에 내려 혼자 살다가 문명 세계로 돌아온다. 그는 회고한다.

이런 식의 생활은 놀라울 정도로 즐겁게 느껴졌고, 단 한순간도 지루하지 않았다…… 다시 세상으로 돌아와 슬프다는 생각이 자주 들었고, 홀로 평온함을 느낄 수 없어 즐거움을 빼앗긴 기분이었다.[†]

로빈슨에게든 셀커크에게든 그렇게 좋으면 왜 돌아왔냐고 짓궂게 물어볼 수도 있다. 그러나 중요한 것은 우리의 마음속에 그들의 말에 고개를 끄덕이는, 고독에 대한 어떤 판타지가 있다는 사실이다.

[†] 『로빈슨 크루소』, 펭귄북스 한국어판 15~16쪽, 존 리체티의 서문에서 재인용

이언 와트는 미셸 투르니에가 『흡혈귀의 비상』에 쓴 에세이에서 단서를 찾아낸다. 투르니에는 와트가 『근대 개인주의 신화』의 주인공으로 삼은 파우스

트, 돈 후안, 로빈슨 크루소, 돈키호테에 '트리스탄과 이졸데'를 더한 다섯이 '서구의 상상력의 신'을 구현한다고 주장한다. 이 다섯 신화는 한 가지의 죄에 대한 책임을 지는데, 이들이 우리 스스로를 사회 조직 내에 더 잘 통합시키는 것이 아니라 그 반대—사회 질서로부터 결별시키는 여러 방식들을 나타낸다는 것이다. 그의 영웅들은 교육, 권력, 경찰 등 공권적 이성에 저항한다. 그중 가장 현대적인 인물이 로빈슨 크루소인데, 그는 모든 것이 갖추어져 있는 열대의 낙원—클럽 메드 같은 곳—에서 스스로에게 집중하며 고독을 느끼고 싶어하는 현대인의 롤모델이다.(『근대 개인주의 신화』, 376~377쪽)

잠시나마 야생으로 들어가고 싶어하는 사람은 그 속에서 무엇을 만나려는 것이 아닐 수도 있다. 그가 찾는 것은 '아무도 옆에 없는 상태' 그 자체일지도 모른다. 가족, 연인, 동료…… 그들이 없으면 나는 살아가는 의미를 잃어버릴 수 있지만, 어떨 때는 그들이 내게 가장 큰 고통의 근원이 된다. '감정 노동'의 고통은 하청업체의 노동자나 쇼핑센터의 직원들만 겪는 것이 아니다.

헤밍웨이는 킬리만자로의 설산을 올라가며 서쪽 정상에 얼어붙어 있다는 표범이 홀로 거기에서 무엇을 찾아헤맸는지 생각했다. 우리들 역시 그런 마음을 지니고 있다. 그리하여 어느 날 자동차를 타고 바닷가로 달려가 혼자 멍하니 해가 떠오르는 것을 본다. 깎아지른 암벽을 홀로 올라가다가 중턱에서 비박을 한다. 우리는 이 문명이 붕괴하고 자신이 가진 모든 것을 잃어버릴 파국의 상황을 두려워한다. 그러나 동시에 그렇게 모든 것이 소멸된 세계에 혼자 남아 있고 싶다는 욕망을 가진다.

2 | 낙원을 찾아서

고독의 섬은 이렇게 형벌을 안겨주던 감옥에서 자유로운 낙원으로 옷을 갈아입는다. 그리하여 사람들은 찾아나선다. 옴쭉달싹 못하는 닭장 같은 문명을 벗어나, 벌거벗은 채 온전한 현재를 느끼며 살아갈 수 있는 땅을.

인류는 그의 전 역사, 아니 역사 이전부터 이런 장소를 갈망해왔다. 고대 그리스의 플라톤은 헤라클레스의 기둥 앞에 자리잡고 있다가 하룻밤의 재난으로 물속으로 사라진 대륙 아틀란티스에 대해 말한다. 그것은 서구인들에게 잃어버린 낙원의 대명사가 되었다. 4세기 중국의 도연명은 『도화원기』에서 무릉에 사는 한 어부가 배를 타고 가다 복숭아 숲에서 길을 잃은 뒤 낙원과 같은 땅을 찾았다는 이야기를 전한다. 이상한 옷을 입은 남녀들이 아름다운 논밭과 연못 사이에서 행복하게 사는 땅이었다. 그들은 진나라의 전란을 피해 숲으로 숨어들었고, 수백 년 동안 외부와 관계를 끊은 채 살아왔다고 한다. 돌과 바람과 수탈에 지친 제주도의 사람들은 '이어도 사나 이어도 사나' 노래를 부른다. 이어도는 바다로 나가 돌아오지 않는 사람들이 찾아가는 섬, 사시사철 먹을 것이 떨어지지 않는 이상향이다.

유럽인의 탐험선은 식민지 개척을 위한 정복의 배이기도 했지만, 새로운 이상향을 갈구하던 사람들의 탈출선이기도 했다. 대항해시대 세계일주의 목적은 인도로의 교역로를 확보하기 위한 것이었지만, 그 결과로 유럽인들은 새로운 대륙, 낯선 삼림, 은둔의 호수, 적도를 따라 주렁주렁 열린 섬들을 지도 위에 새기게 되었다. 중세에는 별로 주목을 받지 못하던 아틀란티스의 전설이 세간의 입에 오르내리고, 토마스 모어는 『유토피아』를 쓰게 된다. 특히 아름다운 열대의 바다는 그 풍광만으로 낙원의 이미지를 만들었다. 루소는 『에밀』에서 말했다. "카리브 연안 사람들 거반은 우리보다 더 행복하다."(72쪽) 기근으로 고통받고 종교적 탄압에 시달린 사람들은 서둘러 배를 탔다. 거창한 낙원이 아니라도 좋았다. 누구의 간섭도 받지 않고 자급자족할 수 있는 땅이라면 족했다. 카리브 해의 황량한 섬, 북아메리카의 깊은 숲, 아마존 강의 외진 마을이면 어떤가?

신기하게도 그들은 지금까지 우리가 두려워했던 '서바이벌 노트'의 조건을 스스로 찾아갔다. 자신이 애써 지켜왔던 직업, 재산, 신분, 그리고 사람들과의 관계를 모두 내던지고 거의 완전한 제로에서 새로운 삶을 시작하려고 했다. 배가 난파하거나, 비행기가 추락하거나, 혹은 대지가 붕괴하고 타임슬립을 당해서가 아니라 스스로 선택하여 고립된 자들. 그들은 스스로 디폴트되어 모든 것을 새로 시작하기를 바랐다.

적도의 에덴 동산

내가 꾸었던 꿈인지, 누군가의 꿈을 그린 영화를 보았던 기억인지 모르겠다. 그것은 1980년대 〈엠마뉴엘〉풍의 에로틱한 영화 속 장면이다. 주인공들은 프랑스어로 말해야 한다.

짧은 곱슬머리의 여자가 각박한 도시의 사무실에 앉아 있다. 책상 위엔 의미 없는 서류들이 쌓여가고, 주변을 오가는 사람들은 마네킹 같다. 간혹 그들이 표정을 드러내는 때는 그녀를 비꼬고 괴롭히는 순간뿐이다. 여름날이다. 공기는 꽉 막혀 답답하고, 셔츠는 땀에 젖어간다. 여자는 책상 앞칸막이를 잠깐 쳐다본다. 남태평양의 어느 섬, 에메랄드빛 바다와 야자수가 찍혀 있는 관광 포스터. 그녀는 한숨을 쉰 뒤 서류더미 속에 고개를 처박는다. 그리고 스르르 잠이 든다. 꿈속에서 여자는 열대의 밀림을 내달린다. 검은 그림자가 그녀를 쫓고 있다. 여자는 나무둥치에 미끄러져 진흙 구덩이에 쓰러진다. 야수가 그 위를 덮친다. 그때, 어디선가 검은 피부의 청년이 나타나 그녀를 구해준다. 청년은 그녀를 부축한다. 여자는 다친 다리보다 찢어진 치마가 부끄럽다. 그러나 수줍음도 잠깐, 바닷가의 오두막에서 핑크빛 술을 마신 뒤 그녀는 문명의 옷을 벗은 이브가 된다.

18세기 프랑스의 진보적 사상가들은 문명에 오염되지 않은 야만인들이 그들 유럽인들보다 더 큰 자유와 행복을 누릴 수 있다는 생각을 키워가고 있었다. 몽테스키외는 『페르시아인의 편지』에서 대홍수와 학살을 겪은 동굴 속의 혈거인들이 완벽한 분배 속에 가난도 겪지 않고 살아가는 모습을 묘사했다. 루소는 『고백록』에서 '과일은 모두의 것이고, 땅은 그 누구의 것도 아니던' 자연 그대로의 상태에 대한 강렬한 향수를 표현하고 있다. 그들은 18세기 말 폴리네시아의 발견으로, 소유권도 군대도 영토도 없는 '고귀한 야만인'들의 실체를 확인할 수 있었다.†

결정적인 역할을 한 것은 1768년 프랑스인 최초로 세계일주 항해에 성공한 루이 앙투안 드 부갱빌이었다. 그는 3년 뒤 여행기인 『세계 일주 여행(Voyage autour du monde)』을 펴내는데, 거기에는 아르헨티나, 파타고니아, 인도네시아 등 다채로운 지역이 소개되었다. 그러나 독자들의 마음을 완전히 빼앗은 주인공은 따로 있었다. 바로 타이티였다. 그곳은 문명에 오염되지 않은 남녀들이 자유롭게 배를 채우고 쾌락을 나누는 지상 낙원처럼 그려졌다. 또한 섬을 찾아온 남자들을 언제든지 받아줄 어여쁜 처녀들의 땅이었다. 백인 남자들의 콧구멍이 벌렁벌렁해졌다. 프리드리히 클롭슈토크 등 많은 작가들이 타이티로 떠나고자 했고, 영원한 태양과 야자수 아래 예술인의 마을을 만들고자 했다.†† 화가 고갱은 고갈된 예술에 대한 영감을 되찾기 위해 이 섬으로 왔고, 많은 섬처녀들과 관계를 맺으며 그림을 그렸다. 그는 타이티로 떠나며 이런 인터뷰를 남겼다.

† 『호모 노마드 유목하는 인간』, 자크 아탈리, 505쪽
†† 『여행의 역사』 빈프리크 뢰쉬부르크, 157쪽
††† 〈Echo de Paris〉 23 Feb. 1891

> 평화롭게, 그리고 서구 문명의 영향을 피해 살면서 소박한 예술 작품을 창조하고 싶습니다. 때묻지 않은 자연에 흠뻑 취해 미개인들만을 보고, 그들과 삶을 나누고, 아이들처럼 나의 머릿속에 떠오르는 이미지를 표현하는 것을 유일한 업으로 삼고 싶을 뿐입니다.†††

진짜 타이티가 꿈의 낙원이었는지에 대해서는 당시에도 논란이 많았다. 많

은 방문자들은 기대했던 섬처녀들의 방종을 목격하기 힘들었다고 투덜댔다. 제임스 쿡 선장은 그곳 사람들이 선량하긴 하지만, 원주민들의 야만성을 기독교로 개종해 길들인 결과일 수도 있다고 했다. 그럼에도 쿡의 항해기를 보면 당시의 선원들이 '그 섬'에 대해 가지고 있는 판타지는 절대적이었다. 어쩌면 감옥 생활에 가까운 처절한 항해에 대한 보상 심리일 수도 있다.

남태평양의 낙원 판타지는 20세기에도 이어졌다. 1908년 아일랜드 출신의 헨리 스택풀이 『푸른 산호초(The Blue Lagoon)』라는 소설을 써 큰 인기를 모았다. 그는 40년 동안 선상 의사로 남태평양을 항해했던 경험을 토대로 이 섬들을 로맨틱한 에덴 동산으로 탈바꿈시켰다. 조난당해 열대의 섬에 다다른 소년 리처드와 소녀 에멀린. 둘은 섬에서 아담과 이브와 같은 사랑의 나날을 보내고 아기까지 얻는다. 독이 든 열매, 허리케인, 상어, 해적 같은 위험이 없지는 않지만, 그들 일가족의 생활은 그 자체로 자족적이고 행복이 넘친다. 소설은 1980년 브룩 쉴즈가 주연한 영화로 만들어져 새로운 팬들을 얻었다.

유럽인들이 '고립된 원시의 에로틱한 낙원'을 소설과 영화 속에서만 찾았던 것은 아니다. 1950년 벨기에의 전직 수구 선수였던 제라르 블리츠는 스페인의 마요르카 섬에 전혀 새로운 개념의 리조트를 열었다. 슬로건은 '클럽 메드 휴가-문명의 해독제(The Club Med Vacation, The Antidote to Civilization)'. 럭셔리 리조트 클럽 메드는 모든 시설과 서비스를 이용하는 금액을 하나의 패키지로 만들어 입장할 때 일괄 지불하게 했다. 그것이 어떤 의미인가 하면, 숙박, 음식, 스포츠, 게임, 쇼 등 모든 것을 즐기는 데 '돈을 낸다'는 행위를 없앤 것이다. 마치 나 자신이 남쪽의 낙원에 실려와, 모든 것을 아무런 대가 없이 마음껏 즐기게 되었다는 환상을 준다. 클럽 메드는 1955년부터 지중해 바깥으로 지점을 넓혀가는데, 그 처음은 운명적이게도 타이티였다.

이 리조트는 이후 새로운 여행 문화와 라이프스타일의 아이콘이 된다. 서구인들은 고된 항해와 탐험의 수고 없이 티켓을 끊는 것만으로 부갱빌의 타이티와 같은 아름다운 섬으로 들어간다. 거기에는 모든 안락함이 갖추어져 있다. 배고프면 먹고, 졸리면 자고, 심심하면 게임과 여흥을 즐기면 된다. 그런데 뭔가 부족했다. 그 안에서 거의 벌거벗은 남녀들의 자유로운 사교는 가능했지만, 꿈에 그리던 타이티만큼은 아니었다. 프리섹스가 없었다.

1960년대 후반, 캘리포니아의 '사랑의 여름'과 파리의 '68혁명'은 사랑의 욕망을 증폭시켰다. 1970년대 들어 혁명의 열기는 식었지만 사랑의 여열은 남아 있었다. 잔여 세력들은 클럽메드풍의 리조트에 자유분방한 섹스를 가미한 캠프들을 만들어내는데, 우엘벡의 소설 『소립자』에 그 일면이 소개된다. 삶에 흥미를 잃은 40대 남자 브뤼노는 '변화의 장'이라는 캠프장을 찾아간다. 1975년에 설립된 이곳은 68혁명에 참여하지는 않았지만 그 정신을 이어받았다고 주장하는 사람들에 의해 운영되는 뉴에이지 캠프다. '여름 휴가 동안 새로운 원리를 자신의 삶에 적용'시킬 수 있다는 슬로건을 내세운 소박한 바캉스 촌으로, 시설은 클럽 메드에 견줄 수 없다. 대신 이곳은 자유로운 누드 비치가 펼쳐져 있고, 설립자의 말마따나 '화끈하게 섹스를 할 수 있는 장소'였다. 캠프는 젊은이들에게 우대 요금을 적용하고, 기업을 위한 합숙 연수 프로그램을 만드는 등 경영 수완을 발휘한다. 1970년대 식의 쾌락주의와 자유주의라는 색깔을 갖추고 유럽에서 확고한 위치를 잡는다. 브뤼노는 명백하게 섹스 투어를 꿈꾸며 그곳에 온다. 13시간 걸려 방콕에 가는 것보다 쉽고, 클럽 메드에 가는 것보다 싸기 때문이다.

샹그리라—금욕적 종교의 공동체

많은 이들이 사시사철 눈부신 태양, 푸른 바다, 달콤한 과일이 흘러넘치는 땅을 찾아헤맬 때, 정반대의 세계를 찾아가는 사람들이 있었다. 그들은 만년설로 뒤덮인 해발 수천 미터의 고지대, 누구도 찾아오지 못할 어두운 숲 가운데서 육체가 아니라 영혼의 낙원을 얻으려고 했다.

'샹그리-라(Shangri-La).' 그 말의 울림은 적어도 수천 년, 어쩌면 인류의 역사 이전부터 존재했던 어떤 신비의 도시를 떠올리게 한다. 그러나 이 티벳의 성스러운 도시는 지금으로부터 100년도 되지 않은 1933년, 히말라야 근처에도 가보지 않은 영국의 소설가 제임스 힐튼의 머릿속에서 탄생했다. 그는 평소 《내셔널 지오그래픽》 잡지를 즐겨보았는데, 거기에 실린 식물학자 조지프 록이 찍은 티벳 고지대의 사진에 어떤 영감을 받았다. 눈 덮인 수천 미터의 산, 꿈같이 펼쳐진 호수와 초원, 이국적인 복장의 사람들⋯⋯ 힐튼은 이 풍광을 배경으로 『잃어버린 지평선』을 쓰게 되고, 여기에 등장하는 샹그리라는 이후 서구인들이 그리는 영혼의 이상향이 된다.

1931년 영국 영사 휴 콘웨이와 일행 네 명은 비행기로 히말라야를 넘다 티벳의 산악 지대에 불시착한다. 그들은 천신만고 끝에 눈 덮인 산속에 금빛 찬란히 서 있는 절을 발견한다. 샹그리라라고 하는 라마 불교의 사원 마을이다. 험난한 고지대임에도 그 안에는 도서관, 중앙 난방 장치, 하프시코드 같은 시설이 갖추어져 있다. 인근의 초원에서 자라나는 농산물 덕분에 살림은 풍족하고, 모두가 평화와 조화 속에 행복하게 살아가고 있다. 게다가 이곳이 진정한 낙원이라 할 수 있는 것은, 그 안에 살고 있는 사람들이 특별히 긴 수명을 누리기 때문이다. 사원을 세운 장본인은 룩셈부르크에서 온 수도사 페로인데, 콘웨이 일행이 찾았을 무렵에는 300살이 되었다. 다만 누구든 사원을 떠난 순간 시간은 급속히 되돌아간다. 그리하여 순식간에 늙어죽게 된다.

대공황의 혼란 속에 고통받던 서구인들은 이 영적인 낙원에 매혹되었다. 그리고 지금도 샹그리라가 정말로 존재하는 양 티벳을 찾아오는 사람들이 적지 않다. 은둔의 낙원이 그렇듯, 책은 약간의 힌트만을 줄 뿐이다. 히말라야 서쪽, 쿤룬보다 낮은 지역⋯⋯ 중국 정부는 좀더 확실한 걸 바라는 관광객들의 요구에 부응했다. 2001년 윈난성 중뎬현의 마을을 '샹그리라(香格里拉)'로 개명했다.

샹그리라의 사람들은 영생에 가까운 긴 수명을 누리고 있다. 도끼 자루 썩는 줄 모르고 신령의 세계에 갔다가 돌아온 나무꾼의 이야기처럼, 많은 전설에 등장하는 낙원들은 시간이 극히 천천히 흐르는 특징을 지니고 있다. 물론 여기에는 불로불사라는 인류사의 가장 큰 희망이 담겨 있지만, 이 '영생'은 육체보다 정신적인 삶을 의미한다고 보인다. 샹그리라의 삶은 방탕하고 자유분방하게 쾌락을 즐기는 천국이 아니라 금욕 속에 정신적인 안정과 균형을 추구하는 삶이다. 나는 파국의 상황에서 가능한 고립 공동체의 모델로 '수도원'을 이야기했다. 샹그리라는 견고한 자급자족적인 공동체를 만들기 위해 티벳의 고산이라는 접근 불가능한 지역을 터전으로 삼고 그 안에 스스로를 가둔 것이다.

많은 종교들이 교리와 이상을 지키기 위해 폐쇄적인 공동체를 만들어 외부로부터 자신을 격리시킨다. 교인들은 샹그리라 같은 영생은 누리지 못하더라도, 지상에서 만날 수 없는 정신의 평화를 그곳에서 찾을 수 있다고 믿는다.

미국 펜실베이니아 주 랭카스터 시에는 아미쉬(Amish)들의 마을이 있는데, 마치 타임머신을 타고 수백 년 전으로 돌아간 듯한 장소다. 스위스-독일계의 아미쉬 교인들은 1737년 종교적 박해를 피해 바다를 건너온 뒤 이곳에 자신들만의 공동체를 만들었다. 그들은 오직 종교적 교리에 따라 행동하며 외부 사람들과의 교류를 거부한 채 300년 가까운 역사를 이어왔다. 외부에서 그들을 괴롭히는 세력에게는 '오른쪽 뺨을 때리면 왼쪽 뺨도 대주라'는 성경의 말을 따라 비폭력으로 대응한다. 지금도 세속에 물드는 것을 막기 위해 단추나 지퍼를 쓰지 않는 전통적인 옷차림을 고수하고, 자동차, 전화, 텔레비전은 물론 전기까지 거부하고 있다. 겉옷과 신발은 물론 속옷이나 양말까지 공동으로 소유하고 관리한다니, 그 공동체의 끈끈함을 알 수 있다.

독특한 군무 의식과 양성 평등 사상으로 유명한 쉐이커 교도들 역시 박해를 피해 1774년 북미대륙으로 이주해왔다. 이들은 아미쉬와는 달리 최신 기술을 적극적으로 사용했다. 용수철, 터빈 수차, 원형톱, 빨래 집게 등을 직접 개발하기도 했고, 간결하고 기능주의적인 가구들은 미국 전통 디자인의 주요한 축을 형성한다. 쉐이커 스타일의 가구는 시민 전쟁 시기에 대량 납품되어 미대륙에 퍼져나가기도 했다. 쉐이커 공동체는 경제적으로는 번창했지만 치명적인 결함이 있었다. 결혼을 금했기 때문에 공동체 성원의 재생산이 어려웠던 것이다. 입양이나 개종을 통한 유입이 유일한 방법이었다. 마을 앞에 누군가 놓아두고 가는 아이들을 키우기도 했는데, 그들이 자라 스물한 살이 되면 선택의 기회를 준다. 독신을 유지하며 이곳에 살 것인지, 아니면 바깥으로 떠날 것인지. 19세기 후반부터 공동체를 버리고 도시로 떠나는 사람들이 많아졌고, 종교 단체의 고아 입양을 제한하는 움직임도 커졌다. 공장제 생산품 때문에 공동체의 경제 활동까지 어려워졌다. 쉐이커 마을은 급속히 와해되었고, 2011년 미국 영토 안에는 세 명의 여성이 유지하는 단 하나의 공동체만 남게 되었다.

영화 〈빌리지〉는 마치 이들을 모델로 한 듯한 폐쇄적 종교 공동체의 모습을 보여준다. 19세기 후반으로 여겨지는 미국의 작은 마을. 엄격한 종교적 계율을 중요시하는 이 마을은 외부와는 거의 연결이 되지 않는 폐쇄적인 생활을 하고 있다. 마을을 둘러싼 숲이 울타리 역할을 하는데, 사람들은 거기에 괴물이 있다고 믿으며 출입을 엄격히 막는다. 그런데 어느 날 청년 노아가 몹쓸 병에 걸리고, 마을에서는 치료가 불가능하다는 사실을 알게 된다. 그의 연인 아이비는 촌장 에드워드 워커의 딸인데, 그를 살려내기 위해 어떤 위험도 불사하기로 각오한다. 결국 그녀는 약을 구하기 위해 외지의 마을을 찾아간다. 그리고 죽을 각오를 하고 숲을 지나는데 다행히 괴물은 없었다. 그녀는 숲의 끝에 다다라, 안간힘을 써서 벽을 넘는다. 그런데 거기엔 이런 표지판이 있다. '워커 야생동물 보존지역'. 그 너머 도로에는 자동차가 달리고 있다. 마을은 21세기 현재의 장소다. 1970년대 펜실베이니아 대학의 에드워드 워커 교수가 아버지가 살해당한 후 고통을 겪다가, 역시 비슷한 마음의 병을 앓고 있는 사람들과 더불어 이 마을을 세우기로 했다. 야생 동물 보호 지역을 구매한 뒤 그 안에 들어가 외부와는 완전히 절연된 삶을 살기로 했던 것이다.

〈빌리지〉는 역설적으로 이런 교훈을 준다. 21세기의 지구에서 모든 것과 절연한 폐쇄적 공동체의 삶을 사는 것이 얼마나 어려운가. 거대한 자연 보호 구역을 몽땅 사고 그 땅 위로 항공기가 날아가지 못하게 할 정도의 정치력과 자금력이 있지 않으면 불가능한 것이다. 그러니 정신의 낙원을 만들고자 하는 사람들은 깨달아야 한다. 우리에겐 '종교적 수준의 이념'만큼이나 '자급자족의 실제적 방법론'이 필요하다.

숲의 항해자, 소로

1845년 여름, 미국 북동부 매사추세츠의 숲속. 하버드 대학교를 나와 잠깐 교사 생활을 했던 스물여덟 살의 헨리 데이비드 소로가 고향 마을 근처인 월든 호숫가에 오두막을 지었다. 그는 2년 2개월 2일 동안 그곳에서 혼자 살아갔다. 콩을 키워 먹을 것을 마련했고, 나무를 주워 땔감을 장만했다. 그리고 남는 시간은 독서와 집필로 채웠다. 그가 원한 것은 문명의 이기와 거리를 둔, 가능한 한 단순한 삶이었다.

그것은 하나의 실험이었다. 완전히 홀로 자급자족하는 고독의 삶은 가능한가라는 물음이었다. 트집을 잡자면 완벽하게 밀폐된 섬은 아니었다. 협력자나 방문자도 있었고, 스스로 고백하듯 야생의 모험과도 거리가 멀었다. 다시 말하지만 실험이었기에 평생 그런 삶을 이어갈 생각도 없었다. 그는 다만 그러한 생활 속에서 몸과 마음에 어떤 일들이 일어나는지 알고 싶어했다. 그는 숲을 떠난 뒤 그때의 경험과 생각들을 『월든―숲속의 삶』(Walden―Life in the Woods)이라는 책으로 정리했다. 그의 생전에는 사람들이 많이 찾는 책은 아니었다. 그러나 다음 세기, 그리고 지금의 사람들을 각성시키는 예언적인 사상서가 되었다.

소로의 숲은 로빈슨의 섬처럼 고독했다. 가능하면 타인과 관계하지 않고 살아가는 것이 중요한 조건이었기 때문이었다. 그러나 두 고독의 성격은 서로 상반되어 있다. 『보물섬』의 로버트 루이스 스티븐슨은 소로의 체험이 '여성적인 고독'이라고 말한다. '당연하게도 남자답지 못하고, 거의 비겁함에 가깝고, 자유롭게 달려나가지도 않고, 세계를 끌어안아 대면하는 것을 두려워하는 삶 속에 있다. 한마디로 말해, 소로는 염탐꾼(skulker)이다.'† 대항해시대의 모험가 정신을 이어받은 이 작가는 험난한 파도를 넘어 새로운 섬을 발견하고, 해적이나 식인종에 맞서 울타리를 세우고, 때론 맹수와 싸워 그 살을 구워먹어야만 진정한 독립된 삶이라고 여긴 것 같다.

† Robert Louis Stevenson, 「Henry David Thoreau: His Character and Opinions」. 《Cornhill Magazine》. June 1880. http://thoreau.eserver.org/stevens1.html

소로는 다른 전략을 가지고 있었다. 로빈슨이 섬에 있는 모든 자원을 개발하고 활용하고자 했다면, 그는 욕구를 줄임으로써 더 편안하게 살아갈 수 있다고 여겼다. 그는 스스로 농사를 지어 배를 채웠고, 채식을 했기 때문에 사냥은 애초에 필요없었다. 커피, 차, 우유, 버터도 먹지 않았다. 금욕적인 이유가 아니었다. 불필요해서다. 거친 노동을 장시간 계속하는 것에 대한 가장 심각한 반대 이유는, 그런 노동을 하고 나면 거칠게 먹고 마실 수밖에 없다는 것이다.

소로는 산업 문명의 탐욕을 벗어나고자 숲의 고독 속으로 들어갔다. 스티븐슨에게는 이런 모습이 자신의 자유를 가로막는 것과 맞서 싸우기보다 그것으로부터 달아나 몸을 숨기는 비겁자처럼 여겨졌다. 그러나 소로가 정말 겁쟁이였다고 말할 수는 없다. 그는 멕시코 전쟁과 노예 제도에 반대해 세금을 안 내다가 구금당했다. 자신이 옳지 않다고 생각하는 것을 분명히 거절했고, 그 옳지 않음에 도시화된 문명 세계와 육식에 기댄 탐욕의 습성도 포함되어 있었던 것이다. 그는 모험가였다. 다만 스티븐슨이나 로빈슨과는 다른 종류의 모험을 추구했다.

자신의 극지방을 탐험하라…… 자신의 내면에 있는 완전한 신대륙과 신세계를 찾아나설 콜럼버스가 되어 무역을 위해서가 아니라 사상을 위한 새 항로를 열라. 사람은 누구나 왕국의 군주이며, 그 앞에서는 러시아 황제의 제국도 한낱 소국, 얼음 위에 솟은 조그만 얼음덩이에 불과할 뿐이다. 그러나 자신을 존경할 줄 모르는 인간이 애국자가 되어 소를 위해 대를 희생시키는 일도 왕왕 벌어지고 있다.†

이것은 관념의 모험일지 모르지만, 완전한 책상머리의 이야기는 아니었다. 그는 숲으로 들어가 살았고, 그것은 안락한 실험실과는 거리가 멀었다.

† 『Walden and Civil Disobedience』 289쪽, 2003년판, Barnes and Noble Classics

다시 이 책의 주제로 돌아가자. 소로의 삶이 여성적인가 남성적인가는 내게 문제가 되지 않는다. 과연 소로가 추구한 고독의 삶이 존립 가능한가, 인간은 그렇게 살아갈 수 있는가가 중요하다. 그의 시도는 문자 그대로 낭만적인 시도, 미국의 낭만주의를 몸으로 대변한 기획이었다. 그러나 또한 현실적이었다. 『월든』의 첫장은 '경제(Economy)'다. 그는 이러한 자급의 삶이 구체적으로 어떻게 가능한가를 조목조목 기술했다. 혹자는 그의 생활을 두고 진정한 야생과는 거리가 먼 박제된 가능성이라고 비판할 수 있다. 그가 땅을 구하고 기초적인 생활 터전을 잡는 데 가족과 지인들의 도움이 있었고, 주기적인 방문자들도 있었다. 그러나 나는 그 영향력이 자급자족을 본질적으로 깨뜨릴 만큼 크지는 않았다고 생각한다. 그는 종교적인 공동체와는 다른 형태로, 사상적으로 각성한 단독자가 오직 자신의 자유를 위해 세속을 벗어나 자급자족할 수 있음을, 그 최소한의 가능성을 보여주었다.

인간은 생존만이 아니라 가치를 추구한다. 로빈슨의 섬은 '생존이 가능한가'의 문제부터 따진다. 그 다음에 그 섬 안에 문명을 재건하고 종교를 복원하며 '가치'를 얻는다. 소로의 숲은 '가치로운 고독'을 먼저 전제했다. 그는 그 가치를 얻기 위해 물질 문명의 허울을 벗고 가장 단순한 삶 속으로 들어갔다. 로빈슨의 원하지 않았던 실험, 소로가 적극적으로 추구했던 실험. 나는 양쪽 모두 성공적이었다고 생각한다. 고독하면서도 가치로운 자급자족의 삶은 가능하다. 그러나 모두에게 가능한지는 모르겠다. 소로도 로빈슨도 영웅의 자질을 가진 존재다.

모노폴리 게임판과 버몬트의 숲

1980년대 우리나라 아이들에게 선풍적인 인기를 모았던 '부루마블(Blue Marvel)'이라는 보드게임이 있다. 주사위를 굴려 세계 각국의 도시를 산 뒤 빌딩을 짓고 세를 걸어들이는, 한마디로 땅 놓고 돈 먹는 부동산 투기 게임이다. 초반의 주사위 운에 따라 부익부빈익빈이 결정되고 한 사람이 지상의 모든 재산을 독점해야 끝이 나는, 가장 노골적인 자본주의적 게임이다. 사실 미국에서 만들어진 게임을 상당 부분 모방했는데, 원조가 되는 게임의 이름은 노골적이게도 '모노폴리(Monopoly)-독점'이다.

공교롭게도 모노폴리의 고향은 아미쉬 공동체와 영화 〈빌리지〉의 땅인 펜실베이니아. 그 원형은 1904년 엘리자베스 마지라는 게임 디자이너가 고안한 '건물주 게임(The Landlord's Game)'. 이것을 1910년대 펜실베이니아 대학의 비즈니스 스쿨에서 경제학 수업을 위한 교재로 사용하게 되는데, 독점 자본주의의 탐욕이 어떤 결과를 가져오는가를 보여주기 위한 모델로 이용했다. 게임판은 대량 제작되지 않고 직접 만들어야 했기 때문에 학생들은 자기 도시의 거리 이름을 갖다붙이고 게임의 요소도 조금씩 바꾸어 사용했다.[†] 퀘이커 교도들은 이 게임의 열렬한 추종자들이었는데, 1932년 이 게임의 새로운 기본형을 만들어 '모노폴리'라는 이름을 붙였다. 지금도 게임의 말 중 다리미, 신발, 골무 등이 등장하는 이유는 퀘이커 교도들이 생필품을 가지고 게임을 했던 전통에서 유래했다. 1934년 파커 브라더스는 이 게임의 독점적 사업권을 얻어 대량 생산하기 시작했는데, 대공황의 궁핍 속에서 게임으로나마 부를 누리고자 했던 미국인들에게 선풍적인 사랑을 받았다. 이 게임은 역사상 가장 많이 팔린

[†] 'Monopoly Game History, Landlord's Game History' landlordsgame.info

보드게임으로 명성을 이어오고 있다.†† †† 키스 소여, 『그룹 지니어스』, 236~237쪽

퀘이커 교도들이 '모노폴리' 게임으로 자본주의의 쾌락을 전파시키고 있을 즈음, 20년 전 그 게임을 강의 교재로 쓰며 독점의 위험을 역설하던 펜실베이니아 대학 교수는 미국 사회의 위험인물로 찍혀 해직된 상태였다. 그가 어린이 노동 착취와 제국주의의 전쟁 도발에 반대했고 사회주의적인 사상을 주장했기 때문이다. 대공황이 정점으로 치닫던 1932년, 이 전직 교수는 부인과 함께 이상적인 공동체를 만들기 위해 버몬트의 숲으로 들어갔다. 이들은 여기에서 20년 동안 머물렀고, 이어 1952년 메인 주로 자리를 옮긴 뒤 새로운 공동체 생활을 이어갔다. 그들이 바로 스코트와 헬렌 니어링이다. 도시 문명에서 벗어나 자급자족의 공동체를 만들자는 이상주의적인 시도는 수없이 많았다. 하지만 니어링 부부만큼 20세기 후반 이후의 사람들에게 큰 영향력을 끼친 인물은 없을 것으로 보인다.

이들은 여러 단계에 거쳐 자신들의 실험을 진행했다. 초기의 주요한 시도는 '아덴'이었다. 현대 민주주의 국가에서 어떤 개인이 자기 의지를 가지고 사회와 동떨어진 폐쇄적인 생활을 한다면, 그 행위 자체를 막을 수는 없다. 다만 국가가 강제로 부여하는 '국민의 의무'가 있다. 투표는 강제하지 않는다. 기권도 의사로 반영한다는 논리다. 그러나 병역과 납세의 의무는 회피할 수 없다. 때문에 독립적인 사상을 가진 이념적·종교적 공동체는 이 문제를 둘러싸고 국가와 다투어야 한다. 아덴은 토지세 이외의 세금을 반대하는 단일세 주의자들을 중심으로 사회주의자, 무정부주의자들이 함께한 공동체였다. 그들은 스스로 집을 짓고 농장을 일구는 자급자족의 생활을 하며 공동의 문화를 만들어갔다. 거기에는 목수, 가구 제작자, 도공, 수예가 같은 기능인들이 있었고, 공예품을 파는 가게와 작은 인쇄소, 식료품 가게가 있었다. 주말마다 장이 벌어졌고, 토요일 밤에는 댄스 파티, 일요일에는 음악 연주와 합창 모임이 있었다. 어느 해에는 아주 큰 규모의 '아덴 박람회'를 개최해 운동 경기와 공연을 하며 커다

† 스코트 니어링, 『그대로 갈 것인가 되돌아 갈 것인가』, 23~26쪽

란 잔치를 벌이기도 했다.†

아덴의 이상은 어느 정도 빛을 냈지만, 구성원 사이의 이견이 적지 않았다. 외부와의 단절 역시 느슨했다. 결국 공동체는 해체되었고, 뿔뿔이 각자의 삶으로 돌아갔다. 많은 이들이 문명 세계로 투항해갔지만, 니어링 부부는 아니었다. 그들은 아덴의 실험을 교훈 삼아 좀더 튼튼한 프로젝트를 진행했다. 버몬트에서 그리고 메인의 숲에서 훌륭히 이상을 지키며 살아남았다. 아니 단지 생존만 한 것이 아니다. 보통의 문명인보다 훨씬 장수하며 건강하게 살았다. 이들은 도시의 속박을 벗어나 자연과 함께 하는 단순한 삶으로 더 큰 행복을 얻을 수 있다는 가능성을 보여주었다. 〈모노폴리〉의 게임판을 벗어난 숲속에서 자긍심 가득한 진정한 자유를 얻었던 것이다.

남쪽으로 튀어

가속화되는 환경 위기, 아토피로 대표되는 건강의 위협, 도시화의 한계, 재정적인 파국들이 소로와 니어링 부부의 삶을 되돌아보게 한다. 그 교훈을 실천하는 수준은 다양하다. 어떤 이는 주말에 짬을 내 수목원에서 자연 속의 고독을 느끼고 도시로 돌아간다. 어떤 이는 도시의 삶을 폐기하고 시골로 내려가 농장을 일구며 자급자족에 다가간다. 어떤 이는 산속 움막에서 단식에 가까운 생활을 하며 영적인 깨달음을 얻고자 한다. 그리고 많은 이들은 니어링 부부의 '건강한 장수'에 초점을 맞추고 그들의 생활을 선택적으로 모사한다. 도심의 아파트에서 유기농 채소를 배달시켜 가정부에게 요리를 맡기고 명상 음악을 틀어놓고 요가를 한다.

이러한 시도들이 얼마만큼 순수한지, 또 유의미한지에 대한 평가는 제쳐두자. 나는 '생존을 위한 자급자족'이라는 이 책의 주제 아래에서만 이 문제를 논의하고 싶다. 소로나 니어링 식으로 살아가는 것은 서바이벌의 한 방법으로 채

택 가능한가?

　어떤 이들은 그들 삶의 실체가 이상과는 거리가 멀다고 주장한다. 그들이 친지의 도움을 받거나, 새 집을 짓는 데 전기의 도움을 받았다고 흠집을 내기도 한다. 쉐이커 교도들은 가구를, 니어링 부부는 메이플 시럽을 내다팔았다. 이를 두고 외부와의 관계를 완전히 끊은 자급자족은 불가능하다는 증거라고도 한다. 나의 생각은 다르다. 누군가 이 도시를 탈출해 자신의 이상을 위한, 혹은 최소한의 생존을 위한 자급자족의 터전을 만든다고 해보자. 만약 공동체의 설립 단계에서 과거 문명의 도움이 필요하다면 그건 인정할 수 있다고 생각한다. 태양열 자가 발전 같은 최신의 과학기술을 이용하는 것이 더 현명해 보이기도 한다. 그러나 여러 히피 공동체가 마약 재배 농장으로 바뀌었듯이, 바깥에 꾸준히 물건을 내다팔고 문명 세계의 과실을 들여와야만 이 세계가 유지 가능하다면 그것은 인정하기 어렵다. 적어도 80% 이상의 자급률은 유지해야 한다. 그래야 외부와의 관계가 완전 단절되는 최악의 경우에도 궁핍하나마 생존할 수 있을 것이다. 니어링 부부의 공동체는 그 정도의 자급률은 유지했다.

　니어링 식 자급자족의 현재형은 귀농과 연관지어 생각할 수 있다. 최근 한국에서도 이념을 위해서든 건강을 위해서든 '귀농'의 시도는 급속히 늘어나고 있다. 농림수산식품부의 발표에 따르면 2002년 769가구에 불과했던 귀농 인구가 2011년에는 6,500가구에 달했다고 한다. 베이비붐 세대의 은퇴가 늘어난 것이 주요한 원인이라 분석하지만, 도시 문명의 한계를 느끼고 대안적인 삶을 추구하는 움직임 역시 무시할 수 없다.

　일본에서는 좀더 앞서 2000년대 초반부터 '정년 귀농' 바람이 불고 있는데, 그와 더불어 젊은 세대의 의식적인 귀농도 꾸준히 이루어지고 있다. 만화가 이가라시 다이스케는 도호쿠의 산간 지방에서 자급자족을 하며 살아가는 특이한 작가다. 『리틀 포레스트』의 주인공은 귀향해서 혼자 사는 이치코라는 젊은 여성으로, 작가의 삶과 생각을 대변하는 존재로 여겨진다. 만화는 자연 속의 삶, 특히 식생활의 즐거움으로 독자들을 유혹한다. 이치코는 딱따구리가 나무 벽을 두드리는 소리에 잠에서 깨면 텃밭에 나가 주변을 둘러본다. 무, 시금치, 당근과 같은 채소들은 아직 충분히 자라지 않았다. 대신 밭 주변에 있는 산두릅, 민트, 크레송, 뱀밥을 따서 먹는다. 있는 그대로도 좋지만 직접 만든 마요네즈에 발라 어제 구운 빵에 발라먹기도 한다. 밀가루를 제외한 거의 모든 재료는 직접 키우거나 마을에서 구한 것이다. 자급자족에 깊이 들어섰을 뿐만 아니라, 도시에서보다 훨씬 수준 높은 식생활을 하고 있다.

시골을 선택한 이유는 이런 먹는 즐거움 때문만은 아니다. 도시의 직장을 그만두고 돌아온 이치코의 친구가 말한다.

> 왠지 코모리와 거기서 하는 말은 달라서 말야. 사투리라든가 그런 게 아니라…… 자기 자신의 몸으로 말야, 직접 체험해보고, 그중에서 자신이 느낀 것과 생각한 것…… 자신의 책임이라고 말할 수 있는 건 그것뿐이잖아? 그런 것들을 많이 갖고 있는 사람을 존경해. 신용도 하고. 아무것도 한 일이 없는 주제에 뭐든 아는 척이나 하는. 타인이 만든 것을 오른쪽에서 왼쪽으로 옮기기만 하는 인간일수록 잘난 척만 하지. 천박한 인간의 멍청한 말을 듣는 게 이젠 정말 지긋지긋해졌어.†

† 이가라시 다이스케, 『리틀 포레스트』 1권, 김희정 옮김, 세미콜론, 124~125쪽

자급자족의 시골 생활은 생각처럼 쉬운 삶은 아니다. 니어링 부부의 공동체를 '이상적'이라고 부르는 이유는, 그만큼 강인한 의지가 동반되어야 한다는 의미이기도 하다. 표면적인 인식으로는 이렇게 생각할 수도 있다. '몸은 힘들지만 마음은 자유롭고 평화로울 것 같다.' 우리는 자연 속의 생활이 물질적으로는 부족하지만 훨씬 도덕적이고 편안할 것이라고 상상할지도 모른다. 그러나 그 '물질적 부족'이 어느 정도인가가 중요하다. 만약 내가 스타벅스에서 아이스 프라푸치노의 사이즈를 업그레이드하기 위해 포인트 카드를 찾다가 누군

가 새치기하는 모습을 본다면, 약간 인상을 찡그릴 뿐 그에게 대놓고 따지지는 않을 것이다. 그러나 사흘 동안 굶주린 상황에서 사과나무에 열린 열매를 허겁지겁 따려는데 누군가 나를 밀친다면, 나는 옆에 있는 돌덩어리를 쳐들지 모른다. 만약 허름한 오두막에 굶주린 아이가 기다리고 있다면 더욱 참을 수 없을 것이다.

이 세상 어디에 나를 기다려주는 풍요로운 자연의 땅이 있는가? 아메리카 대륙은 거의 비어 있는 땅이었지만, 니어링 부부는 개발을 피해 자꾸 깊은 숲으로 들어가야 했다. 그곳 토박이들의 적대감도 쉽게 해소될 수는 없는 것들이다. '버몬트에서는 열아홉 해를 살았지만 시골 사람들은 의심많고 비밀스럽고 고집스러웠다. 그런 사람들 사이에서 우리는 끝내 침입자고 이방인이었다.'(『그대로 갈 것인가 되돌아 갈 것인가』, 38쪽) 국내에서 귀농을 시도하는 많은 사람들이 어려움을 토로하는 점도 이와 유사하다. 적당한 땅을 구하는 것만큼이나 어려운 것이 그곳의 토박이들과 어울리는 일이다. 여성주의 저널 《일다》에 연재된 두 여성의 귀농만화 『전원일기』에서는 『리틀 포레스트』의 낭만적인 모습과는 전혀 다른 현실의 고통들이 그려지고 있다.

갈라파고스 살인 미스터리

그렇게 사람들은 낙원을 찾아 떠난다. 육체의 향연을 갈구해서든, 정신의 자유를 얻기 위해서든. 그러나 그 땅은 결코 쉽게 만날 수 없다. 만약 그곳이 하늘의 혜택을 받은 장소, 울창한 숲 한가운데 깨끗한 호수가 펼쳐져 있고 그 옆에 오곡백과가 자연스럽게 열리는 땅이라면 이미 재벌들의 별장이 들어서 있을 것이다. 멋들어진 야자수가 늘어선 백사장 너머로 에메랄드빛 바다가 펼쳐져 있다면, 관광객 무리가 펭귄 떼처럼 따닥따닥 붙어 있을 것이다.

낙원은 깨끗하다. 그만큼 재빨리 오염된다. 『푸른 산호초』의 작가 스택풀은 말한다.

세계의 역사에서 이 먼 섬들의 원주민들이 겪은 몰락만한 것은 없었다. 당신은 이 곳 어디서도 한때 순수한 공기 속에서 살아가던 우아한 종족의 흔적을 찾을 수 없다. 지금 그들은 술과 휘발유의 악취를 풍기며 가끔씩 세상을 향해 로맨스와 리얼리즘 사이를 오가는 손가락을 내보일 뿐이다. 그들은 이렇게 말할지 모른다. "백인들이여, 당신들은 우리에게 죽음 이외에는 좋은 걸 다 가져갔어. 당신들은 자부심 빼고는 모든 나쁜 것을 주었지. 한 가지만 돌려줘. 침묵. 우리에 대해 쓰지마, 혹시라도 쓴다면 우리가 예전에 어땠는지 기억해."†

† 시리즈의 3부인 『아침의 문 (The Gates of Morning)』 서문. 1925년. Wikipedia.com 에서 재인용

이제 좀더 분명한 각성이 있어야 한다. 그저 노후의 평온을 위한 전원 생활을 꿈꾸고 있다면, 병원이나 큰 할인마트와 그리 멀지 않고 자식들도 어렵지 않게 찾아올 수 있는 정도면 된다. 문명의 이기도 적당히 즐기면서 그저 약간 더 깨끗한 공기만을 탐하라. 그러나 당신이 자신의 이념을 더 소중히 여기고, 정말 완전히 새로운 삶을 얻고 싶다면, 누구와도 어울리지 않는 진정한 자급자족을 꿈꾼다면, 아주 아주 멀리 가야 한다. 소설 『남쪽으로 튀어!』의 고집불통 무정부주의자 지로네 가족처럼 일본 최남단, 오키나와에서도 500km나 떨어진 이리오모테 섬 같은 곳으로 가야 한다.

육체의 안락이 아니라, 정신의 자유를 위한 장소라면 척박할수록 좋다. 완벽한 준비와 초인적인 정신력을 가진 사람이 가까스로 살아갈 수 있을 정도의 장소. 그래서 누구도 따라들어오지 못할 곳. 거기에 정신의 낙원을 위한 메마른 땅이 있다. 이제 그 낙원을 찾아 떠난 사람들의 어떤 꿈, 그리고 뒤이어 찾아온 악몽에 대해 이야기해보자.

대서양을 건너온 유럽의 배들은 남아메리카 대륙의 해안선을 따라 파타고니아로 내려오고, 이어 태평양 쪽으로 해안선을 거슬러간 뒤 적도 부근에서 서쪽으로 움직이게 된다. 바로 이 지점, 에쿠아도르 서쪽에 갈라파고스 제도가

있다. 모두가 잘 알듯이 다윈이 진화론의 착상을 확고히 하게 된 곳이다. 그 이유는 이 섬의 혹독한 기후가 끝없이 그곳 생명체들에게 진화적 압박을 가하고 있기 때문이다. 고립된 여러 섬들은 작은 변화에도 큰 변이를 일으키고 그중에서 최적자만 살아남을 수 있었다. 새와 거북에게 그런 땅이었으니 인간에게는 오죽했겠나?

1929년 독일인 의사 프리드리히 리터는 자신의 환자였던 도레 스트라우츠와 함께 갈라파고스 제도의 플로레아나 섬으로 이주해갔다. 한때 노르웨이인들이 정착하려고 했으나 포기한 채 떠났고, 해적들이 쓰던 동굴들이 몇 개 있을 뿐인 불모지 중 불모지였다. 두 사람은 '자유'를 위해 이 땅에 왔다. 그들은 난혼과 나체주의 성향을 가진 채식주의자들이었다. 원래의 배우자를 비롯한 일체의 과거를 버리고, 이 삭막한 섬에서 새로운 사랑의 삶을 시작하기로 한 것이다. 리터는 이곳을 '에덴'이라 불렀다.

끝없는 가뭄 속에 거북이와 핀치 새만이 겨우 살아남는 돌덩이 섬에 찾아올 자는 많지 않았다. 니체의 철인 사상에 깊은 감화를 받은 리터는 혹독한 섬에서 땅을 일구고 닭을 키우며 살아감으로써 진정한 고독의 터전을 만들고자 했다. 그는 이곳으로 이주하기 전에 무인도에서의 생존법에 대해 공부하며, 가능한 한 철저히 준비하기로 했다. 자신의 치아를 미리 다 뽑고 의치로 바꾸어 달고 오기까지 했다.

그가 오두막을 짓고 삶의 터전을 만든 뒤 몇몇 방문자들이 있었다. 그중에는 이곳에 정착해보려고 했던 사람들도 있었지만 머지않아 혹독한 상황을 이겨내지 못하고 떠났다. 1931년에 찾아온 하인즈 비트머와 그의 임신한 부인 마르가리타, 병약한 열세 살 아들이 리터 이후의 최초의 정착자였다. 이들은 "야생동물, 팜파스, 직접 지은 움막…… 야생적인 '로빈슨'의 삶"을 꿈꾸는 20세기의 로빈슨 가족이었다. 그들은 옛 해적의 동굴에 터전을 잡고 움막을 지었다. 이 가족은 정착 초기에 리터에게서 약간의 도움을 받았지만, 양쪽은 서로 가까워질 수 없는 사람들이었다. 비트머 가족은 곧 자립하고 리터 커플과 분명한 거리를 유지하는 생활을 시작했다. 긴장은 있었지만 최악은 아니었다.

젊고 매력적인 오스트리아의 남작 부인 엘로이즈가 도착하며 이 평화는 깨어진다. 그녀는 두 애인인 로렌츠와 필립슨, 그리고 애인 겸 하인인 에쿠아도르 인을 데리고 섬에 들어왔다. 그리고 자신의 거주지를 아시엔다 파라디소(Hacienda Paradiso)로 이름 붙였다. 바깥을 돌아다닐 때는 진주 손잡이의 권총과 승마용 채찍을 들고 다녔고, 간혹 바닷가에서 요트 여행객들을 만나면 요란하게 수다를 떨었다. 스스로를 섬의 여왕이라 칭했고 갈라파고스 총독을 유혹하기도 했다. 그녀는 이곳에 그랜드 호텔을 지을 계획을 진행했다. 비트머 가족은 이들을 무시했고, 리터는 이들을 경멸했다.

균열은 남작 부인의 세계 안에서부터 시작되었다. 로렌츠는 혹독한 섬 생활에 적응하지 못해 필립슨에게 얻어맞는 신세가 되었고, 그러자 비트머 가족과 지내는 시간이 잦아졌다. 한편으로 오랜 가뭄으로 인한 고난이 리터 커플의 평화를 깨고 있었다. 리터 박사는 스트라우치를 학대했다. 엘로이즈 무리에 대한 리터와 비트머 가족의 분노도 거세졌다. 해안을 장악해 외부와의 교류를 독점한 엘로이즈는 이들에게 온 편지를 가로챘고, 배로 들어오는 물품에 세금을 부과했다. 그녀는 섬의 유일한 식수원인 샘에서 목욕을 했고, 여행객들에게 다른 거주민들에 대한 헛소문을 퍼뜨려댔다. 필립슨은 이간질을 위해 리터의 당나귀를 훔쳐 비트머의 마당에 풀어놓기까지 했다.

1934년 3월 27일, 엘로이즈와 필립슨이 사라졌다. 비트머 부인은 엘로이즈가 자신을 찾아와 요트를 타고 온 친구들이 있어 그들과 함께 타이티로 완전히 떠날 것이라고 했다고 한다. 그리고 남기고 가는 물건 중에 로렌츠에게 넘겨준 것 외에는 모두 자기 가족에게 가지라고 했단다. 그러나 그즈음에 배가 도착한 것을 본 사람은 아무도 없었고, 남작 부인이 짧은 여행을 떠날 때도 꼭 가져가던 사적인 물건도 남아 있었다. 섬 주변의 바다에는 언제나 상어가 배회하고 있었다. 시신 정도는 눈 깜짝할 사이에 먹어치웠을지도 모른다.

겁이 난 로렌츠는 서둘러 섬을 떠났다. 노르웨이 어부의 배를 탄 그는 산타크루스 섬으로 일단 간 뒤, 산크리스토발 섬으로 갈 계획이었다. 그들은 산타크루스에는 도착했지만, 그 뒤 바다에서 실종된다. 미라가 된 그들의 시신은 몇 달 뒤 전혀 엉뚱한 방향인 마르체나 섬에서 발견된다.

그 해 11월, 리터가 잘못 보관된 닭고기를 먹고 식중독에 걸려 죽는다. 리터는 (완벽하게는 아니었지만) 채식주의자였고, 섬의 야생 생활 면에서는 최고의 베테랑이었다. 비트머 가족은 리터 박사가 스트라우츠를 학대했으며 둘의 사이가 아주 벌어져 있었다고 주장했다. 박사는 죽기 직전에 "너를 내 마지막 숨결로나마 저주한다."는 메모를 남겼다고 한다.

섬에 있던 성인의 절반이 넘는 다섯 명이 죽거나 실종당했지만 비밀은 끝내 풀리지 않았다. 스트라우츠는 독일로 돌아와 베를린 폭격으로 죽었다. 그녀는 말했다. "이러한 섬들은, 진실로, 지구상에서 인간들이 견딜 수 없는 장소들 중 하나이다." 비트머 부인은 플로레아나에서 여관을 경영하며 96세까지 살았다. 곧이어 불어닥친 갈라파고스 관광열풍의 이득을 독차지했고, 방문객들에게 말하곤 했다. "나는 이 섬에서 혼자 사는 걸 아주 좋아한다."✝

✝ 갈라파고스 미스터리에 대해서는 『갈라파고스 세상을 바꾼 섬』 56, 58쪽과 아래 사이트 참조. http://latinamericanhistory.about.com/od/20thcenturylatinamerica/a/09galaffair.htm

유토피아, 디스토피아

지금까지 우리는 과거의 문명과 절연한 뒤, 아주 먼 곳으로 떠났다. 그리고 인적 없는 그곳에서 우리의 거처가 될 새로운 땅을 보았다. 때론 아름다웠고 때론 비참했다. 그곳은 나와 사랑하는 사람 단둘이 벌거벗은 채 헤엄쳐 노닐 수 있는 에덴 동산이기도 했다. 혹은 내가 찾는 숭고한 가치를 위해 세속의 모든 인연을 끊어야 하는 신비의 사원이거나, 내가 먹을 모든 것을 스스로 기르고 키워야 하는 자급자족의 공동체이기도 했다. 신기하게도 그 세계의 외형은 우리가 파국의 상황에서 맞닥뜨리게 되는 세계와 아주 닮았다. 과거의 문명과 절연한 고립된 세계, 스스로가 결정하고 모든 문제를 해결해야 하는 삶…… 지옥의 쪽문은 천국의 하수구와 연결되어 있었던 것이다.

낙원의 외형이 서바이벌의 외형과 닮았다는 것은 결국 같은 문제들을 안고 있다는 것이다. 낙원의 후보지들이 생존의 문제를 해결하기에 많은 이점을 가지고 있다 하더라도, 우리는 그곳에서 고립이 만들어내는 많은 난점을 겪어야 한다. 자급자족의 필수적인 요소 중 하나만 없어도 이 세계는 위태해진다. 치통(《비치》), 출산(《파라다이스》), 희귀병(《빌리지》) 등 내부에서 해결할 수 없는 의료적인 문제들은 치명적이다. 불만 세력들은 호시탐탐 바깥으로 뛰쳐나가려 하는데, 그 틈에 이곳의 존재가 들통나면 외지인이 홍수처럼 밀려들어올 것이다. 샹그리라와 비치는 아무리 위치를 감추려 해도 소문을 듣고 찾아오는 자들을 온전히 막을 수는 없었다. 아미쉬 공동체는 이들을 괴롭히거나 구경하려고 찾아오는 외부인들 때문에 고통받아왔다. 니어링 부부의 공동체는 '오픈 하우스'를 표방하며 젊은 자원자들의 노동력을 빌어썼지만, 그 지원자들 모두와 긍정적인 관계를 맺은 것은 아니다. 때론 갈라파고스 섬의 비극적 사건처럼 그들 내부에서 벌어진 사소한 대립들을 해결하지 못해 스스로 붕괴되기도 한다.

유토피아는 디스토피아의 거울이다. 존 드라이든을 필두로 많은 근대인들은 문명을 떠난 자연 상태의 인간들이 '고귀한 야만인(Noble Savage)'이기를 기대했다. 루소는 '인간은 자유롭게 태어났지만, 지금은 어느 곳에서건 속박 상태에 놓여 있다'고 말했다. 그러나 홉스의 생각은 정반대였다. 그는 『리바이어던』을 통해 자연 상태의 인간은 '외롭고, 가난하고, 야만이고, 어리석은…… 만인에 대한 전쟁 상태'라고 했다. 고립된 공동체의 미래에 대한 견해도 극과 극으로 갈라진다. 스코트 니어링은 아덴의 공동체가 주말 댄스파티와 음악회로 세속의 어느 곳보다 문화적으로 풍성했다고 말한다. 하지만 매트 리들리는 『이성적 낙관주의자』에서 태즈매니아 섬의 소규모 공동체 사회에서 주요한 기술들이 후대에 전수되지 못하고 사라져간 사실을 지적하며, 고립은 곧 퇴보의 길이라고 주장한다.

현존하는 문명으로부터 뚝 떨어져버린 어느 삶, 혹은 스스로 그 문명 바깥으로 달아나 문을 걸어버린 삶. 그것은 유토피아와 디스토피아 사이에서 크게 진동한다. 인간은 신기하고 놀라운 존재이다. 최악의 가능성으로 떨어지고 있는 그 급박한 상황에서도 최선의 가능성을 기대하기도 한다. 심지어 유토피아보다 디스토피아에 더 이끌리기도 한다. SF 소설가 아이작 아시모프는 말한다.

> 디스토피아는 본질적으로 유토피아보다 더 재미있다. 밀턴이 『실락원』 1편과 2편에서 그린 디스토피아적인 지옥의 모습은 3편에서 그린 유토피아적 천국의 묘사보다 훨씬 재미있다. 그리고 『반지의 제왕』에서 유토피아적인 요정 나라 로리엔에 남아 있는 우정에 대해서는 별로 할 말이 없지만, 디스토피아적인 모르도르로 다가갈수록 이야기가 얼마나 강렬하고 흥미진진해졌는지 모른다.†

안락하지만 지루한 유토피아냐, 흥미롭지만 위험한 디스토피아냐. 파국과 고립은 우리에게 주사위를 건네주고 던지라고 한다.

† 아이작 아시모프 '존재하지 않는 곳!(Nowhere!)' 『과학소설창작백과』, 88~89쪽

9

은둔형 외톨이는 골방의 표류자인가, 미래 인류인가?
—상자 속으로

독수리에게 공격당하는 것이 아니라, 벌레들에게 뜯어 먹히는 프로메테우스의 상(像). 히브리인들은 욥의 이미지를 만들었다. 오직 그리스인들만이 프로메테우스를 상상할 수 있었으리라. 하지만 히브리인들은 더 현실적이었고 더 냉정했으며 그래서 그들의 영웅은 삶에 더 진실했다 ―안토니오 그람시

모노폴리 게임은 그 막대한 판매량에도 불구하고 게이머들 사이에서는 가장 지루한 게임 중 하나로 여겨진다. 한때 월스트리트 증권가에 몸담았다가 보드게임 전문 사이트 보드게임긱(BoardGameGeek.com)을 만든 더크 솔코는 말한다. "모노폴리는 상대방을 갈아서 먼지구덩이로 처박는다. 아주 네거티브한 경험이다. 상대가 당신 땅에 들어와 돈을 지불하고 나가는 걸 보며 낄낄거리는 재미밖에 없다."† 모노폴리는 고전 경제학에서 말하는 제로섬 게임의 가장 분명한 예다. 여기에서는 승리 혹은 파산, 두 가지 가능성밖에 없다. 초반에 승기를 잡지 못하면 계속 상대방의 소유지에 걸려 돈을 토해내고 서서히 피를 빨리며 죽는 수밖에 없다. 중반 이후 역전의 가능성이란 거의 없다.

† 앤드루 커리의 인터뷰 "Monopoly Killer: Perfect German Board Game Redefines Genre". Wired.com 2009년 1월 4일자

그런데 설계자가 애초에 예측했던 것인지는 모르겠지만, 이 게임에는 아주 특이한 작용을 하는 장치가 있다. 모노폴리의 각 칸들은 보통 도시나 거리 이름을 붙이고 있는데, 한쪽 모서리에 '무인도' 혹은 '감옥' 같은 장소가 있다. 주사위를 굴려 이 칸에 들어가게 되면 길게는 3회까지 차례를 쉬어야 한다. 초반에는 절대 걸리면 안 된다. 무조건 열심히 돌아다녀 땅을 많이 확보해야 하기 때문이다. 그러나 거의 모든 땅이 점령되고 건물들이 들어서고 난 후반부에는 정반대다. 이제는 무인도나 감옥에서 쉬는 것이 훨씬 낫다. 특히 변변한 땅 하

나 없어 주사위를 굴릴 때마다 공포에 떨어야 하는 사람에게는 이만큼 편안한 휴식처가 없다.

인류사 역시 이와 비슷한 면모를 보여준다. 한때 이 세상이 미지의 땅투성이였던 시대가 있었다. 그때는 살고 있던 땅이 비좁거나 마음에 들지 않으면, 짐을 꾸려 떠나면 되었다. 고구려의 유리왕은 돼지가 킁킁거리며 냄새를 맡는 곳에 새 도읍을 정했다. 중세 이후 유럽이 꽉 차자, 사람들은 황금의 땅을 찾아 큰 바다를 건넜다. 모두가 엘도라도를 발견한 것은 아니지만, 제 식구를 건사할 만한 근사한 영토를 얻었다. 영화 〈파 앤드 어웨이〉에 그려진 미국의 개척시대에는 말을 달려 깃발을 먼저 꽂아 땅을 얻는 경주도 가능했다. 오래전에 그런 기회는 사라졌다. 지금 어디에서 목가적인 자급자족의 땅을 구할 수 있을까? 구글 어스에 나오지 않는 섬, 등기부등본에 기재되지 않는 땅 한 뙈기를 어디에서 찾는단 말인가? 저 바다 위의 암초, 남극의 얼음덩이에도 국적을 새기려 안달하고 있지 않나.

이제 모노폴리의 게임판은 꽉 찼다. 어디에도 내가 자리잡을 땅은 없다. 세상은 탐욕스러운 부자들에게 점령당해 있고, 그들은 제도와 법률과 경찰력으로 나를 착취한다. 나는 달아나야 할 것 같다. 어디로? 무인도로? 안타깝게도 그곳은 럭셔리한 리조트로 바뀌었다. 단 하나 남은 것은 감옥이다. 나는 그 방 안에 들어가 스스로를 감금시킨다. 그렇게 해서 이 게임에서 사라지고자 한다.

자가 실종—인생을 리셋해 주세요

2010년 12월 한 방송이 '맥도날드 할머니'라는 존재를 소개했다. 서울 시내 어느 패스트푸드 가게에서 몇 년째 밤을 새는 할머니였는데, 노숙자라기에는 외모가 말쑥하고 영자 신문을 읽으며 영어로 일기를 쓰고 있었다. 방송사는 후속 취재를 통해 더욱 충격적인 사실을 알려왔다. 그녀가 한 유명 대학에서 불문학을 전공했고 1990년대 초까지 15년 간 외무부 공무원으로 근무했다는 것이다. 당시 여성으로서는 굉장한 엘리트의 삶을 영위해왔다. 그녀는 퇴직 후에 생계를 유지하기 어려워 거리로 나오게 되었다고 하는데, 구체적인 사연은 밝히지 않았다. 그녀는 거리에서 살고 있지만 노숙자로 취급받는 걸 거부했다. 시에서 제공하는 '쉼터'를 '제일 싫어하는 것'이라 말했다. 방송을 통해 소식을 알게 된 여고 동창이나 옛 동료들이 도움의 손길을 내밀었지만 거부했다. 얼마 남지 않은 삶을 지금처럼 살아가겠다는 것이었다.

한때 가출이라고 하면 당연히 '청소년'이라는 말이 앞이나 뒤에 붙었다. 내가 고등학생이었던 1980년대에 저녁 9시 반 정도에 대구역에서 출발하는 비둘기호가 있었다. 나는 토요일이면 그걸 타고 고향으로 가곤 했는데, 가끔 기차에서 큰 가방을 든 수상쩍은 또래들을 보곤 했다. 기차는 비공인 '가출 열차'였다. 대구역을 떠난 비둘기호는 경부선에 있는 모든 역을 차례로 거친 뒤 새벽 6시경에 용산역에 도착했다. 바람 든 청소년들이 서울로 달아나기 위한 가장 값싼 수단이었던 셈이다. 그들이 불안 반 기대 반으로 밤을 지샌 뒤 용산역에 도착해 해방의 만세를 부르는 것도 잠시. 미리 정보를 입수한 학생과 선생님들이 냅다 그들의 목덜미를 낚아챘고, 국밥 한 그릇을 먹인 뒤 고향으로 압송해갔다.

지금도 여러 이유로 가정을 박차고 나오는 청소년들이 적지 않다. 하지만 최근 성인 가출자의 비율이 크게 증가하고 있다. 경찰청에 따르면 2009년 한 해 동안 14~19세의 청소년 가출은 1만 5천여 건인데, 20세 이상의 성인 가출은 4만여 건에 달했다. 김종식 대한민간조사협회 수석부회장에 따르면 '가출인 중에는 유희성 · 생존형 · 반항성 · 추방형 · 시위성 · 현실도피성 가출 등 적극적으로 찾아 나서지 않아도 될 비범죄성 자진 가출인이 대부분'이라고 한다. 경찰이 가출인을 추적하여 찾게 되면 "돈 좀 벌어 자수성가해 보려고 집을 나왔는데 왜 귀찮게 찾아 다니느냐."라고 항의하는 경우도 있다고 한다.†

† 《서울신문》 2011년 1월 19일자 30면

집을 나올 때 챙겨온 여비로 쪽방이라도 구하고 입에 풀칠할 일거리를 얻는다면 다행이지만, 그마저 떨어지면 노숙인 신세가 되고 만다. 1997년 외환 위기 이후의 대량 실직 사태, 2000년대 세계 경제 불황 등의 여파로 가출 노숙인의 숫자가 급증했다. 갑작스런 실직으로 수입이 끊어지고, 작은 가게를 열었다가 실패하고, 대출금을 갚지 못해 사채에 손을 대고…… 이런 식으로 밑바닥이 없는 독처럼 모든 기회를 소모한 뒤에 결국 길바닥으로 달아나게 되는 수순인 것이다. 2011년 보건복지부 통계로는 노숙인이 전국적으로 4천여 명, 실제로는 1만 명에 이른다고 한다. 그런데 이러한 가출 노숙인들 중에는 경제적으로 큰 위기 상황이 아님에도, 현실 부적응 등의 다른 이유로 자신의 삶을 던지고 달아나버린 경우도 적지 않다. 2011년 3월 초 화성에 살던 여교사가 실종되어 범죄에 희생되었을 가능성을 두고 수사를 벌였는데, 그달 말 부산의 은행과 관공서에 통장과 신분증을 만들러 온 장면이 CCTV에 포착되어 단순 가출로 판명되었다.

일본에서는 오래전부터 이러한 현상이 사회 문제로 자리잡아왔다. 1990년대 초반 유명 여류 장기 기사가 나리타 공항에서 갑자기 사라지는 사건 등을 계기로 큰 사회적 관심을 불러일으켰는데, 그들은 이러한 가출을 '자가 실종'이라 한다. 심지어 『완전 실종 매뉴얼(完全失踪マニュアル)』이라는 책은 1개월에서 영구 실종에 이르기까지 단계별로 자신의 흔적을 없애고 사라지는 방법을 소개하고 있다. 최소한의 소지품을 가지고 나가 머물 장소를 얻고, 탐정의 추적을 피하고, 신분증을 세탁해서 새로운 존재가 되는 과정을 정리한 것이다.

보통 성인의 자가 실종은 부채나 연애사의 문제를 연상하게 마련이다. 그러나 자가 실종자의 상당수는 번듯한 직장에 단란한 가정을 꾸리고, 실종 직전까지 거의 낌새도 느끼지 못할 만큼 평범한 생활을 해온 사람들이라고 한다. 도대체 무엇이 그들을 집밖으로 꼬여내고 있는 걸까?

다니구치 지로의 만화 『열네 살』의 주인공 나카하라는 40대의 직장인이다.

교토로 출장을 갔던 그는 실수로 고향으로 가는 기차에 타게 된다. '기왕 이렇게 된 김에'라며 오랫동안 가보지 않던 어머니의 묘를 찾아간다. 그리고 깜박 잠이 든 뒤에 눈을 뜨는데…… 놀랍게도 열네 살 시절의 자신으로 돌아가 있다. 그것은 그가 평생 간직하고 있던 어떤 의문이 시작된 때다. 바로 그 해의 어느 날, 아버지가 갑자기 집을 나가 사라졌다. 아무런 낌새도 없었고, 어떤 전갈도 남기지 않았다. 그 후 어머니는 혼자 가족을 부양하다 고통스럽게 죽어갔다. 아버지는 도대체 왜 떠났을까? 경제적인 이유? 불륜? 나카하라는 열네 살의 삶을 다시 살아가며 아버지의 뒤를 캔다. 머지않아 자신의 가족을 버리고 달아날 중년 남자의 마음을 들여다본다. 그러다 깨닫는다. 그때 아버지의 마음은, 지금 그 나이가 된 자신의 마음이었다. 누가 보더라도 큰 문제가 없는 자신의 인생이 어느 순간부터 아무 의미도 없이 굴러왔다는 것을 깨닫는다. 아버지는 그저 무작정 떠난 것이었다. 그리고 자신 역시 그런 충동을 느끼고 있다.

아즈마 히데오는 상상이 아니라, 실제 자신이 가출한 경험을 만화로 그리고 있다. 그는 1970년대 〈부조리 일기〉 등의 개그 만화로 큰 인기를 모았던 작가다. 여러 작품이 애니메이션으로 만들어지기도 했고, 꾸준히 여러 잡지의 청탁을 받아 건실하게 작품 활동을 이어왔다. 그러다 1989년 돌연 잡지의 연재를 펑크낸다. "'일하기 싫어 병' 혹은 숙취 탓이었을지도 모른다."(『실종 일기』 5쪽) 한번 사고를 친 그는 자포자기의 심정으로 다른 연재들도 중단하고 휴양에 들어갔다. 머지않아 패배 의식과 우울증이 찾아온다. 결국 그는 '산으로 들어가 죽자'는 생각을 하게 된다. 그래서 언덕길의 나무에 목을 매는데, 죽지는 못한다. 그는 숲에서 노숙 생활에 들어간다. 이후 경찰에 잡힌 뒤 가족에게 돌려보내지고, 다시 집을 뛰쳐나오는 생활을 반복한다. 얼핏 이해하기가 어렵다. 마감이 고통스러우면 잠시 쉬며 그동안 벌어놓은 수입으로 살아가면 되지 않나? 왜 부인에게조차 말을 하지 않고 집을 나가 그 고생을 한 것일까?

중년 남성의 갑작스런 가출은 한국에서도 낯선 일은 아니다. 2009년 SBS

뉴스는 40대 가장들의 가출이 갑작스레 늘어났다는 보도를 내보냈다. 그 해 상반기 서울시 소방재난본부에 의뢰가 들어온 위치 추적 신청 건수가 12,420건으로 이 중 다수가 40대 중년 가장들이 가출한 사건이었다고 한다. 경제적인 위기가 큰 촉발점이 되곤 하지만, 극단적인 위기 상황이 아닌데도 그와 같은 결정을 하는 경우들도 있다. 중년 남성은 사회의 중추이며, 집안의 가장으로서의 역할이 주어진다. 그러나 현실의 어려움 속에서 파릇한 청년의 도전 정신은 사라지고 노년에 대한 불안은 점점 커진다. 말이 통하지 않는 자식들과 잔소리만 해대는 부인에게 내몰리고, 그렇다고 자신만의 취미 생활을 즐길 여력도 없다. 회사에서 감원 바람이 불고 있어 위기 의식을 느끼지만, 가족들에게 불안감을 표현하지도 못한다. 결국 속으로만 삭히다가 어느 날 피시식 바람이 빠진 풍선처럼 집도 직장도 아닌 곳으로 흘러가버린다.

어느 가출자는 말한다. "자신의 리셋 버튼을 누르면 어떻게 될까?"라는 생각이었다고. 이 책을 통과해온 독자들에게 리셋이라는 개념은 낯설지 않을 것이다. 지구를 뒤흔드는 대파국이 오면 그것이 바로 리셋이다. 우리는 의미를 찾지 못하는 자포자기의 삶 속에서 은연중에 그 파국을 기다리기도 한다. 그러나 대지진도, 전쟁도 일어나지 않는다. 리셋을 바라지만 리셋되지 않는 게임. 나는 어떻게 해야 할까? 표류해야 한다. 배를 띄우고 바다를 떠도는 것은 사치다. 멀리도 가지 못한다. 변두리의 더러운 굴다리 밑이 적당하다.

노숙인—거리의 서바이벌

IMF 구제 금융의 위기부터 미국발 모기지론 위기에 이르기까지 최근 한국 사회는 급격한 경제적 요동을 경험했다. 차라리 한번 크게 떨어진 뒤 바닥을 유지했다면 멀미는 없었을 것이다. 그러나 인터넷 벤처 열풍 등으로 사람들은 재역전을 위한 도박에 나섰고, 상당수는 더욱 아래로 내리꽂혔다. 더불어 명예퇴직과 해고의 칼바람이 몰아쳤다. 별다른 준비 없이 섣불리 소자본 창업에 나선 사람들은 남은 퇴직금까지 날리기 일쑤였다. 청년층의 취업란은 아예 게임의 출발 자체가 불가능하게 만들었다. 아니 학자금 대출의 빚더미로 처음부터 마이너스 통장을 이용할 수밖에 없었다.

그들은 집을 떠났다. 꼭 중년 남자만을 말하는 것은 아니다. 미성년, 청년, 중년, 노년…… 나이와 성별은 다양할 것이다. 경제적인 문제만이 아니라, 가정의 불화, 내적인 공허 등 그들을 거리로 내몬 이유들도 다채로울 것이다. '바람이라도 쐬자'라는 가벼운 마음에서 문 밖을 나섰다가 돌아가지 못했을 수도 있고, '자살해서 모든 걸 끝내자'는 생각에 집을 나왔으나 차마 저지르지 못하고 거리에 남게 되었을 수도 있다. 어쨌든 그들은 이 도시의 빌딩 사이를 표류하면서 살아가고 있다. 원치 않은 내몰림이었든, 혹은 좀더 자발적인 탈출이었든 그들은 노숙인의 세계로 들어왔다.

사회는 여전히 톱니바퀴를 돌리고 있다. 그러나 개인은 거의 전면적인 파국에 처했다. 구출은 결코 쉽지 않다. 그들은 몇 번 가출과 복귀를 반복하다 드디어 이름조차 잃고 도시의 뒷골목으로 완전히 실종된다. 그리고 이 표류의 삶에 적응한다. 돌려보내려 해도 거부하고, 맥도날드 할머니처럼 거리를 자기 생의 마지막 거처로 결정한다. 그들은 어떻게 보면 적극적으로 '길 위의 삶―도심 위의 표류'라는 서바이벌의 한 형태를 추구하는 것으로도 보인다.†

1985년 톰 그래니쉬는 필라델피아 거리 노숙인들의 사진을 찍어 퓰리처 상을 받았다. 그는 4주 동안 겨울 거리를 다니며 숟가락, 붉은수염, 망치 등의 별명으로 불리는 사람들을 카메라에 담았다. 그가 목적으로 삼은 피사체는 자발적 선택에 의해 거리에서 살아가는 사람들이었다. 이들 노숙인 대부분은 완고하게 자신의 삶을 고집했다. 혹독한 추위가 계속되자 필라델피아 시장은 몸을 녹일 거처를 제공했다. 그러나 그들은 이를 거부하고 길바닥에서 엄동설한의 밤을 보냈다. 사진 속 노숙인들은

† 《인콰이어러(Inquirer)》 매거진 1985년 4월 7일자. philly.com/inquirer/gallery/Inquirer_Photographer_Tom_Gralish_s_Pulitzer_Prize_winning_photo_essay_on_the_homeless.html

눈보라로 온몸이 하얗게 덮인 상태에서 마분지 상자와 모포 한 장에 의지한 채 길바닥에 몸을 붙이고 있었다. 어떤 이는 약간의 열이라도 얻으려고 지하철 스팀에 기대 있다 화상을 입기도 했다. 그들을 도와주러 사람들이 찾아왔다. 깨끗이 씻고 옷을 갈아입은 뒤 직업을 구하라고 했다. 그러자 되물었다. "왜? 무엇 때문에?" 그들은 자신만의 생존 방식을 찾았다. 사람들에게 동전과 음료를 얻고, 신발이든 무엇이든 주워 쓰고, 때론 보안이 허술한 물건들을 훔쳐 가진다. 도시 속에 있지만, 문명 사이의 빈틈을 찾아낸 그들은 서서히 야성의 생존 방식을 깨달아갔다. 안전을 위해서는 흔적을 숨겨야 한다. 경찰과 제복은 피해야 한다. 길에서 잔 뒤 담요를 깨끗하게 정리해 소방 사다리 위에 올려놓는다. 자기가 머물렀던 곳은 주변의 쓰레기까지 치운다.

이것은 25년 전 미국 어느 도시의 모습만은 아니다. 지금 우리 시대의 노숙인들 역시 거리의 삶에 대한 분명한 자각과 적응을 이루고 있다. 이들은 혹한이나 혹서 같은 특별한 경우가 아니면 '쉼터'와 같은 폐쇄적인 공간을 거부한다. 술과 담배를 못하는 등 활동의 제약이 있기도 해서겠지만, 근본적으로 자신들의 자유를 박탈당한다는 느낌이 커서라고 한다. 온돌을 깔아주고 식사를 주어도 자신에게 필요한 것만 챙긴 뒤 달아난다. 마치 덫 위에 올려놓은 치즈만 빼가는 약은 쥐 같다.

사회는 어떤 시스템의 입장에서 노숙인을 바라본다. 그들을 어떻게 하면 집으로 돌려보낼 것인가? 나의 입장은 정반대에 있다. 이제 하나의 서바이벌 모델로 노숙인의 삶을 적극적으로 들여다보아야 하지 않나 생각한다. 그들의 현실을 무책임하게 방조하고 그 책임으로부터 달아나고자 함이 아니다. 나 자신이 내일 당장 그러한 처지로 내몰릴 수 있다는 두려움 때문이다. 내가 지난 몇 년 간 파산 법정을 오고 간 이야기는 서두에 밝혔다. 프리랜서로 하루하루를 연명하는 처지 역시 별다른 안전판이 없다. 내가 이 책을 쓰며 취재한 여러 사람들이 가장 두려워하고, 또 현실적으로 가능성이 높다고 본 파국의 시나리오는 실직과 빚더미, 결국은 노숙인으로의 전락이었다. 현재의 노숙인은 조만간 우리가 겪어야 할 생존의 방식을 미리 체험한 선배들일 수 있다.

2011년 12월 크리스마스 다음날. 쪽방신문, 동자동 사랑방, 노숙인 인권공동실천단이 2개월 간의 조사를 통해 만든 「거리와 쪽방에서 살아가기」라는 생활안내서가 배포되었다. 안내서에는 인근 지역의 생활 시설 지도, 겨울철 실내 온도와 습도를 유지하기 위한 방법, 고시원 입실증을 부동산 임대차 계약서처럼 전입 신고시에 사용할 수 있다는 법률 상식 등이 함께 적혀 있었다. 서울역 인근 노숙인과 용산구 동자동, 중구 남대문 5가 일대 쪽방촌 사람들을 위한 '서바이벌 가이드'인 셈이다. 내가 그보다 섬세하게 노숙의 생존 테크닉을 다루는 것은 벅찬 일로 여겨진다. 다만 간략하게 의식주의 포인트만 짚어볼까 한다.

노숙자들은 도시를 떠나기 어렵다. 제일 중요한 이유는 식량 문제 때문이다. 교외나 시골에서는 구걸할 수도 없고 음식이 될 만한 것을 찾기 어렵다. 그들은 음식물 쓰레기 통을 뒤지는 길고양이와 비슷한 신세다. 인심 좋은 편의점 등 유통기한이 지난 음식이라도 챙길 수 있는 포인트를 가지고 있으면 생존은 상대적으로 용이하다.

주거에 있어서는 밤과 비, 그리고 겨울을 넘길 수 있는 방책을 마련해야 한다. 『실종일기』의 아즈마 히데오는 가출 초기에 교외의 야산에서 생활하는데, 추운 밤을 덜덜 떨며 지내는 것이 가장 큰 고통이다. 특히 비까지 내리면 모포 몇 장으로는 어림도 없다. 그는 방수 모포를 가진 노숙인의 모습에 강한 부러움을 느낀다. 노숙인들이 도시에 집중되어 있는 이유는 여기에도 있다. 지하철 역사나 주차장 등 비를 피할 공간들이 많기 때문이다. 겨울철에는 지하철 환풍구, 자판기 뒤편 등 약간이나마 열을 얻을 수 있는 자리를 두고 다툼이 치열하다.

불안정한 주거 때문에 의복에 의존해야 할 필요성이 커진다. 그러나 정해진 거처가 없고, 설사 있더라도 낮 동안은 비워둬야 하기 때문에 물건을 보관할 장소가 없다. 그래서 여름에도 많은 옷가지를 덕지덕지 겹쳐 입고 다니거나, 보따리나 작은 짐수레를 이용해서 들고 다니는 경우들을 볼 수 있다.

의식주를 해결하기 위한 행동만큼이나 중요한 것이 있다. 무엇보다 이 모든 행위들을 '눈에 뜨이지 않게' 해야 한다는 사실이다. 그들의 생존 제1의 계율은 존재하지만 존재하지 않는 듯이 스며 있는 것이다.

민속적 좀비와 폭주족 뱀파이어

미국의 정신분석학자 찰스 프레드 앨퍼드는 『인간은 왜 악에 굴복하는가』에서 악의 상징적 정체를 '흡혈귀'로 묘사하고 있다. 그중 '민속적 흡혈귀'라 부르는 존재가 있다.

> 민속적 흡혈귀들은 일반적으로 침울하고 우울한 운명을 가지고 있다. 유령의 모습을 상상해 보자. 애꾸인 데다 얼룩덜룩한 붉은 얼굴을 한 포동포동한 농부가 생전의 일을 복수하려고 공동묘지에서 훔친 작업복을 입고 돌아다니다가, 다시 척박한 무덤으로 돌아가 고립된 채 천천히 부패한다. 소름끼치지만 경탄할 만한 존재는 아니다. 희생자들은 그가 때때로 의미하는 흑사병과 마찬가지로 그를 회피한다. 아무도 그의 발자국을 따라가려 하지 않는다. 그를 따라가는 것은 질병을 옮기는 쥐가 되고자 하는 소망에 다름 아니다.(『인간은 왜 악에 굴복하는가』, 177쪽)

나는 이러한 '민속적 흡혈귀'를 내가 사는 도심에서 매일 만나고 있다. 한때는 서울역 지하에서 많이 보았고, 마로니에 공원 근처 무료 급식 센터에서 지나치기도 했다. 요즘은 을지로 입구역 지하보도에서 자주 만난다. 이들은 누더기 옷을 걸치고 비닐봉지를 주렁주렁 든 채 편의점 쓰레기통을 뒤진다. 먹다 남은 훈제 닭다리라도 발견하면 주변을 둘러보며 얼른 구석으로 달려간다. 나는 되도록 그들을 회피한다. 그것은 혐오감과 공포감이 뒤섞인 감정이다. 앨퍼드는 한때 연구를 위해 한국에 체류하면서 서울역 앞 노숙인을 취재하기도 했는데, 그가 말한 '민속적 흡혈귀'는 결국 현대 자본주의 사회에서는 노숙인들로 전환된 것이 아닌가 싶다.

지금 급속히 번식해가는 대중문화 속의 좀비들을 바라보며, 경제적·심리적 파국으로 인해 거리로 내몰려 나온 초점 없는 눈동자의 노숙인들을 연상하는 게 과도한 상상은 아닐 것이다. 노숙인들은 열악한 위생 상태와 더러운 옷가지, 초점 없는 표정과 비틀거리는 걸음으로 사람들에게 불쾌감 혹은 공포감을 유발한다. 사람들은 그들이 병을 퍼뜨린다고 여긴다. 실제로 불결하기에 병을 옮기는 전염체로 여기기도 하지만, 그들이 안고 있는 무기력이 내게 옮겨 붙을까봐 겁을 낸다. 또한 죄책감을 중심으로 한 어떤 어두운 감정의 덩어리를 느낀다. 우리는 그들이 한때 상인, 노동자, 농민이었고 우리의 가족 혹은 친지였다는 사실을 안다. 그들은 해고당하고, 농토를 수용당하고, 재건축되는 건물에서 쫓겨났다. 우리는 그들에게 연민을 느끼지만, 그렇다고 가까이 해서는 안 된다. 그들을 살리기 위해 채무보증을 서주면 우리 역시 밑바닥으로 굴러떨어진다. 그들의 병을 고쳐 정상적인 인간으로 되돌리고 싶다는 마음이 왜 없겠나? 그러나 아직 백신은 개발되지 않았다.

나는 앞에서 흡혈귀라는 장르의 외연 속에 '뱀파이어'와 '좀비'가 서로 대칭되는 삶을 이어왔다고 말했다. 그들은 흡혈귀 세계의 최상층과 최하층으로 엄격한 계급적 구분을 하고 있다. 뱀파이어는 불로불사의 아름다운 육체, 보통의 인간을 뛰어넘는 빠른 움직임과 초능력, 자신의 먹잇감을 물어 자신과 같은 존재로 만드는 에로틱한 마력을 지니고 있다. 여러 핸디캡이 있지만 인간보다 지적으로 우월한 존재다. 반면 좀비는 자의식도 없는 상태에서 욕망에 따라 움직일 뿐이다. 통상적으로 신체의 움직임도 더디고, 심지어 썩은 몸뚱이가 뚝뚝 떨어져 나가기도 한다.

만약 현대사회에서 좀비가 노숙인의 메타포라면, 뱀파이어는 무엇과 통하고 있을까? 나는 가출 청소년과 10대 폭주족들에게서 그 이미지를 본다. 그들은 낮에는 평범한 모습을 한 채 부모와 교사에게 짓눌려 있지만, 밤이 되면 집 밖으로 나와 거리를 돌아다닌다. 특히 속도에 탐닉하고 자신들만의 소규모 집단을 만들어 행동한다. 광기 어린 피의 파티를 하고 난 뒤에는 재빨리 흔적을 감추고 해가 뜨기 전에 원래의 모습으로 돌아간다. 1980년대의 10대들은 〈아키라〉의 근미래 폭주족에 자신의 감정을 이입했다. 2000년대의 10대들은 『트와일라잇』에 나오는 뱀파이어에 자신을 투영한다. 좀비에게 물리면 꼼짝없이 좀비가 된다. 그러나 뱀파이어에게 물린다고 모두 뱀파이어가 되는 것은 아니다. 선택된 극소수만이 강한 자의식과 초능력을 가진 존재가 된다. 불량 청소년들의 패거리 문화와 선민의식도 이와 통한다.

좀비와 뱀파이어가 그러하듯이, 노숙인과 가출 청소년들 역시 밤이라는 시간을 공유한다. 그로 인해 문제가 발생한다. 브램 스토커의 『드라큘라』에서 볼 수 있듯이 고전적인 뱀파이어는 고결한 자의식 덩어리다. 그들은 잔혹하기는 하지만 먹이를 정확히 선별해서 노린다. 간혹 자신의 신경을 거슬리게 하는 경우 부하들에게 지시해 마을 사람들을 몰살시키기도 하지만 이것은 예외적인 상황이다. 1980년대 폭주족은—적어도 이미지 속에서는—이러한 방식으로 로맨틱한 자기 도취 속에 살아가던 존재였다. 그들은 탈법을 즐겼지만 어떤 종류의 정의감은 지니고 있었다. 그런데 2000년대 현대 도시의 뱀파이어—폭주족 청소년들은 어떤가? 그들은 밤을 틈타 놀이터, 야산, 공사장에 모여든다. 이곳은 문명이 잠시 눈을 감은 늑대의 세계. 그들은 응축된 분노와 폭력적 본능에 따라 먹잇감을 사냥한다. 가장 쉽게 걸려드는 것이 노숙인들이다. 그들은 노숙인을 경멸하고 학대하며, 때론 집단 폭행을 가한 뒤에 죽이기까지 한다.

그 모습을 우연히 목격하는 일반인들이 있다. 그들은 무언가 부당한 일이 일어나고 있다는 걸 깨닫지만, 대부분은 외면하고 돌아선다. 법 외의 존재들끼리의 문제라고 사고하는 것이다.† 불량 청소년들에 의한 노숙인 폭행은 빈번해지고 패턴화되고 있다. 공원 등에서 홀로 떨어져 있는 무기력한 민속적 흡혈귀들은 방향 없는 분노의 가장 쉬운 희생양이 되고 있다. 2011년 부산역을 비롯한 노숙인 집결지에서 연이어 묻지마 폭행이 벌어지지만, 경찰은 적극적인 수사를 꺼리고

† 그렇다고 그들 눈에 불량 청소년들이 뱀파이어로 보이는 것도 아니다. 그저 좀더 젊고 빠른 좀비들이 늙고 무기력한 좀비를 공격해서 뜯어먹는 모습일 뿐이다.
†† 《노컷뉴스》 2011년 12월 9일

용의자를 잡아도 합의를 종용하는 데 그치고 있다는 보도가 있었다.†† 2012년 1월 미국 캘리포니아 주에서는 노숙인 네 명을 살해한 혐의로 20대 남자를 체포했다. 그는 이라크 전쟁에 해병대로 참전했던 병사로, 전쟁 후유증으로 괴로워해왔다고 한다. 결국 길거리에 노출되어 있는 노숙인들을 손쉬운 먹잇감으로 삼아 자신의 분노를 표출했던 것이다.

노숙인을 하나의 서바이벌 모델로 생각했을 때, 이러한 상황은 굉장히 큰 취약점이 된다. 그들이 공격당하는 주요한 이유는 법 외의 존재이면서 뿔뿔이 흩어져 있다는 점 때문이다. 그들은 무리지어 움직이고 서로를 비슷한 부류로 인식하지만, 그들 사이의 인간적인 교류는 매우 제한적이다. 애초에 그들은 자기 자신을 지우기 위해 바깥으로 나왔고 그러면서 마음을 닫았다. 자신의 내면을 공유할 의사를 제거했기 때문에 길 위에서 살아갈 수 있지만, 이로 인해 외부의 공격에 대해 개별적으로 맞설 수밖에 없다. 물론 노숙인의 세계에서도 조직과 서열이 만들어져 있다고 한다. 그 안에서 폭행과 상납 등 법 외의 권력이 작용하는 것이다. 그러나 근본적으로 이러한 구속이 싫어 길거리로 나온 사람들이다. 이들은 거처를 옮기며 독자적 생존의 가능성을 찾는다. 자유는 위험을 초래한다. 야생 상태에서의 비조직화된 개인은 그 위험을 더욱 크게 느낄 것이다.

문명과 문명 사이(between the buildings), 노숙인은 거기에 존재한다. 상가 건물의 에어컨, 식당 뒤의 음식물 쓰레기, 서울역의 TV, 주민센터의 무료 인터

넷…… 그들은 이러한 문명의 이기를 이용하면서 또 재빨리 그 바깥으로 달아난다. 그들이 자유를 위해, 혹은 경찰을 피해 도망나간 얇은 틈 속의 야생은 우리가 다루어온 파국의 세계와 닮아 있다. 법도 도덕도 정치도, 새롭게 재편되어야 하는 세계다.

상자 인간과 고시원 인간

일본 오사카에 처음 갔던 때가 생각난다. 도톤보리 강변에 있던 문어 듬뿍의 다코야키 가게, 만화 서점에서 애니메이션 주제가를 열창하던 코스프레 소녀, 한신 타이거즈의 연패를 괴로워하며 소리지르던 상인들도 떠오른다. 그러나 가장 선명한 장면은 해가 지고 전자상가의 셔터가 내려질 무렵 찾아왔다. 불과 5분 전만 해도 상가 건물들의 간판은 휘황찬란한 빛을 내뿜었다. 그런데 잠시 눈을 감았다 떴더니 주위가 갑자기 어두워지고 상점 앞마다 골판지들이 착착 세워져 따닥따닥 노숙자들의 거처가 만들어지고 있었다. 마치 주소와 등록번호라도 있는 듯이 순식간에 자기 자리를 잡아가는 모습도 놀라웠지만, 더욱 경탄할 만한 것은 작은 전등, 모기향, 종이 선반, 신문지 커튼 등까지 갖춘 내부였다. 그들은 0.5평의 독방 크기조차 되지 않을 공간을 하나의 독립적인 거주지로 만들고 있었다.

일본에서 노숙인을 부르는 호칭 중 '상자 인간'이라는 말이 있다. 밤이면 골판지 상자로 된 집을 지어놓고 그 안에서 살아가는 사람이라는 뜻인데, 그 유래에 대해서는 몇 가지 설이 있지만 1973년 아베 고보[†]가 쓴 실험적인 소설 『상자인간』을 통해 대중화되었다. 소설 속의 상자 인간은 일반적인 노숙인과는 조금 다르다. 주인공 격인 카메라맨은 어느 날 머리에서부터 허리까지를 종이 상자로 가리고 도시를 표류하는 상자 인간이 된다. 상자 인간은 겉보기엔 부랑자, 거지, 행려병자로 보이지만, 실제로는 번듯한 자신의 집과 가정이 있는데도 이

[†] 사구의 구멍 밑바닥에 있는 집에 갇힌 주인공을 그린 소설 『모래의 여자』로 유명하다.

러한 생활을 하고 있다.

책의 서두에는 상자 인간용의 상자 제조법이 재질, 규격, 구조 등의 면에서 상세하게 기술되어 있다. 그중에서 '가장 신중해야 하는 것이 엿보기용 창을 내는 작업이다'.(『상자인간』 12쪽) 천장에서 14센티미터, 대략 눈썹 부근에 만들어지는 이 창은 상자를 쓴 채 걷기 위한 시야를 제공한다. 그리고 거기에 무광택 비닐막을 붙여 오직 안에서만 바깥을 볼 수 있도록 한다. 물론 시야를 확보하려는 장치일 수도 있지만, 자신의 존재는 철저히 숨긴 채 바깥을 내다보려는 관음적인 장치임을 부정할 수 없다. 이러한 밀폐된 관음의 계보는 에도가와 란포의 〈인간의자(人間椅子)〉(1925년)로 거슬러올라간다. 이 단편소설에서 '말할 수 없이 추한 외모의' 의자 장인은 요코하마 호텔에 납품할 대형 가죽안락의자 속에 자신의 몸을 숨길 공간을 만든다. 처음에는 들락날락했지만 점차 머무는 시간을 늘린다. 의자 안에 식품저장소를 두어 건빵과 물통을 숨겨두고, 대소변 처리를 위한 대형 비닐봉지도 준비한다. 그는 호텔 로비의 의자 아래에 머무르면서 좀도둑질을 하거나, 자기 위에 앉는 사람의 육체를 느끼는 쾌감을 즐긴다.

『상자인간』은 분명 엿보기를 주요한 테마로 삼고 있다. 그러나 동시에 그 시대 일본에서 급증하던 노숙인의 모습을 투영하고 있다. 작가는 소설 곳곳에 '우에노 부랑자 일소―오늘 아침 단속, 180명 체포' '(신주쿠 역 지하통로에서 죽은)행려병자, 10만 명이 몰살'과 같은 신문기사를 스크랩해 붙이고 있다. 그러니까 상자 인간은 대도시 곳곳에서 증식하던 노숙인들의 모습을 그리면서, 동시에 그들의 삶을 부러워하고 모방하는 어떤 시선을 그리고 있다. 골판지 상자로 집을 짓고 사는 노숙인과 자신의 모습을 숨긴 채 남을 엿보고 싶어하는 관음증이 결합해 상자 인간으로 진화한 것이다.

처음에는 취미 생활에 가까웠다. 그러나 이 특이한 종류의 생활을 반복하고, 또 거기에 적응하고, 나아가 중독되면서, 이들의 삶 자체가 변화한다. 상자 인간과 의자 인간 모두가 처음에는 상자와 의자를 빈 조개껍질로 여긴다. 그러니까 잠시 들어가 관음의 취미를 즐기는 장소다. 그런데 점차 이 외피가 그들의 몸과 일체화된다. 그들은 머리를 굴려 작은 공간을 효율적으로 이용할 수 있는 방법과 장치들을 만들어간다. 식사, 용변, 수면까지 그 안에서 해결할 수 있는 단계가 되자, 바깥으로 나갈 필요를 느끼지 못한다. 그리고 어느 순간 상자와 의자 없이는 살아가기 어려운 몸이 된다.

갑각류인 소라게도 한번 조개 껍데기 생활을 시작하면 몸통 뒷부분이 껍데기에 맞춰 연성화하기 때문에, 무리하게 끌어내면 조각조각 찢어져 죽는 법이다.(66쪽)

의자 인간이 특이한 상상력을 가진 괴인의 행동에 그친다면, 상자 인간들은 전염성을 가지고 번식한다. 마치 어떤 병원균이 도시 곳곳에 번져가는 듯하다.

아무것도 아닌 종이 상자에 누군가 기어들어 거리에 나서는 순간, 상자도 인간도 아닌 괴물로 변해버린다. 상자 인간에게는 어쩐지 불쾌한 독이 있다.(15쪽)

상자 인간이 되어본 사람은 거기에 독이 있는 걸 알지만 벗어나지 못한다. 이미 감염되었기 때문이다. 그들의 취미 생활을 위한 장소는 거처가 되고, 일시적 거처는 숙소가 되며, 결국 영원한 거주지가 되고, 나아가 내 몸 자체가 된다. 이것이 바로 현대 일본인의 모습이다. 그리고 이미 한국인의 모습일 수도 있다.

처음 내가 '상자 인간'이라는 개념을 접했을 때, 나는 이것이 일본인의 특성이 빚어낸 특수한 형태라고 여겼다. 나는 오사카나 도쿄 등지의 지하보도에서는 섬세한 골판지 가옥을 어렵지 않게 발견할 수 있었지만, 아직 한국에서는 그에 필적하는 경우를 보지는 못했다. 때문에 상자 집과 같은 초소형의 거주 형태를 자신의 방식으로 세팅하는 것은 일본인의 특징이 아닐까 여겼다. 2011년 일본 동북부 대지진 이후 피난민들이 대피한 체육관의 사진을 AFP 통신이 보여주었는데, 거기에서 나는 이와 유사한 모습을 보았다. 흔히 대피소라고 상상하는 그런 장면—여기저기 가족들이 엉겨붙어 있고 먹다남은 빵과 담요가 널브러져 있는 모습과는 전혀 달랐다. 체육관은 규격화된 펜스로 완벽하게 구획 정리되어 있었다. 피난민들은 더블베드 사이즈 정도의 독립된 방을 확보하고 있었다. 천장은 없지만 앉은 상태로는 옆방이 보이지 않는다. 개켜놓은 담요 위에는 인형이 놓여 있고, 마분지 상자에는 여자아이의 옷이 담겨 있으며, 종이컵이지만 차 세트까지 갖추어져 있었다. 이런 걸 디자인해서 준비해놓는 마인드에서부터, 그 공간에 적응해 살아가는 생활의 태도까지가 신기했다. 그런데 잠시 뒤 나는 이런 형태의 삶의 공간에 어떤 기시감을 느끼게 되었다.

언젠가 친구가 인사동에서 핸드폰을 도난당했다. 국수집 야외 테이블에서 저녁을 먹었는데, 어떤 노숙인이 다가와 남은 국물을 먹어도 되겠냐고 해서 측은한 마음이 들어 그러라고 했단다. 그런데 그가 국물을 먹고 난 뒤 슬쩍 테이블 위의 핸드폰을 들고 가버렸던 것이다. 친구는 뒤늦게 그 사실을 알고 일행의 핸드폰을 빌려 전화를 걸었다. 핸드폰을 받은 노숙인은 욕설을 퍼붓고 돈을 요구했다. 결국 친구는 경찰에 신고했고, 내게도 연락해 도움을 청했다. 나는 경찰서의 컴퓨터로 핸드폰 위치 추적에 들어갔고, 친구는 경찰과 함께 그 위치를 따라 나섰다. 비까지 추적추적 내리는 밤, 새벽까지 뒤를 쫓았다. 하지만 노숙인은 계속 돌아다니며 구걸을 하고 있던 터라 꼬리의 흔적만 남기고 사라졌다. 결국 핸드폰의 신호는 쪽방촌을 마지막으로 꺼졌다. 경찰은 쪽방촌은 늪과 같은 곳이라고 했다. 그 안에 들어가면 스스로 나올 때까지 기다리는 수밖에 없다고.

친구의 절망과는 상관없이 나는 어떤 종류의 상처를 받았다. 그때까지 노숙인을 향해 가졌던 나의 순수한 기대에 금이 갔던 것이다. 노숙인이 도둑질을 해서? 아니다. 그건 야생의 방식이다. 납득이 되었다. 내가 놀랐던 것은 그들이 길에서만 자는 것은 아니라는 사실이었다. 돈이 좀 생기면 주변의 쪽방촌을 이용하기도 한다는 것이었다. 이상하게 들리겠지만 순수하지 않았다.

경찰은 노숙인의 주거가 상당히 유동적이라는 사실을 알려주었다. 그들은 완전한 거리의 삶을 추구하지 않는다. 구걸이나 절도로 돈이 좀 생기면, 하룻밤 쪽방 신세를 지기도 한다. 막노동일이라도 구하거나 친지로부터 돈을 얻으면 고시원에 들어간다. 여기에서 나는 일본의 '상자 인간'과는 다른 종류의 생존 양식을 확인할 수 있었다. 한국에는 '고시원 인간'이 있었다.

고시원은 원래 고시생, 수험생이 주변의 유혹을 벗어나 공부에 집중할 수 있도록 한 공간이다. 그러나 이제 젊은 독신 직장인, 독거노인, 장애인, 도시 빈곤층의 거처로 바뀌었다. 강남의 원룸텔, 미니텔 등 좀더 고급화된 버전도 있지만 개념은 비슷하다. 어떻게 하면 작은 공간 안에 사람이 필요로 하는 최소한의 시설들을 구겨넣는가 하는 것이다. 한 층에 수십 개의 방을 닭장처럼 붙인 뒤, 그 안에 좁은 침대를 비롯한 갖가지 시설들을 포개어놓고 있다. 상자 인간의 상자 안이 조금 더 확장된 것이다.

김수현 세종대 도시부동산대학원 교수는 말한다. "지금 고시원에서 사는 1인 가구가 10만 명이라고들 하고, 16만 명이라는 조사 결과도 있다. 어림잡아 13만 명이라고 가정하면, 서울의 350만 가구에서 3%가 고시원에 살아가는 셈이다. 여관, 쪽방 등을 합한다면 서울 가구의 5%는 정상적인 주거를 하지 못한다. 매우 비정상적인 사회다."† 여기에서 한 가지 중요한 의문이 있다. 원룸, 고시원, 미니텔, 쪽방, 골판지 상자…… 크기와 설비에 미미한 차이가 있지만, 모두가 혼자만의 방이다. 왜 그들은 둘 이상이 함께 살지 않을까? 20년 전의 자취방이나 하숙집 풍경을 생각해보라. 그 시대엔 가난한 학생은 물론 직장인들도 여럿이 같은 공간을 공유하며 살아가는 게 당연했다. 결혼을 할 때에야 겨우 하숙집을 벗어나는 경우도

† 2011년 8월 9일 프레시안과의 인터뷰

적지 않았다. 그러나 이제는 한 사람이 하나의 공간에 들어가 문을 닫는 것이 훨씬 자연스러운 일이 되었다. 그들은 왜 '정원 1명 한도의 밀실'에 스스로를 가두고 있나?

어느 방의 가능성—은둔형 외톨이는 미래 인류인가?

인간 의자, 상자 인간, 고시원 거주자, 노숙인들은 타인과의 관계를 단절시키고 최소한의 공간에서 살아간다. 그들은 자신을 보호하고 또한 숨기기 위해 소라 껍질 속으로 들어간다. 그런데 앞의 세 경우에는 자신을 가리는 물리적 실체(의자, 상자, 방)가 있지만, 노숙인은 그것이 없다. 오히려 완전히 열린 길거리에서 자신의 몸을 노출시키고 있다. 그럼에도 이들이 자신의 몸을 숨기려는 시도를 하지 않는 것은 아니다. 그들은 가급적 일반인의 눈에 뜨이지 않으려고 노력한다. 아즈마 히데오는 노숙 생활 중 누군가 담배 꽁초를 떨어뜨리자 고민한다. '주우러 가고 싶은데. 하지만 사람과 마주치는 건 싫고.' 결국 낮에는 숨어 있고, 밤에만 필요한 것을 구하러 다니는 야행성의 생활을 한다.(『실종일기』 18쪽) 그들은 자신을 알고 있는 누군가—과거의 가족이나 직장 동료—를 만나고 싶지 않다. 자신을 괴롭힐 경찰이나 불량 청소년들과도 부딪히고 싶지 않다. 나아가 자신을 힐난하는 눈으로 바라보는 인간 모두를 피하고 싶다. 그들 내부에서 위생이나 도덕의 관념은 무뎌졌을지 모르지만, 타인이라는 존재에 대한 관념까지 사라진 것은 아니다. 오히려 다른 인간에 대한 경계와 배타심이 강화된다. 그래서 이들은 쪽방이라도 구해서 스스로를 가두려고 하는데, 그러면서도 또 바깥은 내다보고 싶다. 그것은 어떻게 가능한가?

앞서 상자 인간에게 아주 주요한 장치가 '창'이라고 했다. 그런데 복도식 구조의 고시원 방 중에는 아예 바깥을 내다볼 창조차 없는 곳들이 많다. 도대체 이들은 어떻게 세계를 엿보는가? 아베 고보는 말한다. '라디오나 TV 같은 엿보기 도구가 끝없이 팔리는 것도 인류의 99퍼센트가 자기의 추함을 자각하고 있다는 좋은 증거일 것이다.'(『상자인간』 120쪽) 아무리 궁색한 고시원도 기본 설비로 작은 TV를 대부분 갖추고 있다. 하루종일 방에만 머무르고, 식사 때만 공용 식당에서 잠시 밥을 챙겨먹고 돌아오는 삶이다. 옆방 사람과의 교류는 거의 없다. 그런데도 그 심심함을 견뎌낼 수 있는 것은 TV라는 엿보기 장치가 있기 때문이다. 이제 더욱 강력한 수단이 생겼다. 인터넷이다. 고시원의 좁은 방 안에서 세계를 엿볼 수 있다. 우리는 인터넷을 통해 뉴스를 읽고, 영화를 보고, 음악을 듣는다. 뿐만 아니다. 〈김씨 표류기〉의 소녀처럼 자신의 골방에 틀어박혀 공간 저편에 있는 미지의 사람들과 교류할 수도 있다. 가짜 이름, 가짜 이력으로 자신의 또 다른 자아를 만들고 가짜 사진과 가짜 쇼핑으로 자랑을 할 수도 있다. 그 작은 만족이 이들로 하여금, 고시원이라는 상자 안에서의 생존을 더욱 '지속 가능한 삶'으로 만든다.

아베 고보는 인간들이 스스로가 추하다는 인식 때문에 상자 속으로 숨는다고 했다. 그런 측면이 없는 것은 아니다. 〈김씨 표류기〉의 소녀는 얼굴의 화상 흉터 때문에 사람들과 만나는 것을 두려워한다. 실직한 중년 남자들은 가장으로서의 능력을 발휘할 수 없다는 자괴감에 일상적인 삶의 궤도를 이탈했고, 그렇게 궤도에서 벗어났다는 사실 때문에 더욱 자존감을 잃는다. 그런데 이러한 수치심 이상으로 이들을 밀폐된 껍질 속으로 던져넣는 감정이 있는데, 그것은 공포감이다. 많은 은둔형 외톨이들이 집단 폭력과 따돌림의 희생자들이다. 그들은 문밖의 세상에서 처절하게 수난당했고 결국 겁에 질려 방으로 들어가 문을 걸어잠갔다. 타인에 대한 접촉 자체가 두려움이 되고, 감정의 문까지 꽁꽁 걸어잠그게 한 것이다.

다행인지 불행인지, 인간은 그런 상황에서도 살아남을 방법을 찾아낸다. 더더구나 예전에는 집 밖으로 나가야만 가능했던 많은 문제들을 이제 몇 번의 클릭으로 해결할 수 있다. 인터넷이 대중화되던 초기에 유사 리얼리티 쇼의 형태로 벌어진 프로젝트가 있는데, 여러 직업의 사람들이 폐쇄된 방에 들어가 인터넷 쇼핑으로만 살아갈 수 있는지를 알아보는 시험이었다. 지금의 관점으로는 보자면 우습기 그지없다. 나는 이 책을 쓰면서 일주일 동안 집 밖으로 나가지 않고 생활한 적도 있다. 라면으로 끼니를 때운 것도 아니다. 외식할 때보다 더 잘 먹었다. 스마트폰으로 뻑뻑 주문하고 통장도 없는 인터넷 계좌로 송금하면, 제주도 갈치, 군산 단팥빵, 속초 오징어 순대 등 전국의 일급 요리들이 날아온다. 주방 기구, 운동 기구, 가전제품은 물론, 이베이 경매 사이트를 뒤져 남아메리카에 있는 고가구를 배달받을 수도 있다. 프리랜서 저술업자인 나처럼 집안에서 작업을 하고 그를 통해 돈을 벌 수 있는 직업이라면, 몇 달이나 몇 년 이상 방 안에만 머무르는 것도 가능하다.

아무래도 경제적인 어려움이 자신을 최소한의 골방에 '가두는' 원인이 되는데, 이제 여기에 '머무르는' 것이 경제적인 면에서 큰 도움이 된다는 걸 깨닫는다. 누군가를 만나려면 차를 타야 하고, 카페나 식당에 가야 하며, 사교를 위해 적지 않은 지출을 해야 한다. 옷차림, 헤어스타일, 화장품까지 신경 써야 한다. 사람을 만나지 않으면 그 모든 소비가 줄어든다. 내가 번듯한 직장에 다니고 두툼한 수익을 어떻게든 자랑하고 싶다면 누군가를 직접 만나야 하지만, 하루하루 버텨가는 것이 버겁다면 문을 열지 않는 것이 돈을 버는 일이다.

감정이 상황을 만들기도 하지만, 상황이 감정을 만들기도 한다. 굳이 나가지 않아도 되기 때문에 집 안에만 머무르다 보면, 점점 그 생활에 익숙해진다. 나가서 좋은 일이 없는 건 아니지만, 그로 인해 생겨나는 어려움이 더 클 때는 굳이 문을 나서지 않는다. 사람을 만나지 않으니 점점 상대와 감정을 교류하는 일이 서툴다. tvN의 개그 프로그램 〈코미디빅리그〉에 '게임 폐인'이라는 코너가 있는데, 여기에 함께 길드를 만들어 온라인 게임을 하던 사람들이 오프라인에서 만나는 모습이 나온다. 그런데 '예쁘공주'라는 닉네임으로 "오빠 만나면 밥 사주세요." 하던 회원은 수염이 숭숭 난 여장 남자고 자기가 싸움 잘한다고 자랑하던 '요정'님은 몸만 투실투실한 허당이다. 코믹스럽게 그려지긴 했지만,

실제 온라인 커뮤니티에서 흔히 벌어지는 일이다. 자신에 대한 불만이나 부끄러움 때문에 인터넷상에서 스스로를 전혀 다른 존재로 치장하고 거짓을 만들어가다보면, 결국 그 안에서는 어느 정도 인간 관계가 생겨나지만 바깥에서는 솔직한 자신을 드러내기가 어려워지는 상황이 된다. 그의 삶은 점점 방 안에 머무르는 데 최적화된다.

나는 앞에서 고립된 생존의 한 예로 '은둔형 외톨이'를 들었다. 부모, 친구, 교사와 같은 타인들을 좀비나 잠재적인 적으로 인식하며 자신의 좁은 방으로 들어가 문을 꽁꽁 걸어잠근 사람들이다. 이제 관점을 바꾸어 생각해볼까 한다. 로빈슨 크루소는 자연의 장난에 의해 무인도에 도착했지만, 그의 삶을 부러워하며 스스로 무인도를 찾아 자신의 거처로 삼는 사람도 있다. 그러니까 따돌림과 폭행을 당하고 사회에 적응하는 일에 실패해 방으로 숨어든 은둔형 외톨이가 있다면, 반대로 스스로의 선택에 의해 삶의 위험, 경제적 손실, 감정적 소모를 최소화하기 위해 방문을 잠그는 적극적 외톨이도 존재 가능하지 않을까?

미셸 우엘벡은 소설 『어느 섬의 가능성』을 통해 새로운 인류의 출현을 그리고 있다.

> 인류는 이제 자기 자신을 다른 종으로 대체하는 상황을 스스로 만들어가고 있습니다. 이런 일은 우리가 알고 있는 우주에서 처음 있는 일입니다. 인류는 스스로를 소멸시키고 다른 종으로 거듭 태어나는 최초의 동물 종이 될 것입니다. 그리고 그 점을 자랑스러워하게 될 것입니다.(28쪽)

가까운 미래에 인류는 전쟁과 자연재해로 거의 멸종당하고, 살아남은 존재들조차 사막화와 극심한 고온 상태를 견디기엔 버거운 상황이다. 이러한 미래를 예견한 엘로힘교 신도들은 유전자 조작을 통해 소금과 물만으로 살아갈 수 있는 신인류를 창조한다. 그리고 이들이 불필요한 성장 과정을 겪지 않고 무분별한 증식을 일으키지 않도록, DNA 복제를 통해 곧바로 성인으로 태어나도록 한다. 신인류인 다니엘은 완전히 통제된 셸터 안에서 차분하고 건조한 삶을 살아가고, 죽을 상황에 이르면 다음 세대를 복제한다. 그는 밀폐된 상황에 대한 거부감을 전혀 일으키지 않고 고독과 같은 감정적인 문제에도 시달리지 않는다. 그는 자신과 더불어 영원히 복제되어 살아가는 작은 개 폭스와 감정을 나눌 뿐이다. 셸터 주변에는 잔존한 과거의 인류(호모 사피엔스)가 문명도 언어도 잃어버린 야생의 상태로 무리를 지어 나타나기도 하는데, 그는 어떤 연민도 느낄 수 없다.

> 저 멀리 꼬물꼬물 움직이는 저 초라한 존재들을 보라. 저들이 바로 인간이다. 저물어 가는 빛 속에서 나는 아무 아쉬움 없이 종의 소멸을 지켜본다. (중략) 나는 그들에 대해 조금의 연민도, 동족 의식도 느끼지 않는다. 단지 그들을 약간 더 영리한, 따라서 약간 더 위험한 원숭이쯤으로 여길 뿐이다.(28쪽)

내겐 익숙한 시선이다. 완벽한 보호 시설 안으로 들어가 확실한 생존책을 갖춘 사람이 울타리 바깥에서 꾸물럭거리는 좀비들을 바라보는 모습과 아주 닮았다. 또한 나는 우엘벡의 신인류가 우리 주변에 급속히 늘어나고 있는 은둔형 외톨이의 삶의 양태와 흡사하다고 여길 수밖에 없다. 다니엘은 가끔 네트워크를 통해 지구 위 다른 지역에 있는 비슷한 처지의 신인류와 교류하지만, 그들에게도 별다른 동료 의식을 느끼지 않는다. 그는 타인과의 교류를 완전히 단절시키고, 공감 능력을 제거한 자야말로 미래에 살아남을 자격이 있는 존재라고 여긴다. 우엘벡은 어디에서 이 인류들에 대한 힌트를 얻었을까? 프랑스를 비롯한 서구 사회에서도 골방에 틀어박혀 인터넷을 통해서만 세계를 엿보는 인류들이 등장하고 있기 때문이리라. 이와 비슷한 극단적 개인주의는 이미 전 지구적인 현상이다.

1990년대에 코쿤족이라는 단어가 크게 유행한 적이 있다. 누에고치 같은 껍질 속에 머무르듯이, 야외 활동을 기피하고 집 안에 틀어박혀 있는 사람들이 많아지는 경향을 뜻하는 것으로, 주로 마케팅 영역에서 홈 시어터, 가정용 게임기, 홈쇼핑 등의 인기 가능성을 언급한 것이었다. 코쿤족이 점차 새로운 형태의 라이프스타일로 굳어지면서 그들에 대한 사회심리적 분석이 이어졌다. 애초의 의미보다 부정적인 뉘앙스가 강해졌다. 따돌림, 실업, 사회 적응 실패로 인해 방 안에 처박혀 있으면서, 성장하여 어른의 역할을 하지 않으려는 자들을 뜻하는 '캥거루족' 같은 용어들이 그 뒤를 이었다.

2000년대부터 인터넷이 보급되고 사회의 수많은 영역이 네트워크화되는 가운데, 칩거형 인간은 더욱 본격적으로 사회 현상화된다. 그리고 코쿠닝은 소비의 방식일뿐만 아니라 생산의 방식으로 전환되고 있다. 코쿤족이라는 용어를 유행시킨 마케팅 전문가 페이스 팝콘은 이렇게 말한다.

> 코쿠닝(Cocooning)이란 집에 머무르는 것이고, 당신을 안전하게 지켜줄 장소를 만드는 것이고, 정원사가 경보 장치와 울타리를 설치하고 물과 공기가 통하도록 관 개시설을 만드는 일이며, 집에서 일하는 것이다. (중략) 얼마나 많은 날 동안 집에서 일할 수 있는가? 그것이 코쿠닝이다.†

† http://www.faithpopc orn.com/ContentFiles/flv/ Faith_cocooning_06R.flv

나는 은둔형 외톨이의 생존 방식—문 밖에 어머니가 놓아두는 식사를 챙겨먹는—이 무인도의 채집과 비슷하다고 했다. 이를 두고 기생에 불과하다고 보는 관점 역시 지배적일 것이라고도 했다. 그러나 최근 코쿤족이 진화한 것으로 일컬어지는 사이버 코쿤족, 디지털 코쿤족 등으로 불리는 새로운 인종은 직접 생산활동에 참여한다. 집 안에 머무르면서도 직업을 가지고 돈을 벌고, 그 돈으로 자신에게 필요한 물품을 구입한다. 정서적인 면에서도 훨씬 열려 있다. 집 안에 머무르는 시간이 많지만 온라인을 통해 관계를 꾸준히 유지한다. 코쿠닝의 의도 중 하나는 복잡한 대인 관계가 가져오는 폐해를 최소화하자는 것도 있다. 사람들을 만나려고 돈과 시간을 퍼붓고, 누구의 마음에 들려고 입발린 소리를 하거나 남의 뒷말을 하고, 서로 영혼을 나눌 것처럼 친해졌다가 원수처럼 헤어지는 과정의 감정 소모에 지친 것이다. 이들은 자발적으로 집안에 머무르는 것이 육체적·정신적으로 훨씬 더 건강하다고 여긴다. 여기에는 참선, 요가, 정적인 생활 등의 용어가 겹쳐진다. 니어링 부부가 추구했던 숲속의 삶이 방 안의 삶으로 대체되는 기분까지 든다.

이에 대한 비판적 시선도 분명히 존재한다. 독일의 심리학자 카타리나 침머는 『혼자 사는 기술』에서 알렉시스 드 토크빌을 인용하며, 신자유주의라고 일컬어지는 오늘날 유럽 사회의 위기가 1830년대 막 민주주의가 싹트던 미국의 소아병적 개인주의와 비슷하다고 지적한다. "누구에게도 빚을 지지 않으려 한다. 그들은 그 어떤 것도 기대하지 않으며, 자신이 고립되어 있는 것에 익숙해져 있고, 운명이 자신들의 손에 놓여 있다고 상상하기를 즐긴다."[†] 침머는 그들에게 가족의 유대도, 전 세대의 전통도, 직장과 같은 조직도 도움이 되지 않는다고 말한다.

[†] 카트리나 침머, 「혼자 사는 기술」, 19쪽

지금 수많은 개인들이 밑바닥으로 떨어지고 있다. 아니 스스로 그 밑바닥의 방에 들어가 문을 잠그고 있다. 타인, 문명, 경쟁에 대한 혐오가 그들을 사회 외적인 존재로 만들고 있는지 모른다. 사회는 이를 두고 개인주의의 팽배라며 도덕적 훈계를 하려 하고, 이렇게 사라지는 개인들 때문에 경제 활동에 큰 손실이 일어날 것이라 경고한다. 그러나 그것은 사회의 시각이다. 개인들은 이미 표류한 뒤 자신의 섬에 들어갔다. 관계는 포기되었고, 도덕은 디폴트되었다. 스스로 독립 선언을 한 개인들은 이 도시 곳곳에 촘촘히 자신들의 깨알 같은 행성을 만들고 있다. 그들에게 문 밖의 타인들은 좀비 혹은, 외계인일 뿐이다.

혼자 살기의 적—사랑 혹은 섹스

나는 은둔형 외톨이, 고시원의 골방 폐인들을 바라보는 정반대의 시각을 요구했다. 그러니까 그들은 이렇게 주장할 수도 있다는 것이다. '우리는 사회에서 낙오하고 방 안으로 쫓겨 들어간 패배자들이 아니다. 현존하는 사회의 병폐가 치료 불가능하다고 여기고 그 바이러스를 피해 안전한 방 안으로 들어가 비닐 테이프로 빈틈을 모두 막은 선각자들이다. 우리는 이 지구에서 살아남을 유일한 방법을 선택했다. 인터넷을 통해서만 바깥과 교류하고, 지구상에 남아 있는 소수의 동류들과만 교신하고자 한다. 우리가 진짜 패배자라면 스스로 목숨을 끊었을 것이다. 그러나 살아 있다. 이것은 우리의 생존법이다.'

궤변 같지만 일단 인정해주자. 대신 게임의 시점을 전환해보자. 그러니까 이 서바이벌 게임의 공격과 수비 모드를 바꾸는 것이다. 울타리 안에 숨은 채 바깥의 식인종이나 좀비들의 공격을 막는 역할이 아니라, 울타리 밖에서 그들을 공격해서 끄집어내는 역할을 맡는 것이다. 로빈슨이 아니라 원주민, 네빌이 아니라 좀비, 은둔형 외톨이가 아니라 방 밖의 가족이다. 도대체 어떻게 하면 저 불신에 가득 차 있는 녀석을 강고한 방어막 바깥으로 유인해낼 수 있을까?

결코 만만하지 않을 것이다. 2011년 일본 동북 대지진 때, 그 극악한 재난 속에서도 자기 방을 떠나지 않은 은둔형 외톨이가 있었다. 이와테 현 노다 마을에 살고 있던 48세의 남성은 15년 전 다니던 회사가 부도나자 도쿄에서 돌아와 칩거 생활에 들어갔는데, 지진으로 집이 무너질 위기가 닥쳤는데도 '도망가는 게 귀찮다'며 남아 있다가 한참 뒤 구조대에 의해 발견되었다고 한다. 단순한 위협만으로 녀석을 밖으로 끄집어낼 수는 없을 것 같다.

〈화성인 바이러스〉라는 TV 프로그램이 있다. 진짜인지 연출과 설정인지 모르겠지만, 세상의 괴짜 인간들을 등장시켜 그들의 기이한 행적을 소개하는 프로그램이다. 거기에 수년 간 골방에 처박혀 있었다는 은둔형 외톨이가 등장했다. 36세의 남자는 잠자다 일어나 밥 먹고 TV 보고 다시 잠자는 생활을 반복하고 있으며, 외출을 전혀 하지 않은 지도 3년이 되었다고 한다. 대인기피증이 심하고 인터넷을 한 뒤에는 꼭 캐시를 삭제해 자신의 행적을 숨기는 것이 일상이었다. 그런 남자가 집 밖으로 나왔다. 심지어 TV 프로그램에까지 출연했으니, 보통 용기를 낸 것이 아니다. 진행자가 물었다. 왜 밖으로 나올 생각을 했냐? "사람 앞에 나서는 것이 불편하지만, 사람이 그립다." 무엇보다 "이제 정상적인 연애를 하고 싶다"는 것이었다. 연출일지는 모르겠지만, 중요한 힌트는 제공해주고 있다. 떡밥은 '연애' 혹은 '여자'다.

『NHK에 어서오세요』라는 만화에 나오는 NHK는 일본 국영 방송국이 아니라 '일본 히키코모리 협회'의 준말이다. 주인공은 대학 중퇴 후 4년간 집안에만 틀어박혀 있는 전형적인 은둔형 외톨이다. 집 근처 편의점에 가는 것 외에는 외출이라곤 하지 않고, 울적할 때 대화를 나눌 친구조차 찾아볼 수가 없다. 이런 주인공을 골방에서 꺼내기 위해 의문의 미소녀가 찾아와서 말한다. "당신은 나의 프로젝트에 선택되었습니다." TV 드라마인 〈슬로 스타터〉 역시 '대여 누나'를 통해 골방 폐인인 주인공을 밖으로 끌어내고자 눈물겨운 노력을 벌인다.

내가 다루는 텍스트의 대부분이 남성 표류자들을 주인공으로 내세워서일까? 이들이 굳건히 지키고 있는 '고독하지만 자기 충족적인 질서'를 붕괴시키는 데는 여자, 혹은 사랑만한 게 없다. 『나는 전설이다』에서 네빌의 집 밖을 포위한 좀비들 중 여자 좀비들은 옷을 들추며 노골적으로 그를 유혹한다. 『어느 섬의 가능성』에서 다니엘 24의 거주 공간 바깥 울타리에 있는 인간 무리들 중 여자도 그에게 교태를 부리며 문을 열도록 부추긴다. 그 결과는 어떻게 되었나? 과거의 인간 네빌은 고뇌하고, 미래의 인간 다니엘은 무시한다. 신인류 다니엘은 전 시대의 인류로부터 무엇이 달라졌을까? 우엘벡은 『소립자』를 통해 성의 적극적 개방과 극단적 자유를 추구했던 프랑스 68혁명 세대의 좌절을 희화화했다. 그리고『어느 섬의 가능성』에서 새로운 인류가 등장할 수 있었던 결정적인 전환의 축을 '성욕의 배제'로 삼고 있다. '질투, 욕망, 그리고 생식 욕구는 똑같은 기원을 가지고 있다. 그것은 바로 존재의 고통이다. (중략) 우리는 완벽한 평온을 얻을 수 있는 가능성의 조건인 무관심의 자유에 도달해야만 한다.' (366쪽) 이러한 자각을 가진 엘리트 인류를 중심으로, 이 세계는 성욕에 있어서 결정적인 전환을 이루어간다. 그 양상은 이렇다.

매춘을 전면 금지하는 회색 시대, 인조 질을 갖춘 안드로이드, 다음에는 스킨십을 대체하는 피부를 통해 점진적인 변화가 이루어진다. 그런데 이러한 획기적인 섹스토이를 통한 남녀 관계를 대체하고자 하는 시도는 파산한다. 남자들이 자연스러운 섹스로 돌아가서가 아니다. 남자들이 아예 성관계를 포기하게 된다.(46-47쪽)

『이기적 유전자』와 그 이론의 후계자들은 남성들은 마지막 가능성이 남아 있는 한 자신의 정자를 통해 유전자를 남기기 위해 애쓴다고 주장한다. 또한 실질적인 자식의 숫자 이상으로 성적인 지배에 목숨을 건다. 영리한 여자는 그 욕정을 도구로 삼아 자신의 생명과 행복을 보존받는다. 우리가 앞에서 말한 '사냥'의 테마도 이런 방식으로 이해할 수 있다. 남자들은 왜 그 위험을 무릎쓰고 큰 덩치의 맹수를 잡아와 공동체의 움막에 내려놓을까? 어차피 자신이 모두 먹을 수 없는데다 다음에 사냥을 할 수 없는 경우 먹이를 얻어먹기 위한 행동이라고도 할 수 있다. 그러나 그런 행동을 통해 자기 유전자의 우수함을 선보이고 짐승의 좋은 부분을 먼저 확보함으로써 다른 여자들과 잘 수 있는 기회를 더 얻게 될 것이라는 점도 무시할 수 없다.『이타적 유전자』에서 매트 리들리는 남자들이 일부일처제가 확립된 이후에도 열심히 사냥을 해서 자신의 남성성을 과시하는 이유는 '혼외정사' 때문이라고 한다.

이런 관점에서 볼 때 우엘벡의 주장은 허무맹랑해 보인다. 그러나 나는 『어느 섬의 가능성』의 안티섹스 전략이 프리섹스의 뒤끝을 보고 있는 유럽 남성우월주의자의 독단적인 생각이라고 여기지는 않는다. 2007년 만화가 나가이 고가 한국에 왔을 때, 나는 그와 단독으로 인터뷰했다. 나가이는 국내에는 『마징가 Z』, 『데빌 맨』 같은 SF만화로 널리 알려져 있지만, 일본에서는 『파렴치 학원』, 『큐티 하니』 같은 노골적인 성묘사로 학부모 단체의 항의를 받는 만화가로도 유명하다. 나는 직설적으로 물었다. "당신의 성애 만화 때문에 아이들이 여학생의 치마를 들추고[†] 성적인 충동을 일으키는 등의 부정적인 영향을 미친다는 주장들이 있는데 여기에 대해 어떻게 생각하십니까?" 그의 대답은 이랬다. "나의

[†] 〈파렴치 학원〉은 소위 판치라=아이스케키 만화의 원조로 불린다.

에로 만화로 사람들이 성욕을 해결하고 그로 인해 출산을 하지 않는다면, 지구의 가장 큰 문제 하나가 해결된다고 생각합니다. 인구 증가 말입니다."

농담조의 궤변으로도 들리지만, 이것은 인류사의 오래된 사상이자 삶의 숨겨진 전략이다. 멀리로는 백주 대낮에 자위 행위를 한 고대 지중해의 디오게네스, 가깝게는 여자와의 연애보다는 자신을 치장하는 데 열심인 초식남의 생각과 일맥상통한다. 디킨슨의 로빈슨 크루소가 그 중간을 잇는다. 그는 17세기 무인도의 유기농 초식남이다. 지독하게 청교도적이어서인지 성적인 문제에 별다른 괴로움을 겪지 않는다. 결혼할 여성을 고르라고 하니, 못생기고 나이 많은 여자를 원한다. 돈을 벌기에는 그쪽이 낫단다.

미셸 투르니에가 이 책을 뒤집으려고 생각했을 때, 역시 이 점이 걸렸을 것이다. 그는 『방드르디』를 통해 무인도라는 골방에 갇혀 있는 은둔형 외톨이 로빈슨의 성욕 해결 방식에 대해 새로운 제안을 하고 있다.

그는 수상한 표정으로 킬레나무 주위에 와서 빙빙 돌다가 마침내는 마치 시커먼 두 개의 거대한 허벅지처럼 풀 밑에 가랑이를 벌리고 있는 나뭇가지에게서 어떤 은연

중의 암시를 찾아내기에 이르렀다. 드디어 그는 옷을 벗고 벼락 맞은 나무둥치 위에 엎드려 둥치를 품에 안았다. 두 가지가 서로 만나는 곳에 벌어진 작고 이끼 낀 구멍 속으로 그의 섹스가 들어갔다.(『방드르디, 태평양의 끝』, 144쪽)

좋게 보자면 로빈슨은 이 처녀의 섬 스페란자와 결혼했다. 그 결과로 '희고 살진 허벅지' 같은 뿌리와 '따뜻하고 사향 냄새가 나는' 꽃을 가진 '만드라고라'라는 식물까지 피워낸다.(107~108쪽) 로빈슨의 변론가인 미셸 투르니에는 그의 행위가 자연과 인간의 성스러운 결합, 마치 암소로 변한 제우스가 여인을 납치 강간한 것과 같은 신화적인 행동이라고 주장하는 것 같다. 그는 행위를 하다가 거미에 물려 귀두에 끔찍한 통증을 느끼기도 하는데, 그것은 아마 과욕에 대한 신의 징벌인가 보다. 그러나 직설적으로 말하면, 로빈슨은 주체할 수 없는 성욕을 식물을 도구로 해서 배설했다. 만약 투르니에의 변론을 받아들이고 이 자위 행위를 성스러운 것으로 인식한다면, 자기 방구석에서 애니메이션 여주인공 얼굴을 한 섹스 토이와 껴안고 결혼하겠다고 선언하는 오다쿠 청년도 크게 부끄러워할 일은 아닐 것 같다.

힐난하는 게 아니다. 고려해볼 만한 전략이다. 성욕, 스킨십, 연애는 분명히 좋은 것 같지만, 골방의 나는 그러한 시도를 통해 수많은 심리적 좌절을 맞은 바 있다. 그것은 어떤 식으로든 '관계'를 강제하고, 나로 하여금 위험천만인 문 밖의 세계로 나아가도록 강요한다. 차라리 애니메이션 주인공을 사랑하고, 연애 시뮬레이션 게임을 하며, 어덜트 비디오를 다운로드받아 성욕을 해소하는 게 낫다. 그게 훨씬 안전하다.

이러한 경향은 은둔형 외톨이의 세계에서만 나타나는 것은 아니다. 2008년 패션잡지 《논노》는 일본 젊은 남성들의 연애와 인생관에 큰 변화가 있다면서 '초식남'에 관한 특집을 펴냈다. 칼럼니스트 후카사와 마키가 만들어낸 용어 '초식계 남자'는 전통적인 남성의 가치인 육식성을 강하게 어필하지 않는 남자, 자신의 취미 활동에 적극적이지만 이성과의 연애에는 소극적이고 나아가 불필요하다고까지 여기는 남성을 말한다. 이런 세계관은 지난 몇 년 사이에 등장한 것은 아니다. 이미 1990년대 만화 『홍차왕자』에 등장하는 컴퓨터 동호회원이 다음과 같은 발언을 한다. "여자의 가슴이란 지방 덩어리에 불과해."

영화감독이자 독설적인 코미디언인 기타노 다케시는 분개한다.

> 옛날에는 여자를 위해 일생을 건 남자가 있었다. 어떻게 꼬드길까 하면서. 그런 프로세스를 빼고 소프랜드니 성인 비디오니 하면서 섹스까지 바겐세일을 하고 있으니까, 이제 싸구려 일본인들은 팔 것은 아무것도 없다.┊

어덜트 비디오 산업이 인터넷과 결합하면서 남자들이 성욕을 혼자서 해결하는 경향은 더욱 강해지는 것 같다. 최근 일본에서는 '중년 동정'이라는 말이 유행하

┊ 기타노 다케시, 『죽기 위해 사는 법』 '바겐세일 사회, 자기를 싸구려로 팔지 마라' 104쪽

고 있다. 40대에 이르도록 직접적인 성관계를 전혀 갖지 않은 상태나, 결혼해서 초기에는 관계를 맺었지만 지금은 거의 섹스리스로 지내는 남녀들이 많아지고 있다는 것이다. 단지 이성과의 관계에 부담을 느껴서이기도 하지만, 어덜트 비디오의 범람과 숙달된 자위 행위를 통해 손의 압력에 익숙해져 있는 남성들이 여성과의 관계에서 충분한 만족을 느끼지 못하는 점도 한 원인이라고 한다. 이러한 경향은 분명히 한국에서도 진행중인 것으로 보인다. 아마도 조만간 '싱글 섹스'가 수면 위로 강력히 부상할 것이다.

그렇다면 관계의 단절은 스스로 돌파구를 찾은 건가? 골방에 스스로를 가둔 은둔형 외톨이들이 섹스까지 스스로 해결해버린다면 더 이상의 처방은 없는 건가? 내게 섹스에 대해 가장 명쾌한 해답을 준 사람은 〈선데이 나이트 섹스 쇼〉의 수 요한슨 할머니다. 그녀는 캐나다에서 생방송으로 섹스 상담 프로그램을 진행하며 시청자의 온갖 질문에 대해 아주 직설적이고 솔직하게 대답

한다. 그녀는 직접적인 섹스보다 숙달된 자위 행위가 더 큰 쾌감을 가져다준다고 말한다. 그래서 매주 섹스 토이를 들고 나와 사용법을 알려준다. 하지만 할머니는 동시에 주장한다. 아무리 완벽한 자위도 서로 안고 쓰다듬어주는 스킨십, 서로를 다정히 위로해주는 관계의 갈망을 해소해주지는 못한다는 것이다.

『어느 섬의 가능성』으로 돌아가보자. 지구 곳곳의 셸터에서 독립된 생활을 하고 있는 여러 복제 인류들은 가끔씩 통신으로 교류하며 생각을 주고받는다. 마리 23은 그중 가장 열린 마음의 소유자다. 그녀는 야만인들의 세계를 체험하기 위해 자기 방의 문을 열고 나가고, 이어 다니엘 25가 그녀의 행적을 추적해서 그녀가 남긴 메시지를 발견한다. 검은 금속 튜브 속에는 마리가 직접 쓴 플라스틱 종이와 더불어 인간의 소책자에서 찢어 접어넣은 글귀가 있었다. 아리스토파네스의 『향연』에 나오는 사랑에 대한 대화였다.

> 따라서 한 남자가 소년이든 여자든 자신의 반쪽인 대상을 만나게 되면, 놀랍게도 그들은 격렬한 애정, 신뢰, 사랑에 사로잡히게 된다. 그들은 더는 잠시라도 떨어지지 않으려 한다. 서로에게 무엇을 기대하는지 말하지 못하면서도 평생을 함께 사는 사람들이 그렇다. 왜냐하면 상대방과 함께 있는 것이 그토록 큰 매력을 느끼게 하는 것이 오로지 감각적인 쾌락만은 아닌 것으로 보이기 때문이다. 그 둘 모두의 영혼이 말할 수는 없지만 짐작하는, 그리고 짐작하게 하는 다른 것을 욕망하는 것이 분명하다.(461쪽)

다니엘 25 역시 이 의미를 깨달았다. 그는 야만인들에 의해 공격당한 자신의 개 폭스의 주검을 바라보면서, 그 감정을 느낄 수 있었기 때문이다. "이제 나는 내가 사랑을 경험했다는 것을 확실하게 알고 있었다. 왜냐하면 고통을 경

험했으니까."(452쪽)

　인간은 사랑에 감염되면 전혀 다른 생명체로 바뀐다. 지금까지 그를 지켜주었던 문을 열고 무기를 내려놓고 곳간 열쇠도 내어준다. 사실 사랑은 좀비를 만들어내는 바이러스보다 훨씬 강력하다. 왜냐하면 사랑이라는 병은 목을 물지 않고서도 감염시킬 수 있기 때문이다. 손짓 하나로도, 말 한마디로도 감염당할 수 있다. 은둔형 외톨이들도 잘 알고 있다. 그러므로 강고하게 저항하는 것이다. 사람의 얼굴을 피하고 문을 닫고 감정을 동결 상태로 만드는 것이다.

고독사, 어떤 고독의 종결법

　만화『데스 스위퍼』의 주인공 히로유키는 그저 유약하게 하루하루를 보내고 있는 평범한 대학생. 그런데 어느 날 하나뿐인 형이 자살한다. 형은 어릴 때부터 똑똑한 머리로 어머니의 관심을 독차지했고, 의대에 성공적으로 진학하기까지 했다. 그런데 갑자기 학교를 그만두고 집에 틀어박히더니 스스로 곡기를 끊고 죽어버린 것이다. 그는 마음을 채 다스리기도 전에 죽은 형의 시신을 수습하러 가야 하는데, 거기에서 예상 못한 끔직한 상황을 맞이한다. 오랫동안 방치되어 썩고 있던 시체 때문에 자취방은 구더기가 들끓고, 방안 가득한 냄새는 악취를 넘어선 '격취'가 되어 정신을 차릴 수 없게 만드는 것이다. 이때 '스위퍼스'라는 청소 회사의 직원이 나타난다. 이처럼 시신으로 인해 지독히 더러워진 방을 처리하는 전문 업체다.

　히로유키는 형이 왜 죽었는지 그 까닭을 이해하지 못해 방황하다가 스위퍼스에 아르바이트생으로 들어가게 된다. 그리고 우리 모두가 쉬쉬하고 묻어두기만 하는 또 다른 현실을 깨닫는다. 스위퍼스가 처리하는 시체들은 모두 집안에서 심하게 부패된 것들인데, 이렇게 된 이유는 그들이 오랫동안 발견되지 않았기 때문이다. 죽음의 원인은 자살, 타살, 심장마비, 지병 등 여럿이지만, 사망자들 모두 비슷한 공통점을 지니고 있다. 평소에 주변인과 거의 교류가 없는 상태. 그가 병이 들거나 죽음에 이르러도 아무도 봐주지 않는 상태. 말하자면 '고독사'인 것이다. 히로유키의 형 같은 은둔형 외톨이도 있고, 늙고 병들어 혼자 살다 죽은 노인도 있고, 한 집안에 살지만 거의 별거 상태인 부부 중 하나가 자살하고도 한참이나 뒤에 발견된 경우도 있다. 『데스 스위퍼』가 보여주는 것은 '자신만의 방'으로 들어가 독립된 생존을 꾀하던 사람들이 결국 처절하게 실패한 케이스들이다.

2012년 2월 MBC 방송은 〈나홀로 가족 1인 가구 시대〉라는 특별 다큐멘터리를 내보냈다. 여기에 따르면 한국 사회에서 가정을 꾸리지 않은 채, 한 사람이 독립된 가구로 생활하는 경우가 1970년 3.7%에서 2010년에는 23.3%로 증가했다. 서울의 경우 1인 가구들은 지하철 2호선을 중심으로 한 소위 '싱글벨트'에 집중되어 있는데, 직장에 오고 가기 편한 점 때문에 이 지역을 택한 것 같다고 한다. 그러니까 이들은 완전히 골방에 처박혀 사는 은둔형 외톨이는 아닌 것이다. 직장을 다니는 등 생계를 위한 활동을 하고 사회적 관계도 유지하지만, 결혼을 늦추거나 하지 않으면서 혼자 사는 삶에 적응하게 된 것이다.

일본에서는 이와 같은 독신 가정의 증가가 30년 전에 붐을 이루었다. $15m^2$ 정도로 몸만 누일 수 있는 크기의 초소형 임대주택이 주택가에 대거 들어서자 지역 주민들은 이를 반대하는 시위를 벌이기도 했다. 그동안 가족을 중심으로 지역 공동체를 유지하던 사람들에게는 자신들과 전혀 다른 형태의 생활 방식을 가진 사람들과 이웃이 된다는 것 자체가 큰 불안 요소였다. 초소형 주택 거주민들은 동네에 이사 와도 인사를 나누지 않고 자치 모임이나 지역 행사에는 전혀 참여하지 않는다. 서로 얼굴을 익히고 범죄를 비롯한 지역의 문제에 공동으로 대처하던 전통적인 공동체의 울타리가 표정 없는 이주자들에 의해 무너진 것이다.

인근 자치 단체의 사람은 임대주택 입주자들의 안전도 큰 근심거리라고 한다. 지진과 같은 재해가 일어났을 경우, 그런 고층 빌딩의 거주자는 타인의 원조 없이는 탈출하기가 쉽지 않다. 급박한 생존 상황에서는 서로의 도움이 절대적으로 필요한데, 이미 그것을 배제한 채 살아가기로 작정한 사람들이 수십명씩 건물 안에 들어와 벽을 치고 산다. 이 얼마나 큰 불안인가? 그런데 그 위험은 단지 대재난의 상황에서만 문제가 되는 것은 아니었다. 몇십 년 동안 꾸준히 늘어난 1인 가구가 고령화되면서 고독사의 위험이 크게 증가했다. 일본 치바현의 도키와다이라 단지에서는 2010년 한 해 동안 110명 정도가 고독사의 형태로 죽었을 정도라고 한다. 더욱 놀라운 것은 독거노인만이 아니라 30~40대의 고독사도 적지 않았다. 가정에서 급박한 사고를 당하거나 병으로 위험에 처했는데, 이웃이나 외부와의 교류가 없는 상황이니 응급처치를 할 수 없어 결국 죽음에 이르고 만 것이다.

문제의 폭을 좁혀 단지 '서바이벌'의 관점에서만 말해보자. 누군가 고독사를 당하면 부패된 시체를 처리하기가 어렵다든지, 그로 인해 마음이 아프다든지 하는 것에 대한 이야기는 접어두자. 그건 뒤에 살아남은 사람들, 공동체의 문제다. 혼자만의 삶이 그 당사자에게 큰 문제 요소가 되는 것은 위기 대처 능력이 현저히 떨어진다는 사실에 있다. 2010년 뮤지션 달빛요정역전만루홈런, 2011년 시나리오 작가 최고은의 죽음은 동시대의 많은 사람들에게 큰 아픔이었다. 우리는 두 젊은 예술가의 죽음을 통해 음원 수익의 불평등한 분배 구조, 영화계의 작가 홀대 등 여러 문제들을 돌아볼 수 있었다. 최 작가가 죽기 며칠 전에 남겼다는 '며칠째 아무것도 못 먹었다. 남는 밥이랑 김치가 있으면 집 문을 두드려 달라'는 쪽지가 주는 메시지는 강렬했다. 쌀이 썩어도는 시대에 아사(餓死)라니. 허탈한 웃음 뒤에 서늘한 공포가 찾아왔다. 변변찮은 원고료 수입만으로 살아가는 나 역시 그들의 처지와 별반 다를 게 없었던 것이다. 나는 사건이 공개된 그날 최 작가의 죽음에 조문하는 의미로, 원고료와 인세를 미루고 있는 모든 출판사에 전화를 걸어 '나도 굶어죽을지도 모른다'고 읍소하기도 했다. 그리고 진이 빠져 방바닥에 주저앉는 순간, 나는 이 죽음의 또 다른 본질을 알게 되었다. 그들의 죽음은 고독사였다. 지병인 갑상선기능항진증, 급작스런 뇌출혈, 혹은 굶주림…… 사인이 어떻든지 간에 그들이 공동체, 혹은 사회와 연결되어 있었다면 최소한 죽음은 피할 수 있었을 것이다.

이러한 공포는 쌀과 김치도 살 수 없을 만큼 궁핍한 사람들에게만 해당되는 것은 아니다. 드라마 〈섹스 앤 더 시티〉에서 뉴욕의 유능한 독신 변호사 미란다는 새로 이사간 집의 방 치수를 재러 갔다가 옆집 할머니를 만난다. 할머니는 그 집에 혼자 살던 여자가 죽은 지 일주일이 지난 뒤에야 발견되었다고 한다. "소문엔…… 고양이가 얼굴을 뜯어먹었대." 그날밤 미란다는 음식이 목에 걸려 괴로워하다가 겨우 해결하는데, 그 상태로 질식사했을 수도 있다는 공포로 한동안 공황 장애 증상을 보인다. 혼자 사는 여성들이 가진 가장 큰 두려움 중 하나는 이것이다. 내가 욕조에서 기절했는데, 아무도 찾아와주지 않아 죽어버리는 것.

1인 가구는 사회로부터 완전히 달아나지 않았다. 최소한의 관계를 유지하면서 자신의 프라이버시와 자유를 얻기 위해 많은 불편함을 감수하고 좀더 좁은 집으로 들어간 사람들이다. 그래, 결혼과 가정을 포기했다고 치자. 그러나 그들은 사회와의 관계는 포기하지 않았다. 직업을 가지고 세금을 내며 관계를 유지하고 있다. 문제는 이 사회가 그들을 아주 쉽게 포기한다는 사실이다. 여전히 세상은 4인 가구의 매뉴얼만 바라보고 있고, 1인 가구는 그저 결혼을 유예한 가족 준비생으로만 본다. 전세자금 대출도 안 되고, 각종 복지 혜택에서도 제외된다. 일본의 경우 장기 불황 속에 50세가 되도록 한 번도 결혼하지 않은 생애 미혼자 숫자가 꾸준히 증가하고 있다. 그것은 머지않아 한국의 현실이 될 것이다. 그런데도 최소한의 자존을 지키기 위해 방으로 들어간 사람들에게 한국 사회는 소리지른다. 즉시 무장 해제하라. 결혼하라. 아이를 셋 이상 낳아라. 조기 교육을 시키고 입시 전쟁의 전사로 키워라. 그 경고는 결국 이 문의 바깥에서 땅땅 못질하는 소리나 다름 아니다. 우리는 상자 속에 스스로 들어갔다고 생각하지만, 사실은 태어나자마자 하나씩 패키지로 된 상자 속에서 키워지는 것일지도 모른다.

10

나는 왜 서바이벌의 도상 훈련에 나섰나?
—파국의 리허설을 마치며

어떤 종류의 감옥살이를 다른 감옥살이로 표현해보는 것은 합당한 일이다. 그것은 정말로 존재하는 무엇을 존재하지 않는 무엇으로 표현해보는 것과 같다. ─대니얼 디포

 우리의 문명은 늪 위에 세워졌다. 파멸의 시궁창을 덮은 얇은 막 위에 수십억의 인구와 수백 층의 마천루를 포개두었다. 땅 밑의 불안은 끝없이 출렁이고, 멸망의 최종 통보는 째깍째깍 초를 당겨온다. 한 덩어리의 미약한 인류, 혹은 거기에서도 먼지처럼 떨어져 나온 희소한 개인으로서 나는 매일 밤 늪 아래에서 들려오는 비명 소리를 들었다. 삐끗하면 당장 저 아래로 곤두박질칠 수 있다는 공포에 떨었다. 참다 못한 나는 미약한 지식으로나마 이 문제의 상황을 더듬어보려고 했다.

 처음 내가 한 것은 나를 노리고 있는 온갖 파국의 시나리오들을 점검하는 일이었다. 전쟁과 테러, 지진과 쓰나미, 좀비와 전염병, 파산과 노숙, 쪽방과 골방…… 멸망의 괴물들은 다채로운 모습으로 나를 포위하고 있었다. 나는 전략적으로 포기했다. 그래, 저들과 맞서 싸우지 말자. 그보다 먼저 상상 속에서 나를 저 밑바닥으로 떨어뜨려보자. 내가 정말로 어디까지 떨어질 수 있는지, 거기에서 과연 무엇을 만날지, 또 무엇을 할 수 있을지 알아보자. 진짜 절망은 그 이후로 남겨두지.

 나는 부챗살처럼 넓게 퍼진 파국의 시나리오들을 하나로 모았다. 그 위기들이 내게 가져올 공통적인 상황을 '서바이벌 노트'로 정리하고, 멸망 그 다음 순간부터 내게 닥쳐올 문제들을 하나씩 체크했다. 나를 파멸시키기 위해 달려드는 괴물을 피해 안전한 공간에 몸을 숨기고, 고립된 공간에서 자급자족의 방도를 마련하며, 나아가 행복의 부스러기라도 얻어낼 가능성에 대해 탐구했다.

내 운명이 뻗어나갈 가능성은 다시 방사선처럼 다양한 시나리오로 흩어졌다. 나는 절망과 공포를 이기지 못한 채 무기력한 몸뚱아리를 좀비에게 내줄 수도 있다. 수도자의 체념으로 인류라는 종이 사멸해가는 순간을 조용히 지켜볼 수도 있다. 혹은 유전자 깊숙한 곳의 야수를 끄집어내 숲속의 짐승과 뒤엉키고, 먹거나 먹혀 자연의 일부가 될지도 모른다. 그러다 또 다른 생존자들과 만난다면 그들과 공동체를 만들어 새로운 미래를 꿈꾸어볼 수도 있겠지. 하지만 무리 속에서 생겨난 작은 반목 때문에 서로의 목에 칼을 꽂고 나란히 죽어갈 수도 있다. 어쩌면 자의반 타의반으로 다시 무리로부터 떨어져 나갈지도 모른다. 그렇다면 가장 어두컴컴한 동굴을 찾아 홀로 남은 삶을 연명해야 되겠지.

나는 문득, 이 모든 상황들이 그저 게임인 건 아닐까 생각하게 되었다. 나는 '살아남는 것이 이기는 것'이라는 서바이벌의 게임판에 던져졌고, 내가 마주치는 모든 타인은 이 게임의 경쟁자들이다. 나는 이제 저들을 제거하지 않으면 내가 제거된다는 심플한 규칙에 따라 행동해야 한다. 폭력, 거짓말, 따돌림, 때로는 따뜻한 휴머니티도 나의 전략이 될 수 있다. 그리고 나는 깨닫는다. 이 게임은 자유경쟁에 기초한 자본주의의 삶과 아주 닮아 있다.

다만 커다란 함정이 있다. 21세기의 인류인 나는 이 게임판에서 공정한 대결을 기대할 수 없다. 내가 게임을 하러 나타났을 때 모든 땅은 점령당해 있었고, 주사위의 운으로는 도저히 그 핸디캡을 극복할 수 없다. 내가 이 게임에서 제거당하지 않는 단 하나의 방법은 '무인도'로 들어가는 것이다. 그것은 로빈슨의 섬일 수도 있고, 티벳 고원의 샹그리라일 수도 있고, 니어링 부부의 숲속 농장일 수도 있고, 은둔형 외톨이의 골방일 수도 있다. 어떤 이는 거기에서 유토피아를, 다른 이는 거기에서 최악의 지옥을 발견했다고 한다.

나는 이런 꿈, 아마도 악몽, 혹은 어떤 여행에서 돌아왔다. 가까스로 시간을 되돌려 파국 이전의 어느 때로 돌아왔다. 세상은 여전히 평온한 듯 보인다. 연인들은 발렌타인데이 초콜릿을 나누고, 대학 신입생들은 들뜬 마음으로 교문에 들어서고, 우체통엔 결혼식 청첩장이 들어 있다. 나는 고양이 털이 묻어 있는 소파에 누워 달콤한 '일상의 감각'에 젖는다.

서바이벌의 도상 훈련

나는 지하 동굴에서 돌아온 앨리스처럼 크게 심호흡을 하며 가슴에 남아 있는 여진을 진정시킨다. 그리고 생각한다. 내가 냄새 나는 하수구의 뚜껑을 열고 저 어두컴컴한 생존의 밑바닥까지 내려갔다 돌아온 이유는 무엇인가? 모든 것이 디폴트된 그라운드 제로의 어둠을 더듬으며 햇빛 한 줌을 찾아 헤맨 기억은 어떤 의미를 가지는가?

서두에서 말했듯이 나의 책상머리 연구는 진짜 서바이벌 상황이 닥쳤을 때의 행동 매뉴얼이 될 수 없다. 좋게 봐준다면 '약간의 힌트'는 될 것이다. 여러 잡다한 지식들을 모아놓았으니 의외의 정보를 건질 수 있을지 모른다. 변기의 수조가 집에서 가장 깨끗한 물이 남아 있는 장소일 수 있다든지, 사람고기는 육포로 만들어놓는 게 보관이 용이하다든지…… 그러나 위기의 상황에서 이 책이 10쪽짜리 응급 처치 가이드보다 유용할 것이라고 장담하지는 못한다.

다만 이 책은 하나의 도상 훈련은 될 수 있을 것이다. 그리고 많은 생존 가이드 북이 단기간의 급박한 피신과 응급 처치를 다루는 반면, 진정한 재생을 위해 장기간 동안 어떤 과정을 거쳐야 하는지를 살펴보는 지침이 될 수도 있다. 나는 독자들에게 이 책 바깥에서도 이러한 생존의 도상 훈련을 계속해 나길 것을 권한다. 나 자신은 생활의 순간순간에 서바이벌의 상황을 가정하고 파국을 예비하는 훈련을 시도한다. 그것은 흥미진진한 게임이 될 수도 있다.

2012년 3월 건축학을 전공하는 대학생들인 '비온 대지'가 노숙자들을 위한 누에고치집을 발표했다. 1만 원 이내의 제작비로 만들어진 이 이동형 상자집

† 디자인이 뛰어나거나 독창적이지는 않았다. 이전에도 김황의 어반 홈리스 코쿤(urban homeless cocoon), 아틀리에 OPA의 팝-업 셸터(Simple Pop-Up Shelters) 등 유사한 시도들은 있어왔다.

은, 골판지를 주 재료로 해서 바람과 외부의 시선을 막도록 디자인되었다.† 나는 그 상자집을 보며 나 자신이 노숙인이 되거나, 큰 재난으로 집을 잃고 무너진 도시에서 살아가야 할 때를 떠올려보았다. 내 몸을 지킬 최소한의 주거 공간은 어떻게 만들어야 할까? 나는 누에고치집을 응용해 택배 상자들로 노숙용 상자집을 만들어보기로 했다. 결코 쉽지 않았다. 몸이 충분히 들어갈 만한 크기의 종이 박스를 구하는 것 자체도 어려웠고, 그 정도 크기를 들고 다니거나 보관하는 방법도 막막했다. 기회가 닿으면 그 누에고치집을 하나 얻어두는 게 좋을 것 같다. 다만 방수 문제를 해결 못하는 약점은 따로 고민해보아야 한다.

나는 1~2년에 한 번씩은 장거리 여행을 떠난다. 이것 역시 서바이벌 훈련이 될 수 있다. 아니 그 자체가 실제의 생존 체험이 될 가능성도 적지 않다. 말도 통하지 않고 집도 친구도 없는 낯선 외국에서 지갑과 여권을 잃어버린다고 생각해보라. 이때는 내가 들고 있는 여행가방이 유일한 생존의 도구, 그러니까 '시작의 상자'가 된다. 그래서 나는 여행가방을 쌀 때 '만약 내가 이 상태로 대재난을 만난다면'이라는 가정을 해본다. 최소한의 비상식량, 옷가지, 구급약품, 랜턴 등을 채워넣어야 하고, 노숙을 위한 침구, 스킨헤드족과 맞설 방어 수단도 챙기면 좋다. 그리고 이 모든 걸 넣은 가방의 무게는 직접 들고 다닐 수 있는 한도를 넘어서는 안 된다.

때론 친구나 그 아이들과 함께 훈련을 한다. '전기 없는 밤' 같은 이벤트는 지구 환경을 걱정하는 행사만이 아니라 심대한 재난 상황을 가정한 연습도 된다. 깜깜한 방 가운데 촛불을 켜놓고 온 가족이 모여 이런 이야기들을 나눠본다. "너는 만약 지진이 일어났는데, 엄마 아빠가 집에 못 돌아오면 어떻게 할래?" 몇 가지 안전 수칙을 일러주는 것도 중요하지만, 가족들이 서로 헤어졌을 때 편지를 놓아둘 장소를 지정해둔다든지 하는 일도 좋다. 의외로 아이들이 생존에 본능적으로 민감하고, 더 현명한 생각들을 내놓는다는 것도 알게 된다.

파국의 감각을 깨우는 것은 단순한 도상 훈련에 그치지 않는다. 우리는 이 과정을 통해 관성적인 삶의 스타일을 바꾸고, 임박한 위기에 적극적으로 대응할 수도 있다. 서브프라임 모기지 위기 직후《뉴욕타임스》는 '덜 가지고 살기(Living With Less)'라는 주제로 포럼을 열어, 독자들에게 심대한 경제적 파국 상황에서 살아남기 위한 방법들을 이야기해달라고 했다. 트위터 시대에 맞게 140자로 요약된 생존 전략 중에는 우리가 이야기해온 완전한 밑바닥의 생존법과 통하는 것이 적지 않았다. '직접 채소를 길러라. 주변에 두 군데 정도 채소 정원을 만들어라. 돈을 아끼고, 새로운 사람을 만나라.'(ML, Eastchester, NY) '네가 할 수 있는 일을 즐겨라. 나머지는 잊어버려라.'(Maria Teresa Quirke Arrau, Chile, South America) '좀 더 걸어라. 목적지가 당신 생각만큼 멀지 않을 수 있다. 게다가 건강까지 챙겨준다.'(Karen Borst-Rothe, California) '단추를 갈아 끼우고 찢어진 곳을 꿰매는 방법을 배워라. 당신 스스로 옷 자체를 만들어보고 싶어질 거다.'(Mary, Canada)

수입은 줄어들고 물가는 오르고 생필품은 부족해졌다. 그런데 한 가지는 늘어났다. 시간이다. 결국 우리는 이 시간을 활용해서 스스로에게 필요한 것을 만들어가야 한다. 그것은 더욱 능동적으로 이 시간을 활용해야 한다는 것이다. 그냥 직장에서 시키는 대로 일하고 그렇게 생긴 돈으로 대형 마트를 방문해 카트를 채워오는 방식의 생활은 곤란하다. 스스로 무엇이 필요한가 혹은 필요없는가를 판단해야 하고, 없는 것을 스스로 만들기도 해야 한다.

그동안 우리 삶의 방식은 지나치게 분업화되었고, 경제는 또 지나치게 세계화되었다. 그 한쪽 고리가 부서졌을 때 그것을 보충할 수 있는 유연함이 부족했기에 오늘의 위기가 닥쳐온 것이다. 우리는 모든 것을 자급할 수 없더라도, 그 물품들이 어떤 경로로 우리에게 도달하는지를 파악하고 가능하면 유통의 경로를 단순화해야 한다. 나아가 우리는 행복의 유통 경로를 줄여야 한다.

밤낮 없이 공부에 매진해서 사회가 우러러보는 직업을 얻고, 잔업과 철야를 거듭해서 돈을 벌고, 그것으로 제3세계 아이들이 만든, 고가의 로열티와 홍보비를 붙여 파는 상품을 구입해서 얻는 행복도 행복이다. 그러나 낡은 옷가지들을 모아 퀼트 이불을 만들어 덮는 즐거움, 자신의 화분에서 키운 상추를 뜯어먹는 재미도 알아야 한다. 어쩌면 지구는 지금 갖가지 재앙이라는 형태로 자신의 몸을 흔들며, 인간들에게 문명의 고층 빌딩에서 내려와 땅 위에 발을 딛도록 강제하고 있는지 모른다.

우리는 파국을 상상함으로써 가장 기초적인 삶을 확인한다. 그를 통해 안락한 삶의 관성을 떨쳐내고, 우리가 살아가던 '매뉴얼의 삶'을 되돌아볼 기회를 얻는다. 그리고 스스로에게 이렇게 물어볼 기회를 얻는다. 우리 삶에서 본질적으로 필요한 것은 무엇인가? 단지 관념으로, 허영으로, 장식으로 가지고 있는 것은 무엇인가? 이 상황을 개선하기 위해 챙길 것은 무엇이고, 버릴 것은 무엇인가? 그렇게 삶이라는 가방 안의 물건을 정리하며 허위를 내버리고 진짜를 채워넣는다. 부정할 수 없는 답은 허영만큼 불필요한 것도 없고, 건강과 지식과 철학만큼 소중한 것이 없다는 사실이다.

우리 모두의 감옥살이

알베르 카뮈는 『페스트』의 제목을 원래 '수인들(Les Prisonniers)'로 할까 생각했다고 한다. 나의 책 역시 그 제목을 붙여도 무방하다. 텅 빈 지구에 혼자 살아남은 인류, 무인도에 표류되어 달아나지 못하는 생존자, 쪽방촌에서 식어가는 온수통 하나에 기대 겨울을 보내는 빈민, 골판지 상자에 들어가 작은 틈으로 바깥을 내다보는 상자 인간…… 이 책의 주인공들은 너나 할 것 없이 수감되어 있다. 기한은 대체로 무기(life sentence)다.

그런데 밀폐된 세계에서 살아남기 위해 아등바등대는 죄수들의 모습을 지켜보며 내가 깨달은 사실이 있다. 그들은 희소한 확률에 걸려버린 '소수'의 희생양이 아니다. 언젠가 찾아올지 모르는 파국의 '미래'가 아니다. 바로 '지금', 밀폐된 자본주의에 살아가고 있는 '대다수-우리'의 처지가 그들과 크게 다르지 않다. 우리는 죄수다. 몇 가지 더 선택의 여지를 가졌다는 이유로 아득바득 경쟁까지 해야 하는 죄수다.

우리가 살아가는 집이란 얼마나 무거운가? 가난한 자는 가난한 대로 부자는 부자대로 자신의 재산이 허락하는 한도를 꽉 채운, 혹은 넘쳐버린 집에서 산다. 그 집들은 또한 빽빽하게 밀식되어 있다. 물리적 간격은 촘촘해지고 심리적인 벽은 더욱 두터워진다. 공동체에 대한 기대는 배부른 소리. 옆집 사람의 나이, 직업, 심지어 얼굴도 모르는 경우가 허다하다. 그렇게 집은 나를 밀폐시키는 육면의 벽이 되고 만다. 그렇기 때문에 사람들은 더 큰 집을 얻으려고 버둥대고 있는지 모른다. 같은 감옥이라도 큰 감옥이 나은 거니까.

우리가 일하는 직장이란 얼마나 빽빽한가? 촘촘히 나뉜 파티션 사이에 구획정리된 우리는 내가 선택하지 않은 사람들과 하루 여덟 시간 이상 함께 호흡하고 있다. 단지 일뿐이랴. 점심도 같이 먹고, 커피도 같이 마시고, 때론 퇴근 후에 회식자리까지 공유해야 한다. 그것은 섬, 너무나도 좁은 섬이다. 그러나 답답하다고 무턱대고 바깥으로 뛰쳐나올 수는 없다. 살벌한 길바닥엔 조난당한 노숙인들이 유통기한 지난 삼각김밥을 두고 다투고 있다. 그러니 참자. 참아야 한다. 이 섬에는 그래도 대형 할인마트가 있다. 카드를 그으면 지를 수 있는 온갖 물건들이 있다. 여기에서 몇 년 혹은 십수년 간 서바이벌하며 동료들을 제거시켜 나가면, 언젠가 테헤란로가 내려다보이는 독방으로 승진되어 갈 수 있을지 모른다.

내가 이 책에서 여러 차례 말한 '아민으로의 투항', '살아남은 자의 위악' 역시 파국의 미래가 아니다. 그것이 현재 진행되고 있음은 아이들의 세계에서 극명하게 드러난다. 학교에 보낸 아이들은 그들만의 섬에서 산다. 부모도 교사도 감히 개입하기 어렵다. 그 세계는 일진과 빵셔틀의 계급 나눔, 체계적인 약탈과 따돌림이 만연한 곳이다. 어른들은 빛나는 문명이 지구를 뒤덮었다고 자부하지만, 아이들은 그 문명과 문명 사이에 돋아난 야생 속에서 하루하루를 버텨나가고 있다.

7장에서 나는 아이들에게 주입된 '게임적 세계관'이 타인을 경쟁자로만 인식하게 만들었고, 친구는 물론 부모까지 경계하고 제거해야 할 타자로 여기게 한다고 말했다. 물론 이러한 현상은 현대 자본주의에서 매우 심화되어 있다. 그러나 나는 이것이 현대 사회가 발명한 병폐, 혹은 일시적인 현상으로만 인식해서는 곤란하다고 생각한다. 프랑스의 우파와 좌파를 대표하는 지식인으로서 편지를 나눈 미셸 우엘벡은 베르나르 앙리 레비에게 이렇게 말한다.

> 어렸을 때(사실은 사내아이들 틈에 끼어 있었을 때) 나는 희생자를 골라내는 끔찍한 상황에 여러 차례 가담한 적이 있습니다. 희생자가 정해지면 무리에 속한 아이들은 그에게 대놓고 욕을 하면서 수치심을 줍니다. 더 강한 힘, 예컨대 교사들이나 경찰들의 힘이 없었다면 이와 같은 이지메 현상은 분명히 더 과격해졌을 것입니다. 심지어는 고문이나 살인으로 번질 수도 있었겠지요.(『공공의 적들』, 16쪽)

여기에 대해 레비 역시 자신이 졸업한 고등학교에서 공식적인 놀림감이 되어 가방을 뺏기고, 얼굴에 잉크를 묻히고, '어린 하이에나 무리'들로부터 지하철까지 쫓김을 당한 말라라는 소년을 떠올린다. 그리고 자신이 그 말라와 거리낌 없는 친구가 되었다고 살짝 자랑한다. 이어 자신이 사범학교를 다닐 때 존경하던 선생님이 자신의 눈을 피하길래 이상하다 여겼더니, 레비의 아버지가 장교학교 시절에 그 선생이 말라와 같은 처지였던 것을 보호해주었다고 좀더 자랑을 한다. 자신이 '더 정의로워서' 그런 것은 아니라고 하지만.(앞의 책 26-28쪽)

『파리대왕』의 어린 사냥꾼들은 언제 어디에나 있다. 최첨단의 도시, 초고층 빌딩, OECD 가입, 올림픽과 월드컵 개최로는 그들을 제거하지 못한다. 믿음으로 가득한 공동체, 상호 견제, 책임 의식 있는 교사, 어쩌면 경찰력까지 협동해야 이 꾸준한 야만을 이길 수 있을지 모른다. 내가 우리의 문명이 얇은 습자지 위에 떠 있다고 말한 이유도 여기에 있다. 인간은 언제든지 야만으로 침몰할 수 있다. 그 사냥꾼들이 아이가 아니라 어른이라면 사태는 더욱 걷잡을 수 없다. 프로야구 게시판에 오가는 온갖 지역 차별의 단어들, 강력 범죄가 생겨날 때마다 중국인, 조선족, 동남아시아인에 덧붙여지는 혐의들을 보라. 발칸반도에서 일어난 인종 분쟁이 이곳에서 일어나지 않으리란 법이 없다.

아이든 어른이든, 당신이 이러한 지옥의 희생양이 되고 싶지 않다면 서바이벌 의식을 갖추어야 한다. 남들이 나를 죽이기 전에 내가 먼저 칼을 던지라는 말이 아니다. 시민들이 모두 눈을 감고 공포심에 서로를 찔러죽이는 바보 같은 마피아 게임을 중단할 방법을 찾아야 한다. 학교에서든 회사에서든 누군가 사소한 이유로 약자를 괴롭히는 것을 목격했다고 해보자. 나는 바로 이런 판단을 한다. '다음 타깃은 내가 될 수 있다.' 그렇다면 어떤 조처를 취해야 할까? 다수의 편에 찰싹 달라붙어 약자를 함께 밟아야 하나? 그것은 이 지옥 같은 서바이벌 게임을 반복할 뿐이다. 그 약자가 제거되면 다수는 또 다른 제거 대상을 찾으려 할 것이다. 진정한 해답은 내가 속한 이 집단이 함께 생존할 가능성을 찾는 것이다. 누구도 제거당하지 않는 시나리오. 그 가능성만으로도 우리는 다른 종류의 삶을 살아갈 수 있다.

인류 절멸이 아닌, 어떤 시나리오

나는 개인주의자이고, 이 책의 주어도 이기적인 욕망에 따라 자신의 살길을 궁리하는 개인이다. 애초에 국가, 사회, 집단의 관점에서 나를 희생시킨다는 시나리오는 없다. 그러니 영민한 독자는 이런 지적을 할 수도 있다. "당신은 왜 이러한 서바이벌의 지식과 전략들을 공개하는가? 감추어두고 혼자만 알고 있는 것이 훨씬 유리하지 않은가?" 현명한 지적이다. 나도 그런 밀봉의 전략에 대해 심각하게 고려했다. 그러나 나는 내가 발견한 미약한 진실들을 비밀 저장고에 넣어두고 혼자 읽는 방법을 택하지 않았다. 우리가 마피아 게임의 가면을 쓰고 있기보다는 서로의 맨 얼굴을 맞대고 함께 생존의 전략을 찾는 것이 훨씬 낫다는 결론을 내렸기 때문이다.

내가 이 세계에서 가장 두려워하고 있는 것은 지진도 쓰나미도 지구 온난화도 아니다. 진정한 공포는 사람이다. 퀭한 눈빛의 좀비들을 끝없이 양산해내는 이 바보 같은 시스템이다. 수천만 원의 학자금 대출을 마이너스로 깐 채 졸업해 아르바이트를 전전하며 스펙 쌓기에 매달리지만 변변한 일자리 하나를 구하지 못해 절망에 빠진 세대가 있다. 유럽에서 '밀레우리스티(1000 유로 세대)' 한국에서 '88만원 세대'라 불리는 젊은이들은 매우 복잡한 요소의 귀결물이다. 사회주의 혁명의 실패, 촘촘히 연결된 승자 독식의 세계 경제, 강화된 계급 구조, 은폐된 공간에서 세계를 엿볼 수 있는 인터넷…… 제반의 요소들이 그들의 현재를 만들고 있으리라. 어쨌든 그들은 사회 진출의 초입에 세계 경제의 몰락을 맞은 비운의 세대이다. 그들의 일부는 대학가 고시원에서 기거하며 미래의 대박을 꿈꾸고 멘토들을 찾아다니며, 또 일부는 부모의 품에 안긴 채 취직 시험까지 코치를 받는 패러사이트 싱글†의 생활을 하고 있을 것이다. 혹은 모든 것을 포기하고 골방에 기어들어가 문을 꼭꼭 닫은 은둔형 외톨이가 되어 있을지도 모른다. 나는 그들의 무기력에 한탄하지만, 또한 그들 속에 누적된 불만이 어느 날 폭발해버리지 않을까 두려워하기도 한다. 그것이 어떤 프로젝트를 가진 혁명의 주먹이라면 달게 얻어맞고 논쟁하겠다. 나 역시 그러했으니까. 그러나 저들이 맹목적인 생존 본능으로 파괴와 약탈을 일삼는 존재가 된다면, 나는 어떻게 맞서야 할지 모르겠다. 그것이야말로 진정한 묵시록이라고 생각한다.

† 20대 후반에서 30대 초반 이후까지 부모의 집에서 살아가는 독신남녀. 일본에서는 패러사이트 싱글(パラサイトシングル), 독일에서는 엄마 호텔(Hotel Mama)에서 사는 둥지 안의 새(Nesthocker), 이탈리아에서는 큰 아기(bamboccioni)로 불리는 등 세계적인 현상이다.

나는 이 책 전반에서 이와 같은 의식 없는 파괴의 무리를 좀비라는 은유로 해석해왔다. 이제 나는 좀비들이 맞게 되는 결말들 중에서 독특한 케이스 하나를 이야기해볼까 한다. 〈나는 전설이다〉, 〈새벽의 저주〉 등 많은 좀비 장르의 작품들이 주인공들의 완전한 패배로 귀결된다. 기껏 살아봤자 한두 명이 극적인 탈출을 하는 것으로 끝을 맺는다. 그런데 〈새벽의 황당의 저주〉에서는 특이하게도 인간이 주도권을 잡고 좀비들과 공존한다. 그리고 이 영리한 영장류는 살아 있는 시체들을 태워 없애지 않는다. 그것보다 훨씬 유용한 방법을 찾아낸다. 인간들은 좀비들이 불분명한 자의식 속에 같은 동작을 반복한다는 점에 착안해, 이들을 노동력으로 활용한다. 썩어문드러질 때까지는 죽지도 않은 채 계속 똑같은 일을 하는 생체 생산 설비가 되는 것이다.

인류학자 클로드 레비 스트로스는 『슬픈 열대』에서 말한다.

> 인간이 지리적, 사회적, 지적 공간 안에서 답답해졌을 때는 한 가지 간단한 해결책이 그를 유혹할 우려가 있다. 그 해결책이란 인간이라는 종의 일부에 대해서 인간의 자격을 인정하지 않으려 드는 것이다.(310-311쪽)

인도인은 그 아이디어로 카스트 제도를 만들었다. 아메리카를 개척하던 유럽인들은 아프리카인들을 데려와 노예로 부려먹었다. 현대의 민주주의 사회에서 노예는 불가능하다. 모든 사람들은 동등히 게임에 참가해 최종 승자가 될 자격을 얻는다는 규약이 생겼다. 그런데 21세기 세계의 지배자들은 비정규직이라는 틈을 찾아냈다. 그들은 이 젊은이들이 불분명한 자의식을 가지고 반복적인 동작을 계속하기를 바란다. 그러다 썩으면 내다버린다. 노동자들은 스스로의 존재를 자각하고 단결한다. 자본가에게 파업의 망치를 던진다. 그러나 좀비화된 비정규직은 각자가 단발적인 욕망에 따라 움직일 뿐이다. 다른 좀비가 쓰러지면 밟고 지나갈 뿐이다. 그렇다면 이러한 해결책은 새롭고 단단한 체제를 만들 수 있을까? 누구도 그렇게 생각하지는 않을 것이다. 일시적인 대응책일 뿐이다.

인간은 자신들의 편리를 위해 계급을 만들고, 그 계급을 중층화해서 반란을 완충화하는 데 아주 오랜 경험과 역사를 가지고 있다. 파국의 위기감은 그들을 길들이는 데 아주 유용한 도구다. 너희들이 정해진 위치를 지키지 않으면 경제가 어려워지고, 주가는 곤두박질친다. 지금 당장 대재난이 찾아오는데, 자유니 평등이니 외치는 것은 개소리다. 길거리에 나온 파업자들을 방치하면, 그들은 너희의 목을 물고 자신들과 같은 좀비로 만들 것이다. 여기 무기를 줄테니 쥐어라. 나가서 문을 막고 저들의 침입을 저지하라. 한동안은 그러한 시스템이 해답을 줄 것으로 여겨졌다. 그러나 세계 경제는 뒤틀려갔다. 좀비를 막아야 할 중산층들이 급속히 와해되었다. 그저 고시원에 처박혀 있어야 할 외톨이들이 뛰쳐나와 묻지마 범죄를 저지르게 되었다. 공산주의자나 이슬람 광신도가 아니라, 밋밋한 얼굴의 청년들이 극장에 총을 난사하고 있다. 정치인, 재벌, 군대…… 어떤 이름인지 모르겠다. 어쨌든 그 지배자들이 다수를 파국으로부터 지켜줄 수 있다는 희망은 사라져 가고 있다.

우리는 밀폐된 방에서 나와 옥상 위로 올라가야 한다. 그리고 이 세계를 꼿꼿이 바라보아야 한다. 자각하자. 이러한 허위의 게임을 끝내지 않으면, 우리는 계속 헛된 주사위를 굴리게 된다. 승자 독식의 게임에서 탈락자가 되지 않기 위해 벼랑 끝에 서 있는 동료를 밀어내지만, 결국 그를 밀어냄으로써 나를 한 걸음 더 벼랑 가까이 몰고 가게 된다. 세상은 파국을 맞이하지 않았는데, 개인들은 그 파국보다 비참한 삶을 살아가야 한다. 우리는 생존하기 위해 스스로 판단하고 해답을 찾아야 한다. 매뉴얼은 집어던져라.

한 마리의 하얀 고래, 혹은 전설의 물고기를 낚기 위해 바다로 가 운명의 대결을 펼치던 『모비딕』과 『노인과 바다』의 시대는 저 멀리 저물었다. 우리는 고래의 소문을 듣고 바다로 갔으나 해파리떼에 갇혀 옴짝달싹도 할 수 없는 처지에 처해 있다. 선상으로 기어올라오는 해파리들, 혹은 좀비들은 우리의 총과 칼에 죽어 쓰러지지만 더 많은 수의 종족들을 불러모은다. 전쟁, 지진, 해일, 신이 내린 징벌과 같은 일회성의 재앙이라면 누군가 운명의 영웅이 나가 싸워 없애면 된다. 테세우스도 헤라클레스도 그렇게 태어난 존재다. 그러나 우리 발을 잡고 끌어당기고 있는 이 퀴퀴한 납덩이의 늪은 어찌해야 하나? 누군가 좀비로부터 탈출했다는 이야기는 들었지만, 좀비를 절멸시켰다는 이야기는 듣지 못했다. 왜냐고? 그 좀비는 인류 자신이고, 인류가 인류를 절멸시켜야 이 악몽이 끝난다는 자가당착의 시나리오에 갇힌 것이다.

나는 아직 그 해답을 모르겠다. 그래서 이 멸망의 세계를 몇 번이고 되짚어 걸어보고 있다. 스스로 반쯤 좀비가 된 채, 좀비와 인간 양쪽을 이해하려고 노력하고도 있다. 나는 지난 세기의 서두에 이탈리아의 감옥에 갇혀, 생각에 생각을 거듭했던 안토니오 그람시의 말을 되새긴다. "나는 프로메테우스가 아니라 욥처럼 살아야 한다. 독수리가 아니라 구더기와 싸워야 한다."

반대로 번역하기

'시간이 존재하지 않고, 오직 삶 자체만이 중요한 곳에서의 모험'

2008년 8월 프랑스의 탐험가 사비에르 로세트(Xavier Rosset)는 가장 순수한 형태의 무인도 체험을 떠났다. 그는 스위스아미 나이프 하나, 카메라, 카메라 충전을 위한 태양전지판만 들고 태평양의 통가 왕국에 있는 토푸아 섬에 들어갔다. 그는 300일 동안의 무인도 생활을 촬영해 다큐멘터리로 만들 계획이었다. 그러니까 스스로를 기록하기 위한 장비 외에는 얇은 옷에 칼 하나만 차고 무인도로 들어간 것인데, 무인도 체험 중에서도 가장 원시적인 형태를 실천한 셈이다.

그는 이를 통해 자연과의 교감, 자연과 동등한 위치에 놓였을 때 사람의 행동 변화, 수렵 생활, 생식 등을 체험하려 했다. 즉, 벌거숭이 자연인으로서의 인간의 능력을 시험하고 그를 통해 만나게 된 새로운 세계에 대해 기록한 것이다. 그는 이 실험에 앞두고 이 프로젝트를 위한 인터넷 사이트(xavierrosset. com)에 몇 가지 질문을 던졌다.

나는 그의 질문들을 직역하지 않고, 반대로 번역해보기로 한다. 그것은 바로 무인도로 떠나가지 않은 우리 모두에게 던질 수 있는 물음인 것 같다.

What will you do if ??? 나는 무얼 할 건가?

you were the only person 다른 많은 사람과 함께

in an unknown place, 이미 알고 있는 어떤 장소에서

without the possibility of leaving, 여러 생존의 도구를 지니고

without food, 냉장고와 슈퍼마켓에 식량을 갖추고

without shelter, 비를 피할 지붕과 따듯한 방을 가지고 있고

without tools, 전기와 식기와 공구상자도 있고

without family, 가족도 있고

without friends and 친구도 좀 있고

especially without technology, 여러 기술자를 부를 수도 있고

thus without the Internet... 무엇보다 인터넷이 가능한 곳에서.

디스토피아는 유토피아를 반대로 번역한 모습이다. 죽음을 들여다본다는 것은 삶을 역설로 체험하는 것이다. 서바이벌의 밑바닥에 뛰어내려 그 지옥을 만져보는 일은 곧 우리의 일상을 거울을 통해 비춰보는 것이다.

나는 사람들을 만날 때 물어보곤 한다. 당신의 밑바닥은 어디인가요? 어디까지 떨어져도 살아날 수 있다고 생각하십니까? 어느 정도의 상황이라면 거

기에서 행복까지 얻어낼 수 있다고 여깁니까? 그것은 우리 일상의 순간순간에 대한 물음이다. 나는 내 발밑에서 쌕쌕 숨쉬고 있는, 이 파국이라는 녀석을 조금 사랑하게도 된 것 같다.

:: 참고문헌 ::

소설, 만화 |

- 나카자와 케이지, 『맨발의 겐』, 김송이 역, 아름드리, 2006년
- 다니엘 디포, 『로빈슨 크루소』, 남명성 역, 펭귄클래식코리아, 2008년
- 로베르 메를르, 『말빌』, 이재형 역, 책세상, 1996년 / 『최후의 성 말빌』(개정판) 2002년
- 리처드 매드슨, 『나는 전설이다』, 조영학 역, 황금가지, 2005년
- 모치즈키 미네타로, 『드래곤헤드』, 전10권, 김용선 역, 서울문화사, 1998~2002년
- 미셸 우엘벡, 『소립자』, 이세욱 역, 열린책들, 2003년
- 미셸 우엘벡, 『어느 섬의 가능성』, 이상해 역, 열린책들, 2007년
- 미셸 투르니에, 『방드르디, 태평양의 끝』, 김화영 역, 민음사, 1995년
- 미우라 겐타로, 『재팬』, 정훈 역, 대원씨아이, 2001년
- 박흥용, 『경복궁 학교』, 세주문화, 1997년
- 박흥용, 『그의 나라』, 1~4권 대원씨아이, 2001~2002년
- 아베 코보, 『상자인간』, 송인선 역, 문예출판사, 2010년
- 아즈마 히데오, 『실종일기』, 오주원 역, 세미콜론, 2011년
- 야시마 타로, 『까마귀 소년』, 윤구병 역, 비룡소, 1996년
- 에도가와 란포 '인간의자', 『음울한 짐승』, 김문운 역, 동서문화사, 2003년
- 알베르 카뮈, 『페스트』, 김화영 역, 민음사, 2011년
- 윌리엄 골딩, 『파리대왕』, 이덕형 역, 문예출판사, 1999년
- 유키노부 호시노, 『블루홀』, 전2권, 김완 역, 애니북스, 2010년
- 이시카와 유고, 『스프라이트』, 1~4권 강동욱 역, 대원씨아이, 2011~2012년
- 잭 런던, '불을 피우기 위하여', 『야성이 부르는 소리』, 곽영미 역, 궁리, 2009년
- 제임스 힐튼, 『잃어버린 지평선』, 이경식 역, 문예출판사, 2004년
- 주제 사라마구, 『눈먼 자들의 도시』, 정영목 역, 해냄, 2009년
- 쥘 베른, 『15소년 표류기』, 김윤진 역, 비룡소, 2005년

- 쥘 베른, 『신비의 섬』, 김석희 역, 열림원, 2006년
- 진 리스, 『광막한 사르가소 바다』, 윤정길 역, 펭귄클래식코리아, 2008년
- 키타가와 쇼, 『데스 스위퍼』, 1~5권, 오경화 역, 대원씨아이, 2009년
- 타무라 유미, 『세븐시즈』, 1~21권, 정효진 역, 서울문화사, 2003~2012년
- Henry De Vere Stacpoole, 『The Blue Lagoon』, Hard Press, 2006년
- すぎむらしんいち, 『ホテルカルフォリニア』, 전2권, ベストセラズ, 1999년
- 大友克洋, 『AKIRA』, 전6권, 講談社 1984~1993년
- 楳図かずお, 『漂流教室』, 전6권, ビズコミュニケーションズジャパン, 1993년
- 楳図かずお, 『わたしは真悪』, 전7권, 小学館, 2000년

저술

- 기타노 다케시, 『죽기 위해 사는 법』, 양수현 역, 씨네21, 2009년
- 데이바 소벨, 『경도』, 김진준 역, 생각의나무, 2001년
- 루이스 멈퍼드, 『인간의 전환』, 박홍규 역, 텍스트, 2011년
- 리즈 앙드리, 『로빈슨』, 박아르마 역, 이룸, 2003년
- 리처드 도킨스, 『이기적 유전자』, 홍영남 역, 을유문화사, 1993년
- 리처드 커니, 『이방인, 신, 괴물』, 이지영 역, 개마고원, 2004년
- 막스 호르크하이머, 『도구적 이성 비판』, 박구용 역, 문예출판사, 2006년
- 매트 리들리, 『이성적 낙관주의자』, 조현욱 역, 김영사, 2010년
- 매트 리들리, 『이타적 유전자』, 신좌섭 역, 사이언스북스, 2001년
- 메리 로취, 『스티프』, 권루시안 역, 파라북스, 2004년
- 버트란드 러셀, 『런던 통신 1931~1935』, 송은경 역, 사회평론, 2011년
- 베르나르 앙리 레비, 미셸 우엘벡, 『공공의 적들』, 변광배 역, 프로네시스, 2010년
- 스코트 니어링, 『그대로 갈 것인가 되돌아 갈 것인가』, 이수영 역, 보리, 2004년
- 스티븐 킹, 『죽음의 무도』, 조재형 역, 황금가지, 2010년
- 신디 엥겔, 『살아 있는 야생』, 최장욱 역, 양문, 2003년
- 아이린 다이아몬드 외, 『다시 꾸며보는 세상』, 정형경 외 역, 이화여자대학교출판부, 1996년
- 아이작 아시모프, 『아시모프의 과학소설창작백과』, 김선형 역, 오멜라스, 2008년
- 안드레아 페리, 『폐소공포증』, 변상구 외 역, NUN, 2010년

- 여인중,『은둔형 외톨이 히키코모리』, 지혜문학, 2005년
- 영국사상연구소,『논쟁 없는 시대의 논쟁』, 박민아 외 역, 이음, 2009년
- 예란 테르보른,『다른 세계를 요구한다』, 이재역 역, 홍시, 2011년
- 요엘 퀴노,『기상 천외의 발굴, 로빈슨 크루소의 일기』, 정창호 역, 삼우반, 2004년
- 이언 와트,『근대 개인주의 신화』, 이시연 역, 문학동네, 2004년
- 자크 아탈리,『호모 노마드 유목하는 인간』, 이효숙 역, 웅진닷컴, 2005년
- 장 자크 루소,『에밀』, 김중현 역, 한길사, 2003년
- 조나단 프랭클린,『THE 33(세상을 울린 칠레 광부 33인의 위대한 희망)』, 이원경 외 역, 월드김영사, 2011년
- 조반니노 과레스키,『비밀일기』, 윤소영 역, 막내집게, 2011년
- 조지 오웰,『파리와 런던의 밑바닥 생활』, 신창용 역, 삼우반, 2008년
- 찰스 버그먼,『오리온의 후예 - 사냥으로 본 남성의 역사』, 권복규 옮김, 문학과 지성사, 2010년
- 찰스 프레드 앨퍼드,『인간은 왜 악에 굴복하는가』, 이만우 역, 황금가지, 2004년
- 카트리나 침머,『혼자 사는 기술』, 안미현 역, 이마고, 2003년
- 코디 런딘,『재난이 닥쳤을 때 필요한 단 한 권의 책』, 정지현 역, 루비박스, 2011년
- 크리스티안 G. 폰 크로코,『바다의 학교』, 안미란 역, 들녘, 2005년
- 클로드 레비-스트로스,『슬픈열대』, 박옥줄 역, 한길사, 1998년
- 폴 D. 스튜어트 외,『갈라파고스(세상을 바꾼 섬)』, 이성호 역, 궁리, 2009년
- P. F. 켈러만 외,『트라우마 생존자들과의 심리극』, 최대헌 외 역, 학지사, 2008년
- Henry David Thoreau,『Walden and Civil Disobedience』, Barnes and Noble Classics, 2003년
- José Ortega y Gasset,『Meditations on Hunting』, 영역 Howard B. Wescott, Scribner's, 1985년
- Lawrence Rees,『Their Darkest Hour』, Ebury Press, 2008년
- 樫村政則,『完全失踪マニュアル』, 太田出版, 1994년

어느 날
갑자기,
살아남아 버렸다

1판 1쇄 찍음 2012년 12월 12일
1판 1쇄 펴냄 2012년 12월 20일

지은이 이명석

주간 김현숙
편집 변효현, 김주희
디자인 이현정, 전미혜
영업 백국현, 도진호
관리 김옥연

펴낸곳 궁리출판
펴낸이 이갑수

등록 1999. 3. 29. 제300-2004-162호
주소 110-043 서울시 종로구 통인동 31-4 우남빌딩 2층
전화 02-734-6591~3
팩스 02-734-6554
E-mail kungree@kungree.com
홈페이지 www.kungree.com
트위터 @kungreepress

ⓒ 이명석, 2012. Printed in Seoul, Korea.

ISBN 978-89-5820-246-2 03300

값 18,000원